中央财经大学中央高校基本科研业务费专项资金资助
Supported by the Fundamental Research Fund for the Central University, CUFE

翻转课堂虚拟学习社区建设研究

涂 艳　柴艳妹　著

中国财经出版传媒集团
中国财政经济出版社

图书在版编目（CIP）数据

翻转课堂虚拟学习社区建设研究／涂艳，柴艳妹著.
——北京：中国财政经济出版社，2021.11
ISBN 978-7-5223-0870-8

Ⅰ.①翻… Ⅱ.①涂… ②柴… Ⅲ.①计算机辅助教学－教学研究 Ⅳ.①G434

中国版本图书馆 CIP 数据核字（2021）第 217384 号

责任编辑：杨　波　　　　　　责任校对：胡永立
封面设计：卜建辰　　　　　　责任印制：史大鹏

翻转课堂虚拟学习社区建设研究
FANZHUAN KETANG XUNI XUEXI SHEQU JIANSHE YANJIU

中国财政经济出版社 出版

URL：http://www.cfeph.cn
E-mail：cfeph@cfeph.cn

（版权所有　翻印必究）

社址：北京市海淀区阜成路甲 28 号　邮政编码：100142
营销中心电话：010-88191522
天猫网店：中国财政经济出版社旗舰店
网址：https://zgczjjcbs.tmall.com
北京财经印刷厂印刷　各地新华书店经销
成品尺寸：170mm×240mm　16 开　26.25 印张　447 000 字
2022 年 1 月第 1 版　2022 年 1 月北京第 1 次印刷
定价：78.00 元
ISBN 978-7-5223-0870-8
（图书出现印装问题，本社负责调换，电话：010-88190548）
本社质量投诉电话：010-88190744
打击盗版举报热线：010-88191661　QQ：2242791300

前言

翻转课堂（Flipped or Inverted Classroom）的虚拟学习社区（Virtual Learning Communities，VLCs）通过获取、产生、分析和合作建构知识的对话与被指导的学习过程形成了人际团体与学习环境的交互式网络环境，建构了由计算机和人的网络互连所组成的人-机复杂系统，翻转课堂虚拟学习社区中的学习者对话是学习者有效吸收知识所不可或缺的"生命血液"，对话所产生的各类互动行为建立起社区成员（学习者、教学者）的人际关系及知识扩散传播关系，这些关系的建构效率和质量直接影响着学习者的知识建构效果和学习效果。

尽管翻转课堂虚拟学习社区的发展为网络学习者的知识建构过程提供了高效便捷的途径，但在翻转课堂的问题引导环节、观看视频环节及问题解决环节，仍普遍存在学习者知识建构效率低下及效果不理想等现象，对翻转课堂教学效果的提升形成桎梏。然而，造成这一现象的原因，究其根本还是翻转课堂教学模式所依托的线上教学平台，即翻转课堂虚拟学习社区的建设是否完善，如果虚拟学习社区能在各主要教学环节提供给学习者以实时的、充分的交互支持，并能通过记录学习者学习行为数据，分析并及时引导学习者合理推进学习进度，则能有效提升学习者的知识建构质量与学习效果。由于虚拟学习社区是一个兼具复杂性、层级性、非线性、自组织性及明确目的性的动态复杂系统，因此，充分挖掘和把握虚拟学习社区中学习者之间实际存在或潜在的关系模式及交互行为特征，基于此不断优化学习社区的各项支持功能，通过推动学习者高效顺畅地完成各项翻转课堂学习活动，继而提升其知识建构的效果和学习效果，就成为了教学实践与理论研究工作中亟待解决的重要问题。

本书从尝试解决该问题的目标出发，围绕"翻转课堂虚拟学习社区与学习者知识建构效果关系"这一核心研究议题，基于翻转课堂学习主体——学习者、翻转课堂组织主体——教师、翻转课堂内容客体——课程、翻转课堂教学实践载体——教学平台虚拟学习社区，开展并总结了以下六项主要研究工作：

第一，基于文献计量及知识图谱的翻转课堂在线学习研究现状剖析。本书将：①针对翻转课堂虚拟学习社区的社会网络结构、学习者知识建构效果以及两者间影响关系等领域的现有文献，在经过汇总、梳理、归纳的基础上，明确这一领域的研究进展及研究局限。②针对研究现状中存在的局限性或不足之处，提出本书将探究的六个循序渐进的研究目标：其一，基于翻转课堂在线学习领域的研究现状剖析，聚焦核心研究问题，提出本书的组织框架；其二，基于学习者视角，挖掘学习者行为对学习意愿、知识建构效果以及学习效果的影响机制；其三，基于教师与课程视角，探究翻转课堂教学模式及课程设计与学习者知识吸收效果之间的关系；其四，基于虚拟学习社区交互行为视角，剖析学习社区的互动网络结构对学习者学习效果的影响；其五，挖掘社会化问答社区建设对翻转课堂虚拟学习社区建设的借鉴与启示；其六，提出优化翻转课堂虚拟学习社区建设，继而提升学习者知识建构效果及学习效果的建议策略。③聚焦剖析国内在线学习领域的研究发展脉络、已取得的研究成果、主要研究议题以及前沿研究趋势，为本书研究内容的设计及研究工作的开展奠定基础和提供指引。

第二，翻转课堂虚拟学习社区下学习者知识建构效果的影响机制研究。本书将结合学习者知识建构效果的现有理论及应用研究成果，从学习者视角出发，剖析学习者在翻转课堂虚拟学习社区（主要包括各类国内外知名 MOOC 学习平台）下的学习者行为特征、学习者学习意愿、学习者知识建构效果的影响因素，基于此，综合探究其与学习者最终学习效果之间的关系，并尝试建构学习者学习效果预测模型，以在翻转课堂教学实践中，实现对学习者学习过程的精准考核及实时引导，为科学适时的学习干预决策提供参考依据。具体而言，本书将：①以预测学习者是否通过最终的课程考核为目标，构造和提取相关特征，建立在线学习行为数据模型，并进行在线学习行为与学习结果的相关关系分析和预测。②结合现实应用，基于 TAM（Technology Acceptance Model）模型，构建慕课学习者参与课程学习的影响机制模型。③基于知识建构过程性视角，开展在线课堂知识建构效果模型实证研究，以及在线课堂知识建构效果的监督模型实证研究，旨在以知识建构效果提升为主要目标，优化完善在线学习知识建构过程，以期对慕课平台功能优化提供数据参考和运营策略优化依据。

第三，翻转课堂教学模式对学习者知识建构效果的影响机制研究。从教学实践中发现，高校翻转课堂教学模式的实施效果与教师授课方式、课程内容设计、学习资料形式、教学进程推进节奏、教学平台功能、师生交互频度等课程总体规划设计方案密切相关，因此，本书：针对高校翻转课堂的教学实践，总结实践观察与教学经验，并形成反思性教学成长记录。具体而言，本书以中央财经大学"计算机基础"网络课程学习者作为第一轮研究对象，以双学位辅修课程学习者作为第二轮研究对象，通过发放问卷等方式搜集数据，进行翻转课堂教学模式与知识建构效果影响关系的实证研究，进而得到翻转课堂实践教学过程中对学习者知识建构效果产生影响的关键因素，依据该因素，针对性地改善和逐步优化翻转课堂教学模式和教学实施方案，形成体系化的翻转课堂教学模式改进方案的反思性教学成长记录，并为将"电子商务概论"双语课程引入 Moodle 翻转课堂教学平台提供借鉴思路。

第四，翻转课堂虚拟学习社区的社会网络与学习者学习绩效间的互动影响机制研究。从社会网络的宏观视角出发，由于网络规模反映了网络中每个行动者需要建立或维持联结的数量，因此，网络规模能够反映社会关系的结构，是网络结构的重要参数之一；从社会网络的中观视角出发，凝聚子群及凝聚系数体现了网络节点间互动关系的紧密程度，同时也反映了网络成员间互动关系的密集程度和知识在网络中的流动性等问题；从社会网络的微观视角出发，中心性可用于衡量学习者在网络中是否处于中心位置、重要程度及其对资源获取和控制的可能性。基于此，本书将集中围绕虚拟学习社区，探究学习者在社区中的交互行为对学习者学习绩效的影响机制。具体而言，本书将选取网络规模、凝聚子群、中心度等互动结构参数作为衡量翻转课堂虚拟学习社区社会网络结构的关键指标，基于学习者交互时序数据，建构并剖析我国高等院校翻转课堂实践教学虚拟学习社区的社会网络结构体系模型，发现该结构体系中的交互规律和互动行为演化特征，并实证检验学习者在虚拟学习社区中的社会交互网络对学习者学习效果的影响机制，以期获得对现有在线教育平台虚拟学习社区建设的启示，包括平台学习社区如何引导学习者采取更有效的社区互动学习行为、如何依托社区交互改善课程教学方式等，以此解决现有慕课学习平台学习者完成率低、留存率低的问题。

第五，社会化问答社区对翻转课堂虚拟学习社区建设的借鉴与启示。结合防疫期间的教学实践工作发现，在线学习成为学习者主要学习方式的同时，伴随着 Web 2.0 社交媒体的普及化应用，知乎、豆瓣、CSDN 等社会化问答社区也相伴成为了在线学习的最佳资料查阅途径和拓展学习工具，以学习者用户为中心的自媒体逐渐成为学习者获取、交换及分享知识的重要途径，实际上该途径既是在线学习渠道的重要补充，同时也是本书聚焦的虚拟学习社区建设的重要借鉴对象。基于此观察与发现，本书以社交化问答社区作为虚拟学习社区的补充教学平台，剖析了学习者的知识贡献和采纳这一双向行为的激励因素与影响机制。具体而言：①针对用户知识贡献行为，根据社会交换理论，测算用户在"知识贡献-知识获取收益"这一过程中的效率，从学习者用户特征、社区平台特征以及激励机制三个层面，探究了利他信念、自我效能、信息开放、专业程度、社区归属、社会曝光、身份信任以及社会比较等因素对学习者用户知识贡献效率的影响差异，为高校翻转课堂教学过程中学习者知识交互行为的激励机制设计提供启示和参考。②针对用户知识采纳行为，以信息接受模型作为研究框架，探讨了知乎 Live 的内容表现力、主讲人特征以及其他特征如何影响用户的感知有用性，继而影响学习者用户的知识及信息采纳行为，该研究结果揭示：知识直播主讲人改进产品质量、确定合理产品价格区间、释放价格信号等措施，在帮助社区实现知识直播产品销量增加、开拓知识付费学习者用户市场的同时，更是为高校翻转课堂教师在线直播授课或线上视频授课的内容表现力、教师讲解风格（包括：语速、声线、表情、语气等）等优化调整具有借鉴意义。③针对社会化问答社区激励机制，通过系统动力学分析不同用户群体内部的知识贡献、声誉报酬及群体转换系数间的反馈回路，绘制因果关系图与流量存量图，结合专家打分估计模型参数，探讨各类激励因素对不同用户群体转换及知识贡献产生的影响，该研究结果揭示：针对具有不同特征的用户群体，问答社区应分而治之地设置差异化的激励措施。

第六，翻转课堂虚拟学习社区建设及学习者知识建构效果的优化策略研究。基于上述理论模型及其相关研究结论，本书总结并提出了翻转课堂虚拟学习社区建设及学习者知识建构效果的优化策略。具体而言，本书从翻转课堂学习主体——学习者层面，提出丰富学习者的学习活动、针对学习者有效学习行为设置引导策略、为不同类型的学习者提供针对性学习策略、提升学习者知识贡献效率、优化学习者知识采纳行为等建议；从翻转课堂教授主体——教师与课程层面，提出教师参与知识建构全过程的互动交流、教师通过教学方式调整提升教学质量、通过丰富课程描述信息提高课程质量、为不同性质的课程提供差异化设计方案；从翻转课堂实施载体——在线学习平台层面，提出平台应引导学习者选择适合的学习课程、实时记录分析学习者学习行为数据、建立合理的奖罚及激励机制、考虑引入更充分的市场化机制、丰富平台的配套服务机制等建议。

近年来，翻转课堂教学实践以及虚拟学习社区建设问题是广大教学研究者及实践者持续探索工作内容,而随着社会环境及技术变革等影响因素激增,与之对应的教学活动也在不断创新发展与实践完善。本书是基于"电子商务概论"与"计算机网络"课程本科教学改革工作的实践探索与研究总结,由涂艳与柴艳妹合作研究、组织撰写与全书统稿,翻转课堂虚拟学习社区研究团队所有成员参与研究工作——刘卓远(参与第3章的研究与撰写工作)、雷陈芳(参与第4章的研究与撰写工作)、何晓娜(参与第5章的研究与撰写工作)、张耀杰(参与第6章的研究与撰写工作)、杨博文(参与第7章的研究与撰写工作)、袁亦方(参与第8章的研究与撰写工作)、崔智斌(参与第9章、第10章、第11章的研究与撰写工作)、蔡文学(参与第12章的整理工作)、袁璐(参与第12章的整理与撰写工作)等均为翻转课堂教学工作的组织者、研究者、实践者或学习者,并承担部分研究工作或撰稿工作。另外,王悦、张艳梅、唐小毅、李珍珍、辛侠平、吴梦桐等老师和同学参与了课题讨论。正是翻转课堂虚拟学习社区研究团队所有成员的共同努力与付出,才汇聚并凝结为本书的研究成果。

本书的顺利完工,首先要感谢中央财经大学学术著作出版资助项目给予的支持,感谢北京市教育科学"十二五"规划重点项目(ADA15165)提供的研究契机,感谢国家社会科学基金项目(16BXW045)给予的交叉学科研究启发。本书的顺利出版与中国财政经济出版社的大力支持和杨波编辑的辛勤工作分不开,在此深表谢意。

本书的研究成果建立在国内外众多高等教育研究者与实践者既往理论研究及教学实践成果的基础上,为尊重原作者的研究贡献和辛勤付出,本书尽可能查明引用资料的原始出处,囿于编写体例所限,部分文献仅在全书最后的参考文献列表中呈现。在此,谨向所有文献作者表示感谢与敬意,期望本书在体现所有研究者贡献结晶的同时,有助于提升学习者的知识水平、优化学习者的知识结构、促进学习者个人与机会的匹配、建立学习者间长期稳定的知识交互机制、推动翻转课堂虚拟学习社区与学习者知识建构水平间的良性循环,最终推动学习型社会的形成与强化,并为推动我国翻转课堂教学实践与理论研究工作略尽绵薄之力。诚然,由于虚拟学习社区不断发展和课题组研究水平有限,书中难免有错漏之处,敬请各位读者批评指正,以帮助我们持续改进,对此不胜感激。

翻转课堂虚拟学习社区研究团队于北京
2021年8月18日

目录

第1章
绪　论 ……………………………………………………………………（1）
　1.1　研究背景 ………………………………………………………（1）
　1.2　研究意义 ………………………………………………………（3）
　1.3　研究内容 ………………………………………………………（6）
　1.4　研究目标及重难点 ……………………………………………（10）
　1.5　技术路线及研究方法 …………………………………………（10）
　1.6　本书组织结构 …………………………………………………（14）

第2章
文献综述 …………………………………………………………………（16）
　2.1　翻转课堂虚拟学习社区的构建理论研究 ……………………（17）
　2.2　学习者的知识吸收能力理论 …………………………………（18）
　2.3　慕课学习者行为研究 …………………………………………（19）
　2.4　慕课课程设置研究 ……………………………………………（21）
　2.5　学习行为与在线学习绩效的关系研究 ………………………（21）
　2.6　翻转课堂协同教学模式对学习者知识吸收能力的影响研究
　　　 ……………………………………………………………………（23）
　2.7　研究述评 ………………………………………………………（24）

第3章
基于文献计量及知识图谱的在线学习研究现状分析 ………………（26）
　3.1　在线教育 ………………………………………………………（27）
　3.2　文献计量与知识图谱 …………………………………………（28）

  3.3 知识计量与可视化分析 …………………………………………（33）
  3.4 国内在线学习领域的理论研究演进脉络 …………………………（44）
  3.5 国内在线学习领域的研究现状 ……………………………………（57）
  3.6 结论与启示 …………………………………………………………（69）

第 4 章
学习者的在线学习行为建模与分析 ……………………………………（74）
  4.1 学习者在线学习行为研究现状剖析 ………………………………（76）
  4.2 数据准备及统计分析 ………………………………………………（82）
  4.3 基于决策树和递归特征消除法的在线学习行为特征选择研究
     ………………………………………………………………………（102）
  4.4 学习结果预测 ………………………………………………………（116）
  4.5 结论与启示 …………………………………………………………（127）

第 5 章
学习者学习意愿影响因素研究 …………………………………………（131）
  5.1 引言 …………………………………………………………………（131）
  5.2 文献回顾 ……………………………………………………………（135）
  5.3 理论模型 ……………………………………………………………（137）
  5.4 实证分析 ……………………………………………………………（139）
  5.5 结论与启示 …………………………………………………………（146）

第 6 章
学习者知识建构效果影响因素研究 ……………………………………（150）
  6.1 引言 …………………………………………………………………（151）
  6.2 在线课堂知识建构效果影响因素综述 ……………………………（159）
  6.3 在线课堂知识建构效果的实证研究 ………………………………（169）
  6.4 在线课堂平台建设解决措施实证研究 ……………………………（184）

第 7 章
翻转课堂教学模式与学习者知识吸收能力的关系研究 ………………（200）
  7.1 引言 …………………………………………………………………（200）

7.2 建立学习者知识建构效果模型 …………………………………… (208)
7.3 "电子商务概论"双语课程翻转课堂教学实施 ……………… (220)
7.4 反思性教学成长记录 ………………………………………… (222)
7.5 结论与启示 …………………………………………………… (230)

第 8 章
虚拟学习社区学习者交互行为对学习绩效的影响 ……………… (233)
8.1 引言 …………………………………………………………… (233)
8.2 学习者与课程信息获取与表征 ……………………………… (236)
8.3 社会网络分析 ………………………………………………… (239)
8.4 学习者特征与学习效果的关系 ……………………………… (248)
8.5 课程因素与学习效果的关系研究 …………………………… (258)
8.6 结论与启示 …………………………………………………… (263)

第 9 章
知识问答社区的用户知识贡献效率影响因素研究 ……………… (266)
9.1 引言 …………………………………………………………… (266)
9.2 文献述评 ……………………………………………………… (269)
9.3 研究假设与理论模型 ………………………………………… (272)
9.4 研究设计 ……………………………………………………… (277)
9.5 基于 DEA 模型的用户知识贡献效率计算 ………………… (281)
9.6 基于 GLS 模型的用户知识贡献效率影响因素分析 ……… (283)
9.7 结论与启示 …………………………………………………… (288)

第 10 章
知识问答社区的信息采纳行为影响因素研究 …………………… (291)
10.1 引言 ………………………………………………………… (291)
10.2 文献回顾 …………………………………………………… (293)
10.3 研究假设及模型构建 ……………………………………… (295)
10.4 研究设计 …………………………………………………… (298)
10.5 实证结果分析 ……………………………………………… (303)
10.6 结论与启示 ………………………………………………… (306)

第 11 章
知识问答社区的知识贡献激励机制研究 （309）
　　11.1　引言 （309）
　　11.2　文献回顾 （311）
　　11.3　知识贡献群体画像细分 （315）
　　11.4　细分群体知识贡献激励机制仿真 （322）
　　11.5　模型仿真结果及政策分析 （333）
　　11.6　结论与启示 （341）

第 12 章
翻转课堂虚拟学习社区建设的优化策略研究 （344）
　　12.1　引言 （344）
　　12.2　翻转课堂学习主体——学习者层面 （344）
　　12.3　翻转课堂教授主体——教师与课程层面 （348）
　　12.4　翻转课堂实施载体——在线学习平台层面 （350）

参考文献 （359）

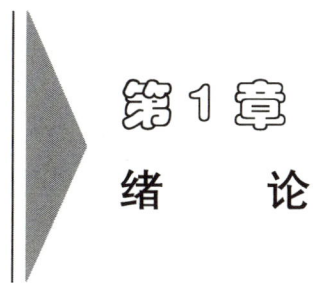

第1章 绪　论

1.1　研究背景

面对教育信息化与公众化的新形式，我国《教育信息化十年发展规划（2011～2020年）》指出："教育信息化的发展要以教育理念创新为先导，以优质教育资源和信息化学习环境建设为基础，以学习方式和教育模式创新为核心"，在这一规划纲领的指导下，基于虚拟学习社区及在线学习平台的翻转课堂协同教学模式成为了提升学习者知识吸收能力的新途径。翻转课堂与传统的"课上学习、课后作业"教学模式相反，其将传统课堂教学内容转移至课前，学习者需要在课前登录翻转课堂的虚拟学习社区自主观看教学视频和完成预设的课前练习；课堂上学习者则可通过虚拟学习社区进行问题讨论和作业辅导，在师生互动过程中实现知识的内化；课后学习者亦可通过与他人在虚拟学习社区中的互动式交流提升其协作学习效果，并避免了学习者的分散与流失。然而，翻转课堂到目前为止并没有统一且确切的定义，许多学者依据自己的理论或实践经验给出了翻转课堂的内涵，并认为它是颠倒知识传授和知识内化两个阶段的顺序的教学模式。为推动翻转课堂的顺利实施，与之相伴而生的翻转课堂虚拟学习社区逐渐普及，它是在网络环境下，通过获取、产生、分析和合作建构知识的对话与被指导的学习过程所形成的人际团体与学习环境。它既是基于网络而形成的学习型组织，也是由计算机和人的网络互连所组成的人－机复杂系统，翻转课堂虚拟学习社区中的学习者对话是学习者有效吸收知识所不可或缺的"生命血液"（McLaughlin，2014），对话所产生的互动使学习者及师生之间建立起关系，而社区成员（即学习者）及其关系的集合就是虚拟学习社区的社会网络（Larson，2009），虚拟学习社区的建设与完善将对学习者的学习行为和知识吸收效果产生重要影响。学习者的知识建构是在学习社区中通过协作、反复讨论并持续对新观点和解决思路进行检验和修正，逐步达到收敛和一致，继而应用新构建的知识的过程，它既是翻转课堂虚拟学习社区的目标，也是一项重要的学习活动，通常在小组或某些固定人群中由某位学习者发起。

从翻转课堂学习者的知识学习需求出发，一方面，随着知识总量的增长、知识更新周期的缩短、知识创新频率的加快，学习成为学习者个人、组织乃至社会的迫切需求；另一方面，从高校师生自身素质的提升，到学习获得新知总量的扩充，再到理论知识的实践应用和产业化，直至形成终身学习习惯及学习型社会，都对翻转课堂学习者学习行为的社会化和普遍化提出了更高要求。从翻转课堂虚拟学习社区的主要功能出发，伴随着社会网络产品影响和服务范围的扩大，其在教育领域中也呈现出愈加重要的社会价值与经济价值，翻转课堂虚拟学习社区也成为了学习者表达疑惑、交流问题解决方案、获取及传递知识、提升知识水平和优化知识结构的重要途径。综上不难发现，翻转课堂虚拟学习社区恰好能够有效满足学习者的知识学习需求。

尽管翻转课堂虚拟学习社区的发展为网络学习者的知识建构过程提供了高效便捷的途径，但在翻转课堂的问题引导环节、观看视频环节及问题解决环节，仍普遍存在学习者知识建构效率低下及效果不理想等现象，对翻转课堂教学效果的提升形成桎梏。然而，造成这一现象的原因，究其根本还是应考量前述的"问题引导"、"观看视频"、"问题解决"三个环节的依托平台，即翻转课堂虚拟学习社区的建设是否完善，如果虚拟学习社区能在上述三个环节提供给学习者以实时的、充分的交互支持，则能有效提升学习者的知识建构质量与效果。由于虚拟学习社区是一个兼具复杂性、层级性、非线性、自组织性及明确目的性的动态复杂系统，因此，采用社会网络分析技术，充分挖掘和把握虚拟学习社区中学习者之间实际存在或潜在的关系模式及交互行为特征，基于此不断优化学习社区的各项支持功能，通过推动学习者高效顺畅地完成各项翻转课堂学习活动，继而提升其知识建构的效果。

目前，对于翻转课堂虚拟学习社区的理论研究远远落后于其实践发展，仍处于起步阶段，有三个基本问题需要解决：第一，如何界定翻转课堂虚拟学习社区的主要职能；第二，翻转课堂虚拟学习社区中哪些因素对学习者自身的知识建构效果具有重要影响；第三，如何通过管理、规范及优化翻转课堂虚拟学习社区，使其间教师、学习者和课程设置优化匹配，继而最大限度地提升学习者的知识构建效果，发挥出积极引导作用。此外，对于中国翻转课堂虚拟学习社区的研究，还需要考虑如何将受中国本土文化影响所形成的独特的学习者行为与结构特征纳入到翻转课堂虚拟学习社区一般性的研究中。这些问题的解决对于提升学习者的知识水平、优化学习者的知识结构、促进学习者个人与机会的匹配、建立学习者间长期稳定的知识交互机制、推动翻转课堂虚拟学习社区与学习者知识建构水平间的良性循环具有重要意义，并有助于推动学习型社会的形成与强化，这是本书的主要研究目的。

因此，本书将借助社会网络领域的研究成果，从学习者知识建构效果的研究视角出发，剖析学习者行为、教师教学实践、虚拟社区互动形式的特点，以及其对学习者知识建构效果与学习绩效的影响，继而研究推动翻转课堂虚拟学习社区建设的方法与途径。

1.2 研究意义

翻转课堂虚拟学习社区的建设与优化策略研究对教学实践具有重要的现实应用价值以及理论研究意义。

从现实应用价值出发，本书旨在回答并尝试解决与翻转课堂虚拟学习社区及学习者知识建构水平相关的三个现实应用问题，如图1-1所示。

本书的现实意义主要表现于以下三个方面：

第一，翻转课堂虚拟学习社区对学习者知识建构具有现实影响。翻转课堂虚拟学习社区对于学习者的知识获取与分享、知识认知的深化、知识的群体建构、新知识的检验修正、新知识应用的全面优化具有重要影响。本书拟探讨我国翻转课堂虚拟学习社区对学习者知识建构效果的作用机理，其研究成果可应用于分析翻转课堂虚拟学习社区大规模学习者集体创新智慧的形成以及高校管理者及实业界如何进行正确的产学研三位一体的结合式研发，以期使科研、教学、生产三种不同的社会分工，在功能及资源优势上有效实现大规模协同、集成及优化配置，使翻转课堂虚拟学习社区中的创新知识及技术在上、中、下游实现完美的对接与耦合。

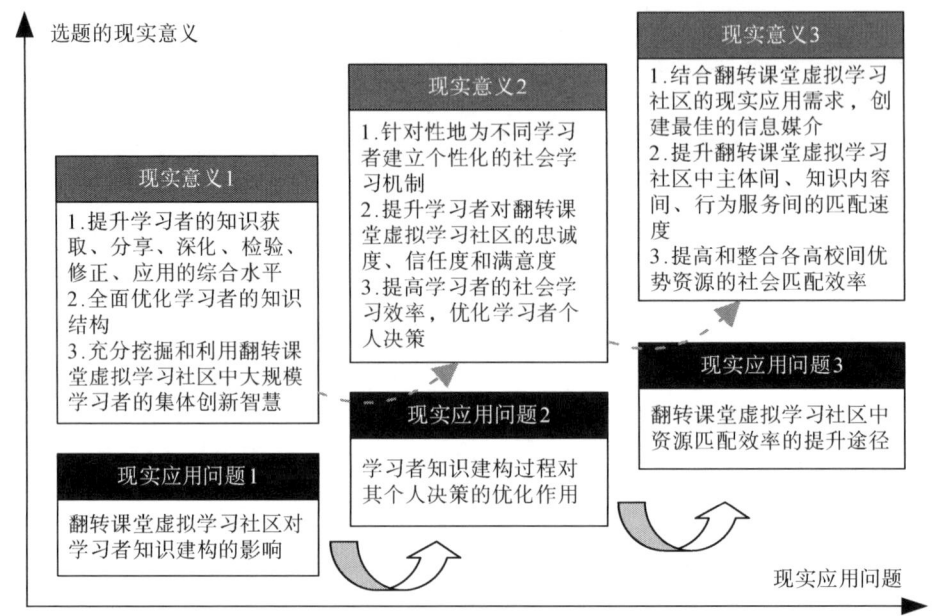

图 1-1 选题的现实意义

第二，学习者知识建构过程对个人决策具有优化作用。学习者在翻转课堂虚拟学习社区中的知识建构过程可以优化学习主体的个人决策。本书对于翻转课堂虚拟学习社区中社会学习机制以及学习者的知识建构过程进行了解析和探讨，基于此，可有针对性地、因人而异地为不同学习者建立个性化的社会学习机制，以此提升学习者对翻转课堂虚拟学习社区的忠诚度、信任度和满意度，进而为建构和谐的学习型社会网络、改善整体学习环境、提高学习者的社会学习效率形成有力的助推器。

第三，翻转课堂虚拟学习社区能够有效提升资源供需匹配效率。在学习者与知识传递者、学习需求与知识供给、学习者个性化学习行为与翻转课堂虚拟学习社区服务等交互过程中，广泛存在着不同的匹配活动，翻转课堂虚拟学习社区通过提供有效的搜索和匹配机制，将成为满足上述活动匹配要求的最佳信息媒介。本书研究翻转课堂虚拟学习社区对于社区中主体间、知识内容间、行为服务间匹配过程的作用机制，有助于发挥翻转课堂虚拟学习社区在上述匹配过程中的积极作用，进而实现提高和整合各高校间优势资源的社会匹配效率。

从理论研究意义出发，本书旨在解决如图 1-2 所示的与翻转课堂虚拟学习社区及学习者知识建构过程相关的四个理论研究问题。

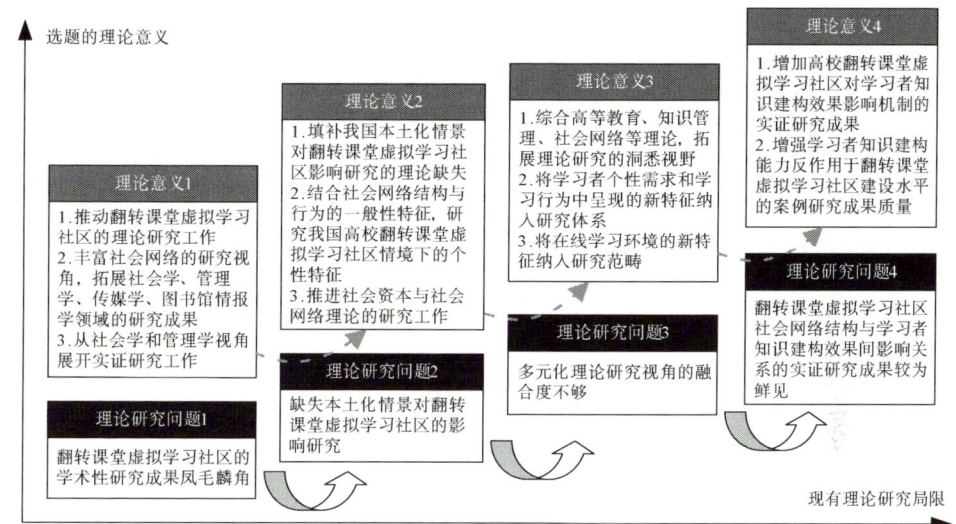

图1-2 理论研究价值

本研究的理论研究意义主要表现于以下四个方面：

第一，翻转课堂虚拟学习社区的学术性研究成果亟待丰富。国外对于翻转课堂虚拟学习社区的研究仍然处于发展性阶段，国内的相关学术性研究成果相对较少，而现有文献中大部分属于教育学研究范畴，从社会学和管理学视角展开的实证研究工作亟待丰富。本书研究翻转课堂虚拟学习社区对学习者知识建构效果的影响机制问题，有助于加深对于学习者知识建构过程的认识，并进一步从理论上及实践应用中丰富了翻转课堂虚拟学习社区的研究视角。

第二，本土化情景下翻转课堂虚拟学习社区的影响研究亟待扩展。我国高校的翻转课堂虚拟学习社区在本土文化的影响下，与国外社会网络相比存在显著差异，尤其表现在网络结构特征与学习者的交互行为等方面。本书将社会网络结构及行为的一般性研究与我国高校翻转课堂虚拟学习社区情境下的个性特征与约束相结合，以充分利用我国高校翻转课堂虚拟学习社区这一有价值的样本资源，推进社会网络理论在中国教育研究领域中的应用。

第三，多元化理论研究视角的融合度有待提升。本书综合高等教育、知识建构、社会网络等理论，将学习者置于具有新特征（网络效应、长尾效应、蝴蝶效应、共赢效应、马太效应、聚众效应等）的翻转课堂虚拟学习社区环境中进行分析，以期有效拓展上述理论研究及其实践应用问题的洞悉视野。

第四，翻转课堂虚拟学习社区的社会网络结构与学习者知识建构效果间影响关系的实证研究成果有待丰富。关于我国高校翻转课堂虚拟学习社区对学习者知识建构过程影响机制的实证研究成果，以及学习者知识建构过程反作用于引导和提升高校翻转课堂虚拟学习社区建设方向和发展水平的案例研究成果，在我国高校教育教学研究领域较为鲜见。本书拟通过选取具有代表性的高校学习者及翻转课堂虚拟学习社区，展开我国高校翻转课堂虚拟学习社区与学习者知识建构效果间关系的实证研究工作，以丰富该领域研究成果。

1.3 研究内容

本书的主要研究内容、研究逻辑及重难点如图 1-3 所示。

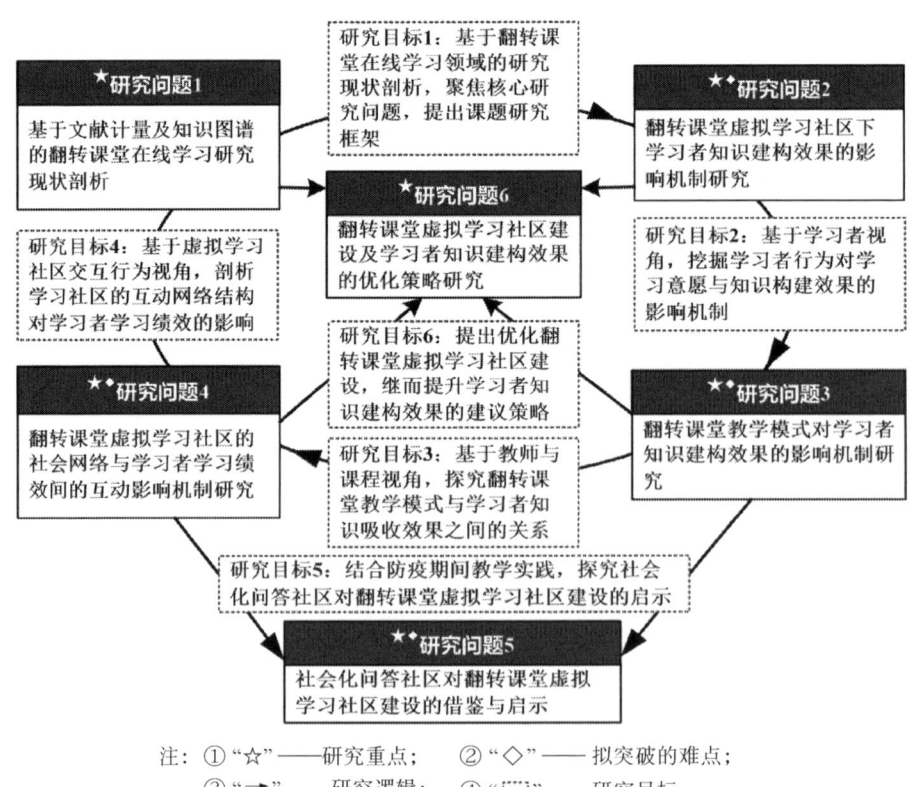

图 1-3 研究内容

本书的主要研究内容包括以下六个部分：

第一部分：基于文献计量及知识图谱的翻转课堂在线学习研究现状剖析

本研究将：①针对翻转课堂虚拟学习社区的建设与优化策略研究，诠释其对教学实践具有的理论研究意义及现实应用价值，明确阐述研究工作的主要技术路线，提炼对应研究内容的重难点及创新之处，基于此，构建本书的撰写思路及整体结构框架。（第 1 章）②针对翻转课堂虚拟学习社区的社会网络结构、学习者知识建构效果以及两者间影响关系等领域的现有文献，在汇总、梳理、归纳的基础上，明确这一领域的研究进展及研究局限；针对研究现状中存在的局限性或不足之处，提出本书将探究的六个循序渐进的研究目标，以厘清本书的撰写框架，为从学习者、教师、课程及虚拟学习社区交互行为等视角，探究翻转课堂虚拟学习社区建设与优化策略，继而提升学习者知识建构效果奠定基础。（第 2 章）③聚焦剖析国内在线学习领域的研究发展脉络、已取得的研究成果、主要研究议题以及前沿研究趋势，为本书研究内容的设计及研究工作的开展奠定基础和提供指引。（第 3 章）

第二部分：翻转课堂虚拟学习社区下学习者知识建构效果的影响机制研究

本书将结合学习者知识建构效果的现有理论及应用研究成果，从学习者视角出发，剖析学习者在翻转课堂虚拟学习社区（主要包括各类国内外知名 MOOC 学习平台）下的学习者行为特征、学习者学习意愿、学习者知识建构效果的影响因素，基于此，综合探究其与学习者最终学习效果之间的关系，并尝试构建学习者学习效果预测模型，以在翻转课堂教学实践中，实现对学习者学习过程的精准考核及实时引导，为科学适时的学习干预决策提供参考依据。具体而言，本研究将：①以预测学习者是否通过最终的课程考核为目标，构造和提取相关特征，建立在线学习行为数据模型，并进行在线学习行为与学习结果的相关关系分析和预测。（第 4 章）②结合现实应用，基于 TAM 模型，构建慕课学习者参与课程学习的影响机制模型，从学习动机、同伴互动、平台特征对感知有用性与感知易用性的影响，继而对学习者学习意愿产生影响的过程展开研究，基于此，揭示了平台在引导合适的学习课程、建立合理的奖罚及激励机制等方面工作的重要性。（第 5 章）③基于知识构建过程性视角，开展在线课堂知识建构效果模型实证研究，以及在线课堂知识建构效果的监督模型实证研究，旨在以知识建构效果提升为主要目标，优化完善在线学习知识构建过程，并为其提供量化研究的参考依据与在线课堂知识建构效果提升的实践指导。（第 6 章）

第三部分：翻转课堂教学模式对学习者知识建构效果的影响机制研究

从教学实践中发现，一方面，高校翻转课堂教学模式的实施效果与教师授课方式、课程内容设计、学习资料形式、教学进程推进节奏、教学平台功能、师生交互频度等课程总体规划设计方案密切相关；另一方面，市场化线上平台的付费课程对高校线上教学平台的课程设计及功能优化完善具有重要借鉴和启示意义。因此，本研究将：针对高校翻转课堂的教学实践，总结实践观察与教学经验，并形成反思性教学成长记录。具体而言，本书以中央财经大学"计算机基础"网络课程学习者作为第一轮研究对象，以双学位辅修课程学习者作为第二轮研究对象，通过发放问卷等方式搜集数据，进行翻转课堂教学模式与知识建构效果影响关系的实证研究，进而得到翻转课堂实践教学过程中对学习者知识构建效果产生影响的关键因素，依据该因素，针对性地改善和逐步优化翻转课堂教学模式和教学实施方案，形成体系化的翻转课堂教学模式改进方案的反思性教学成长记录，并为将"电子商务概论"双语课程引入 Moodle 翻转课堂教学平台提供借鉴思路。（第 7 章）

第四部分：翻转课堂虚拟学习社区的社会网络与学习者学习绩效间的互动影响机制研究

从社会网络的宏观视角出发，由于网络规模反映了网络中每个行动者需要建立或维持联结的数量，因此，网络规模能够反映社会关系的结构，是网络结构的重要参数之一；从社会网络的中观视角出发，凝聚子群及凝聚系数体现了网络节点间互动关系的紧密程度，同时也反映了网络成员间互动关系的密集程度和知识在网络中的流动性等问题；从社会网络的微观视角出发，中心性可用于衡量学习者在网络中是否处于中心位置、重要程度及其对资源获取和控制的可能性。基于此，本书将集中围绕虚拟学习社区，探究学习者在社区中的交互行为对学习者学习绩效的影响机制。具体而言，本研究将选取网络规模、凝聚子群、中心度等互动结构参数作为衡量翻转课堂虚拟学习社区社会网络结构的关键指标，基于学习者交互时序数据，构建并剖析我国高等院校翻转课堂实践教学虚拟学习社区的社会网络结构体系模型，发现该结构体系中的交互规律和互动行为演化特征，并实证检验学习者在虚拟学习社区中的社会交互网络对学习者学习效果的影响机制，以期获得对现有在线教育平台虚拟学习社区建设的启示，包括平台学习社区如何引导学习者采取更有效的社区互动学习行为、如何依托社区交互改善课程教学方式等，以此解决现有慕课学习平台学习者完成率低、留存率低的问题。（第 8 章）

第五部分：社会化问答社区对翻转课堂虚拟学习社区建设的借鉴与启示

结合防疫期间的教学实践工作发现，在线学习成为学习者主要学习方式的同时，伴随着 Web 2.0 社交媒体的普及化应用，知乎、豆瓣、CSDN 等社会化问答社区也相伴成为了在线学习的最佳资料查阅途径和拓展学习工具，以学习者用户为中心的自媒体逐渐成为学习者获取、交换及分享知识的重要途径，实际上该途径既是在线学习渠道的重要补充，同时也是本书聚焦的虚拟学习社区建设的重要借鉴对象。基于此观察与发现，本书以社交化问答社区作为虚拟学习社区的补充教学平台，剖析了学习者的知识贡献和采纳这一双向行为的激励因素与影响机制。具体而言：①针对用户知识贡献行为，根据社会交换理论，测算用户在"知识贡献—知识获取收益"这一过程中的效率，从学习者用户特征、社区平台特征以及激励机制三个层面，探究了利他信念、自我效能、信息开放、专业程度、社区归属、社会曝光、身份信任以及社会比较等因素对学习者用户知识贡献效率的影响差异，为高校翻转课堂教学过程中学习者知识交互行为的激励机制设计提供启示和参考。（第 9 章）②针对用户知识采纳行为，以信息接受模型作为研究框架，探讨了知乎 Live 的内容表现力、主讲人特征以及其他特征如何影响用户的感知有用性，继而影响学习者用户的知识及信息采纳行为，该研究结果揭示：知识直播主讲人改进产品质量、确定合理产品价格区间、释放价格信号等措施，在帮助社区实现知识直播产品销量增加、开拓知识付费学习者用户市场的同时，更是对高校翻转课堂教师在线直播授课或线上视频授课的内容表现力、教师讲解风格等优化调整具有借鉴意义。（第 10 章）③针对社区平台的激励机制设计，以知识贡献意愿及质量差异特征细分社区用户，通过系统动力学仿真分析，探讨不同细分群体知识贡献及角色转换在差异化激励因素影响下的变化规律及特征，该研究结果揭示了因人而异、精准激励、分层设计、按需激励、科技赋能、完善生态的重要性，继而为健全虚拟学习社区的学习者知识贡献激励机制设计并形成科学化社区细分群体管理模式提供实践借鉴与现实参考。（第 11 章）

第六部分：翻转课堂虚拟学习社区建设及学习者知识建构效果的优化策略研究

基于上述理论模型及其相关研究结论，本书总结并提出了翻转课堂虚拟学习社区建设及学习者知识建构效果的优化策略。具体而言，本书从翻转课堂学习主体——学习者层面，提出丰富学习者的学习活动、针对学习者有效学习行为设置引导策略、为不同类型的学习者提供针对性学习策略、提升学习者知识贡献效率、优化学习者知识采纳行为等建议；从翻转课堂教授主体——教师与课程层面，提出教师参与知识建构全过程的互动交流、教师通过教学方式调整提升教学质量、通过丰富课程描述信息提高课程质量、为不同性质的课程提供差异化设计方案；从翻转课堂实施载体——在线学习平台层面，提出平台应引导学习者选择适合的学习课程、实时记录分析学习者学习行为数据、建立合理的奖罚及激励机制、考虑引入更充分的市场化机制、丰富平台的配套服务机制等建议。（第 12 章）

1.4 研究目标及重难点

本书的研究目标、重难点及创新点主要包括：

研究目标 1：翻转课堂虚拟学习社区的社会网络结构与学习者知识建构理论领域的研究现状分析及文献回顾，厘清重要的科学研究问题，并提出本书的研究框架及主要研究内容（研究重点）。

研究目标 2：基于学习者视角，研究翻转课堂虚拟学习社区下学习者知识建构效果的影响机制（研究重点、难点及创新点）。

研究目标 3：基于教师及课程设计视角，从教学实践出发，研究翻转课堂教学模式对学习者知识建构效果的影响机制（研究重点及难点）。

研究目标 4：基于虚拟学习社区，研究翻转课堂虚拟学习社区的社会网络与学习者学习绩效间的互动影响机制（研究重点、难点及创新点）。

研究目标 5：结合防疫期间的教学实践，探究社会化问答社区对翻转课堂虚拟学习社区建设的借鉴与启示（研究重点及难点）。

研究目标 6：根据上述研究结论，梳理并提出优化翻转课堂虚拟学习社区建设，继而提升学习者知识建构效果的建议（研究重点）。

1.5 技术路线及研究方法

本书将综合运用教育学、社会心理学、实验行为学、信息科学的多领域研究方法和手段，解决所提出的研究问题。①运用文献分析法，对翻转课堂虚拟学习社区的社会网络结构与学习者知识建构理论领域的研究现状分析进行全面梳理和剖析。②学习者学习行为分析。基于数据挖掘技术决策树和递归特征消除法、随机森林、GBDT（Gradient Boosting Decision Tree）构建学习者学习行为预测模型；采用技术接受模型（Technology Acceptance Model，TAM），剖析学习者学习意愿影响因素；采用结构方程模型等统计方法，分析学习者知识建构效果影响因素。③教师教学模式及课程设计分析。基于教学实践工作，采用网络爬虫、问卷调查、深度访谈等调查方法采集数据，使用结构方程模型方法，分析翻转课堂教学模式及课程设计对学习者知识吸收能力的影响。④虚拟学习社区学习者交互行为对学习绩效的影响。从网络互动关系视角，采用社会网络分析方法、多元线性回归模型、次序 Logit 模型，探究虚拟学习社区的学习者行为及课程设置对学习绩效的影响机制；⑤市场化问答社区学习者知识贡献及采纳行为影响因素研究。基于社会交换理论，运用 DEA（Data Envelopment Analysis）模型、GLS（Generalized Least Squares）回归模型，研究知识问答社区学习者知识贡献效率的影响因素；基于信息接受模型，采用 OLS（Ordinary Least Square）回归、负二项回归和文本分析，研究付费知识学习者知识采纳行为的影响因素；⑥翻转课堂虚拟学习社区建设策略研究。根据前面的研究结论，梳理总结优化翻转课堂虚拟学习社区建设，继而提升学习者知识建构效果的建议。根据本书的研究内容及基本思路，按照本书研究目标设计的研究总体技术路线如图 1-4 所示，并将采用以下研究方法和研究手段展开本书的研究工作。

为增强研究成果在理论上的科学性及实践应用中的可操作性，本书坚持理论联系实际、定性分析和定量分析相结合的基本原则，主要采用了以下研究方法。

(1) 文献研究（Literature Review）

文献回顾是分析研究问题、构建理论以及创新理论的基础，对于任何一项研究都是至关重要的，其目的旨在将研究工作的开拓性建立在前人的研究基础上，是在总结、分析、归纳前人研究成果的基础上，界定具体研究范围和主要研究问题的过程。本书将采用文献回顾法，详细探讨与翻转课堂虚拟学习社区的社会网络结构、学习者知识建构过程以及两者间影响关系相关的研究文献，总结现有研究结论、发展趋势和研究不足，并在此基础上提出本书的主要研究问题。

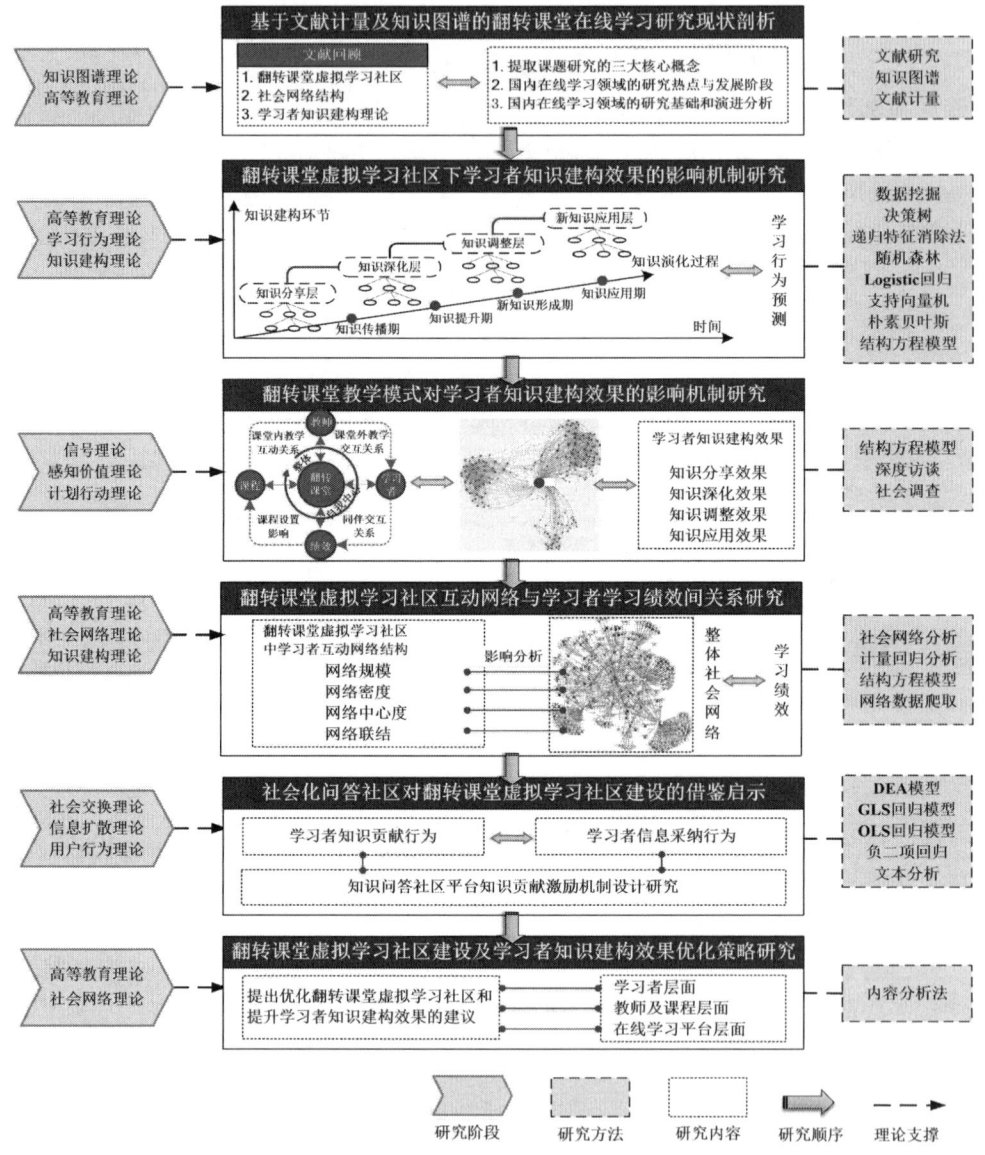

图 1-4 技术路线图

（2）扎根理论（Grounded Theory）

扎根理论（或称深入理论）属定性研究方法的范畴，即研究者对于自己所感兴趣的现象不断思考，并通过持续地收集、分析与汇总资料，发掘并建立理论。Strauss 和 Corbin（2007）主张透过资料的收集与检验的连续过程，凸显研究现象的特质，经过比较，若发现有相同的特质，则归纳到抽象层次的概念；若发现有不同特质，则可探究造成差异的情境或结构因素。目前，利用该研究方法从高等教育学视角研究翻转课堂虚拟学习社区管理问题的成果较为鲜见，本书拟运用扎根理论，通过对案例资料的分析与理论探讨，来界定研究的主要概念与问题，构建基于翻转课堂虚拟学习社区的学习者知识建构效果研究的理论框架，并进一步深入探讨理论框架下的主要研究问题。

（3）内容分析法（Content Analysis）

内容分析是一种搜集与分析文章内容的技术。内容分析中，研究者使用客观与系统化的计数与记录程序，据此得出对文本符号内容的一种定量描述。本书将对学习者在翻转课堂虚拟学习社区中传递的主要显性知识数据和相关文本内容进行挖掘，并对此展开内容分析，以便在面对海量大规模知识数据时，揭示出学习者的知识需求、分享频率等隐匿信息。

（4）社会网络分析法（Social Network Analysis）

社会网络分析包括两种基本视角：关系取向（Relational Approach）和位置取向（Positional Approach）。关系取向关注行动者之间的社会性黏着关系，通过社会联结本身——如密度、强度、对称性、规模等——来说明特定的行为和过程，位置取向则关注存在于行动者之间的、且在结构上处于相等地位的社会关系模式，强调用"结构等效"来理解人类行为。本书将采用社会网络分析法，从宏观到微观，通过选取与学习者关系取向及位置取向相关的结构参数，分析翻转课堂虚拟学习社区的社会网络结构特征和行为特征。

（5）统计分析法与结构方程模型（Statistical Analysis and Structural Equation Modeling）

统计分析法是以数量分析技术为基础，采用数理统计和计量经济学作为技术手段的分析方法。由于本书认为翻转课堂虚拟学习社区的主要结构特征和学习者知识建构效果之间的关系并非简单的因果关系，而是相对复杂的结构关系，因此难以用传统的回归分析予以处理，而结构方程模型恰好能够处理不同变量之间的复杂结构关系。因此，本书将通过对不同学习者主体的问卷调查和深度访谈，基于描述性统计分析、因子分析以及结构方程模型等计量统计方法，利用 SPSS、LISREL、STATA 等分析软件，对问卷调查的数据进行分析，以检验翻转课堂虚拟学习社区与学习者知识建构效果间关系的理论模型及相关研究假设。

1.6 本书组织结构

本书内容共包含12章,如图1-5所示,具体章节内容安排如下:

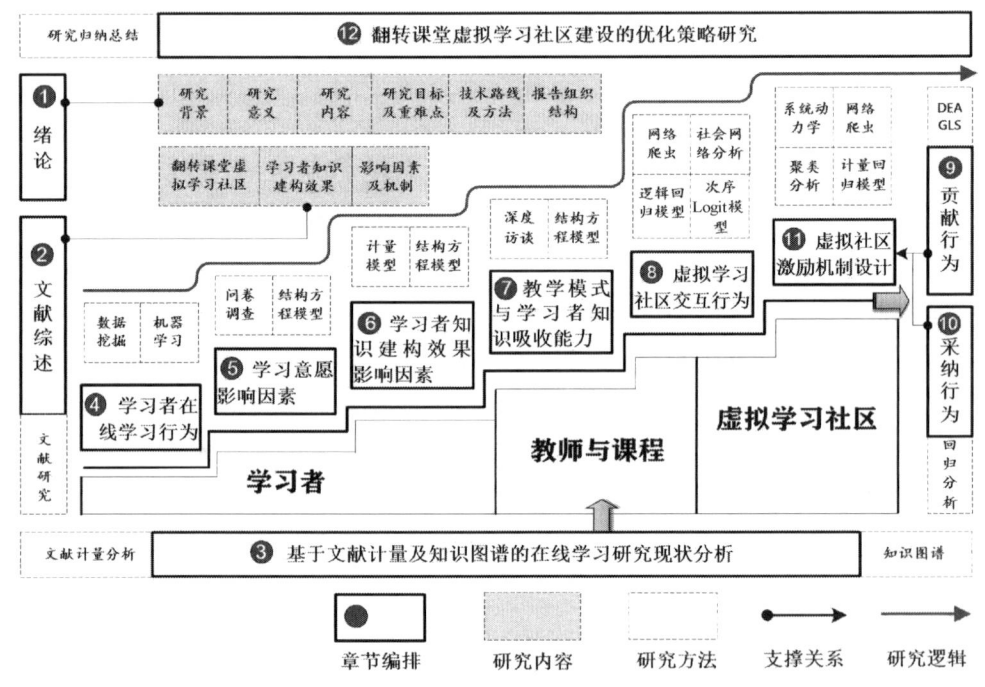

图1-5 本书组织结构

第1章,绪论。介绍翻转课堂虚拟学习社区的发展背景、研究意义、研究内容、研究目标、技术路线及研究方法。

第2章,文献综述。从基于翻转课堂虚拟学习社区社会网络理论、学习者的知识吸收能力理论、慕课学习者行为研究、慕课课程设置研究、学习行为与在线学习绩效的关系研究、翻转课堂协同教学模式对学习者个体知识吸收能力的影响研究方面进行文献回顾与评述。

第3章,基于文献计量及知识图谱的在线学习研究现状分析。采用文献计量研究方法,辅以知识图谱可视化方法,系统梳理和呈现国内在线学习的研究成果、研究主题、发展阶段和演进历程。

第 4 章，学习者的在线学习行为建模与分析。本章以预测学习者是否通过最终课程考核为目标，构造和提取相关特征，建立在线学习行为的数据模型，并进行在线学习行为与学习结果的相关关系分析和预测。

第 5 章，学习者学习意愿影响因素研究。结合现实应用，基于 TAM 模型，采用结构方程模型方法，实证检验慕课学习者参与课程学习意愿的影响因素模型。

第 6 章，学习者知识建构效果影响因素研究。基于知识构建过程性视角，实证检验在线课堂知识建构效果模型与在线课堂知识建构效果监督模型。

第 7 章，翻转课堂教学模式与学习者知识吸收能力的关系研究。针对高校翻转课堂的教学实践，从翻转课堂教师采用的教学模式视角与课程设计视角，实证检验学习者知识吸收能力的影响因素模型。

第 8 章，虚拟学习社区学习者交互行为对学习绩效的影响。围绕虚拟学习社区，采用社会网络分析方法，探究学习者在社区中的交互行为对学习者学习绩效的影响机制。

第 9 章，知识问答社区的用户知识贡献效率影响因素研究。针对用户知识贡献行为，根据社会交换理论，实证检验学习者用户知识贡献效率的影响因素模型。

第 10 章，知识问答社区的信息采纳行为影响因素研究。针对用户知识采纳行为，以信息接受模型作为研究框架，实证检验学习者用户的知识及信息采纳行为影响因素模型。

第 11 章，知识问答社区的知识贡献激励机制研究。针对社区平台的激励机制设计问题，区分平台细分学习者群体，通过系统动力学仿真剖析差异化激励机制及精细化管理机制。

第 12 章，翻转课堂虚拟学习社区建设的优化策略研究。本章将在回顾本书全部研究工作、梳理关键研究结论的基础上，总结归纳优化翻转课堂虚拟学习社区建设的策略建议。

第 2 章 文献综述

面对教育信息化与公众化的新形式,以及 2021 年 3 月发布的《教育部关于加强新时代教育管理信息化工作的通知》的总体要求,基于在线学习平台及虚拟学习社区的翻转课堂教学模式成为主动服务并提升学习者知识建构效果的新途径。目前,许多高校正在教学实践工作中积极推广翻转课堂,研究学者们对此教学模式也广为关注。翻转课堂协同教学模式意指学习者个体之间通过相互协作,继而结成学习型人际关系网络,并就相同的学习兴趣和热点知识进行交互讨论的教学模式。学习者知识吸收能力旨在解释学习者通过翻转课堂协同教学模式反映的知识获取能力、知识消化能力以及知识应用能力的集合。尽管翻转课堂教学模式的发展为网络学习者的知识吸收能力提升提供了高效便捷的途径,但在翻转课堂的问题引导环节、观看视频环节及问题解决环节,仍普遍存在学习者知识吸收效果不理想等现象,对翻转课堂教学效果的提升形成桎梏。然而,造成这一现象的原因,究其根本还是应考量前述的"课前的问题引导与观看视频、课中的难点知识讲解与课堂案例讨论、课后的问题解决与启发式扩展学习引导"三个环节的交互协同并进,即翻转课堂教学模式的协同性建设是否完善,如果翻转课堂协同教学模式能在上述三个环节提供给学习者以实时的、充分的交互支持,则能有效提升学习者的知识吸收能力。

尽管翻转课堂协同教学模式兴起的时间不长,但许多研究学者和教育工作者对该问题展开了大量的定性和定量研究工作,在与其相关的研究领域也取得了一定成果,纵观这一领域的研究成果,主要集中在以下六个方面:基于翻转课堂虚拟学习社区社会网络理论、学习者的知识吸收能力理论、慕课学习者行为研究、慕课课程设置研究、学习行为与在线学习绩效的关系研究、翻转课堂协同教学模式对学习者个体知识吸收能力的影响研究。

2.1 翻转课堂虚拟学习社区的构建理论研究

由于翻转课堂虚拟学习社区的概念涉及教育学、社会学、心理学、计算机科学、新闻传播学和图书馆情报学等领域，其概念的界定较为复杂（Garita，2006）。研究学者分别从翻转课堂虚拟学习社区的内涵、类型及特征等维度进行了全面地解释。其一，就其内涵而言，甘永成（2006）指出虚拟学习社区是在线学习和虚拟社区的结合产物；Carlen（2010）指出翻转课堂虚拟学习社区的概念包括两层含义，即它既是一种借助于技术而形成的学习型组织，也是一种网络学习环境及维持学习过程氛围和情境的支持系统。其二，就其类型而言，Strayer（2012）从翻转课堂的虚拟社区学习环境出发，将其划分为纯虚拟学习社区和混合虚拟学习社区两种类型；王陆（2012）结合首都师范大学虚拟学习社区的实际应用，将其划分为教育虚拟学习社区、专业虚拟学习社区及有限虚拟学习社区三种类型；Bishop（2013）通过调查研究法，对翻转课堂的学习进行了系统性地追踪，并将其对应的虚拟学习社区划分为 5 种不同类型：主动学习型社区、问题解答型社区、协作学习型社区、直接教导型社区及辅助学习型社区；Herreid（2013）通过案例研究，依据翻转课堂对应的虚拟学习社区的作用，将其划分为教育型社区、专业型社区、兴趣主导型社区、科研创新性社区及有限虚拟社区五种类型。其三，就其特征而言，Ogden（2014）认为成功的翻转课堂学习社区应该具备边界与排他性、明确的目的、规范的行为准则、清晰的社区成员责任义务、自主决策的权利与意识五个主要特征；Hofer（2013）基于远程翻转教学实践研究发现良好的社区协作关系和知识流动机制是成功虚拟学习社区的关键特征；Oermann（2015）结合本科生医疗课程的翻转教学实践，指出社区成员间的同理心、公共价值观、协作及社区归属感都是维系成功虚拟学习社区的典型特征。

构建理论揭示了完成翻转课堂虚拟学习社区建设的一般规律。Palloff（2007）提出构建虚拟学习社区的七大步骤，分别是清晰定义虚拟学习社区的目的、创建具有特色的学习空间、促进成员间产生有效领导力、定义清晰的行为规范、设计成员角色、设计学习支持团队及争论消解机制；王佑镁（2010）

不仅分析了基于知识聚合性社会关系网的学习者想法及观点的快速汇聚与知识体系构建的过程，同时也清晰刻画了协同学习社群网络中的学习者参与特征；王翠英（2012）认为学习共享空间是社会网络环境下支持学生协同学习、个性化学习的学习社区和学习资源中心，并明确指出协同学习人际网络中的交互关系、网络规模、认同感等因素将影响大学生协同学习的知识吸收效果；此后，Kurtz（2014）指出教师角色在翻转课堂虚拟学习社区建设过程中的重要性，并认为教师通过从教导者到学习社区组织者、管理者和支持者角色的转化，实现对学习社区构建的引导及建设；Hill（2014）梳理和分析Udacity、Coursera、MITx和edX平台后，指出翻转教学虚拟学习社区的构建应遵循以下九大策略，即为学习者建立"失败的安全"空间、协助学习者建立结构依赖、鼓励探索性学习的氛围、协助学习者建立管理自我时间的策略和方法、鼓励学习者分享阅读信息、提醒学习者使用学习支持服务、建立能有效促进学习者间互动活动的良好组织结构、提供学习者多重进入社区的手段、将技术故障降至最低；王虎（2014）借助学习者的社会资本、翻转课堂和深度学习理论，开发了基于社交网络的协作教学平台"边做边学"，该平台采用"任务驱动"的教学模式，培养学生通过社交平台组织学习资源、分享与交流，以及独立解决问题的能力，并指出知识、学习、交互、技术四个维度对深度学习具有显著的促进作用；Chunngam（2014）通过对比性实验研究发现学习者的学习兴趣将显著影响虚拟学习社区的构建风格；Lin（2015）则认为良好的师生及学习者间的社会网络结构对虚拟学习社区的建构存在积极影响；Pretorius（2015）通过对南非大学地理系的虚拟学习社区进行案例研究后发现，"学习圈"模式及协同式知识结构对优化学习社区建构过程中的稳定性起到了推波助澜的作用；Sobré-Denton（2015）基于对社会媒体的剖析发现人际性支持有助于推动虚拟学习社区的建设。

2.2 学习者的知识吸收能力理论

针对翻转课堂学习者知识吸收能力评价的研究成果并不丰富（尹铁燕，2015），Bereiter（2003）在其研究中明确指出了知识吸收与学习之间存在的差异，并认为学习是内在的、几乎不可见的过程，其结果是学习者信念、态度和技巧的改变；而知识吸收则被视为获取并修正知识结构的过程；McLean（2004）对协同教学模式中学习者的知识吸收过程特征进行了剖析，并指出：其一，知识吸收过程是学习社区成员的共同目标；其二，学习者通过集中于解释和表达其个人对问题的理解，不断获取和修正知识；其三，教师也是知识吸收活动的推动者与专家型的学习者，而不仅仅是知识的提供者。这一观点实际上明确肯定了学习者知识吸收能力的提升需要教师和学习者的共同参与这一潜在结论。Pena-Shaff（2001）及赵建华（2007）等人以意义单元为基本单位，诠释了学习者的知识吸收能力；王云（2013）通过问卷调查及实证研究，检验了学习者个性特征对协同教学模式中知识吸收能力的影响机制，并发现自我效能感、学习动机、成就归因方式和学习风格等学习者的个性特征与其知识吸收能力具有相关性；潘炳超（2014）采用准实验研究的方法，以教学程序为实验变量进行教学实验研究后得出结论：翻转课堂有利于激发和维持大学生的学习动机、培养大学生的自主学习与合作学习能力，继而提升学习者的知识吸收能力；Bielaczyc（2014）运用博弈论分析证实了教师与学习者的共同积极参与，将有效提升学习者的知识吸收能力。Barak，Watted 和 Haick（2016）对325 名来自学习英语（289 人）和阿拉伯语（36 人）的 MOOC 平台学习者进行数据收集和问卷调研后，发现网上论坛信息发布数量与在线学习者成员数量正向相关，并对学习者的知识吸收能力存在影响。

2.3 慕课学习者行为研究

从学习者行为动机视角，国内学者郁晓华和顾小清（2013）对学习者行为进行分析，研究学习者行为的原因、目的、环境以及学习者个性化等因素。Fang（2019）研究调查了 MOOC 平台学习者的互动行为与学习参率之间的中介效应，即心理需求满意度，探究在线学习中的社交互动是否会对不同类型心理需求满意度产生同等影响，以及不同心理需求满意度对学习参与率的不同影响。从学习行为影响程度视角，Kenneth（2016）则研究了在线课程中的学习者行为的影响等级。Wanli Xing（2019）研究了学习情绪，并突破了情绪二元分析框架，量化了学习者的发帖情绪，基于此，探究学习者情绪与留存率之间的关系。从学习行为模型构建视角，黄瑶（2019）将学习者学习行为分为外显学习行为和内隐学习行为，并对内隐学习行为维度和外显学习行为维度进行划分，基于此，构建出学习行为分析模型。从深化研究学习效果视角，李阳（2017）进行了多维度、多层次角度的在线学习行为数据模型构建，并将学习行为进行聚类分析、利用算法进行个性化课程推荐分析、最后进行学习行为与学习效果的关联性分析，这是对学习行为和学习效果的深化研究。从学习者交互视角，De（2017）研究了MOOC平台学习者交互社区在课程开设时的创建及发展情况，发现只有当教师积极参与互动，扮演意见领袖，在社会网络中领导大部分的互动，才能推动学习社区的建立和持续发展；同时发现，课程结束后课程讨论社区也随之停止发展。该领域研究工作汇总如表2-1所示。

表2-1　　　　　　　　学习者行为研究

研究方向		研究成果	局限性	本书研究
动机分析	郁晓华，顾小清，2013	行为的原因、目的、环境以及学习者个性化等因素	未分析学习行为的程度	结合本书研究目标，将学习者行为定义为互动行为
	Jiaming Fang, 2019	沉浸式体验和三个心理需求满意度（即能力，亲和力和自主性需求）影响了MOOC学习参与度		
程度分析	Kenneth, 2016	学习者行为的影响等级	未构建行为模型	
	Wanli Xinga, 2019	量化学习者发帖情绪，研究情绪与留存率的相关性		
模型构建	黄瑶，2019	学习者学习行为分为外显学习行为和内隐学习行为，构建学习行为模型	未进一步分析行为与学习效果的关系	
深化研究学习效果	李阳，2017	学习行为聚类分析、个性化课程推荐分析、与学习效果的关联性分析	学习者行为未考虑交互行为	
学习者交互	De Lima M., 2017	只有在教师参与促进参与，学习社区才能建立并继续发展	未量化学习者交互行为	

总结来说，国内外学者研究中对于MOOC平台学习者交互行为的数值程度和社会网络效度的定量研究稍显不足。

2.4 慕课课程设置研究

慕课课程设置及其影响因素的研究如表 2-2 所示。MOOC 平台虚拟学习社区是否能激励学生学习通常受到三个决定性因素的影响,即 MOOC 的老师是否博学(Shih,Chuang,2013)、内容是否生动(Desai,Hart,Richards,2008)、表示方式是否具有交互性(Lee,Lehto,2013)。另外部分学者研究表明:课程难度的提升将降低学习者的学习意愿(Liqiang Huang,2017)。

表 2-2　　　　　　　　课程设置研究

研究方向	研究成果		局限性	研究创新
课程属性	Shih 和 Chuang,2013	学习者学习意愿与老师是否博学有关	未考虑到课程的社会网络属性	以社会网络视角研究课程社会网络属性与课程整体绩效的相关性
课程属性	Desai,Hart 和 Richards,2008	学习者学习意愿与课程的生动性有关		
课程属性	Lee 和 Lehto,2013	学习者学习意愿与 MOOC 的互动性有关		
课程难度	Liqiang Huang,2017	课程难度极大地降低了学习意愿		

已有研究关注了课程属性与学习意愿之间的关系,未考虑到课程的社会网络属性,本研究将从社会网络分析视角研究课程社会网络表现与课程整体绩效的关系,包括课程互动社会网络的整体属性、教师参与程度和不同类型课程对学习绩效产生的影响等。

2.5 学习行为与在线学习绩效的关系研究

由于在线学习行为分析的研究目的是发现学习者潜在学习规律或风格,通过对其学习行为进行适当的干预、预测和评价来让学习者提高在线学习效果

(桑秋侠，2016)。因此，一方面，学者们根据在线学习者行为投入和学习成绩建立了分析框架。姜强、赵蔚 (2015) 依靠大数据技术，从环境、关益者、方法和目标这 4 个维度全方位研究学习者行为和学习效果之间的关系。贺超凯 (2016) 针对 MOOC 平台上的学习者行为，探究了该行为的典型特征，采用逻辑回归对学习者学习绩效进行预测。另一方面，部分学者从社会网络分析视角开展研究。徐彬 (2015) 将讨论区的讨论进行发起话题分类，并利用 NodeXL 社会网络分析软件对平台讨论区的学习者交互程度进行了分析，孙洪涛 (2016) 则利用社会网络分析软件 GISITI 对在线学习者之间的社会性交互情况进行分析。这些研究都为学习者的社会网络互动结构分析奠定了重要基础，如表 2-3 所示。然而，该网络结构对学习者学习绩效的影响机制仍有待进一步揭示。

因此，现有关于学习者互动行为以及课程因素对学习者绩效影响的研究还不足，因此，本研究将从学习者互动行为和课程因素两个角度探索与学习者学习绩效的关系。

表 2-3　　　　　　　　　学习绩效研究

研究方向	研究成果		局限性	研究创新
学习行为与学习完成率	Pursel, 2016	以学习者基本信息、学习行为及互动活动为数据来源，与课程的完成度作逻辑回归，分析其相关性	学习完成率不能较好地代表学习者的学习效果	从学习者互动行为和课程对比两个角度，探索与学习者学习绩效的关系
	李曼丽, 2015	应用多种回归分析方法探讨了影响学习者 MOOC 课程完成率的因素		
学习行为与学习绩效	贺超凯, 2016	研究学习行为典型特征，采用逻辑回归对学习者学习绩效进行预测	未考虑到学习者的互动行为	
	姜强, 2015	环境、关益者、方法和目标这 4 个维度全方位研究学习者行为和学习效果之间的关系		

续表

研究方向		研究成果	局限性	研究创新
社会网络分析角度	徐彬，2015	将讨论区的讨论进行发起话题分类，并利用 NodeXL 社会网络分析软件对平台讨论区的学习者交互程度进行了分析	未将学习者的互动行为与学习效果联系起来	从学习者互动行为和课程对比两个角度，探索与学习者学习绩效的关系
	孙洪涛，2016	利用社会网络分析软件 GISITI 对在线学习者之间的社会性交互情况进行分析		
	Cho，2007	通过社会网络分析方法，研究在线学习社区中学习者群体的交流风格以及学习者产生的社会网络与其学习成绩之间的关系	未考虑课程因素	

2.6 翻转课堂协同教学模式对学习者知识吸收能力的影响研究

尽管已有学者指出翻转课堂协同教学模式对学习者知识吸收能力及协同教学模式的合作机制与知识流动具有重要影响（Lin, 2015; Dascalu, 2015），然而通过科学的实证研究及检验方法揭示这一问题答案的研究成果仍有待补充。张金磊（2012）认为教师角色的转变、课堂时间的合理分配、学生角色的调整对学习者的知识吸收能力存在显著影响；付立宏（2014）指出实践教育、授课技巧、师生交流、培养模式和学习态度对知识吸收和转化能力的提升存在显著影响；赵兴龙（2014）通过对翻转课堂中知识吸收过程及教学模式设计问题的定性研究指出，翻转课堂主要通过教学流程翻转、分解知识内化的难度、增加知识吸收的次数，促进学习者的知识获取效率，进而提升学习者的知识吸收能力；Maton（2014）认为对知识予以科学规范的编码有助于知识吸收能力的提升。黄世印（2015）认为翻转课堂协同教学模式基于教学资源的开放化、共享化、自主化等特征，有效提升了学习者的学习效率、塑造了学习者的自主学习能力、提升了学习者的知识吸收能力，继而全面优化了课程整体的教学质量。Cho 和 Heron（2015）的研究发现在线学习者的内在动机对知识吸收效果具有更加显著的影响，无心向学的学习者在线上学习的效果往往并不理想，且需要配以更加严格的监督机制，才能促进学习者的学习持久性。Wang 和 Baker（2015）按照学习持久性将学习者划分为两种类型，即课程注册且完成者和课程注册但未完成者，其关注的兴趣点有所不同，通常课程完成者对翻转课堂的课程内容更感兴趣，而课程未完成者则是对翻转课堂教学模式下的相关学习经验更感兴趣。Kizilcec 和 Schneider（2015）指出由于翻转课堂虚拟学习平台是免费且公开的学习环境，因此，学习者往往会依据自己的学习目标和特定兴趣选择与之相适应的学习环境和相应课程，并发现学习者的社交需求对其知识吸收能力也会产生不同程度的影响。

2.7　研究述评

综上所述，经过众多学者的努力，这一研究领域尽管取得了一些可供借鉴的研究成果，但是仍然有待补充完善之处，主要体现在以下四个方面：

第一，目前的研究成果尽管都认为良好的合作机制与知识流动渠道对翻转课堂虚拟学习社区的建设具有重要影响，但是更深层次的问题是：什么是促进翻转课堂虚拟学习社区中学习者合作机制与知识流动渠道培育的主要原因呢？目前，尽管已有学者指出社会网络结构对学习社区的合作机制和知识流动具有重要影响（Lin，2015；Dascalu，2015），然而通过科学的实证研究及检验方法揭示这一问题答案的研究成果仍较为匮乏。

第二，目前与翻转课堂虚拟学习社区建设相关的研究成果主要集中在教育学、计算机科学、心理学、新闻传播学和图书馆情报学等领域，而从社会网络视角对翻转课堂虚拟学习社区社会网络结构开展的研究工作屈指可数，研究成果也凤毛麟角。然而在现实的学习过程中，良好的社区协作关系和知识流动机制对学习者的知识建构效果却产生着至关重要的影响作用（Hofer，2013），这些关系的构建和知识信息流通渠道的理顺，均与其所依托的社会网络结构密切相关，因此，从学习者的知识建构效果出发，基于社会网络结构视角，对翻转课堂虚拟学习社区的建设机制进行研究已刻不容缓。

第三，现有研究主要聚焦于学习者的个人特征或教师的参与行为等视角，分析知识建构的概念及影响因素等问题，研究方法较为单一化，研究视角趋于静态化。然而，研究翻转课堂虚拟学习社区不应忽略多因素的相互作用，也不能仅仅从静态视角考虑虚拟学习社区的建设机制，而应采用多视角、多学科融合的研究方法，如采用案例研究、结构方程模型及实验仿真研究，从学习者学习行为、教师参与行为、教学多主体社会网络交互行为、知识建构效果等多因素相互作用视角，动态考察翻转课堂虚拟学习社区建设的关键影响因素。

第四，对于中国本土化情景下的翻转课堂学习者而言，其社会网络关系结构受到中国社会文化的影响，在网络结构与节点行为等方面具有典型的特征（Hummerston，2008），而该典型特征并未在中国高校翻转课堂的虚拟学习社区的社会网络研究中体现出来。本书将结合中国高校学习者的实际需求及其行为特征，结合教学实践经验，通过对中国高校学习者的典型样本分析，全面展开基于知识建构效果视角的翻转课堂虚拟学习社区建设研究。

鉴于目前国内外对翻转课堂虚拟学习社区与学习者知识建构效果关系的研究现状与趋势，本书期望基于现有的社会学、传播学、计算机科学和图书馆情报学的研究成果，以提升学习知识建构效果和学习绩效为目标，从学习者、教师、课程和虚拟学习社区、商业化问答社区等视角，对翻转课堂虚拟学习社区进行研究，并实现本书的六项主要研究目标：第一，基于翻转课堂在线学习领域的研究现状剖析，聚焦核心研究问题，提出本书的研究框架；第二，基于学习者视角，挖掘学习者行为对学习意愿、知识构建效果以及学习效果的影响机制；第三，基于教师与课程视角，探究翻转课堂教学模式及课程设计与学习者知识吸收效果之间的关系；第四，基于虚拟学习社区交互行为视角，剖析学习社区的互动网络结构对学习者学习效果的影响；第五，挖掘社会化问答社区建设对翻转课堂虚拟学习社区建设的借鉴与启示；第六，提出优化翻转课堂虚拟学习社区建设，继而提升学习者知识建构效果及学习效果的建议策略。

第 3 章
基于文献计量及知识图谱的在线学习研究现状分析

近年来，互联网技术的高速发展给传统教育注入了新鲜血液，催生了在线学习（E-Learning）这一新兴的学习方式。当前的在线学习概念，专指基于信息技术和网络的学习。作为远程教育的重要形式，在线学习为学习者提供了大量的在线资源和优质的教育服务，使时间和空间不再成为学习的限制，满足了学习者的多样化学习需求。从1989年美国凤凰城大学推行在线学位计划起，众多学校和公司进行了大量的尝试，使大学公开课风靡一时。随着互联网的普及，2012年，一种针对大众人群的新型在线学习方式大规模开放在线课程（Massive Open Online Courses，MOOC）出现并吸引了大量学习者的关注。Coursera、edX、Udacity三大慕课平台迅速发展，参与在线学习的人数不断增长。北京大学、清华大学等国内高校先后加入，推出自己的在线课程。此后，慕课平台开始了本土化的进程，MOOC学院、学堂在线及中国大学MOOC等多个国内平台先后投入使用。MOOC的流行使越来越多的研究学者将目光聚焦在在线学习这一研究领域上。

本书首先将对目前国内在线学习理论研究成果进行梳理，并基于此，展开后续主体研究工作。对国内在线学习领域进行全面梳理这一工作的原因主要在于：第一，本书所依托的研究背景为基于在线教学平台完成的线上翻转课堂教学工作，其属于在线教学的研究范畴。尽管在2019年12月以前实施的翻转课堂教学活动会涉及部分线下环节，但结合疫情防控期间（2020年1月~7月）的完全线上翻转课堂以及现阶段（2020年9月~12月）的线上线下混合式课堂的教学模式实施效果和学生学习成绩提升效果等因素综合观察，纯线上学习和教学已成为更好的翻转课堂教学模式实践场所和研究平台。第二，随着国内加快推进网络与数字技术在教学实践工作中的普及性应用,以互联网技术为依托的在线学习模式成为了教育改革的风向标。学习者利用网络学习平台和工具获取和共享知识,实现在网络环境下的自主学习和知识交互分享,并涉及以下两个层面:其一,对在线教学模式的关注,传统课堂模式如何结合在线学习特点提升教学质量;其二,关注在线学习面临的技术性挑战,如线上学习资源的体系化建设、教学管理与评价方式的时空转换等。总体而言,在线学习、移动学习亦或是开放课程,都是我国现代化教育体系建设的新形态和新方向,这些新兴技术所支持的教学活动拓展了开放学习渠道,培养了人们的终身学习习惯。第三,线上学习的多元化形式及数据的丰富性有助于深化本书的研究思路。其一,多元化的线上学习形式有助于丰富本书的研究视角。在信息技术强大的交互性与大数据挖掘与分析能力的基础上,实施传统面授教育的院校将依托不同教学工具与手段,与在线学习等新兴教育形式有机融合,倡导学生线上参与交流,扩充学习空间,丰富学习渠道,这些多元化的学习形式拓宽了翻转课堂的教学思路,扩展了本书的研究视角。其二,在线学习平台记录了大量学习者的学习行为数据,为充分分析在线学习行为特征、预测学习效果、及时通过适当的课程设置及相关教学活动,引导学生提升学习动机与优化学习效果,继而为全面提升翻转课堂实践教学质量提供客观参考依据。

综合上述考虑,本书为深化在线教育体系建设,拓宽在线学习应用空间,更好地推进翻转课堂教学改革,提升在线翻转课堂教学模式下的学习者知识建构效果,考虑基于文献计量及知识图谱方法对国内在线学习研究成果进行全面梳理,以为后续在线翻转课堂教学模式所依托的虚拟学习社区建设和优化工作奠定基础。

3.1 在线教育

技术进步激发了教育生产力变革,开放、共享、跨界、创新的在线教育模式正在逐步形成,并呈现出以下特点:第一,资料聚合与资源共享。大量优质教育资源借助信息技术实现了数字化,"名校、名师、名课"突破了时空限制,在网络平台上实现了开放共享,解决了优质教学资源的配置难题。第二,平台创新与互动加深。以社交媒体为代表的协作互助工具为学习者线上交互协作提供了可能,在线教育研究也开始从"资源思维"向"学习者思维"转换,师生交流、生生交流以及学生与世界之间的交流成为了网络教学设计所关注的重要环节。第三,数据跟踪与科学评测。借助大数据、云计算等技术实时监测和记录学生行为及其在线学习表现,从而有助于教师和教学管理中心及时掌握学生学习状态,构建个性化学生学习轨迹数据库,监控与评价学习效果,反馈教学组织管理情况,增强教学服务的匹配性与适应性。

3.2 文献计量与知识图谱

本书将采用文献计量研究方法,辅以知识图谱表达方法,全面梳理和呈现国内在线学习的相关研究成果,之所以采用文献计量与知识图谱可视化研究方法在于:该研究方法对于丰富和完善社会科学领域的计量学科、知识管理等相关学科领域的知识体系,以及管理决策与政策制定具有参考价值,文献计量与可视化研究对知识在科学技术发展和经济进步中的作用、贡献和价值等方面的评价具有现实意义:第一,有利于深化学科体系,拓展研究方向。科学知识体系的发展经历了多阶段更新与发展,相关学科领域的交叉融合是产生新学科生长点的重要空间。①知识计量学的深入研究不仅有助于丰富和完善知识计量学自身的学科体系,同时该研究方法和手段也拓展和深化了传统的文献计量学和科学计量学领域的工作。②信息技术的发展促使数据挖掘、神经网络等方法在知识计量和知识管理领域发挥出重要作用。③这些研究方法和研究领域也是信息计量学和网络计量学的重要研究方向与热点领域。第二,有利于培养专业人才,完善学科设置。近年来随着信息技术的进步,知识计量与可视化研究在研究方法、研究对象、研究范畴等方面得以丰富,使其在文献计量学、科学计量学、知识管理、科学技术管理等学科交叉领域形成独立研究方向。积极倡导创建知识计量学,不仅有利于丰富和完善科学知识体系,同时对知识计量学科的专业人才培养和学术研究队伍的创建具有重要实践意义。专业人才和研究队伍的形成对知识计量学学科地位的确立、学科体系的完善与深化具有重要推动作用,形成学科领域—专业人才—研究队伍相互促进的良性循环。第三,有利于科学管理的辅助决策。知识计量学对科学文献和海量信息数据的计量,可以从海量信息中发掘有效信息,通过可视化手段,将隐性知识信息转化为易于学习吸收和传播的显性知识，对于社会实践中具体的知识生产、使用和传播具有重要的价值。同时，知识（或知识活动）同时具备科学、社会和经济属性，是一种复杂的知识体系和社会现象，通过对以知识单元为基础的知识活动的计量，可以探测知识在科技、经济和社会中发挥的作用；通过知识活动的计量研究，对确定科研选题和制定科学技术政策，以及辅助管理决策工作具有现实意义。第四，有助于研究者直观明晰前沿研究问题。科学知识图谱是在对传统科学计量学和引文分析理论的可视化研究领域中出现的一个实用分析工具和手段，依托于可视化研究的方法与目标，通过绘制知识图谱，将文献之间抽象的引用和共引关系通过图谱形式直观地展现给研究者和分析者，从而帮助研究者明晰学科前沿。

3.2.1 国内文献计量研究

蒋红星、代洪彬、肖宗娜（2016）基于中国知网 2003~2016 年的研究数据，通过分析混合学习的研究热点与研究前沿，指出我国混合学习理论与实践的本土化、系统化水平不足等问题，建议紧跟国际、立足国内、不断创新，逐步形成适应国内教育的研究成果，然而现有研究多聚焦于教学模式这一微观视角，对教学管理制度的研究工作亟待扩充；杨森（2017）对混合学习进行了全面分析（其研究所依托的数据截止于 2016 年），总结出三类主要研究主题：课程学习平台、学生学习方式、教师教学改革，其中教学模式及其应用是学者们集中探讨的主题。与此同时，研究还指出在线学习仅在高等教育领域具有较高关注度，而在职业教育、中小学教育等领域中的研究工作亟待加强，同时还需加强对混合学习的管理与评价等研究工作。高瑞（2018）刻画了 2001~2016 年国内外在线教育领域的研究热点与合作关系，提出国内在线教育研究的三个方向：在研究方法上实现多元化，在研究作者与机构上保证专业性与协同化，在研究内容上强调本土化与普适化。刘震（2019）利用国外在线教育研究文献数据，从教、学两个视角划分出了四类研究主题，一方面，从"学"的视角出发，涉及过程性研究（如：在线学习体验、合作学习、在线学习社区和学习互动等）与结果性研究（如：学习效果、满意度等）。另一方面，从"教"的视角出发，涉及教育理论研究与实践教学法研究。

3.2.2 国外文献计量研究

国外学者 Zawacki 与 Anderson（2011）通过研究远程教育领域中信息交换

的结构和模式，清晰地描绘出在线学习文献的核心与外围结构，有助于我们了解这些期刊和整个领域中的出版物相关的区域和国际影响力。Bucovețchi 与 Stanciu（2018）研究发现，Coursera、EdX、Udacity、Udemy 等 MOOC 平台用户对网络化学习的学术热情逐渐高涨，同时，2008~2016 年数据显示，国家和机构的生产力与影响力也在不断增强。Halverson（2012）研究了混合学习发展的共引网络，从而得出混合学习对话场景、代表研究学者、前沿发展趋势的相关结论，并指出，随着混合学习研究的发展，研究者在阐明清晰的理论框架、为研究提供连贯性和深度的同时，也应围绕特定的研究问题开展实证研究。Hung（2012）使用文本挖掘方法对 2000~2008 年相关研究文献进行了聚类分析，旨在研究电子化学习形成发展阶段与未来研究趋势。此外，其发现政府政策在该研究领域的发展过程中具有重要作用。Keahey（2017）同样使用文本挖掘技术检查了 1997~2016 年间已发表的研究成果，以期从已有成果中追踪在线学习的历史演进轨迹、发展现状和未来新兴趋势，研究表明：①在线学习和远程教育之间的关系正在发生变化；②整个研究发展过程中，对学习者及其学习效果持续受到研究者的关注；③新兴的研究领域包括学习的开放性和移动性、基于游戏的学习和 MOOC 等。Hauser（2013）纵观考察了 2005~2012 年间远程教育的研究成果，并对文章进行分类与编码分析，研究表明，该领域亟待丰富各类实证研究工作。Young 分析了 2003~2012 年在《远程教育杂志》发表的文章，分析了作者提供的关键字和常用抽象短语的出现频率、作者类型和出现频率、所采用的研究方法类型、期刊和特定文章的被引次数，并发现学习社区、协作和项目管理等词为常见关键词。总体而言，最常用的研究方法的解释性特征明显，且讲英语的作者倾向于发表解释性文章，而讲法语的作者通常发表理论性文章。在 Arnesen（2019）的研究中，其根据文献的研究方法进行分类，全面分析了在线和远程学习的趋势、作者、期刊、引文和主题。研究发现：该领域研究正在成熟并且研究重点逐步从理论文章向基于数据的文章转变。

对比国内外学者的研究发现，研究所涵盖的时空范围正在逐步扩大，研究采用的方法更具完备性与多样性，研究内容的深度和层次也较国内学者更具价值与优势。

本书将选取"在线学习"这一主题下的相关文献，对其研究演进与进展、研究方法与构成等进行系统性梳理。目前在线教学的理论研究已日益成熟，然而，仍缺乏充足的实践经验。尽管各教学机构初步尝试使用在线学习模式进行教学，但技术带来的教学环境的改变使得教学过程、参与方式以及教学资源管理等方面的问题凸显，虚拟与现实之间缺乏沟通与衔接机制。为更好实现本土化的教学改革目标，研究者们针对线上学习过程中记录的学习情况进行了数据建模，从而为线下学习指导提供指导借鉴，辅助教学全过程的推进与评测。

综合国内现有研究成果发现许多问题亟待解决：第一，高质量研究成果较为鲜见。国内与在线学习主题相关的文献研究综述年发文量低，总量远低于在线学习文献研究量。且研究结果大多数仅停留在数据统计阶段，对文献研究的价值链网络和研究主题的演变分析止于浅表，未能深层挖掘文献背后的潜在价值。第二，研究成果的涵盖范围较为受限。从研究数据选取层面观察，文献的时间跨度相对较短，多数集中于 2000~2010 年这一研究成果爆发期，未全面覆盖在线学习发展全阶段的研究内容。此外，国内外在线学习的研究进程是相辅相成的，但现有文献易于将二者割裂分析，缺乏科学有效地对比研究成果。第三，研究方法与研究工具单一。研究者通常仅选取某一种计量方法，对相关文献进行统计或可视化呈现，因此，在数据呈现方式的多样性受限，制约了其更深层次的多维交叉分析。经过对研究基础有了完整认知后，总结得出技术是教育改革的重要指引，然而，工具对人的替代作用不可一概而论，而应将研究重点放在如何使用技术对教学进行精准定位、有效管理与科学评价上，以期更好地帮助更广大师生掌握知识与技能。综上，在线学习研究领域亟须进行全面性、系统性的文献计量研究，便于此后的研究者对该学科的动力、现状和发展趋势具有较为准确的认知。

为了总结出在线学习研究的演进趋势，本书使用统计分析、文献计量、知识图谱等研究方法，对研究中的重要时间节点、关键性理论基础、主要研究人员与研究阵地以及学科变革态势等问题逐一进行分析，通过对比研究不同发展阶段的热点问题，厘清在线教学实践需求的演化脉络，继而明晰在线教学的发展趋势。具体而言，本书将采用文献计量法，利用 CiteSpace 软件的引文分析功能，对在线学习文献的协作网络、关键节点网络等进行结构分析，辅以科学知识图谱方法呈现研究内容，本章的研究方法和主要步骤如图 3-1 所示。

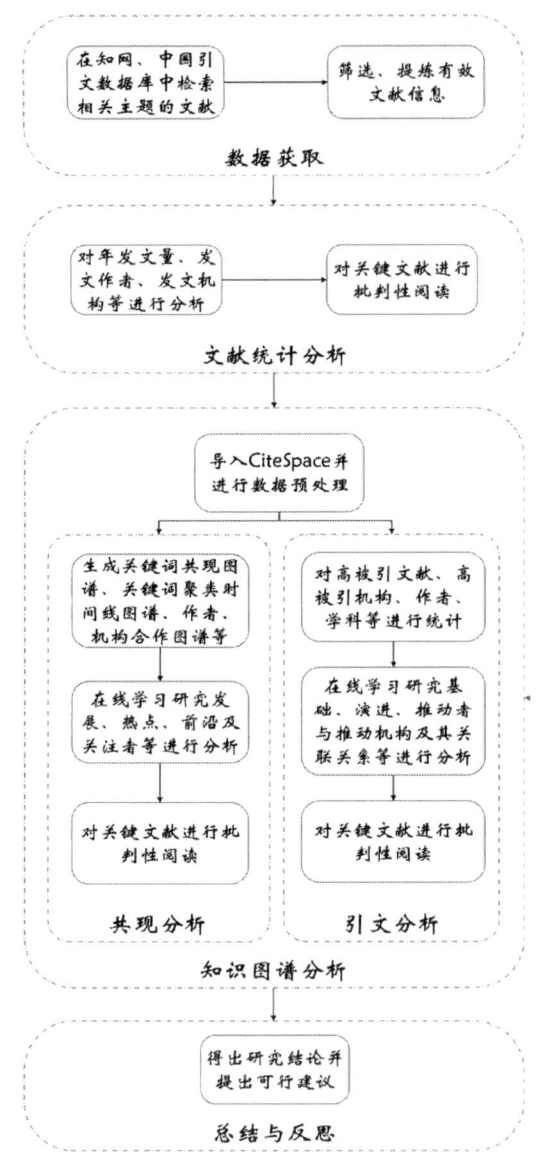

图3-1 研究方法与步骤

3.3 知识计量与可视化分析

本章文献数据选自中国知网全文期刊数据库与会议论文数据库,以"在线学习"、"在线教育"、"远程教育"、"网络教育"、"online learning"、"e‐learning"为主题词进行检索,检索范围包括期刊与国内外会议,经筛选并剔除主题或条件不符的文献,共检索到有效文献 5574 篇(检索时间为 2019 年 11 月)。

为保证研究结论的准确性,在数据分析过程中进行了以下处理:统一研究机构及作者名称。考虑到在不同文章中简写方式或英文大小写差异,导致出现重复数据,从而影响了分析准确度,因此,本书利用节点修正功能,将反映同一内容的数据点分别使用 Add to the Alias List (Primary) 和 Add to the Alias List (Secondary) 进行处理,即将两个代表同名文献信息的节点予以合并。在作者分析和研究机构分析中使用同样的数据预处理方式去重,以此确保最终网络图谱所表达信息真实有效。

3.3.1 年发文量分布

文献的年发文量如图 3-2 所示,从文献的年发文量观察,发文量整体呈现上升趋势。从 2000 年开始,在线学习领域的文献数量平稳增加,并在 2004 年呈现一个小高峰;2010 年以后,出现快速增长态势,尤其在 2014 年左右出现激增。但值得注意的是,按照增长趋势预测到 2019 年的文献量将达到 999 篇,然而,截止到 2019 年年底的统计数据显示,2019 年全年实际仅发表 768 篇相关文章,较 2018 年(859 篇)有所下降,甚至低于 2016 年的 790 篇。

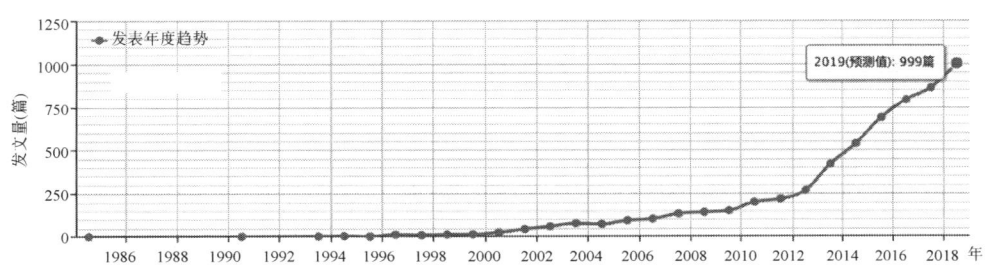

图 3-2 在线学习发文量逐年分布

3.3.2 来源期刊分布

图3-3展示了在线学习领域文献的20个主要来源，期刊类型以教育类为主，其中文献数量占比最大的是《中国远程教育》，其次为《中国教育信息化》、《中国电化教育》等。《中国远程教育》是社科双效期刊，从它的复合影响因子和综合影响因子观察，该期刊是影响力较大的教育类学术研究阵地。通过梳理该期刊近十年来文献的关键词分布（如图3-4所示）发现，"在线学习"排名第三，是文献研究的热点主题之一。与此相关的关键词如"远程教育"、"移动学习"、"MOOC"、"慕课"等同时反映了当下教育的多元化形式。

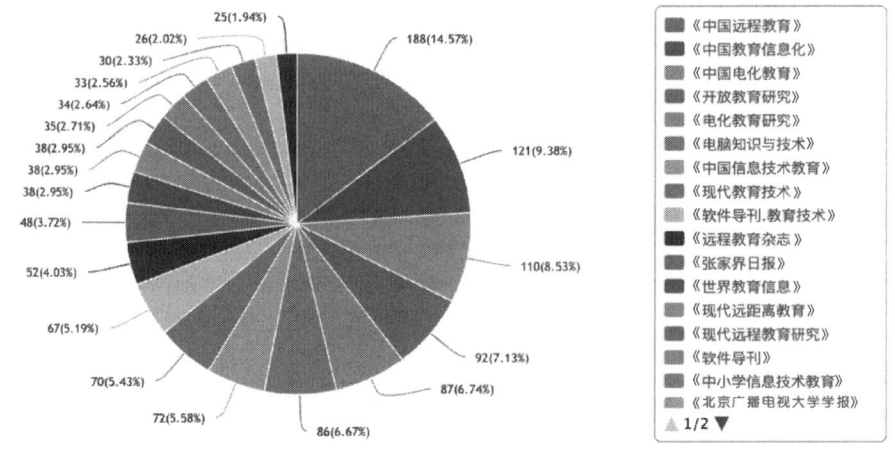

图3-3 数据来源期刊及文献量

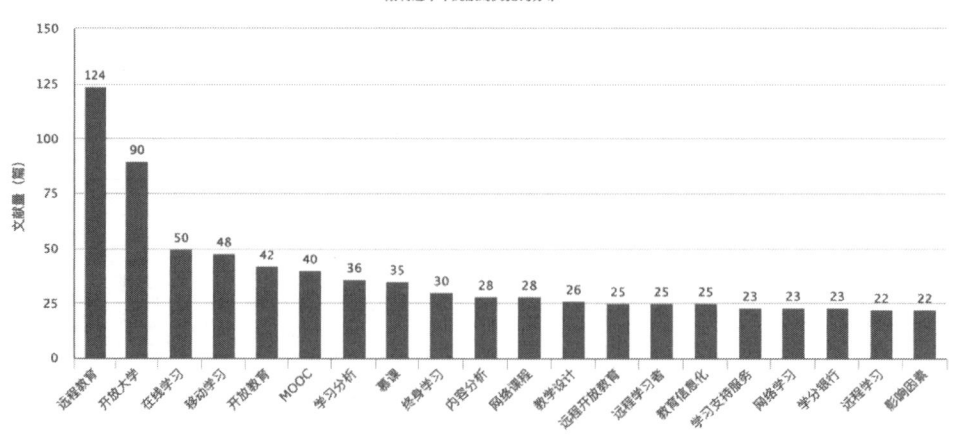

图3-4 《中国远程教育》近十年文献的关键词分布

第3章 基于文献计量及知识图谱的在线学习研究现状分析

论文影响因子较大的《远程教育杂志》在线学习研究发文量相对较少，尽管如此，其篇均被引数却超过《中国远程教育》的两倍（如表3-1所示），《电化教育研究》、《中国电化教育》也是篇均被引数较大的期刊，这反映了研究的较高水准。相比《中国远程教育》（如图3-5所示），《远程教育杂志》早在2002年就发表了在线学习的相关论文（如图3-6所示），这为早期研究提供了可参考依据。

表3-1　　　　　数据来源期刊及文献量表

排序	期刊名称	论文复合影响因子	论文综合影响因子	检索文献数量	占比（%）	篇均被引数
1	中国远程教育（Distance Education in China）	2.362	1.593	188	14.6	10.12
2	中国教育信息化（The Chinese Journal of ICT in Education）	0.633	0.352	121	9.38	5.7
3	中国电化教育（China Educational Technology）	5.235	3.133	110	8.53	30.43
4	开放教育研究（Open Education Research）	4.755	3.084	92	7.13	24.91
5	电化教育研究（E-Education Research）	3.862	2.721	87	6.74	35.78
6	电脑知识与技术（Computer Knowledge and Technology）	0.227	0.096	86	6.67	1.79
7	中国信息技术教育（China Information Technology Education）	0.118	0.047	72	5.58	18.03
8	现代教育技术（Modern Educational Technology）	3.046	1.889	70	5.43	21.58
9	软件导刊、教育技术（Software Guide）	0.238	0.112	67	5.19	2.13
10	远程教育杂志（Journal of Education）	6.944	4.389	52	4.03	26.21

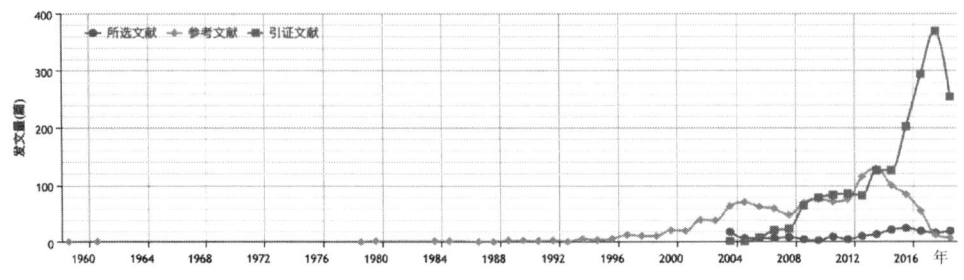

图 3-5　《远程教育杂志》发文量总体趋势分析

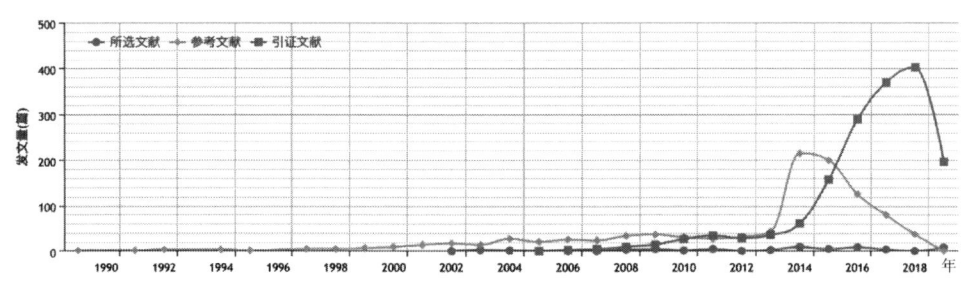

图 3-6　《中国远程教育》发文量总体趋势分析

期刊的影响因子承载了文献的研究质量，但仅凭发文数量并不一定能判定研究的价值高低，研究者可根据自身的知识基础进行阶段性分析。

3.3.3　国内主要研究机构及其合作网络

1985 年以来在线学习领域的研究机构合作网络图谱如图 3-7 所示。从网络图谱观察发现，在线学习研究的合作机构主要集中在国内几所重点高等院校，并且具有明显的地域特征，各区域内具有明显合作关系，但不同区域间并无紧密联系。以上五大合作区域主要分布在以北京师范大学为核心的华北地区（合作群 1）、以华东师范大学为核心的华东地区（合作群 2）、以华中师范大学为核心的华中地区（合作群 3）、以华南师范大学为核心的华南地区（合作群 4），以及以陕西师范大学和西北师范大学为核心的西北地区（合作群 5），整体范围基本覆盖了国内各大重点高校。

合作群 1 是整个研究机构网络中包含节点数量最多的子网络，网络关系的核心最先形成于北京师范大学教育学部和北京师范大学远程教育研究中心，其在 2003 年与中央广播电视大学开展了合作，并在 2010 年前后通过与北京大

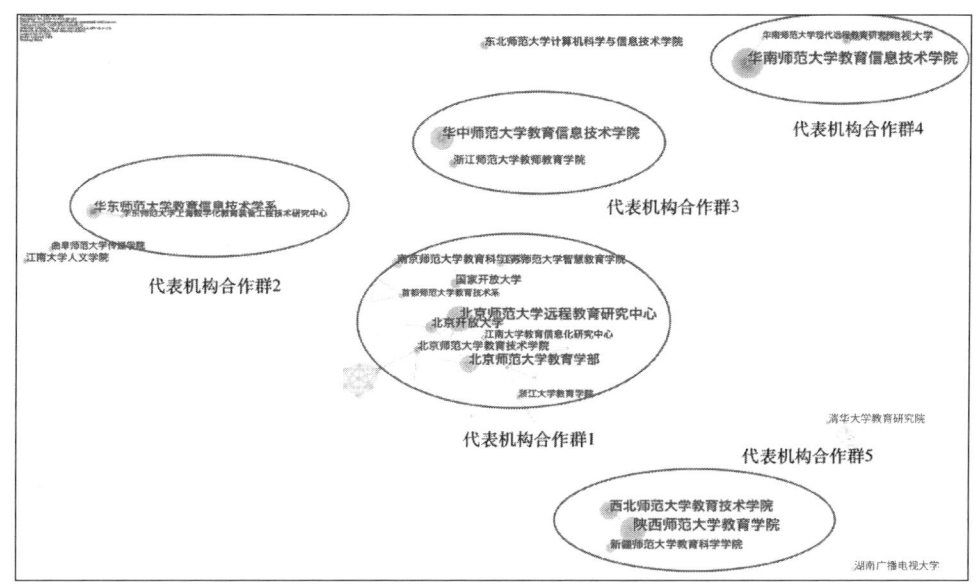

图 3-7 在线学习研究机构合作网络图谱

学、北京开放大学、北京邮电大学、首都师范大学等北京地区高校的合作拓展了合作网络；2015 年前后，北京师范大学广泛参与国内外合作交流，先后与上海市、浙江省、香港特别行政区、台湾省以及北美地区的美国和加拿大等国的高校建立合作关系，形成了跨学科的多边合作网络，进一步稳固了其在合作群 1 对应的子网络中的核心地位。

合作群 2 中华东师范大学的研究自 2001 年开展至今，并在最初几年内稳步推进，年发文量继 2004 年的小幅增长后，在 2014～2016 年呈现出快速增长，并在 2016 年达到峰值，超过了其他所有核心研究高校。其总发文量目前暂居第二，换言之，北师大为在线学习前期研究奠定了一定基础，而华东师大是在线学习研究后期的中坚力量（如图 3-8～图 3-10 所示）。早在 2000 年，该校张宇容、郑骏和张静波联合发表的《基于网络的远程教学》一文便已探讨了基于网络的远程教学的技术背景和所需技术资源，同时就远程教学所涉及的技术因素、人员因素及教学设计方法等问题展开过论述；紧接着，北京师范大学研究者于 2001 年发表了《基于 ARCS 模型构建〈数据结构〉在线学习系统》，实现了在线学习系统的技术落地。

合作群 3 中华中师范大学教育信息技术学院与浙江师范大学教师教育学院开展了相关领域的合作研究。

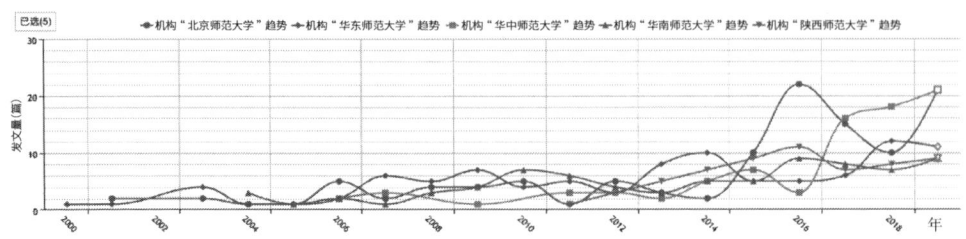

图 3-8　在线学习核心研究机构发文趋势

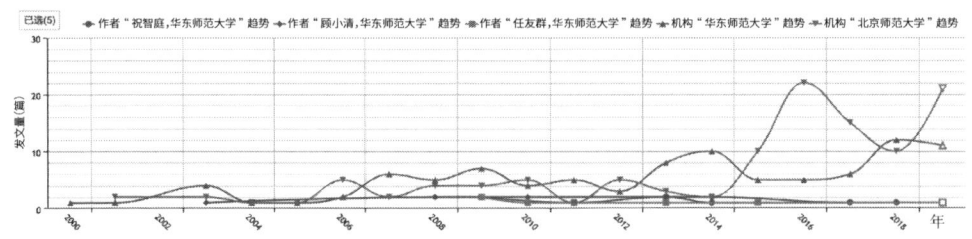

图 3-9　华东师范大学发文趋势

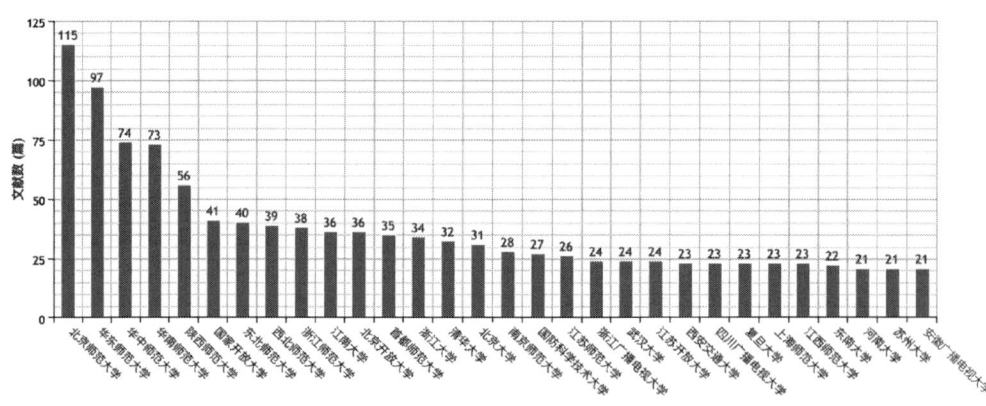

图 3-10　核心研究机构文献分布

合作群 4 的华南师范大学教育信息技术学院是合作频次最高的机构，此外，其总发文量与华中师范大学相当。

合作群 5 是以陕西师范大学教育学院为核心的合作关系链，主要包括西北师范大学教育技术学院和新疆师范大学教育科学学院。

图谱中合作频次排名前 20 的研究机构如表 3-2 所示。这 20 所研究机构是 1985 年至今在线学习研究阵地的重要代表，其中八所是来自北京地区的著名高校，师范类高校和传媒类高校是在线学习研究的主要阵地。图谱中显示：①Sigma 值。这些研究机构的 Sigma 值均为 1（Sigma 是 CiteSpace 软件中体现网络节点关键性的参数），这表明其在整个在线学习研究的机构合作网络及其演化过程中均起到了重要作用；②突现率。突现率表示某一时期机构合作的陡增情况，突现率越大，说明该机构在某一时期合作频次突增的情况比较明显。其中华南师范大学教育信息技术学院在2009年发文量有明显增长，如图3-8及表3-2所示。令人欣慰的是，研究水平处于劣势的华南地区与西北地区高校正在积极寻求与其他机构的合作，目前，北京以其高水平核心研究区位优势，影响着内陆与沿海地区的学术交流与发展，但全国性的多元立体合作研究网络仍未完全形成，这不仅需要研究者们齐心协力，还需要相应的政策扶持。

表3-2　　　　　　　　　　高合作频次研究机构表

排名	机构	时间	频次	Sigma	突现率
1	华南师范大学教育信息技术学院	2009	42	1	5.27
2	陕西师范大学教育学院	2014	34	1	
3	北京师范大学远程教育研究中心	2012	33	1	
4	华中师范大学教育信息技术学院	2014	31	1	
5	西北师范大学教育技术学院	2013	27	1	
6	北京师范大学教育学部	2012	24	1	
7	华东师范大学教育信息技术学系	2004	24	1	
8	北京开放大学	2014	17	1	
9	国家开放大学	2015	14	1	3.74
10	北京师范大学教育技术学院	2010	14	1	
11	汕头广播电视大学	2014	14	1	
12	南京师范大学教育科学学院	2015	14	1	
13	浙江师范大学教师教育学院	2011	14	1	
14	东北师范大学计算机科学与信息技术学院	2014	13	1	
15	新疆师范大学教育科学学院	2015	13	1	
16	北京大学教育学院	2009	13	1	
17	四川广播电视大学	2016	12	1	
18	江苏师范大学智慧教育学院	2016	12	1	
19	江南大学人文学院	2012	11	1	
20	江南大学教育信息化研究中心	2017	10	1	

3.3.4 国内核心研究者及其合作网络

（1）核心作者分布

核心作者的确定参考文献计量学中的普赖斯定律，计算公式为：

$$M = 0.749\sqrt{Nmax} = 0.749 \times \sqrt{24} = 3.669 \qquad (3-1)$$

其中：M 为高产作者的最低发文量，N 为以第一作者（含独立作者）发文最高量，该领域核心作者最大发文量为24篇。

在线学习研究核心作者分布如图3-11所示，由该统计数据观察，北京师范大学的陈丽为发文量最高的研究者，并与同校的郑勤华等人保持着密切的合作关系，其余多数核心研究者也来自相应的核心研究机构。

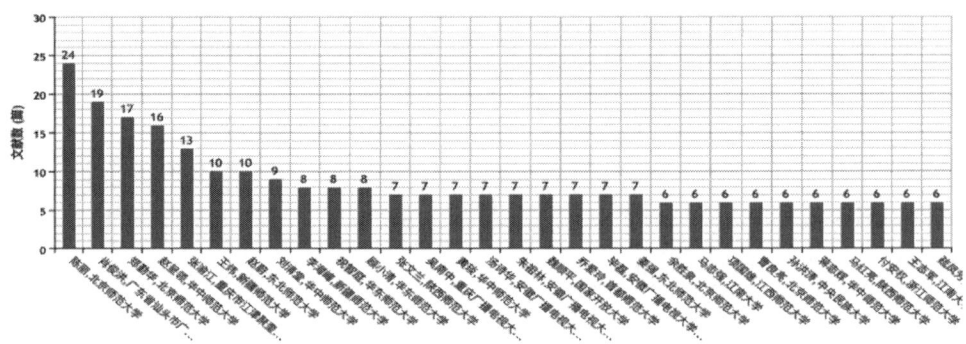

图 3-11 在线学习研究核心作者分布

由于研究者的研究单位存在变更情况，还会存在研究者同时隶属于不同研究机构的现象，因此，研究者与研究机构所形成的合作网络之间并不存在完全严格的对应关系，其反映了同一问题的不同侧面：一方面，以研究机构为节点形成的合作网络图谱，描绘出在线学习研究来源地的空间分布状态及其合作关系；另一方面，以研究者为节点形成的合作网络知识图谱，反映出在线学习研究方向或研究主题的聚合。

（2）合作网络

在线学习研究者合作网络图谱如图3-12所示，由该统计数据观察，研究者合作网络图谱中形成了大量规模不等的群组，每一个群组表面反映的是研究者彼此之间的合作关系，实质则是以研究者为出发点，以其共同的研究成果为根基汇聚而成的知识点集合。

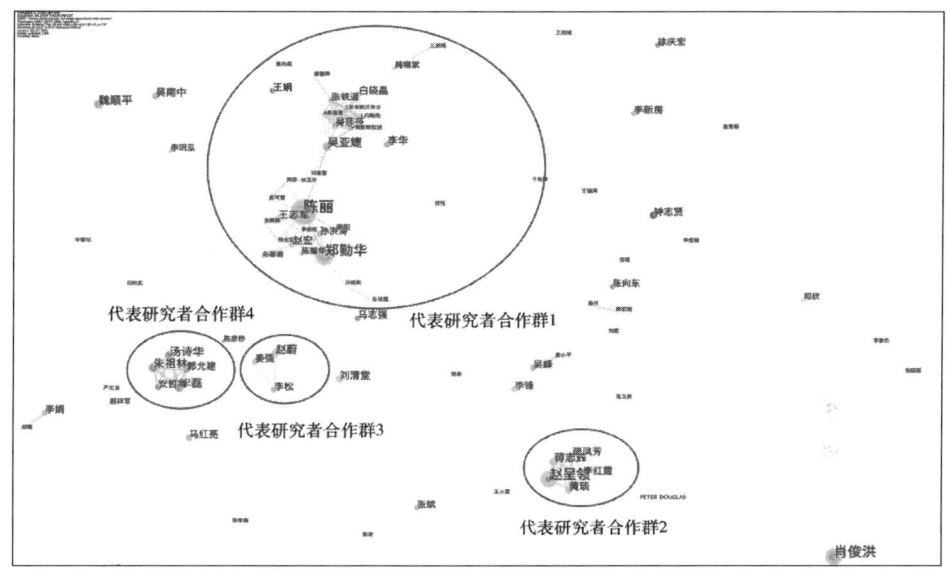

图 3-12　在线学习研究者合作网络图谱

　　本研究将从众多研究者中，筛选出代表性较强的四个合作群分别予以分析。

　　合作群 1 中包含的北京师范大学的两位核心研究者陈丽和郑勤华既保持着合作关系，同时又拥有各自的拓展研究网络。陈丽与吴亚婕最早于 2012 年展开合作，此后积极通过吴亚婕与国内外相关学者达成了合作研究意向，继而发展壮大了研究网络关系，这个网络中不仅包含有吴莎莎、白晓晶等国内学者，同时还吸纳了弗里曼、约翰逊等国外研究者。网络中的另外一位核心研究者郑勤华在与网络内作者孙洪涛、陈耀华、赵宏等保持密切合作关系的同时，也积极参与拓展新合作研究，与张艳霞共同展开在线学习的研究工作，而冯晓英在该网络中起到了桥梁作用。

　　合作群 2 中来自华中师范大学的研究者赵呈领与疏风芳的合作最早开始于 2012 年，研究后期的合作对象逐渐呈现多元化态势，尤其是参与蒋志辉的合作研究后，整个网络得以迅速扩展，其体现出后者在整个研究网络中的影响力。

　　合作群 3 主要由赵蔚和姜强两位研究者主导，自 2006 年开始就进行了在线学习的实证研究，在学生个性化自适应学习研究的基础上，通过大数据分析技术建立了学业预警模型。

　　合作群 4 中汤诗华、毕磊、朱祖林、安哲锋一直以来都保持着密切的合作关系，郭允建则于 2013 年加入该合作网络。值得注意的是，汕头广播电视大学副教授肖俊洪虽然没有参与上述合作网络，但其长期与国外研究者保持合作研究关系，并常年与欧洲、北美等国家的研究者开展在线学习合作研究，不仅在发达国家进行课程设计和探索，同时也关注到在线学习在发展中国家的实际应用情况，同时持续将研究成果发表于《中国远程教育》杂志。

（3）核心研究者

按照合作频次排序的前 20 位研究者如表 3-3 所示。其中，合作频次越高，意味着作者通过合作研究发表的文章数量越多，研究主题越集中；突现率在此前已做解释，在此不再赘述。

表 3-3　　　　　　　　　高合作频次研究者表

排名	作者姓名	突现时间	频次	突现率
1	陈丽	2012	22	
2	郑勤华	2016	17	
3	肖俊洪	2013	16	
4	张渝江	2012	14	
5	赵呈领	2011	14	
6	王炜	2015	12	
7	魏顺平	2012	9	
8	汤诗华	2012	9	3.66
9	朱祖林	2012	9	3.66
10	吴亚婕	2012	9	
11	毕磊	2012	9	3.66
12	蒋志辉	2017	8	
13	张文兰	2013	8	
14	李海峰	2015	8	
15	赵蔚	2017	8	
16	王志军	2017	7	
17	祝智庭	2009	7	
18	赵宏	2017	7	
19	吴南中	2015	7	
20	李华	2014	7	

由统计数据观察，来自北京师范大学的陈丽合作频次最高，主要包括以下四个方面的研究工作：第一，其持续关注在线学习的交互模式，通过构建线上教学模型，以制定差异化的教学方案，相关研究成果有助于教学管理人员更好地帮助学生适应学习节奏。第二，基于此，参照异步交互特征与教学实践经验，提出学习者交互模型，旨在从教学交互视角挖掘潜在学习价值。第三，陈丽学者也在不断探寻在线教学中影响学习者知识建构的因素，挖掘出了不同学习行为与不同层次知识建构水平间的内在联系，以期更加全面地建立教学行为与知识建构的关系模型，实现利用指标分析和评价在线学习环境下学习者的知识建构水平。第四，在学习评价阶段，陈丽学者从学习者、教师和课程这三个视角出发，探讨并验证了综合性评价参考模型。利用社会网络分析和 LDA（Latent Dirichlet Allocation，隐含狄利克雷分布）话题聚类等方法，实证检验了学习评价中网络参与度等指标的可行性。在研究过程中，陈丽积极参与国际高校间的合作研究，为我国高等教育的教学服务模式改革提供了可行性建议。

位列第二的郑勤华最早于 2010 年对在线学习的创新力与传统模式的教学方法进行了探讨，在其参与翻译的《在线学习对口头对话的诉求》中提出，未来大学教育的关注重点应该是深化教学本身的互动与反馈。自 2016 年以来，郑勤华多次参与陈丽学者的合作研究工作，从学习者的学习过程和学习行为视角提出多个评价模型，并在学习者、教师和课程评价指标的基础上总结出综合性建模方法，进一步提升了学习分析技术的实用性。为适应学习者个体差异，作者指出：在我国 MOOCs 建设和应用过程中需要结合在线学习环境的特点，重视同伴互评，开展个性化的学习评价。此外，作者擅长使用多种数据分析方法，例如：数据包络分析法、滞后序列分析法和机器学习等，分析学习者的学习特征，以实现个性化、精准化的教学。

位列第三位的研究者肖俊洪是汕头广播电视大学的教授、《中国远程教育》副主编，其多次参与国外在线学习研究的翻译与审校工作，因此，其与国外机构始终保持着密切的联系。

从上述分析中不难看出，研究者的研究方向、研究方法等与所属机构自身的教学基础与办学特色有着密不可分的关系，例如，一些院校具备优质的网络基础设施，研究者聚焦开展系统架构与数据管理方面的研究工作；而另一些院校具有浓重的历史与人文气息，研究者则积极进行教学理论与教学法的实证研究。这种术业有专攻的研究特点使得研究主题百花齐放，加快了细分研究领域的创新工作，并减少了研究冗余。

3.4 国内在线学习领域的理论研究演进脉络

关键词和主题词是文献研究内容的核心所在，关键词和主题词的共现关系代表了文献研究的主题思想。因此，对文献进行共词分析可有效揭示知识领域的研究热点和研究主题的演进脉络。

3.4.1 在线学习的理论研究阶段（1985～1999年）

"在线学习"一词最初意指计算机智能算法，其可用于在线系统的开发设计。在在线学习的理论研究阶段（1985～1999年），学者们利用神经网络模型、最小二乘法等方法对计算机复杂信号进行仿真模拟和预测，并验证了算法的实际效果。该阶段的研究主题如图3-13及表3-4所示。

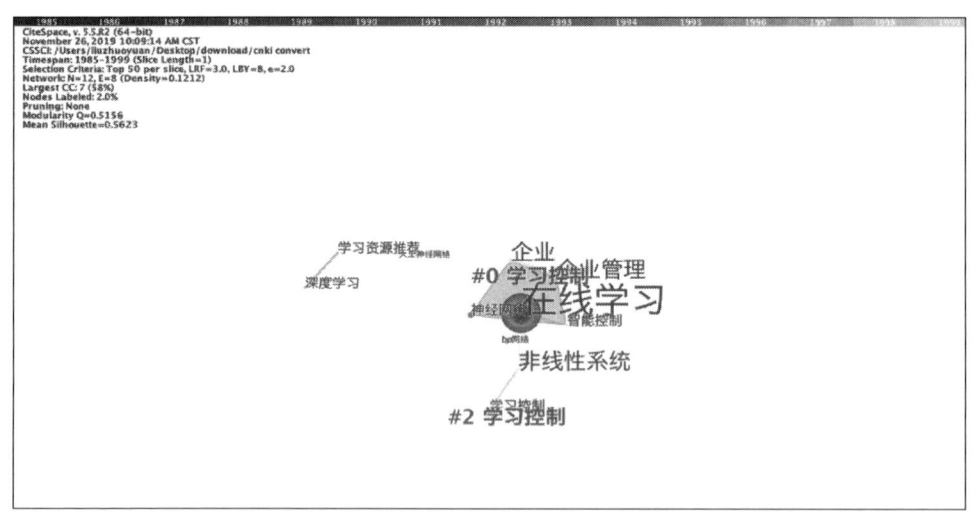

图3-13 基于聚类结果的在线学习研究主题（1985～1999年）

本研究探讨的"在线学习"意指基于技术的教学方式。《在线学习——利用计算机网络进行学习的新方式》是国内第一篇真正意义上探讨将计算机技术应用于教育领域的研究成果，该成果发表于1997年《中国电化教育》杂志。当时美国已经广泛将计算机技术作为一种辅助手段，应用于高等教育实

表 3 – 4　基于聚类结果的在线学习研究主题列表（1985 ~ 1999 年）

编号	基本研究主题	主要关键词	共现频次	突现率	Sigma	中心度	年份
#0	学习控制	在线学习	79		0.47	1	1985
		神经网络	14	4.12	0	1	1995
		企业管理	2		0	1	1999
		企业	2		0	1	1999
		智能控制	2		0	1	1994
#2	学习控制	非线性系统	4		0.18	1	1998
		学习控制	2		0	1	1999
		神经元网络	2		0	1	1996
		BP 神经网络	2		0	1	1997

践。本研究分析了这一教学模式的新颖性与独特性，同时也指出其存在的问题。在线学习使学习方式由传统教师主导的课堂模式转变为以学生为中心的社区交互模式，为我们适应新时代的信息化要求提供了强有力的支撑。

在线学习方式早在 20 世纪末已得到初步应用，即远程教育模式，其集合了教育机构的人力、物力优势，逐渐被各类高等教育机构、企业、政府代理机构、贸易协会甚至各级中小学教育机构或组织接受。随着各类新技术的不断发展，远程教育经历了从采用单向教学方式的传统远程教学系统向可实时交互的现代远程教学系统的转变。相较于最初的远程教育，在线学习更好实现了异步性。此外，使用交互技术和多媒体技术的交互式在线学习（Interactive Online Learning）已成为更加经济高效的问题解决方案，被美国企业广泛应用于员工培训活动中。远程教学系统可从时间（同步与异步）和空间（集中式与分布式）两个维度划分为四类，其中全分布式异步远程教学，即按需学习（Instruction On Demand, IOD），成为突破时空限制的纯粹自主式学习。

然而，该时期对在线学习的研究仍然还停留在科学论证阶段，学者们阐明了其所对应的教学形式与参与主体，并认为在线学习未来将有效弥补传统教育的不足。

3.4.2　在线学习的探索与应用阶段（2000 ~ 2010 年）

在该阶段，由于西方国家较早开展了相关实证研究，教学理论与方法具有较强的先进性与创新性，因此，我国研究者一直以来都在学习和借鉴其研究成果与实践经验，从而进行本土化的融合与应用。尽管国内网络技术飞速提升，在线教学思路也获得了大部分人的认可，但在实际应用过程中，在线学习的广泛开展仍存在一定争议与阻力。我国此刻正处于教学改革的关键转折点，缺乏理论与实践的创新。

本研究通过关键词共现聚类图谱发现了 2000 年到 2010 年有关教学管理研究的十大热点主题（编号从#0~#9），如图 3-14 所示，在线学习研究主题的演进脉络如图 3-15 所示，基于聚类结果的在线学习研究主题参数如表 3-5 所示。其中，教学管理与技术这一主题下的群组#3、群组#4、群组#8 中的研究工作起步于 2000 年前后，而关于教学模式、扩展的教学范围以及教学评价与反思等话题（主要包含群组#1、群组#7、群组#9）的探究工作则起步于 2004 年前后，围绕上述问题的分析与探索将该领域研究工作推向了高峰。

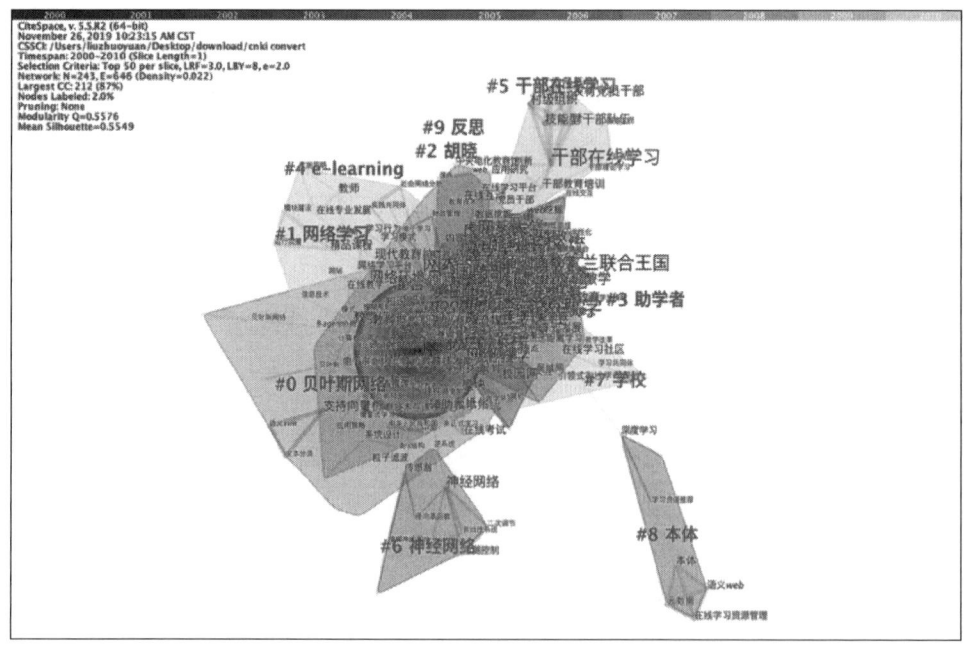

图 3-14　基于聚类结果的在线学习研究主题（2000~2010 年）

第3章 基于文献计量及知识图谱的在线学习研究现状分析

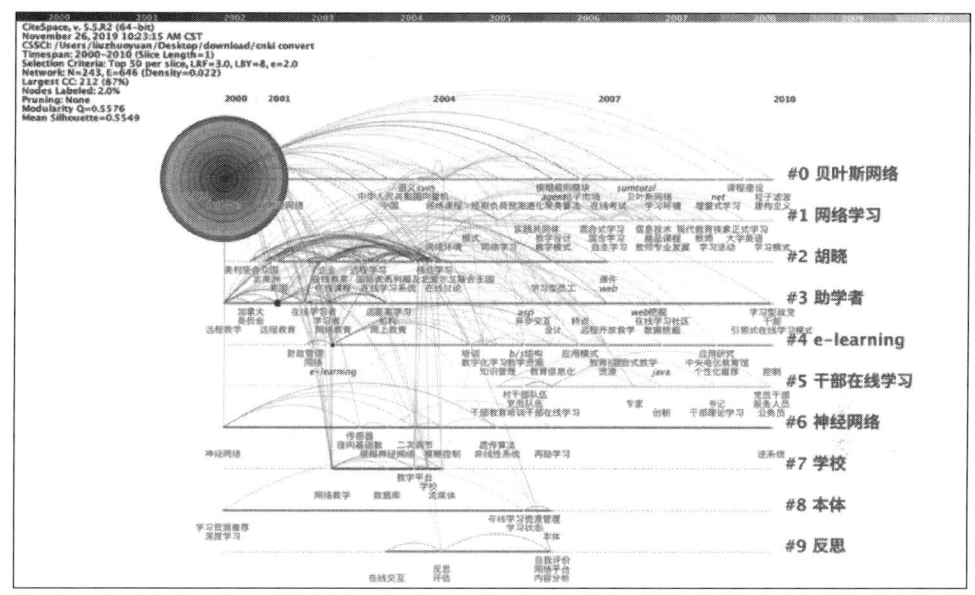

图 3-15　在线学习研究主题的演进脉络（2000~2010 年）

表 3-5　基于聚类结果的在线学习研究主题列表（2000~2010 年）

编号	基本研究主题	主要关键词	共现频次	突现率	Sigma	中心度
#0	贝叶斯网络	在线学习	464		1	0.78
		网络课程	24		1	0.11
		支持向量机	10		1	0.03
		rbf 神经网络	7		1	0
		计算机	4		1	0
#1	网络学习	网络环境	15		1	0.04
		自主学习	14		1	0.07
		网络学习	14		1	0.08
		混合式学习	11		1	0.01
		教学设计	7		1	0.02
		教学模式	7		1	0.02
#2	胡晓	美国	21		1	0.07
		在线学习系统	21		1	0.08
		在线课程	20	3.05	1.09	0.03
		北美洲	18	3.01	1.17	0.05
		在线教育	18		1	0.06

续表

编号	基本研究主题	主要关键词	共现频次	突现率	Sigma	中心度
#3	助学者	远程教育	45		1	0.21
		远程教学	26		1	0.11
		网络教育	15	2.62	1.19	0.07
		在线学习者	6		1	0.01
		在线学习社区	4		1	0.1
#4	e-learning	e-learning	34		1	0.15
		知识管理	6		1	0
		教育信息化	5		1	0.02
		教师专业发展	5		1	0.03
		数字化学习	5	2.62	1.02	0.01
#5	干部在线学习	干部在线学习	17		1	0.14
		企业	16		1	0.04
		干部教育培训	12		1	0
		学习型政党	3		1	0.03
		干部	3		1	0
#6	神经网络	神经网络	29		1	0.06
		模糊神经网络	9	2.95	1.04	0.01
		模糊控制	4		1	0
		再励学习	2		1	0
#7	学校	流媒体	6		1	0.01
		虚拟学校	4		1	0.02
		学校	4		1	0.02
		网络教学	12	3	1.09	0.03
#8	本体	学习资源推荐	22		1	0.06
		深度学习	22		1	0.08
		本体	5		1	0.04
		资源	4		1	0.02
#9	反思	在线讨论	8		1	0.02
		反思	4		1	0.01
		评估	4		1	0
		在线交互	4		1	0
		自我评价	2		1	0

本研究将从该阶段在线学习对应的研究主题及其演进脉络梳理总结出核心研究问题,主要包括以下五个方面:教学管理与技术支撑、教学模式、评价体系、教学环境、扩展的教学范围。

(1) 教学管理与技术支撑

研究者从软硬件角度出发,总结出群组#4 对应的 e-learning(即电子化学习,同下文的网络化学习)的特点,这种交互式在线学习模式依托远程教学,跟踪与记录了学生的完整学习过程,为后续学习评价与教学反馈提供了完备的数据支撑。该教学模式不仅能带给学生沉浸式的学习体验,同时还为企业带来了巨大收益。但是完备学习管理系统及相应标准的缺失仍是目前值得关注的问题,Microsoft(微软)等企业正致力于解决相关的技术性问题,并取得了一定进展。在虚拟化的教学环境中,虚拟现实技术的应用有助于缩减学生在远程学习过程中的心理距离,增强教师、学生与知识的多向交流互动。

在技术引导下的教学管理中,群组#3 所对应的助学者也成为在线学习环境中不可忽视的影响因素。助学者以学生为中心,对学生学习的关键环节进行有效引导与支持,在此过程中阶段性地形成了学习社区,学习者在与他人的动态化社会交互过程中,充分完成了自我知识建构,这种协作式学习方式已成为教育教学的前沿与核心话题。群组#8 所对应的学习资源交流与共享使参与者获得了更广泛的学习机会与更丰富的思维方式。除学生的学习基础外,群组#8 所对应的学习者个体差异也作为一项重要影响因素被纳入到教学设计体系中(2003,刘名卓等)。

从环境视角而言,环境所发挥的巨大协同效应促进了参与者的对话交流,但是在实际的应用过程中,由于电子媒体的发展程度还不足以为教学提供最佳的技术解决方案,并且考虑到教学规模,一些需要实践指导和环境支持的课程在该阶段仍然不能完全适用于虚拟在线学习模式。因此,混合式学习(Blending-Learning)不失为一种较为理想的折中方案。另外,从学习者信息素养视角而言,由于人们在自身信息素养与对线上学习工具的认知负荷水平存在差异,且在极大程度上形成了学习者的进入壁垒,继而导致在线学习普及率仍然偏低。此外,即便能有机会使用这些信息技术进行学习,"文化资本"即可转化为"教育资本"和"经济资本"的社会文化优势,影响了教学的参与率与完成率。因此,未来在线学习系统必须致力于提升学生的信息技能和使用经验,技术作为在线学习的助力工具不应成为更多人完成在线学习的壁垒。

综上,对话机制(Dialogue)、向学习者提供直接参与的机会(Involvement)、对学习过程的控制（Control）以及给学习者提供支持（Support）这四个主要特征构成了在线学习的基本要素。自主、协同、开放、共享的新型教学模式正在逐步形成，教育与社会发展的联系也将变得更为密切。

（2）教学模式

得益于技术与理论的迅速发展，在线学习的研究焦点逐渐转向了利用网络的教学，并使群组#1所对应的网络学习成为热点主题。这一教学模式建立了一个高效的媒体个性化学习环境，在这一教学环境中，教师将学生的学习特点类别化，分组进行教学设计。早在20世纪60年代，尽管有学者提出建构主义学习理论，但由于教学手段落后，该理论难以付诸实施，也未能引起教育界的广泛关注。直到20世纪90年代，互联网等各种现代信息技术实现了突破创新，建构主义理论又重新回归了人们的视野。基于"建构主义"的教学设计首次被国内学者明确引入，并指出其是将教学侧重点由教师教学转向引导学生根据自己的生活经验来建构知识体系的一种教学方式（张宇容，2000）。由于人类的知识结构是联想式的网络组织形式，因此，教学过程中应考虑学习者的不同特点。

（3）评价体系

为了对教学效果予以评价，并对教学过程中的利弊予以总结，研究主题呈现出群组#9所对应的反思。终身学习是网络教育的宗旨，"学历社会"将由此逐渐终结。网络化学习在一定程度上培养了学生的自律意识，能够及时监控与评价学习的实施情况，培养自我管理能力。但由于目前在线教育的理论与应用尚未成熟，仍缺乏广泛的技术与实践经验，因此，实施学习监控是我国在线教育的关键环节，监控与评估主体的转变有助于形成自适应的学习管理体系。网络教学质量的评价也受到了研究者的关注，除学生的完成情况外，参与者的满意程度、教学资源的易接触性与可扩展性等因素同样值得关注。

（4）教学环境

网络教学为传统教学方式提供了新的机遇和环境，带动了学校、企业乃至整个社会的教育教学改革，无论是课程设置、教学方法甚至是学校办学模式都在持续经历探索与实践，因此，学术研究界也形成了群组#7对应的网络教学研究主题。美国等西方国家的高校和企业正致力于利用网络技术开发学校教育、在职教育和社会教育教学方法。尽管信息化技术为教育提供了高效的资源交流平台，然而，国内教育实践工作中能否充分利用这一难得机遇，正确认识技术改革所面临的风险与挑战，并及时作出合理有效的教学改革调整，使政策更大范围覆盖各个地区,从而改变中国教育落后的局面,是值得重点关注和思考的问题。

总而言之,增加教育机会、提高教育水平是教育行业甚至整个社会持续关注的焦点,但在发展中国家与发达国家中,在校教育的普及与应用仍存在一定差距,这不仅与他们各自的文化与教育背景有着密不可分的关系,同时,教育改革也是一场多方参与主体间的利益博弈,在线教育应是传统教育模式更高水平的综合呈现形式,是否能够提升教育资源的便利性与普适性,降低进入门槛,减少应用障碍,决定着在线学习的教学质量。因此,在技术发展的同时,还应投入足够的资源用于教师和学生的教学培训。尽管市场是有诱惑力的,但教育的成效关乎全社会的利益甚至是人类进步,因此,需要合理规划并确保该项事业的可持续性,尊重并保持教育的价值观。

(5)扩展的教学范围

企业及政府一直以来都在企业培训与管理领域积极尝试应用在线学习,因此,形成了群组#5对应的干部在线学习这一研究主体。e-learning形成了以提供技术、内容和服务为不同侧重点的组织应用形态。这一阶段由于我国经济技术与国外存在一定差距,因此,国内研究工作的启动晚于国外,对在线学习的应用和推广力度也有待深化和普及,但对在线学习的认识和需求层面,国内机构并不亚于国外企业,甚至在网络系统建设方面还具有较强优势。在线学习模式在国内企业已初具成效,不少重视组织管理与变革的企业正积极参与到实践中。课程资源的质量、系统运行的稳定性、学习过程的交互性、测评的科学性和证书的通用性以及企业的学习文化氛围是影响企业在线学习成效的重要因素。

在线教育的探索与实践阶段初步实现了基础设施、教学模式和应用范围等全方位拓展。第一,基础设施。随着技术向富媒体化、网络化、虚拟化渐进发展,不但使教学管理有了系统性技术支持,教学理论与教学活动设计也实现了多元化发展。在网络教学模式中,对于教学人员与信息资源的有效管理是在线学习平台管理的重要基础和目标。然而,教师和学生的信息素养参差不齐,教师和学生如果能够熟练运用多媒体网络技术、虚拟现实等信息技术进行教与学,就能更具针对性地提升教学质量,加快教育改革步伐。第二,教学模式。教学理论的转变同时也催生了多样化的教学手段,对于学生个性化学习方式的关注是教学方式转变的主要表现。从学习角度而言,基于网络环境决定了参与者分布的松散性,交互与协作同时成为新的学习特点,学习共同体的形成有助于教学工作的开展。从教授角度而言，结合已有理论与实践经验，拥有本土教学特点的线上交互与线下学习相结合的混合式教学模式正在逐步形成。第三，应用范围。在线教学在不同场景下的适应性一直是管理者所关心的问题，一些企业内部培训模式的逐渐成熟使其拥有了独立的体系化资源管理能力与教学能力，而面向中小学与企业培训的技术提供商和在线培训服务提供商也正如雨后春笋般涌现，也给政府引导的办学模式带来挑战，如何规范引导上述营利机构开展教学服务、有效调节市场供需能力是教育主管部门亟待解决的问题。

3.4.3　在线学习的实践与创新阶段（2010~2019年）

该阶段在线学习的主要研究目标是本土化创新。研究的角度基于教师和学生，形成了动态化的教学共同体，学生在利用学习资源进行自主化、个性化、互助式的学习的同时，教师也参与其中，扮演着助学者的角色，帮助学习者更好适应和完成在线学习，并使用学习评价系统对此过程及其结果进行规范评估。基于该理论基础，国内研究者广泛开展了网络教学相关的实证研究工作。

本研究通过关键词共现聚类图谱发现了2010年到2019年有关教学管理研究的八大热点主题（编号从#0~#7），如图3-16所示，在线学习研究主题的演进脉络如图3-17所示，基于聚类结果的在线学习研究主题参数如表3-6所示。

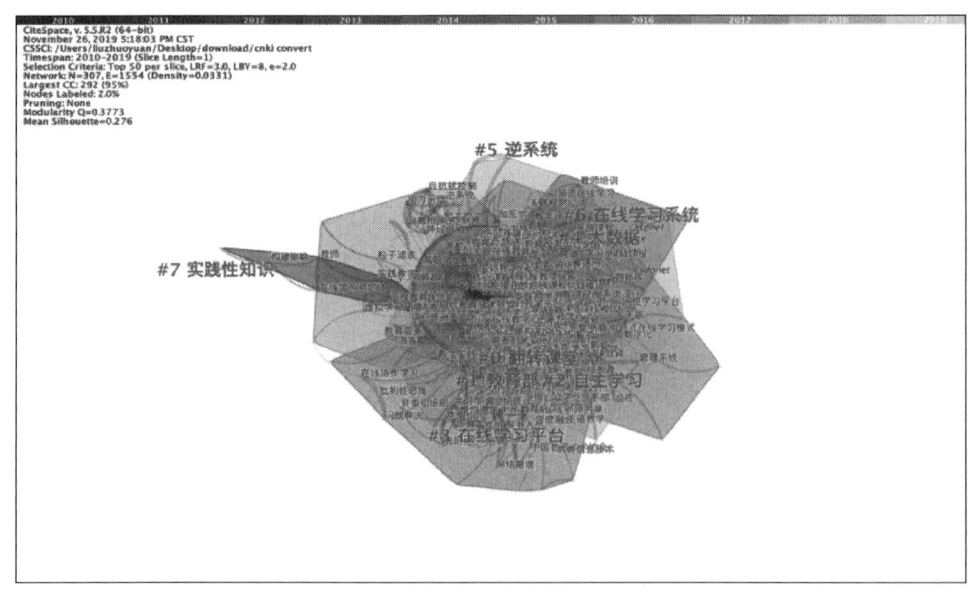

图3-16　基于聚类结果的在线学习研究主题（2010~2019年）

第3章 基于文献计量及知识图谱的在线学习研究现状分析

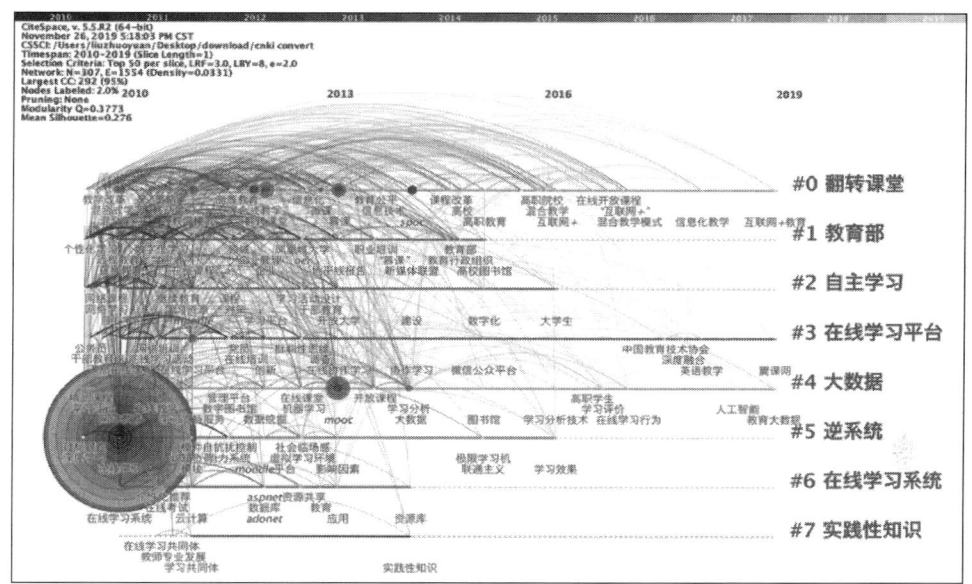

图 3-17 在线学习研究主题的演进脉络（2010~2019 年）

本研究将从该阶段在线学习对应的研究主题及其演进脉络梳理总结出核心研究问题，主要包括以下两个方面：学习行为与教学模式、平台支持与管理协同。

表 3-6 基于聚类结果的在线学习研究主题列表（2010~2019 年）

编号	基本研究主题	主要关键词	共现频次	突现率	Sigma	中心度
#0	翻转课堂	翻转课堂	223		1	0.03
		慕课	192		1	0.05
		混合学习	168		1	0.11
		教学模式	158		1	0.09
		混合式教学	151	23.4	1.26	0.01
		混合式学习	151		1	0.05
		SPOC	126	11.35	1.18	0.01
		微课	98		1	0.03
#1	教育部	在线教育	106	8.87	1.77	0.07
		远程教育	99	2.63	1.59	0.19
		自主学习	89		1	0.13

续表

编号	基本研究主题	主要关键词	共现频次	突现率	Sigma	中心度
#2	自主学习	网络课程	54	6.41	1.37	0.05
		网络学习	54	3.95	1.21	0.05
		深度学习	47		1	0.02
		moodle	30	12.69	1.35	0.02
#3	在线学习平台	在线学习平台	143		1	0.18
		干部在线学习	29	11.29	2.11	0.07
		干部教育培训	16	4.86	1.11	0.02
#4	大数据	在线学习	1582		1	0.48
		mooc	316	15	3.5	0.09
		大数据	118	6.37	1.15	0.02
		在线课程	113		1	0.12
		学习分析	111		1	0.04
		数据挖掘	47		1	0.01
#5	逆系统	影响因素	29	5.11	1.04	0.01
		逆系统	6	3.28	1	0
		社会临场感	3		1	0
#6	在线学习系统	在线学习系统	63		1	0.09
		云计算	25	4.42	1.08	0.02
		个性化学习	22		1	0.01
#7	实践性知识	学习共同体	8	3.37	1.09	0.03
		在线学习社区	7	3.82	1	0

(1) 学习行为与教学模式

MOOC、SPOC、翻转课堂等形式是混合教学（即 Blending – Learning）的主要实施途径，因此，形成了群组#0 对应的研究主题翻转课堂。群组#3（即在线学习平台）从开放教育资源（Open Educational Resource，OER）到大规模在线开放课程，在线教学的形式得到了极大扩充，随着学习需求的改变，一些新型课程范式逐渐显现：相较于向公众开放的 MOOC，SPOC 限制了教学规模与参与门槛，保障了教学的集中化及专业化。Meta – MOOC（超级公播课）使学生与教师更广泛地参与到讨论中，从而引发大规模互动思考，深入问题的本质进行探讨。同样的，DLMOOC（深度学习公播课）鼓励教师与专家学者进行更高水平、更深层次的问题研究。而针对中小学和高等教育机构提供的远程实验室 MOOL（大众开放在线实验室）能够开展大规模试验，极大地节省了开发与维护成本，不同程度上满足了教学实验的需求。此外，诸如 MobiMOOC（移动设备学习 MOOC）、DOCC（分布式开放协作课）、PMOOC（个性化公播课）等设备或机构扩展的在线学习模式，使学习更具连贯性、差异性、多样性与自主性。MOOR（大众开放在线研究课）关注问题解决与知识建构，强调问题化学习、去专家中心化互动，还具备丰富的学习支持与学习环境。

以上不同教学模式是 MOOC 大规模公开教学的延伸，简言之，第一，自主学习类 xMOOC 和 SPOC 均是以知识为中心的教学；第二，混合学习类 Meta-MOOC、DLMOOC 打破了教学的时空限制，关心学习中的交流与协作、问题的创新与反思；第三，为实现个性化、差异化学习，DOCC 和 PMOOC 提供了一种良好实践；第四，混合实验类 MOOL、移动学习类 MobiMOOC 则是针对不同教学情境产生的新型平台工具；第五，基于当前互联网时代的智慧学习特点，研究性学习类 MOOR 提供了共享、互助、合作的协作式学习研究方式，使每个人都可以创造和分享知识成果。

基于 MOOC 的教学特点，评价方式也进行了相应调整，除传统的结果性评价方式外，更多利用数据挖掘、社会网络分析、结构方程模型等分析方法，以增加针对学生在线学习行为的过程性评价，这种综合性的评价方式充分挖掘了学习者的学习情况和学习特征，为学生个性化发展提供了系统性、全面性的指导依据。

在疫情导致的教学中断期间，在线教学成为了学生学习的主要方式。教师可根据课程特点，利用直播、点播等形式促进知识传递，传统的师生互动也因此得以有效保障。考虑到大中小学不同学龄阶段的学生差异，教师需要有针对性地差异化调整课程的设计方案，然而：①目前仍缺乏统一的教学系统以供资源选择，这就导致学生面临着线上资源过载的问题，继而影响正常学习计划和学习效果；②农村地区、边远贫困地区等基础设施尚不健全、网络状态不稳定、学生与教师一时较难适应线上教学方式的转换、居家学习自律性亟待提升等因素影响，一些地区心有余而力不足，教学实施难见成效。因此，国家应考虑：①尽快加强教育体系现代化建设，尤其加强资源匮乏地区的信息化建设，充分发挥网络优势，拓展各类学习渠道，以保障学生的学习需求；②形成制度化的管理机制、灵活的应急响应机制，省、市、县区各级部门统筹协调，以确保政策、责任落实到位；③加强任务驱动式的学习，教师应分学科进行教学设计规划，重点培养学生以问题为导向的实践能力；④学校和教师通力协作，引导教学的有效开展，形成教学共同体，家校联合完成监督，助力线上教学的实施。这样可确保面临突发事件时，教学工作可以灵活调整，予以快速响应，并确保学生的学习质量。

（2）平台支持与管理协同

该阶段面临的学习方式开始从数字化学习、移动学习向智慧学习转变。以学习者为中心、在信息化学习环境中展开学习活动的智慧学习成为教育工作者的重要教学理念。移动应用技术、学习分析技术、云计算技术、网络技术等技术的发展满足了智慧教育对个性化、智能化学习的要求，并形成了群组#6对应的在线学习系统主题的研究内容之一，其中，基于信息检索技术和自然语言处理技术等信息处理技术的集成使得在线学习的交互得到了支持，平台的兼容性、交互性、开放性和资源丰富性设计逐步完善。

群组#4对应的大数据及群组#6包含的云计算改变了在线学习的教学环境与教学策略，为数据提供了分布式协同共享的管理模式，满足了用户在系统使用过程中的便捷性、高效性需求，同时也为教学提供了高效的学习环境，创建了在线交流协作模式与课程管理评价机制。通过记录、分析、存储与预测学生在线学习行为数据，不仅能帮助学生进行资料整合与精确检索，减少不必要的资源冗余，也为教师的教学设计与评价提供了数据参考。

基于各类教学媒体平台上在线学习过程积累的海量数据，研究者开展了大量相关实证研究工作，重点关注学习者的知识建构过程与学习效果评价，例如对学生学习自主性的调查（如群组#2所示）、交互程度对在线教学的影响机制、在线学习者的激励机制等。其中，虚拟学习社区（如群组#7所示）是持续多年的一个热点研究主题，在参与者所形成的交互网络中，助学者的身份具有多重性，既可以是教师，也可以是学生，甚至还可以是社会成员。这一角色的存在为在线学习者提供了更加多元化的学习帮助与支持，使其在互动式学习的良好氛围中改善、接受和创新知识。研究表明，在线学习中交互水平在较大程度上影响了学习者的知识建构水平，通过研究组内成员的交互动机和行为机制，能够帮助教师利用社交网络引导学生的线上学习交流行为，从而优化知识建构效果。除此之外，研究者还采用社会网络分析等研究方法，剖析师生间的交互网络，从而使教师根据不同类型的网络结构，利用多元化交互工具进行适当教学设计，以提高在线学习效果。

知识传递的减少和协作探究的增加是MOOC发展与变革的趋势，与此同时，其在高等教育中仍然存在一定局限性，正如祝智庭（2014）在文中指出

"在线教育不仅应有对优质资源共享和拓展教育规模的贡献,更应该有对人才全面发展和教育水平可持续提升的追求。"

早期的远程学习、网络化学习,甚至是后来我们所熟悉的MOOC、微课、翻转课堂,这些都是在线教育本土化进程中阶段性的呈现方式,其本质始终是学习渠道的发现与拓展,核心在于教学主体的转换,目的是教学资源的甄别重组与优化使用。因此,在线学习只是教育资源均衡化的一种手段,它受到社会制度、经济状况、技术水平等因素的影响和制约。在未来的研究中,应更多关注现实应用中存在的问题,并设法改善与解决这些问题。另外,在线学习的市场化是必然趋势,不同阶段教育需求的差异性使在线学习的混合程度存在区别,课程性质应是教学设计时首要考虑的因素,切忌一味追求课堂氛围而背离了教学工作教书育人的本质及以人为本的初衷。

3.5 国内在线学习领域的研究现状

使用中国知网的引文检索功能,共检索到期刊和会议文献为3419篇,总被引为33105次,总他引为32094次,篇均被引为9.68次,篇均他引为9.39次。

3.5.1 年被引

文献的年被引数量如表3-7所示。文献在2014~2016年间的被引频次和被引占比较高,分别为14.13%、11.13%、9.88%,说明这一阶段是研究成果的集中爆发期,后期各项研究以此为基础,持续不断地进行深化和延展。该时期的研究工作可进一步细化为以下两个主要阶段:第一阶段2013~2014年,以及第二阶段2015~2016年。

表3-7 年被引

序号	被引出版年	文献数	文献数百分比(%)	被引	被引百分比(%)
1	2014	297	8.69	4680	14.13
2	2016	421	12.31	3687	11.13
3	2015	369	10.79	3273	9.88

续表

序号	被引出版年	文献数	文献数百分比（%）	被引	被引百分比（%）
4	2013	208	6.08	2775	8.38
5	2017	445	13.02	2644	7.98
6	2004	43	1.26	2585	7.81
7	2009	125	3.66	1693	5.11
8	2011	143	4.18	1610	4.86
9	2012	155	4.53	1392	4.2
10	2018	431	12.61	1343	4.06
11	2010	125	3.66	1227	3.7
12	2005	53	1.55	1024	3.09
13	2006	77	2.25	1002	3.03
14	2008	96	2.81	844	2.55
15	2007	83	2.43	816	2.46
16	2003	37	1.08	642	1.94
17	2002	36	1.05	446	1.35
18	2019	194	5.67	360	1.09
19	2001	23	0.67	335	1.01
20	2000	17	0.5	213	0.64
21	1998	9	0.26	197	0.59
22	1999	15	0.44	139	0.42
23	1997	8	0.23	114	0.34
24	1995	2	0.06	60	0.18
25	1993	2	0.06	7	0.02
26	1996	2	0.06	5	0.02
27	1994	1	0.03	3	0.01
28	1991	1	0.03	2	0.01
29	1990	1	0.03	1	0

第一，2013~2014年间，属于教学模式理论发展阶段。学者们在已有研究成果的基础上，发展并更新了移动学习、MOOC、混合学习以及翻转课堂等理论研究成果。选取的研究方法多以问卷调查、深度访谈、统计分析等为主。

源自国外的在线教学模式 MOOC 于 2011 年被提出，并在 2012~2013 年间迅速发展壮大。逐步创新了丰富的教学形式，其中基于关联主义的社会网络型以及基于建构主义的任务驱动型 MOOC 成为国内研究学者关注的焦点，该阶段对应的理论基础及典型应用如表 3-8 所示。

表 3-8　　　　　　　　　　MOOC 教学模式

教学理论	名称	特点	典型应用
行为主义/认知主义	基于内容的 MOOC（xMOOC）	知识复制型	Coursera/Udacity/edX
关联主义	基于网络的 MOOC（cMOOC）	知识创造型	Connectivisim & Connective Knowledge
建构主义	基于任务的 MOOC（tMOOC）	知识加工型	FirstSteps in Learning & Teaching in High Education（FSLT12）

在教学方法上，当前的 MOOCs 面临的基本问题是如何在 Web 2.0 的时代继续进行 Web 1.0 的教学。在 MOOCs 课堂上，大部分是对传统讲授式教学及测试的重复。有关 MOOCs "开放与大规模" 特性的研究表明："虽然 MOOCs 存在改善教育、扩展教育的潜在可能，且其开放特性将有利于削减教育成本，然而，现实结果至今依然令人失望。"剑桥大学的研究学者将大学描述为 "大学是最重要的保护、理解、扩展、传承人类智慧、科学和艺术遗产的机构……我们仅仅是当前纷繁复杂的智慧遗产的管理者，并没有创造，也无法去摧毁"。在国内现有教育体制下，对高等教育阶段的在线学习而言，可以依托高校现有的网络环境与教学资源，广泛开展资源共享与交流，努力提升开放水平，营造出良好的在线学习氛围。

由于在线学习的课程结构不具普适性，在实际教学活动中，教师不能拘泥于固定的教学模式，应懂得合理利用网络学习环境，适时适度结合线上教学，以适应教学的真实客观需求。

随着高知人才全球化竞争的加剧，国内高校正积极寻求生源与财政拨款，在线教育的市场化势头也逐渐凸显。如今各类高校采用了三种主流应用模式：①开放现有虚拟学习环境，如 Moodle；②外部 MOOC 平台，如中国大学慕课；③使用社交网络平台支持教学创新。国内微课是在 2011 年为参加教学评审而产生的，相较于 MOOC，它的课程内容和时长更为精简，填充了网络学习者富余的学习时间。因而，制作这类教学视频的重要性高于学习网站和教学资源库的建设。但是，这一阶段国内各类在线学习模式的学习评价、学历互认未形成统一标准体系，课程制作标准，受众门槛，课程内容与后续学习衔接性，也未形成统一范式。

第二，2015~2016年间，属于教学模式应用阶段。这一阶段的研究工作是对前一研究阶段对应工作的深化，研究学者们开展了大量教学实验，发现了具体应用过程中存在的困难，并有针对性地开展了研究工作。这些研究主题包括：①技术障碍，如网络可用性，软件平台易用性；②教学障碍，如学生学习注意力分散，难以较快适应角色转变。在此，本研究将分别从在线学习的不同技术背景、教学方式、应用场景等视角予以阐释。

其一，就技术背景而言，技术提升影响学习环境和教学方式。开放性学习使学习广度得以拓展，自主性学习增强了学习深度，互助性学习增加了在线学习者数量。技术使得学习环境无缝衔接，接受性学习、探究性学习不断与社会化学习融合，帮助学生积累了丰富的应用经验。此外，信息技术还能更好服务于课堂教学，有助于高效处理学习数据，加快知识的传递和建构。例如，依托学习分析技术建立的在线学习支持系统，基于学习过程大数据的模型化、规范化评估和预测，可实现多元化学习与综合性评价，辅助师生提升讲授与学习质量。

其二，就教学方式而言，教学方式发生根本变化。传统教学理论围绕教师、教材、课堂三个中心展开班级制授课，规模化传授基础知识和技能，而新时代的教学理论则强调教学中心的转移，由灌输式学习转向自主式、协作式学习。E-Learning和MOOC是传统教学关系的线上模式，社会媒体促进了教育向社会化学习（Social Learning）转变，人们利用移动设备、社交软件等多种方式获取和共享知识，主动参与多元化、碎片化、去中心化、协作式学习。研究主题还从结果性的教学成效研究转向对教学过程中学生的学习行为与情感体验研究，例如关注外在环境作用下学生的内在动力，关注课堂模式的结构性分析与设计，以及教学影响因素与评价体系等。但目前面临的问题是，技术自动化无法从根本上解决教育机会缺乏问题，例如：大规模学生群体与小规模教师配比问题。人工智能也无法代替教师有效组织协作并针对性做出反馈，基于联通主义的在线学习是借助人工智能来帮助学习者进行知识建构，忽略了学习者真实的认知水平，教师在其中发挥的作用少之又少。同样，同伴评价机制具有较大不稳定性，学习成效边界模糊，导致学习者的高退出率。学分授予也缺乏统一的标准与互认机制。因此，需认识到的关键在于：教育重在质量，应通过改善教学法提高教育水平。

其三，就应用场景而言，目前企业与高校是在线学习最主要的应用场景。企业培训机制已逐步成熟，员工在线远程教育提高了培训的覆盖率，规模化培训体系与个性化的学习方式在满足不同岗位用人需求的同时也降低了培训成本。企业倾向于选择 cMOOC，或是面向内部员工的 SPOC，倡导员工进行任务型、社会化学习；而高校慕课多为 xMOOC，侧重传统的知识传播，课程的高退出率、低参与度，低通过率是普遍存在的问题。图书馆作为高校与社区建设的重要一环，应该充分发挥现有资源优势，提升图书馆对教育的服务作用。例如，高校图书馆可开放软硬件技术支持与海量互联信息资源，以更好服务于广大师生。这就要求图书馆优化服务设施，改善服务模式，提升信息化水平，注重版权和内容许可，并积极寻求多方机构合作，促进知识的平等共享与开放获取。在职劳动力的学习需求占据了在线教育的大部分市场，但一味追求经济效益、忽略教育质量而导致学历的低公信力和低社会认可度是高校成人教育面临的重要问题。为填补中小学的教育环节缺口，技术服务提供商为互联网教育公司提供了技术解决方案和云平台技术支持，直播教学广受欢迎，对传统教学的替代性趋势显著。

3.5.2 被引文献

高被引文献统计如表 3-9 所示，高被引文献作为后续研究的理论基础，集中发表于 2004 年及 2014 年，这些研究从理论上阐释了在线学习的多种应用形式。从混合式学习理论研究到微课、学习分析等规模性教学实践研究，体现了教学模式的逐步深化。

表 3-9　　　　　　　　　　高被引文献

被引题名	被引作者	出版年（期）	被引
混合学习的原理与应用模式	李克东、赵建华	2004（07）	1619
强化学习研究综述	高阳、陈世福、陆鑫	2004（01）	506
MOOC：特征与学习机制	王永固、张庆	2014（09）	371
"后 MOOC"时期的在线学习新样式	祝智庭、刘名卓	2014（03）	332
微课勿重走"课内整合"老路——对微课应用的再思考	王竹立	2014（05）	299
微课及微课的制作和意义	杜耀荣	2013（05）	275
基于高校网络教学平台的混合学习模式应用研究	黄德群	2013（03）	208
基于 SPOC：数字化教学资源平台的翻转课堂教学模式研究——以大学英语为例	吕婷婷、王娜	2016（05）	193

续表

被引题名	被引作者	出版年（期）	被引
学习分析技术研究与应用现状述评	李青、王涛	2012（08）	183
微课的研究现状及其发展趋势综述	罗天兰、王忠华	2014（07）	182
大学英语混合式学习模式研究与实践	马武林、张晓鹏	2011（03）	168
论信息技术对教育发展的革命性影响	熊才平、何向阳、吴瑞华	2012（06）	151
论翻转课堂的本质	王鉴	2016（08）	124
在线学习行为特点及其影响因素分析研究	魏顺平	2012（04）	118
混合式学习探究	杜世纯、傅泽田	2016（10）	118
MOOC平台的多元化创新发展及其影响	程璐楠、韩锡斌、程建钢	2014（02）	116
再谈"可汗学院"	何世忠、张渝江	2014（02）	113
在线学习活动设计研究	李松、张进宝、徐琤	2010（04）	110

从表3-9观察不难发现，现代信息技术变革了教育信息资源的使用方式，实现了教学质量的提升。但当前我国教育资源共建共享方面面临的主要问题在于资源的开发及管理机制尚不完善，继而导致大量优质资源难以公平合理配置。因此，秉持谁投资谁受益谁保护的原则，协商区域内的教育信息投资和建设主体，搭建网络教育信息共享平台，以避免信息冗余、提高信息质量、缩小区域内资源配置差距就显得尤为必要。面对现有经济环境下师资力量分配不均等问题，借助网络技术同样可以实现异地支教与教研，使教育资源在区域间迅速迁移。《学习分析技术研究与应用现状述评》中提及了近年来的热点研究话题——学习分析技术。学习分析是利用大数据分析方法，对学生的学习行为和绩效进行监控与评估，并进行预判和干预的过程。除使用商业和信息技术产业领域已有的商业智能、教育数据挖掘和学术分析等方法外，研究者还引入了内容分析法等新方法，如借助社会网络分析法来探究学习者的互动交流和知识建构等学习模式并予以预测，以促进教学工作有效开展。

3.5.3 被引作者

虚拟大学最初是由美国的营利性大学联合IT企业共同开发，这种借助互联网或其他数字化内容的教学方式之所以能得到广泛推广与应用，主要源自利益驱动。然而，在国内公立办学的教育体制下，仅仅依靠教育机构的投入难以完成大规模教学任务并实现持续盈利,因此,需要将线上与线下学习相结合,充分考虑现有教育资源与技术条件限制,结合学科特点,逐步探寻合适的教学手段与评价方式,以深化教学改革,形成更符合社会发展需求的现代化教育体系。混合学习的本质是教学资源的体系化整合,针对混合学习的研究成果主要围绕学生学习过程、教师教学方法、教学技术与教学工具、教学与管理评价等方面展开。

高被引作者分布情况及高被引文献的主要引证文献分别如表 3-10 及表 3-11 所示,从该统计数据观察,高被引作者李克东、赵建华在《混合学习的原理与应用模式》中探讨了混合学习的理论原理、课程设计与应用模式。许多研究者以此为基础开展了多学科教学实践,验证了该方法的适用性。在混合式教学模式中,信息化能力的融合是在线教学的核心研究问题,其关键在于如何选择媒体组合,以建设教学与资源管理的全方位信息化体系。

表 3-10　　　　　　　　　高被引作者

序号	被引作者	文献数	文献数百分比(%)	被引	被引百分比(%)
1	赵建华,华南师范大学	2	0.06	1622	4.9
2	李克东,华南师范大学	1	0.03	1611	4.87
3	李晓华,中国电化教育杂志社	2	0.06	554	1.67
4	詹泽慧,华南师范大学	1	0.03	542	1.64
5	高阳,南京大学	2	0.06	522	1.58
6	陈世福,南京大学	2	0.06	505	1.53
7	陆鑫,南京大学	1	0.03	502	1.52
8	陈丽,北京师范大学	22	0.64	475	1.43
9	张浩然,浙江师范大学	2	0.06	447	1.35
10	汪晓东,浙江师范大学	2	0.06	447	1.35
11	王永固,浙江工业大学	2	0.06	420	1.27
12	张庆,浙江工业大学	1	0.03	369	1.11
13	刘名卓,华东师范大学	3	0.09	368	1.11
14	祝智庭,华东师范大学	4	0.12	360	1.09
15	王竹立,中山大学	3	0.09	306	0.92
16	肖俊洪,广东省汕头市广播电视大学	24	0.7	287	0.87
17	桂耀荣,江西省鹰潭市第一中学	1	0.03	272	0.82
18	郑勤华,北京师范大学	14	0.41	266	0.8
19	韩锡斌,清华大学	5	0.15	258	0.78
20	顾小清,华东师范大学	5	0.15	253	0.76

表 3 – 11　　　　　　　　　高被引文献的主要引证文献

被引作者	引证文献
李克东、赵建华	信息化环境下高校混合教学模式的实践探索．（田富鹏、焦道利．2005）
	教师主导与学生自主和谐统———谈 Blending Learning 在高中英语教学设计中的应用．（吴彩琴、吴林．2005）
	混合式学习模式中的教学结构要素分析．（陈声健．2006）
	高校新型教育技术培训课程设计．（徐娟、宋继华．2006）
	计算机基础课程"混合学习"模式探究．（林邦国．2006）
	Blending Learning 理念指导下的英语教学．（王莹．2006）
	混合式学习对中小学教师继续教育的启示．（汤跃明、杨彩菊．2007）
	E – Learning 对高等教育的影响．（马婧．2007）
	多校区大学公选课网络教学的研究与实践．（张妙华、武丽志．2008）

由于课程性质、教学环境的差异将影响混合学习的教学效果，因此，更应该研究的是如何使用技术来改善和促进混合环境下学生的学习效用。此外，企业培训和高校教学存在一定区别，企业中的员工学习更具自主性，教学环境呈现富媒体化特征，反馈与评价机制的信息化程度更高；而对于在线学习的混合程度，国内针对基础教育的研究主要以课程为基础，辅以信息化手段开展教学工作，而在高等教育中，则主要通过线上课程配套学习社区的形式培养学生的学习与思考能力。

3.5.4　引证作者

高引证作者统计数据如表 3 – 12 所示，由此观察发现，安徽广播电视大学的朱祖林、毕磊、郭允建和汤诗华等人自 2013 年开始连续多年跟踪国内研究热点，研究指出了值得业界重视的一系列问题：基础理论研究薄弱并出现极化现象、学术跟风行为长期持续、缺乏对学科知识的深入思考、研究力量普遍分布不均，因此难以形成本土化的核心研究价值体系。

表 3 – 12　　　　　　　　　高引证作者

序号	作者	引用次数	引用次数百分比（%）	被引	被引百分比（%）
1	朱祖林，安徽广播电视大学	102	0.53	871	0.49
2	毕磊，安徽广播电视大学	99	0.51	654	0.36
3	郭允建，安徽广播电视大学	99	0.51	633	0.35

续表

序号	作者	引用次数	引用次数百分比（%）	被引	被引百分比（%）
4	汤诗华，安徽广播电视大学	98	0.51	629	0.35
5	赵呈领，华中师范大学	57	0.29	464	0.26
6	刘盛峰，安徽广播电视大学	52	0.27	223	0.12
7	顾小清，华东师范大学	23	0.12	595	0.33
8	吴南中，重庆广播电视大学	24	0.12	207	0.12
9	王红艳，陕西师范大学	24	0.12	26	0.01
10	俞树煜，西北师范大学	26	0.13	328	0.18
11	蒋志辉，华中师范大学	31	0.16	201	0.11
12	刘清堂，华中师范大学	32	0.17	555	0.31
13	赵蔚，东北师范大学	32	0.17	1131	0.63
14	马志强，江南大学	33	0.17	295	0.16
15	李爽，北京师范大学	33	0.17	326	0.18
16	王红艳，渭南师范学院	36	0.19	518	0.29
17	肖俊洪，广东省汕头市广播电视大学	39	0.2	129	0.07
18	蒋志辉，长沙师范学院	43	0.22	195	0.11
19	陈丽，北京师范大学	50	0.26	1008	0.56
20	郑勤华，北京师范大学	51	0.26	392	0.22

3.5.5 被引机构

高被引机构及其主要研究基础相关统计数据如表 3-13 及表 3-14 所示，对比观察发现：机构的被引量与作者的产出数量和质量存在较大联系，如李克东、赵建华、陈丽、郑勤华、祝智庭、刘名卓等人均是高被引作者，他们所在的华南师范大学、北京师范大学、华东师范大学以及华中师范大学是被引量较高的四所机构。对比高被引文献发现，华南师范大学核心研究成果发表时间较早，被引量也较高，是在线学习研究早期的典范。各所高校的研究也是各有所长，华南师范大学、北京师范大学善于从教学角度出发，关注教学活动设计与学生学习过程评价。华东师范大学从学生角度出发，关注在线社区交互与学习行为分析。华中师范大学则兼顾理论研究与实践，注重教学管理与支持，紧跟在线教育研究的热点趋势，针对 MOOC、SPOC、微课等不同课程模式进行学习支持系统设计及教学设计研发。

表 3-13　　高被引机构

序号	被引机构	文献数	文献数百分比（%）	被引	被引百分比（%）
1	华南师范大学	45	1.32	2935	8.86
2	北京师范大学	101	2.95	2103	6.35
3	华东师范大学	57	1.67	1403	4.24
4	华中师范大学	54	1.58	1070	3.23
5	南京大学	14	0.41	643	1.94
6	清华大学	27	0.79	616	1.86
7	陕西师范大学	37	1.08	611	1.84
8	浙江师范大学	19	0.56	604	1.82
9	首都师范大学	33	0.97	581	1.75
10	中国电化教育杂志社	3	0.09	569	1.72
11	西安交通大学	28	0.82	504	1.52
12	浙江工业大学	17	0.5	495	1.49
13	国防科学技术大学	35	1.02	495	1.49
14	北京大学	20	0.58	449	1.36
15	西北师范大学	22	0.64	426	1.29
16	浙江大学	26	0.76	408	1.23
17	北京邮电大学	17	0.5	405	1.22
18	中山大学	11	0.32	390	1.18
19	江南大学	34	0.99	342	1.03
20	鲁东大学	4	0.12	332	1

表 3-14　　高被引机构主要研究基础

被引机构	高被引题名	被引作者	出版年	被引
华南师范大学	混合学习的原理与应用模式	李克东、赵建华	2004（07）	1614
北京师范大学	在线学习活动设计研究	李松、张进宝、徐玚	2010（04）	110
华东师范大学	"后 MOOC" 时期的在线学习新样式	祝智庭、刘名卓	2014（03）	331
华中师范大学	微课的研究现状及其发展趋势综述	罗天兰、王忠华	2014（07）	182

3.5.6　引证与被引学科

高引证学科及高被引学科统计如表 3-15 及表 3-16 所示，不难发现，教育学和计算机是在线学习的主要关联学科，研究多集中于高等教育阶段的教学模式应用，课程设计更多围绕外语、医学、计算机等学科的核心知识讲解展开，缺乏关于教学管理、教师培训、中小学、职业教育等多方面的系统性研究成果，因此，研究的教学阶段覆盖面不广、学科综合性偏弱。"互联网+教育"并不是单一的网络化或信息化，在实际应用过程中，更要重视教育体制、机制的革新，未来需要建立具有教学模式融合性、参与主体汇聚性、行业协同性以及消费驱动个性化的开放教育服务体系，教育制度的开放程度决定了教育的现代化水平，继而为创新型国家建设提供人力资源保障，最终实现人类教育面临的重大命题：公平、质量、终身学习。

表 3 – 15　　　　　　　　　　高引证学科

序号	学科	引用次数	引用次数百分比（%）	被引	被引百分比（%）
1	教育理论与教育管理	11086	57.33	49401	47.44
2	计算机软件及计算机应用	6737	34.84	13912	13.36
3	高等教育	2481	12.83	7012	6.73
4	外国语言文字	1638	8.47	5980	5.74
5	自动化技术	1299	6.72	4522	4.34
6	职业教育	1078	5.57	1920	1.84
7	医学教育与医学边缘学科	942	4.87	2229	2.14
8	成人教育与特殊教育	716	3.7	2017	1.94
9	中等教育	691	3.57	1103	1.06
10	图书情报与数字图书馆	690	3.57	2182	2.1
11	计算机硬件技术	484	2.5	1114	1.07
12	电力工业	456	2.36	2728	2.62
13	互联网技术	404	2.09	1025	0.98
14	数学	231	1.19	441	0.42
15	初等教育	187	0.97	301	0.29
16	体育	145	0.75	504	0.48
17	企业经济	140	0.72	175	0.17
18	贸易经济	161	0.83	265	0.25
19	中国语言文字	165	0.85	240	0.23
20	电信技术	173	0.89	335	0.32

表 3-16　　　　　　　　　高被引学科

序号	被引学科	文献数	文献数百分比（%）	被引	被引百分比（%）
1	教育理论与教育管理	1656	55.4	12848	66.44
2	计算机软件及计算机应用	964	32.25	5321	27.52
3	自动化技术	286	9.57	1463	7.57
4	高等教育	246	8.23	1288	6.66
5	外国语言文字	159	5.32	951	4.92
6	中等教育	70	2.34	461	2.38
7	图书情报与数字图书馆	59	1.97	428	2.21
8	成人教育与特殊教育	119	3.98	387	2
9	医学教育与医学边缘学科	74	2.48	329	1.7
10	互联网技术	58	1.94	324	1.68
11	电力工业	59	1.97	295	1.53
12	职业教育	107	3.58	278	1.44
13	计算机硬件技术	55	1.84	208	1.08
14	数学	29	0.97	190	0.98
15	航空航天科学与工程	21	0.7	101	0.52
16	电信技术	33	1.1	83	0.43
17	企业经济	28	0.94	81	0.42
18	物理学	13	0.43	73	0.38
19	会计	15	0.5	64	0.33
20	贸易经济	11	0.37	57	0.29

　　建立完善的教师教学中心有助于培养和发展教师的教学能力。目前国内大学教师重科研而轻教学的现象偏离了以学生为中心的教学主旨，"一个好的大学教师既要是一位出色的学术研究者，更应该是一位优秀的知识传播者"。因此只有将科研成果与教学研究有效融合才能进一步激发科研的创新性，才能发挥教学理论的实用性。教师的教学质量关乎教育质量，优质的教育需要对传统教学理念与教学方法进行深刻反思与变革，立足于科研的教学既能为教学增添宝贵经验，同时也有利于教师队伍的建设。为实现教师的继续教育目标，学者围绕该问题进行了大量理论和实证研究，并提出了教师网络研修基础框架，包括用于技术支撑的网络研修平台、参与教学活动主体形成的学习共同体、核心

教学模式所采用的混合式学习、作为关键因素的资源互动,以及发挥保障作用的评价管理机制。研究同时发现,国内教师相较于国外网络学习的自我引导意识不足,国内开展教师继续教育活动的机构也不够规范,因此,建设教师网络研修社区能更好提高教师的专业技能和信息化素养,为教师进修学习提供制度化、高水平的服务保障。

高效的高等教育管理系统能够提升高校数据管理水平。目前多数高校各部门之间存在信息的集中统一处理困难,结构化、兼容性、扩展性弱,大大影响决策效率,数据的综合性、可用性低,数据的管理和维护成本高昂等一系列问题。因此,建立高校数据管理中心能有效规范数据管理与质量评估,同时利用云计算、商业智能等技术能提升资源配置水平,扩充数据集成方式,拓宽数据管理周期,改善管理水平与教学质量,夯实高校的信息化教研基础。此外,各高校还应快速整合各服务部门和管理机构,如图书馆可利用现有资源优势,与校内专职教师共同进行课程设计与课程制作,尽量规避资源版权问题;完善图书馆移动学习服务,提供数字化资源、在线学习平台与远程开放实验环境,实现一站式学习,实时监控,提供针对性服务,解决广大师生在开展教研活动中遇到的软硬件障碍。

3.6 结论与启示

3.6.1 结论

我国在线学习的研究按照技术发展与应用水平,可从整体上划分为三个主要阶段:①20 世纪 90 年代末期,网络技术在国内刚刚起步,研究者们开始思考如何将知识存储到计算机中,以方便人们获取及使用,因此,通过技术引领教育,并更好服务于教育成为该时期的主要研究目标;②此后,直到 2004 年,国外部分研究学者对企业和高校线上学习应用的可行性进行了探索研究,国内学者对教育理论和教育模式等话题展开热议,各大高校凭借自身科研优势分别从教学与技术两大视角推进相关研究工作,个性化、互助式教学帮助学生实现了自定义式的终身学习,同时,伴随着学习支持与评价系统的建设逐步完善,更好地推动了精准化教学的实施,各方面实践进程的加快使其研究发文量出现小高峰；③2011 年，MOOC 在国外兴起并得到大范围应用，再次推动了国内在线学习研究的快速增长，在线学习研究进入了全速增长爆发阶段，大数据、云计算等技术为在线学习提供了更加便捷高效的支持，变革了在线学习的教学环境和教学策略，更大程度上提高了学生的学习效率，满足了学生对智慧学习的需求。结合不同阶段对在线学习相关研究成果进行了以下分析：

第一，对期刊发文量与关键词分布进行分析后发现，《中国远程教育》、《中国教育信息化》、《中国电化教育》等期刊在教育领域具有较高影响力。《电化教育研究》、《中国电化教育》也是篇均被引数较大的期刊，反映了研究成果具有高水准。以上期刊集中反映了我国在线学习研究的先进性。"在线学习"是文献研究的一大热点词。与此相关的词如"远程教育"、"移动学习"、"MOOC"、"慕课"等也反映了当下教育的多元化形态。

第二，在对关键研究节点和研究主题进行梳理后，本研究通过绘制共现图谱分析了研究热点话题的分布群落与形成机制。核心研究者与研究机构的分布有着极强的地域特征，大致可按照地区经济发展水平划分为五大合作区域，主要分布在以北京师范大学为核心的华北地区、以华中师范大学为核心的华中地区、以华东师范大学为核心的华东地区、以华南师范大学为核心的华南地区以及以陕西师范大学和西北师范大学为核心的西北地区，整体范围基本覆盖了国内各大重点高校，其中，华南师大、陕师大、北师大、华中师大等高校积极开展与其他机构的合作研究工作。一般而言，核心研究者的研究主题能够反映其所在机构的关注重点。北京师范大学的陈丽、郑勤华长期以来持续关注学习者在线学习过程中的交互行为、知识建构水平、学习分析与评价；华东师范大学的刘名卓、祝智庭、顾小清对 MOOC 等新型教学模式开展研究；华中师范大学的研究者赵呈领、疏凤芳注重对在线教学的理论研究；华南师范大学李克东、赵建华、詹泽慧探究了混合学习的应用价值；安徽广播电视大学的汤诗华、毕磊、朱祖林、安哲锋、郭允建，以及汕头广播电视大学的肖俊洪等研究学者也在各自领域内不断积极探索。因此，研究者的研究方向、研究方法与所属机构自身的教学基础与办学特色紧密相关。北京、上海等教育资源较为集中的院校善于进行学习支持服务与教学管理技术研究；而其他地区的师范类院校拥有浓重的历史与人文气息，研究者更关注教学理论及教学方法的实证研究工作。

第三，对文献进行共词分析，揭示了在线学习领域的研究热点和研究前沿。在线学习研究按照关键词聚类差异可分为理论探究、探索与应用、实践与创新这三个阶段。研究者们在科学论证阶段阐明了可能产生的教学形式与主要参与主体，并对其未来能否弥补传统教育不足持乐观态度。"在线学习"、"学习资源推荐"是这一时期的热点话题。教学模式与应用、技术管理与支撑是研究者持续关注的两大主要研究方向。技术的提升极大程度改善了教学方式与教学环境。在远程学习的基础上，电子化学习模式打破了时空限制，实现了师生异步分布式教学。网络化的教学环境能够支持教学过程中的协作式学习，通过形成学习社区或学习共同体的方式帮助学生完成知识体系的建构，从而实现差异化、自主化教学。但考虑到课程的自身特性及线上教学的规模化效应，教学媒体和渠道还需进一步拓宽，以提供最佳的技术解决方案。为实时监控并合理评价教学质量，学习管理系统的设计与使用也受到了广泛关注，但这一体系缺乏统一的研究与实施范式。企业与高校的研究尽管起步较国外发达国家略晚，但在研究中发挥了巨大的推进作用。自 MOOC 在国内外迅速兴起，适应本土教学特色的混合式学习研究体量也随之呈现爆发式增长。基于大数据、云计算等技术的教学平台的兼容性、交互性、开放性和资源丰富性设计逐步完善。教学设计评价与学习行为评估也因此成为在线学习研究中后期的热点子课题。在此次疫情期间，在线教学的大范围实施仍困难重重，网络基础设施分布不均、师生信息素养水平参差不齐、线上资源缺乏体系化管理等一系列问题亟待解决。在今后的教学实践中，还需继续完善网络环境、开展教学培训、拓展教学渠道、适配学科与学龄特点、家校一体联合监督、促进各部门联合响应。

第四，通过对文献的被引分析发现，2014 年前后是核心研究成果的产生期，同时也是研究数量的高增长期，说明目前的研究在数量和内容上已趋于饱和，这也合理解释了近两年研究数量的低增长现象。在文献计量过程中，一些研究者也指出了研究者或是机构之间的合作网络呈稀疏状态，并认为该网络状态是阻碍研究进展的重要影响因素，并建议通过共同主题的合作研究来改善这一现状。然而，本研究认为该现象同时折射出优秀实效的合作首先应结合研究者的不同研究方向确立明确分工，稳定的研究基础能确保持续性的研究优势，因此，在起步阶段需要集中力量进行专项研究；研究逐渐成熟后，继而扩展合作范围，形成优势互补。该发展方式也不失为一种经济且高效的研究模式。此外，研究发现以下积极的发展趋势：区域内的合作程度进一步加深，教育水平不发达的地区正在积极寻求并构建合作关系。高被引作者李克东、赵建华（2004）及其高被引文献《混合学习的原理与应用模式》阐述了混合学习的可能性，但大范围的应用是在 2013 年慕课进入中国以后，在这一发展过程中，技术起到了关键作用，虚拟化学习环境的构建、学习支持与管理平台的优化为混合学习提供了可能。技术的进步拓展了资源获取渠道，减轻了信息处理的后顾之忧，保障了学习过程的高效实施。因此，信息化建设工作成为加快教育改革进程的重要利器。

第五，在线学习的研究进展同时受制于学科的发展程度。外语教学一直以来拥有广阔的市场前景和成熟的教学体系，外语听说读写的学科特色契合了在线学习所倡导的开放自主、互助协作的教学思想，因此，成为众多教学研究工作的切入点。由此可见，在应用学科及其相关课程的选择上，研究者们做了许多考量，例如高等教育阶段的计算机学科与医学学科、初等教育阶段的外语与语文课程，针对不同学龄阶段及学科特点，在线学习的混合程度不尽相同。在此情况下，加强图书馆的信息化建设能够使资源发挥更大优势，为实施在线教学奠定基础，以更好满足广大学生的课外拓展学习需求。

3.6.2　启示

基于上述研究工作，本书发现以下工作的重要性：

第一，教育变革本土化的重要性。教育与社会发展息息相关，不同的社会阶段对人才的培养模式和需求水平不尽相同。因此：①教育的进步依赖于社会生产能力和政治、经济发展水平的提升，教育的理论与应用创新应该适应社会体制与人才培养需求，制定顺应时代的教育发展战略，以可持续发展为基础，为教育信息化添砖加瓦。②我国幅员辽阔，教育水平和教学资源存在地区差异，而在线教育的普及应用能够在一定程度上缓解该问题带来的影响，满足更广泛的知识共享需求。提高公共教育服务能力，加强基础网络设施建设，培养信息化教育人才等措施的落实是实现阶段性需求的关键步骤。

第二，教学管理一体化的重要性。在线学习在重塑高等教育学习中扮演着重要角色，无论是专注于纯粹的在线学习、混合学习，还是利用在线学习管理系统进行面对面授课，都打破了学习的时空限制，改变了教育的环境，因此，需要认识到，尽管学习渠道由于信息技术的支持得以拓宽，但截至目前为止其仅是对大学现有结构的补充，并未从根本上改变大学的基本结构，教学和管理人员从课程的设计、互动的实施，到成绩的评定，再到证书的发放，全流程都应给予学生相应的引导和支持，实现学校教育为主、家庭教育和社会化教育为辅的多效协同管理监督机制，建立并加强区域间各部门应急联动响应机制，以保障每位学生得到公平、充分、良好的教育机会。

第三，技术创新高效化的重要性。当前国外的意识形态输入在部分领域超越了我国传统文化的输出，国内在线教育在技术、内容等方面相较国外仍处于劣势，应联合政府、高校以及企业的全部力量，创新核心技术，发展知识生态系统，在坚守意识形态的同时，以积极开放的心态促进多方合作交流。教育的信息化、现代化水平的发展依赖于技术的长效支撑，现阶段在线学习的学业监测与预警机制、学位认证与教学评价机制还有较大提升空间，相关研究工作也正在深入推进，因此，必须加强技术对各个环节的高效支持，培养技术的有效迁移和创新能力，加快信息基础设施的建设步伐，营造健康的虚拟化在线学习环境，高效服务于师生的在线交互教学与互动学习。

最后，受到疫情期间高等教学实践工作的启发，发现各类知识问答社区对课内教学工作提供了必要的拓展学习渠道，弥补了课内学时受限的问题，并通过学习者之间的交流互动，进一步提高了学习者对在线学习的兴趣和持续性。本研究在原始研究工作的基础上，将结合社会化知识问答社区在疫情期间发挥的教学作用，进行拓展性研究工作，这部分内容将在本书的第 11 章及第 12 章中进行阐述。

第 4 章
学习者的在线学习行为建模与分析

目前，虽然在线学习具有进入门槛低、成本低廉、受众广泛、学习便捷、学习资源丰富等诸多优点，但仍存在着师生间缺乏交流、中途退出率高、学习质量难以保障、主要依靠学生自主学习能力等问题。因此，人们不再只满足于在线学习方式带来的快捷和便利，更希望能通过新技术的运用提高学习质量与效率。在线学习产生的大量连续的教学互动信息为这一需求提供了基础。

学习者依据个人喜好进行自主学习，与在线学习平台进行交互。这些能反应学习者真实思维和学习状态的零散无意识的操作被学习平台所记录，成为深入研究学习规律、学习习惯以及学习者心理的原材料。各种学习平台或学习系统可以利用研究得到的规律和知识，及时干预学习者的行为，以达到提高学习效率，改善学习质量的目的。由于在线学习平台记录的行为数据十分庞杂，包含大量非结构信息，随着研究的深入，传统的统计方法已不能充分挖掘其中隐藏的规律和知识，不能满足研究者的需求。一些研究者开始尝试将数据挖掘技术引入在线学习数据分析中，并取得了初步的研究成果。数据挖掘是从大数据中分析出隐含在其中的人们事前不了解但对决策起到支持作用的信息、知识和规律的过程，具有处理不完全、有噪声、不确定、包含各种存储形式的数据集等优势，至今已广泛应用于各个领域。

现阶段，国内基于数据挖掘技术的在线学习行为研究多为理论分析层面，研究内容包括建立利用数据挖掘技术分析在线学习行为的框架和流程、设计自动收集目标数据进行在线学习行为分析的学习平台或学习系统以及简单地分析和挖掘已有的学习行为数据以获取学习规律。研究问题广泛却大都停留在数据挖掘算法的浅层应用，研究成果分散，层次不一，使用的数据挖掘技术较为简单。因此,如何深入应用数据挖掘技术对在线学习行为进行建模和分析,挖掘深层的学习规律和行为规律成为当前研究的热点。

对于在线学习平台而言,要长久地发展并且更好地服务学习者离不开合理的运营模型和不断完善的平台建设。越来越多的在线学习平台开始提供个性化和适应性的教育服务,构建更加智能的学习平台。研究在线学习行为和学习结果预测对建立智能化的学习平台具有重要的意义。具体来说,本章研究工作具有以下三方面的现实价值:①对学习行为现状的分析可以获得学习者对学习平台的使用方式、行为习惯和各种学习资源的使用情况,例如发现学习者使用学习平台的高峰期,发现受欢迎或不受欢迎的学习资源等。这些信息有助于平台设计者开发出更易用和合理的在线学习平台,有助于课程设计者或教师发现学习者对课程资源使用的问题,调整课程资源的内容或组织结构。②运用特征排序和敏感性分析的方法进行学习结果影响因素分析可以获得影响因素的重要性的排序,从而得到具有重要影响的因素。增加每天浏览次数和每类材料浏览次数等较细粒度的特征后,影响因素分析还可以得到关键的学习时间段和重要的材料类型,在线学习平台或教师可以依据这些结果引导学习者实施最能影响学习结果的行为,进一步可以根据学习者目前的学习状态,向其推荐个性化的学习策略。③预测学习者的学习结果可以对学习者和教师起到预警作用,当在线学习平台发现学习者未来可能获得较差的学习结果时,将预测结果反馈给学习者,有助于其了解自身当前的学习状态,激发其学习动力,更加积极地参与到课程学习中,或者进行自我调节改变学习策略等;将预测结果反馈给教师或课程设计者,可以让他们及时调整课程难度和授课进度,进一步分析学习者遇到的问题,帮助更多学习者通过课程考核。已经有研究者对在线学习平台基于预测结果的干预进行实验,并发现这一做法具有一定的效果。例如美国普渡大学研发了"课程信号系统",通过统计预测和数据挖掘方法,根据学生与学习管理系统的交互频率、年龄和选修学分等多个变量预测学生是否能完成课程,在课程学习过程中以交通信号灯的方式提醒学生,给学生提供有效反馈,并引导学生利用合适的资源提高学习成绩。2013年普渡大学发布的报告显示使用"课程信号系统"的学生毕业率得到了提高。王卓等人(2015)认为学生毕业率提高的原因是"霍索恩效应",即当人们感知到自己正在被研究或监测时会刻意增强行为表现,学生收到有关自己当前状态的反馈越多,越能感知到自己正在被监测,学习行为会更积极,最终获得的分数会越高。国内尤佳鑫等人(2016)使用多元线性回归模型预测学习者成绩,并根据预测结果进行干预实验,实验结果表明接受干预的学习者平均分数显著提高,基于预测的干预起到了较好的效果。

4.1 学习者在线学习行为研究现状剖析

4.1.1 教育数据挖掘研究

教育数据挖掘是借助统计、机器学习、人工智能和数据可视化等多个学科的技术和方法,对教育研究领域的数据进行处理和分析,通过建立模型,发现学习者的行为规律,探索学习行为、学习资源等变量与学习结果的定量相关关系来预测学习者未来的学习表现。本书的研究内容包含于教育数据挖掘研究领域的范畴之内,因此,首先对教育数据挖掘的研究现状进行简要描述。

教育数据挖掘研究的发展大致可分为两个时期:第一个时期是20世纪80年代至90年代末,研究者开始将数据挖掘技术引入教育研究领域,数据主要是来自调查问卷和信息管理系统,使用的方法十分简单,主要是统计分析方法和关联规则挖掘方法;第二个时期是从21世纪初至今,由于互联网的普及推动了在线教育的流行,诸多在线学习平台和学习系统积累了大量行为数据,吸引了众多研究者的关注。这一时期教育数据挖掘的研究方法和成果发展迅速,所采用的数据挖掘技术和方法更加丰富多样,涉及预测、分类、关联规则挖掘、聚类、文本挖掘、时序模式挖掘、孤立点分析等众多数据挖掘方法。目前教育数据挖掘的研究主题可大致归为五类如表4-1所示。由表4-1可以看出,目前教育数据挖掘领域所研究的主题十分广泛,成果众多。

表4-1 基于研究主题的教育数据挖掘研究分类

类别	主题	代表作
可视化	形象化的展示教育数据,帮助人们更直观地理解教育数据	Burr L. (2014) Mostow J. (2005)
学习者建模	针对学习者的行为、动机和策略等方面建立模型,发现其学习特征	Garcia P. (2007) Frias-Martinez E. (2006)

续表

类别	主题	代表作
学习者表现预测	通过现有的数据信息预测学习者未来的学习表现	Romero C.（2008） Minaei – Bidgoli B.（2003）
推荐	根据学生的特点向其推荐课程、学习材料	Aher SB.（2013）
自适应系统	利用前几类研究的成果设计自适应的在线学习平台	Romero C.（2009）

4.1.2 基于数据挖掘技术的在线学习行为研究

关于在线学习行为至今为止没有一个普遍认同的定义，刘中宇（2008）认为在线学习行为是指借助现代信息技术，学习者在具有丰富学习资源的学习环境中自我控制的学习行为，具体包括问题解答、信息浏览、信息加工、信息发布以及交流等行为；李玉斌（2013）提出在线学习行为是学习者为了实现一定的学习预期利用网络进行学习的心理调节和外在操作的总和；彭文辉（2013）认为在线学习行为是指发生在在线学习环境中的、与学习相关的各种行为，包括操作行为、认知行为、协作行为和问题解决行为。操作行为是指学习者的直接操作，如登录系统、点击链接、浏览材料等。本研究将在线学习行为限定为彭文辉等人提出的操作行为，不探讨认知行为、协作行为和问题解决行为等在线学习平台不便于直接测量和收集的行为。

基于数据挖掘技术的在线学习行为研究是指通过使用数据挖掘技术对在线学习行为日志数据进行分析的方式对在线学习行为进行研究。由于在线学习平台记录的数据具有规模大、包含各种形式、有噪声、不完全等特点，传统的统计分析方法难以满足复杂的分析需求，因此，数据挖掘技术逐渐地受到在线学习行为研究者的广泛关注，并且涌现出大量的研究成果。按照研究问题可将当前国外的相关研究归纳为五类，如表 4 – 2 所示。

表 4 – 2　　　　　国外在线学习行为研究的现状

类别	研究内容	代表作	数据挖掘方法
发现学习规律	研究各种因素与学习成果之间的关系；学习行为模式的研究	Natek（2014） Talavera（2004）	决策树算法 EM 聚类
分析学习特征及习惯	认知方式、学习风格等学习特征的研究；学习习惯的研究	Feldman（2014） Wang（2002）	朴素贝叶斯分类 序列模式挖掘

续表

类别	研究内容	代表作	数据挖掘方法
评估学习现状	利用现有数据评估学生对知识的掌握情况、检测不良学习心态等	Baker（2004） Rajendaran（2013）	潜在相应模型 回归
预测学习效果	利用学习者已修课程的历史数据建立模型，单纯依赖数据相关关系或结合教育理论，预测学习者的学习效果	Anozie（2006） Arroyo（2004）	线性回归 贝叶斯网络
个性化学习服务	根据学习者的个人特点和当前学习状态，向其推荐课程、学习活动、学习资料以及学习方法等	Teng（2010） Aher（2013）	聚类 Apriori 算法

由表 4-2 可知，国外的在线学习行为研究开始时间较早，研究内容丰富，运用的技术手段多种多样。如 Talavera 等人（2004）利用最大期望（EM）算法进行聚类分析，发现学习者在协作学习中的行为模式。Wang（2002）利用关联规则挖掘和序列模式挖掘技术发现学习者在浏览学习资料时的先后顺序习惯。了解学习者的学习现状，有利于及时督促学习者调整学习态度和行为，提高最终课程通过率。为此，Baker 等人（2004）使用机器学习的潜在相应模型，检测学习者对智能辅导系统的误使用，并训练分类器识别学习者是否欺骗系统；Rajendran（2013）结合心理学、教育学理论，认为追求目标的过程中遭遇的阻碍导致挫折，通过分析学习者使用智能辅导系统的目标，研究达成目标的阻碍因素，以具体的阻碍因素为自变量建立线性模型，判断学习者在使用智能辅导系统时的情感状态（是否感到挫折），提醒教师及时做出反应，并实施措施化解学习者的不良情绪，从而改善学习者学习状态。通过现有数据预测学生未来的学习表现是数据挖掘技术在在线学习行为研究中最早也是最流行的应用之一，已有许多研究者针对这一问题进行了深入的研究，如 Anozie 等人（2006）对学习者每月在线学习的学习日志进行线性回归分析，预测期末考试成绩。从知识利用和产品开发的角度出发，一些研究者开始思考在线学习平台的个性化学习服务功能，如 Wang 等人（2002）利用 BP 神经网络方法实现了一个自适应的英语学习系统，可根据学习者的性别、性格以及学习焦虑程度等信息为学习者推荐不同难度的英语学习材料；Aher 等人（2013）在使用 K-Means 算法进行聚类的基础上，应用 Apriori 算法对各类学习者所选修的课程进行关联规则分析，得到各类学生偏好的课程学习顺序，从而向学生推荐合适的课程。

国内基于数据挖掘技术的在线学习行为研究尚处于起步阶段。代表性的研究成果包括：胡艺龄等人（2014）提出了学习者在线学习行为的建模机制，建立了应用数据挖掘技术进行在线学习行为分析的模型，即数据、机制、结果三层模型。吴青等人（2014）利用 Moodle 进行实验获取数据，并使用 J48 分类算法分析学习者的学习风格。王萍（2015）利用 edX 公布的用户学习数据进行简单的统计分析，探究学习者的特征及国内外学习者的差异。总体来说，当前国内的研究多处于理论分析阶段，研究内容和技术手段都不够深入和广泛。对该领域进行进一步地深入研究有重要的学术意义和应用价值。

4.1.3 学习结果预测研究

通过现有数据预测学习者未来的学习表现是数据挖掘技术在在线学习行为研究中最早的也是最流行的应用之一。研究者使用历史数据建立预测模型，依赖数据相关关系或依据教育理论，预测学习者的学习结果。表 4-3 列出了一些代表研究中使用的预测算法及所使用的特征。

表 4-3   预测学习效果使用的算法和特征

研究者	预测算法	使用的特征
Ding N.（2011）	回归	预测试成绩、性别、性别组合、知识加工模式
Natek S.（2014）	决策树	是否全职学生、是否重修、性别、测试成绩
Juan A. Lara（2014）	神经网络、SVM	每星期上课次数、是否浏览材料、每种材料的浏览次数
Huang CK（2016）	关联规则	上课次数、期中成绩、最后报告成绩、期末成绩
蒋桌轩（2015）	线性判别分析、逻辑回归、线性核 SVM	观看视频的次数、测试提交的次数、记录密度、论坛发帖和看帖的次数、注册时间距离开课时间的天数

Ding 等人（2011）利用计算机支持的协作学习平台（CSCL）所积累的会话数据，使用回归方法预测学生物理课程的成绩，从回归结果中发现女生和同性别学习者一起协作学习的效果优于与和异性一起协作的效果，男生则无明显差异。Natek 等人（2014）使用学习者的个人信息和学期中测试的情况预测学习者期末成绩。Lara 等人（2014）以学习者材料浏览行为的相关统计数据为自变量，分别采用前向反馈神经网络和 SVM 预测学习者是否能完成在线学习课程。Huang（2015）引入关联规则挖掘技术，分析上课次数、期中成绩、最后报告成绩等特征与期末成绩的关联关系，并使用挖掘得到的关联关系预测学习者的期末成绩。此外，为了达到提高分类或预测准确率的目的，Minaei-

Bidgoli 等人（2003）使用遗传算法对二次型贝叶斯分类器、1 - 最近邻、k - 最近邻、Parzen 窗估计、多层神经网络和决策树等六种不同分类方法进行组合得到最佳分类器。

由表 4 - 3 可见，当前预测学习结果的研究中运用的预测算法种类较为丰富，除了上表所列的方法外，还包括朴素贝叶斯、Logistic 回归和最近邻算法等。但目前国内外研究中使用的特征内容较为单一，多为学习者个人信息和学习行为的宏观统计数据，如性别、工作、某些学习活动发生的次数、持续时间、测试成绩等，与在线学习平台记录的大量用户操作数据相比，可能忽略了大量有用信息，数据利用率不高。如何更充分地利用学习平台记录的行为数据，丰富特征内涵，提取并选择特征进行数据挖掘分析，还存在极大的研究空间。

4.1.4 研究现状总结

综上所述，基于数据挖掘技术的在线学习行为研究已经取得了大量的研究成果，所涉及的研究问题也相当广泛。在数据利用的深度和广度方面，以及预测方法方面，仍有较大发展空间：

第一，目前研究使用的特征多为人口统计信息和宏观的学习行为统计数据，统计粒度大，忽略了大量有用信息，尤其是登录时间、资源浏览、作业完成情况等较为细致的行为信息没有被充分挖掘和利用，数据利用率不高。

第二，国内的学习效果预测研究多停留在数据挖掘算法的浅层应用，研究者多使用决策树、贝叶斯分类、SVM 等单一分类算法，极少有研究者使用 GBDT、随机森林等组合分类方法。而随机森林和 GBDT 方法具有能够处理高维数据、模型泛化能力强以及预测准确率较高等优点。

针对上述不足，本研究将从行为时间和行为对象两个角度出发提出更细粒度的学习行为特征以描述在线学习行为，利用描述性统计分析方法了解在线学习行为的现状，使用基于决策树和递归特征消除法的特征选择方法进行特征选择，借助敏感性分析方法分析影响学习者最终学习结果的重要学习行为因素，并将随机森林和 GBDT 等组合分类方法引入到学习结果预测中，提高预测准确率。

4.1.5 研究步骤

由研究现状可知，当前研究者多重视挖掘算法的选择与应用，却忽视了数据预处理阶段对在线学习行为分析的潜在价值，本书将利用描述性统计分析方法深入了解在线学习行为的现状，为特征提取和选择提供有价值的依据。本研究将以预测学习者是否通过最终的课程考核为目标，构造和提取相关特征，建立在线学习行为的数据模型，并进行在线学习行为与学习结果的相关关系分析和预测。本部分研究工作主要包括三部分内容，分析过程如图4-1所示。

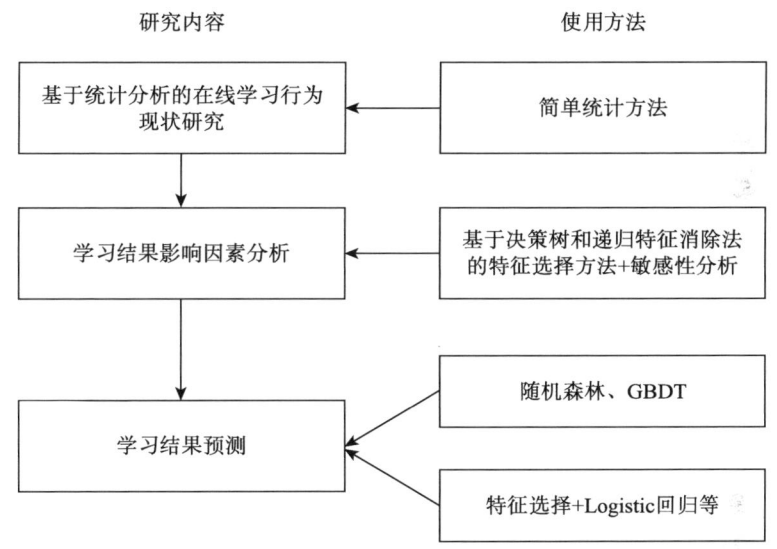

图 4-1　基于数据挖掘的在线学习行为分析过程

第一，基于统计分析的在线学习行为现状研究。首先，对本研究使用的原始数据集进行预处理，完成重复记录消除、缺失值处理和异常值处理等数据清洗工作。在此基础上，利用统计分析方法，分析在线学习行为的现状，主要了解学习者的个人信息、学习行为的时间规律和学习资源的利用情况等，为后续的特征提取和选择打下基础。

第二，学习结果影响因素的研究。综合考虑已有的研究和本研究所使用数据集的特点进行特征构造和提取，建立在线学习行为的数据模型。在前人的研究基础之上，本研究提出引入统计粒度更小的材料浏览行为特征描述在线学习行为，以充分地利用学习行为数据。借助特征选择方法和敏感性分析方法分析影响学习结果的重要因素。具体方法是使用基于决策树和递归特征消除法的特征排序方法进行特征选择，获得与学习结果相关关系较强的特征子集，并进行敏感性分析，比较相关特征的重要程度，推测影响学习结果的因素。

第三，学习结果预测。在预测算法的选择和应用上，本研究使用随机森林和 GBDT 这两个组合分类方法在原始特征集上进行模型训练，并与经过特征选择的 Logistic 回归等单一分类方法进行性能比较，选出最佳的分类算法。利用选出的最佳算法，在期终以前的行为数据上训练分类模型，分析分类效果，以探究是否能在课程的早期预测出学习者未来的学习结果。

4.2 数据准备及统计分析

4.2.1 数据准备

(1) 分析工具及数据集说明

本研究使用 Python 语言进行数据分析，借助 Python 强大而丰富的库完成数据预处理、统计分析、特征选择和分类模型训练等多项工作，主要使用的库包括 numpy、pandas、SciPy、scikit-learn 等，使用 Anaconda 作为具体的集成开发环境。

本研究使用的数据集是英国开放大学学习分析数据集（Open University Learning Analytics Dataset）。英国开放大学成立于 1969 年，其宗旨是对学习者开放、学习地点开放、学习方法开放以及观念开放，设有专科、本科、研究生和非学位课程等多种类型课程，教学方式灵活，教学手段包括函授、广播及计算机网络等。该数据集是英国开放大学所记录的在线学习行为数据，包含 7 门课程于 2013 年至 2014 年间多个学期的学习者个人信息及其在线学习行为数据。数据集由 7 张表组成，每张表所含具体属性如表 4-4 所示，含义不明的属性未列出。本书将在线学习平台提供的学习材料和测试统称为学习资源。从表 4-4 可以看出该数据集不仅包含详细的学习者个人信息，还包含了关于注册行为、材料浏览行为和测试行为这三种在线学习行为的较为完整的数据。

表 4-4　　　　　　开放大学学习分析数据集基本描述

表名	属性
课程	课程 ID，开课时间，开课天数
测试	课程 ID，开课时间，测试 ID，评估方式，提交截止时间

续表

表名	属性
材料	材料ID，课程ID，开课时间，材料类型，预期材料使用开始时间，预期材料使用结束时间
学习者信息	学生ID，课程ID，开课时间，年龄段，性别，居住地，教育水平，重修次数，已修学分，是否残疾，课程最终考核等级
学习者注册信息	学生ID，课程ID，开课时间，注册时间，退学时间
学习者测试信息	学生ID，测试ID，提交日期，测试成绩
学习者浏览信息	学生ID，课程ID，材料ID，开课时间，浏览时间，当日访问次数

该数据集的缺陷是与课程相关的信息都做了隐私处理，隐去了具体的课程名称和课程内容，导致无法结合课程背景进行更深入地分析，为了弥补该研究缺失，本书将在后续课程研究中予以弥补。不同的课程持续时间不同，学习资源也不具可比性，为了进行学习行为的跨课程分析，在特征提取时难免要有所牺牲，选择粒度较大的统计值，丢失原始数据中包含的信息。为了尽量利用信息，本研究在本章的研究工作仅选择了 BBB 课程[①]进行分析。在 4 个学期中一共有 7909 人次选修了 BBB 课程，其中包括重修的学习者，数据集中提供了 7909 条注册行为记录，1567564 条材料浏览记录，43032 条测试记录。在该数据集中即使是同一个课程在不同学期的课程持续时间和学习资源也不相同，表 4-5 展示了 BBB 课程不同学期的相关数据，由表中数据可知，同为 BBB 课程，在各学期中开课天数、材料数量和测试数量都不相同，尤其是 2014 年的下学期，与其他三个学期差距较大。若以学习资源的 ID 号为区分资源的标识，通过检查各个学期具体的学习资源信息，可以发现各学期的学习资源并没有交集。正常一门课程提供的学习资源尤其是学习材料在相邻的两个学期中重复的比例应该很大，材料的更新、补充和删减的幅度比较小。只有在进行课程改革，对学习资源进行大刀阔斧的改造时才可能出现学习材料的彻底变化。表 4-6 为 BBB 课程材料的类型分布情况，可知前三个学期的材料类型分布很接近，推测可能有些学习材料的内容是大致相同的，但是该在线学习平台将每学期的学习材料都当成新的进行数据收集，使得同一门课程在学期间的联系被打

---

① BBB 课程为数据集课程名称，但由于课程信息已都做过隐私处理，隐去了具体的课程名称和课程内容，因此，该课程名并非学习者看到的真实课程名称。

断。这也给在线学习平台的设计和数据收集带来一些启示，即可以将知识点或章节等课程内容的组成单元作为学习资源的标识，进行学习行为数据的收集，以便在较长时间内分析学习者与学习资源的交互行为，获得与课程内容相关的分析结果，更有利于课程的设计者持续地优化课程设计。

表 4 – 5　　　　　　　　　　BBB 课程相关信息

开课时间	2013 年 2 月	2013 年 10 月	2014 年 2 月	2014 年 10 月
开课天数	240	268	234	262
材料总数	315	321	311	207
测试数	12	12	12	6
选修人数	1767	2237	1613	2292

表 4 – 6　　　　　　　BBB 课程材料的类型分布情况

材料类型	2013 年 2 月	2013 年 10 月	2014 年 2 月	2014 年 10 月
forumng	17	19	17	3
glossary	1	1	1	2
homepage	1	1	1	1
oucollaborate	0	2	1	3
oucontent	1	3	3	70
ouelluminate	1	0	0	0
questionnaire	0	0	0	4
quiz	5	5	5	4
resource	236	236	231	104
sharedsubpage	1	1	1	0
subpage	37	38	37	10
url	15	15	14	6

（2）数据清洗

数据清洗的主要工作包括处理缺失数据、消除重复记录和处理噪声数据等。当缺失数据较少时，最简单的方法就是直接删除缺失属性值的整条记录，以获得完整的数据集，这一做法有很大的局限性，丢弃了大量的有用信息，特别是当缺失的属性数据服从非随机分布时，可能导致错误的分析结论。另一类方法是将数据补齐。最简单的数据补齐方法是使用一个数据常量来填充空缺值，例如使用属性的平均值或众数进行填充，或先将数据依照某种属性分类后以同类数据的均值进行填充。比较复杂的数据补齐方法包括使用回归、判定树归纳以及贝叶斯方法等基于推导的工具，依靠已有的数据信息推测最可能的值进行填充，尽可能保持该属性与其他属性间的联系。

噪声数据是指明显违反日常逻辑的且偏差较大的数据，这些数据常常会影响挖掘结果的性能，导致错误的结论。可以使用基本的统计描述方法，如箱线图、直方图和折线图等图形工具，来识别可能代表噪声数据的离群点，还可以使用聚类方法检测孤立点。常用来消除噪声数据的方法包括使用总体均值或最值进行替换、使用分箱方法检测周围相应属性的值进行局部数据平滑以及使用回归函数修正噪声数据等。

具体来说，本研究对原始数据所进行的数据清洗的过程以及所使用的方法如下：

第一，发现并删除重复记录。在数据集的各张表中检查重复记录，发现学习者浏览信息表中存在158307条重复记录，予以删除。

第二，处理缺失值。对于数据缺失量较小的属性，使用简单的数据补齐方法，即对离散型的数据使用该属性的众数补齐，对连续型的数据使用平均值补齐。对数据缺失严重，缺失达到50%以上的属性，分析删除该属性后是否会造成严重影响，若不会则直接删除该属性，并重新检查该表是否具有重复记录，删除重复记录。结果显示材料表中的"预期材料开始使用时间"和"预期材料结束使用时间"两个属性以及学习者注册信息中的"退学时间"属性数据缺失严重，由于删除这些属性只是丢弃了这部分信息，对于本书的研究问题不会造成严重的影响，直接删除这三个属性。该数据集中其他属性的缺失较少，使用简单的数据补齐方法，不会严重影响数据分析的结果。

第三，处理噪声数据。对于取值明确的离散型数据，可以直接发现异常的输入值，如性别、年龄、教育水平等属性，如果异常值的数量极少，使用该属性的众数进行替换。对于连续型数据，可先使用箱线图或直方图展示数据的分布情况，使用最大值、最小值、各分位数等统计数值定性判断是否可能存在异常值，最后，结合对属性含义的理解和 3σ 准则确认异常值。3σ 准则又被称为拉依达准则，具体内容是若样本数据近似为正态分布，均值为 μ、方差为 σ，数据值出现在 $(\mu-3\sigma,\mu+3\sigma)$ 区间中的概率约为 0.9974，即偏离均值3倍标准差的数据出现的概率小于0.3%。偏离均值3倍标准差以上的数值是极端数据，会影响数据分析的结果，因此需要进行处理，在此本研究只使用简单的替代方法，以均值替换噪音数据。通过分析发现，学习者浏览信息表上的"当日访问次数"可能存在异常值，该属性的75%分位数为3，95%分位数是10，最大值为2664，依据3σ准则计算出的上界是22.52，学习者在一天之内对某一具体学习材料的浏览次数不可能达到2000多次，很可能是由于系统故障等原因导致的噪音数据，为了避免极端值对分析结果的影响，将其替换成均值。

当数据清洗结束后，使用统计分析方法，了解数据集中各属性的分布情况，可以获得有关在线学习行为现状的信息。

4.2.2 在线学习现状统计分析

行为科学认为行为本身是一个系统，其构成要素包括主体、客体、环境和外显行为方式，行为是指主体在一定环境的约束下实施某一操作于客体的过程，在线学习行为的主体是学习者，客体是各种学习资源，环境是在线学习环境，外显行为方式体现为各种网络操作。

虽然在线学习行为是由学习者发出，受到学习者的自主控制，但学习资源和学习环境具有确定性和客观性，导致学习者的操作受到限制。另外，由于学习行为客体的相对确定性和客观性使得对学习行为的描述和记录成为可能。当前不同的在线学习平台提供的学习资源种类各不相同，从而使学习者的具体行为在学习平台之间存在差异，记录和采集的行为数据也各不相同。杨金来等人（2008）根据学习者在学习中可能的学习操作，总结出了浏览、发帖和组织讨论等20多种常见学习行为。

从英国开放大学学习分析数据集所含的属性以及"材料类型"属性的具体取值可以看出，该在线学习平台在记录行为时将论坛（forumng）、课程主页（homepage）、链接（url）、词汇表（glossary）、问答（quiz）、虚拟课堂（ouelluminate）以及协作学习活动（oucollaborate）等学习资源都统一归纳为虚拟学习材料一类，对应"浏览"这一种具体行为。该平台还提供测试材料，对应学习者的"测试提交"行为，此外，课程也可以成为行为客体，对应"注册"行为。基于以上原因，本研究分析的在线学习行为只包括"浏览"、"测试提交"和"注册"行为。

对于同一个在线学习平台，学习者面对的行为环境是大致相同的，因此本研究将分析学习者、学习资源和具体操作三个要素的现状。具体而言，主要从以下三个方面进行：一是学习者的个人背景例如性别、年龄、居住地、教育水平、是否残疾等的大致情况；二是学习行为的时间规律，即在线学习行为在时间上的分布情况，如注册行为的时间分布、浏览次数随时间分布等；三是学习者对学习资源的使用情况，即学习者对学习平台所提供的学习资源的利用情况。同时对通过课程考核和未通过课程考核的学习者群体分别进行分析，定性判断学习结果不同的学习者在背景和行为上是否有所不同，为下一步学习结果影响因素的分析做准备。由于课程间的可比性较差，学习行为的分析只使用 BBB 课程的行为数据，学习者背景分析使用全部课程的数据。该部分主要使用描述统计分析方法，可以直观地了解该学习平台上学习者的背景信息及其在线学习行为的习惯和规律，并且为后续提出特征及构建在线学习行为的数据模型打下基础。

（1）学习者背景分析

开放大学学习分析数据集中一共包含 32593 位学习者的信息。学习者都来自英国，学习者的地区分布较为均衡。人数较多的地区有苏格兰、东益格鲁、伦敦和南部地区，占总人数的 40%。学习者的男女比例大约是 1.21∶1，男性学习者略多。

关于学习者的年龄分布，35 岁以下的学习者所占比例最高，达到 70.40%；35 岁至 55 岁的学习者占 28.94%；55 岁以上的学习者所占的比例极小，不足 1%，只有 216 人，表明年轻的学习者仍然是在线学习的主体。对比王萍从 edX 开放数据得到的分析结果：中国在线学习者的年龄主要分布在 20 岁至 30 岁之间，占总人数的 80%，其次是 20 岁以下和 30 岁至 40 岁的学习者，其他年龄段基本上没有学习者，英国在线学习的学习者年龄分布更广，尤其是 40 岁以上人群对在线学习方式的使用远多于国内，说明国内在线学习的方式还有很大的发展空间。edX 数据集中记录的课程为英文课程，国内的中老年人有语言上的困难，并不能吸引他们进行学习。建立本土化的学习平台，设计符合国内学习者兴趣爱好的课程，有助于在线学习方式的推广，增强国民学习，进而促进终身学习型社会的形成与发展。

通过分析学习者的教育背景，可以发现这 7 门课程的学习者中高中及高中以下教育水平的学习者占多数，达到 83.46%，研究生 1% 不到。可能是由于英国开放大学虽然是一家高等教育机构，有权授予学位，但对学生的学历无严格要求，因此成为高中及以下学历的学习者接受高等教育并获得学位的有效途径。此外，该大学自由灵活的学习方式也使得这些学习者中残疾学生比例较高，将近达到10%。

在原始数据集中，学习者的期末成绩被分为四等，分别为辍学、未通过、通过和优秀，本研究将其简化为通过与未通过两个等级，通过包含优秀，未通过包含辍学。期末成绩与个人信息的属性一样都是离散型，因此可以使用柱状图的形式直观地反应各属性的不同取值中成绩等级的分布情况，定性分析个人信息属性是否影响学习结果，结果如图4-2至图4-6所示。从图中可以看出，对于性别和是否残疾属性，不同的取值中学习结果的分布大致相似，推测性别和年龄对最终考核的成绩影响不大；对于年龄、地区和教育水平这三个属性，不同的取值中最终考核成绩的分布有所差异。

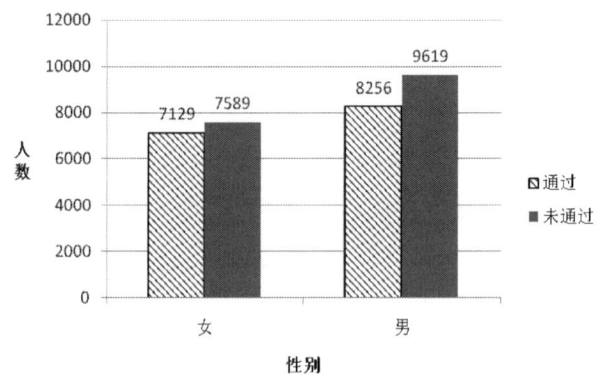

图4-2 性别与期末考核情况

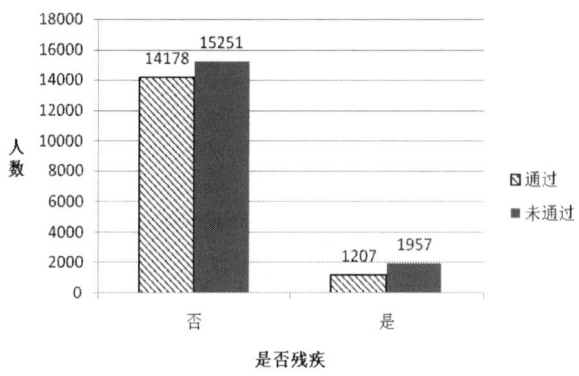

图4-3 是否残疾与期末考核情况

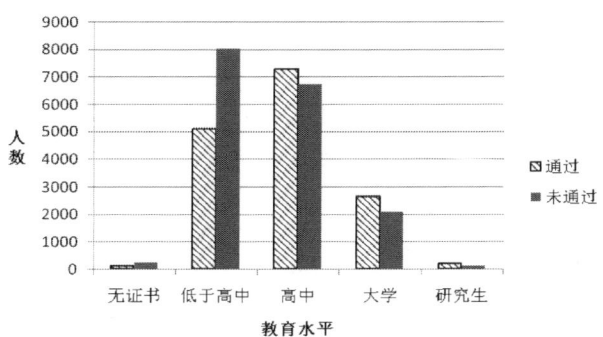

图 4-4 教育水平与期末考核情况

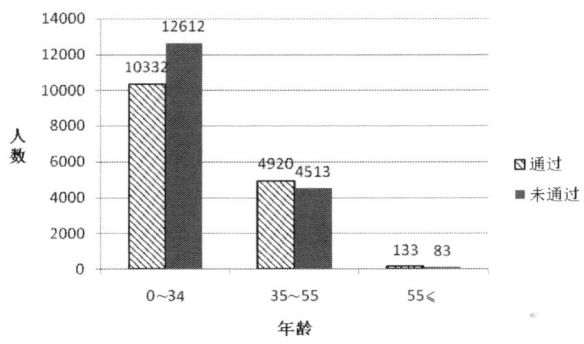

图 4-5 年龄与期末考核情况

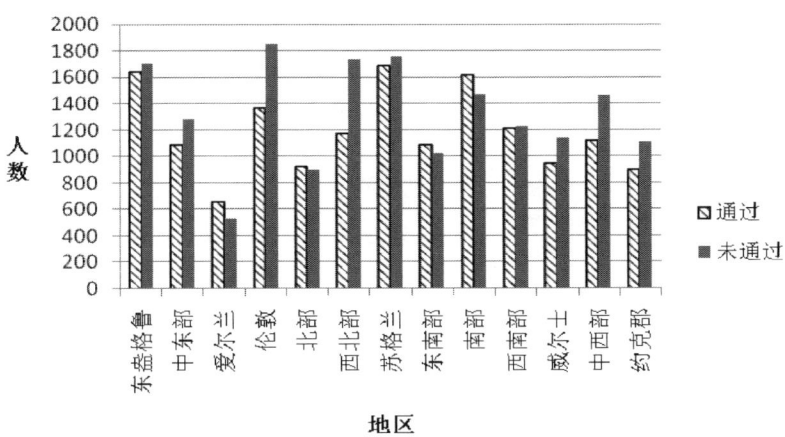

图 4-6 居住地与期末考核情况

图 4-7 展示了不同教育水平的学习者中通过考核与未通过考核的人数占比，教育水平为高中以下和没有学历的学习者中，通过率低于 50%，未通过

考核的人数超过通过考核的人数，高中、大学和研究生这三个教育水平的情况与之相反。从图4-7中可以看出，教育水平越高，学习者的考核通过率也越高，无证书的学习者通过率最低，只有29.68%，研究生的通过率最高，为65.50%，说明学习者的教育水平对其最终考核成绩有影响。

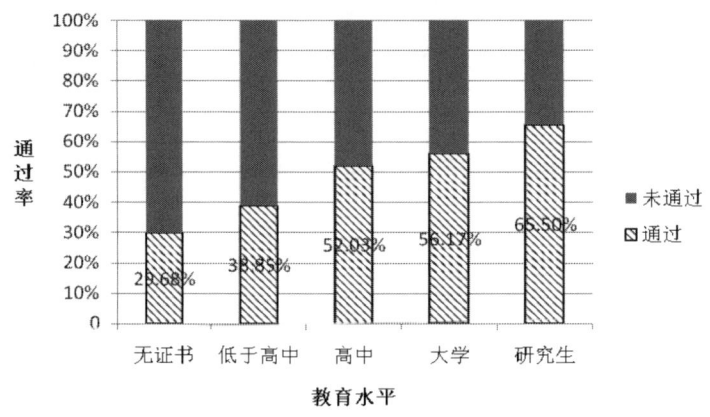

图4-7 教育水平与考核通过率

图4-8展示了各年龄段的学习者中通过考核与未通过考核的人数占比，年龄小于34岁的学习者中，通过率小于50%，通过考核的学习者明显少于未通过的学习者。与之相反，年龄大于35岁的学习者中，通过期末考核的人数略多于未通过的人数。由图4-8可知年龄越大的学习者考核通过率越高，年龄大于55岁的学习者的通过率达到61.57%，比0岁至34岁的学习者高了16.54%，说明年龄对学习者的最终考核成绩有影响。

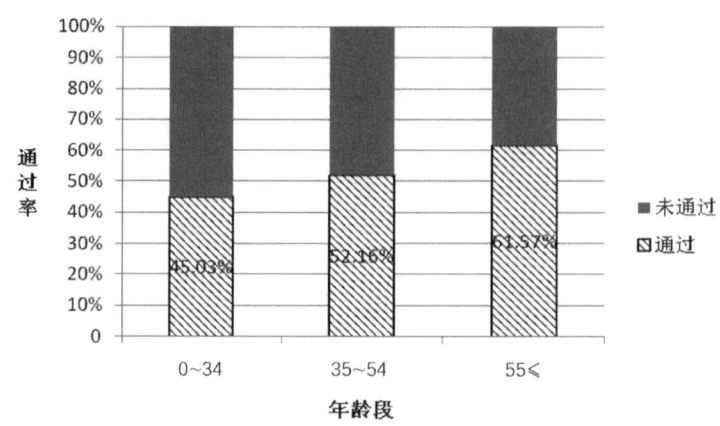

图4-8 年龄与考核通过率

由图4-6可知，在各个地区中学习者考核成绩的分布有较大的差异。图4-9为各地区学习者的通过率，西北部地区学习者的考核通过率最低为40.19%，爱尔兰地区学习者的考核通过率最高为54.90%，二者相差14.71%，表明学习者的居住地可能是影响最终学习结果的因素。

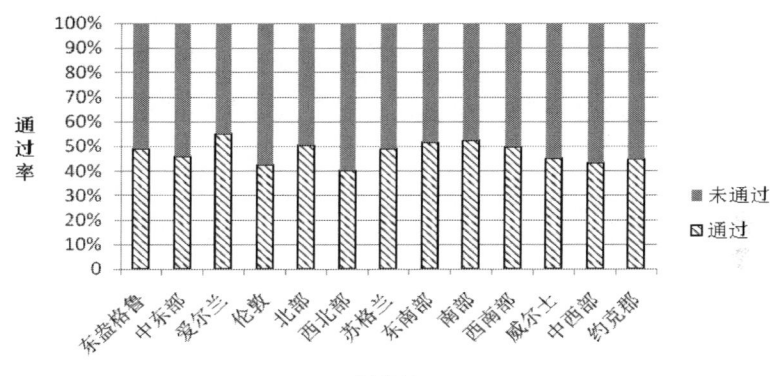

图4-9 居住地与通过率

由柱状图可以定性判断年龄、教育水平和居住地区对最终的考核结果有所影响。表4-7是个人信息属性与期末考核成绩的卡方检验结果，以0.01为置信水平，5个属性都通过了卡方检验，说明这5个属性与考核成绩之间是相关的。

表4-7　　　个人信息属性与期末成绩的卡方检验结果

	χ^2	P值
年龄	154.22	0.0000
性别	16.39	0.0001
地区	213.74	0.0000
教育水平	737.25	0.0000
是否残疾	115.30	0.0000

(2) 学习行为的时间规律

从本部分开始到本章结束为止，学习行为的分析将只针对BBB课程的学习行为数据进行。数据集中包含注册行为、浏览行为和测试行为的具体数据。下面分别对这三种行为的时间规律进行分析。

① 注册行为。

每位学习者必须通过注册的形式开始一门课程的学习。每天注册人数随时间的变化如图4-10所示，负数代表正式开课之前。最早的注册行为发生在课程正式开始之前 322 天,若只看波峰的位置,由图 4-10 可以看出从课程开课前 150 天开始,每天注册人数开始增加,在开课前 35 天至 25 天间达到最大,之后迅速下降,在正式开课后下降到接近于 0。在课程开始之后依然有人在注册课程,最晚到课程开始后 81 天。在正式开课前 15 天已完成注册的学习者人数占总人数的 95.60%,说明绝大部分的学习者在课程开课前半个月就已经完成课程的注册行为,而并不是临近正式开课才注册。图 4-11 展示了通过考核与未通过考核的学习者群体中每天注册人数随着注册时间的变化情况,比较两幅子图可知,通过考核者与未通过考核者每天注册人数的变化趋势大致相同,即两个群体在注册时间上没有明显区别,可以推测注册时间对学习者的最终考核没有较大的影响。

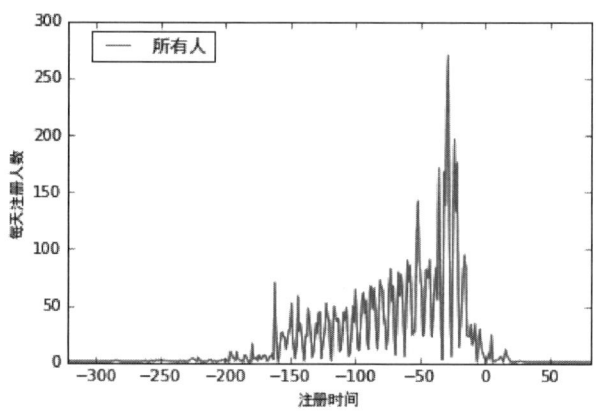

图 4-10　每天注册人数与注册时间

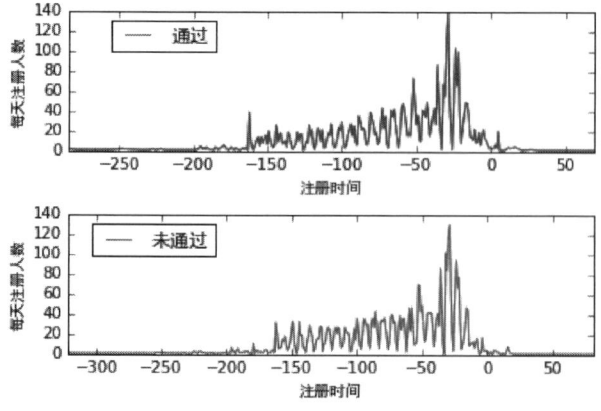

图 4-11　各成绩等级每天注册人数与注册时间

此外，在该学习平台上允许学习者对未通过的课程进行重修，重修的学习者所占比例不高，在 BBB 课程的学习者中，重修一次的学习者占比为 11.34%，多次重修的学习者人数极少，重修次数大于 1 次的学习者占比仅为 4.10%，最大的重修次数为 6 次。重修次数与通过率的关系如图 4-12 所示，从图中可以看出随着重修次数的增加，大体上学习者的通过率是下降的，由于重修次数为 6 次的学习者仅有 1 人，通过率为 100% 并不可信。对重修次数与考核成绩进行卡方检验，计算得到的 χ^2 为 94.25，p 值为 0.0000，在 0.01 的置信水平下，可以认为重修次数与最终考核等级是相关的。总体来看学习者的重修次数对其最终考核是有影响的，学习者重修次数越多，通过考核的可能性越小。

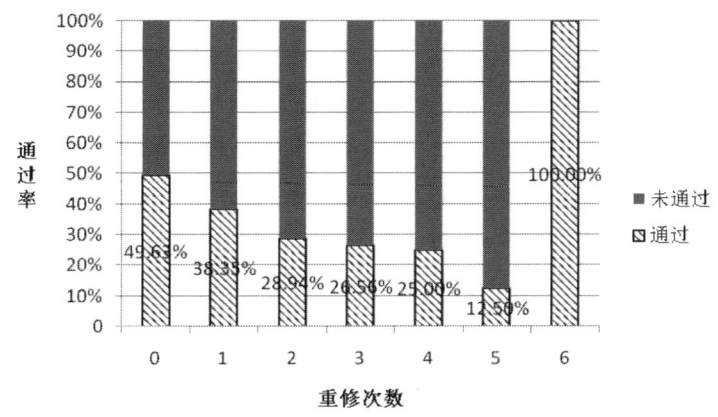

图 4-12　BBB 课程学习者重修次数与通过率

② 浏览行为。

与注册行为相似，早在课程正式开始之前就有学习者浏览课程的学习材料，平均每个学习者的每天浏览次数随时间的变化如图 4-13 所示，由图可知，刚开学时学习者的学习积极性较高，浏览行为较频繁，但总体上随着时间逐渐下降随后在一定区间范围内波动。图 4-14 展示了通过考核与未通过考核的学习者人均每天浏览材料次数的变化，比较两幅子图可以看出，通过考核者与未通过考核者的浏览行为有较大的差异。从数量上看，未通过者的人均每天浏览次数比通过者少，通过者在开学初期每天浏览次数最大能达到 12 次，下降后维持在 2 次左右，未通过者在开学初期每天最多浏览 4.5 次，之后下降到 1 次以下。从变化趋势上看，通过者的人均每天浏览次数从 0 次开始增加，开学 10 天左右达到最大值，其后逐渐下降，继而维持在 2 次至 4 次之间直到学期末；而未通过者的人均每天浏览次数从 1.5 次开始增加，达到最大值的时间比通过者早，之后持续下降，接近于 0 次。由此可推测学习者每天的浏览行为会对其期末考核造成影响，每天浏览次数较多且在学期中坚持较长时间的学习者通过考核的可能性更大，每天浏览次数较少或者开始积极之后懈怠的学习者可能无法通过考核。

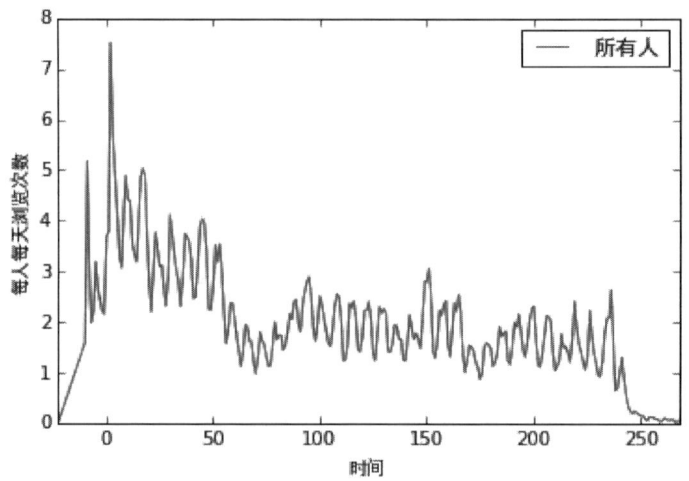

图 4-13　所有学生人均每天浏览次数的变化

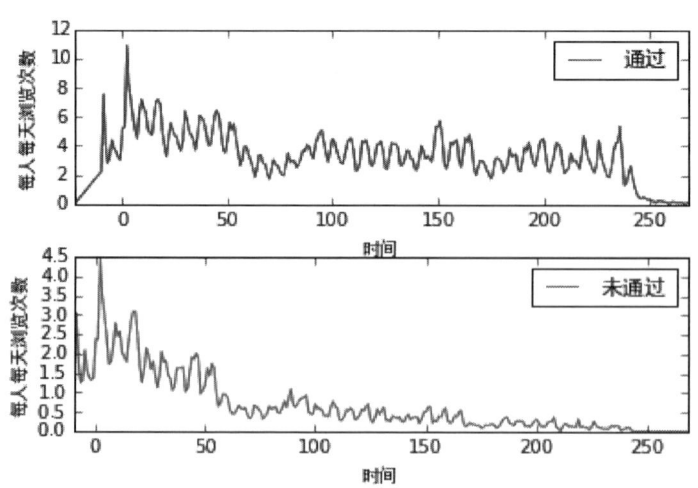

图 4-14　各成绩等级人均每天浏览次数的变化

由于 BBB 课程四个学期的持续时间不同，将四个学期的行为数据放在一起分析可能造成偏差，因此，本研究分别对四个学期的人均每天浏览次数进行分析，结果如图 4-15 至图 4-18 所示。各个学期人均每天浏览次数的变化趋势与图 4-13 代表的总体变化趋势相似，都是开学初期人均每天浏览次数较多，达到最大值，其后逐渐下降。由图中可以看出，波峰近似周期性的出现，最后一个波峰出现在期末考试之前，推测波峰出现的时间可能是某些关键的时间节点，学习者受到某种压力或动力驱动，更加频繁地浏览学习材料。例如临近期末考试，学习者为了准备考试会更多地浏览学习材料，形成了图像中的最后一个波峰。图 4-15 至图 4-18 同时标出了各个学期测试和考试的时间，从中可以发现在每一次测试的截止日期之前，每天浏览次数都会有所增加，在测试当天或前几天达到峰值，在测试后迅速下降。这一规律证实了学习者的浏览行为会受到测试和期末考试的驱动，学习者在测试或考试之前将更多地浏览学习材料以获得更好的分数。

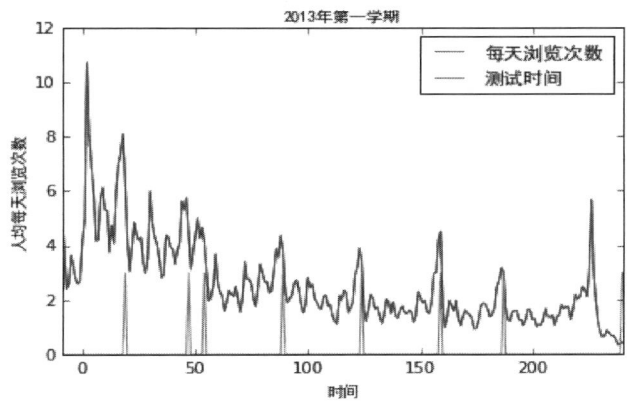

图 4-15　2013 年第一学期每天浏览次数

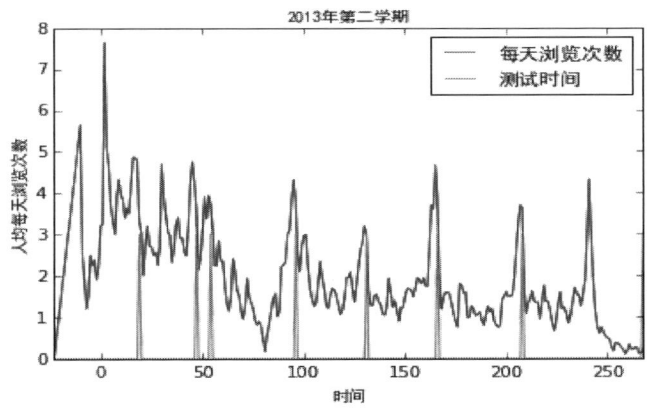

图 4-16　2013 年第二学期每天浏览次数

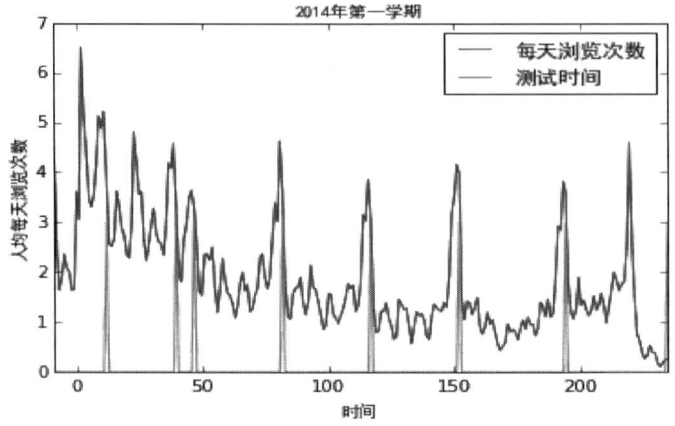

图4-17 2014年第一学期每天浏览次数

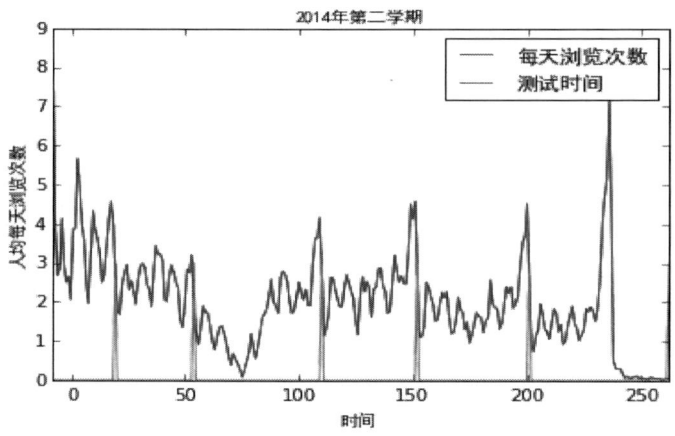

图4-18 2014年第二学期每天浏览次数

③测试行为。

本书将相对提交时间定义为测试截止时间与学习者提交时间的差值,若学习者在测试截止时间之前提交测试,则相对提交时间为正,若在测试截止时间之后提交,则相对提交时间为负。通过对每个学习者所提交测试的平均相对提交时间进行分析,以获得测试行为的时间规律。图4-19是BBB课程中所有具有测试提交记录的学习者的平均相对提交时间直方图。从图中可以看出,学习者提交测试的时间主要集中在测试截止时间前后10天内,占总人数的94.85%,但也有少部分学习者较为极端,最早的学习者在测试截止时间前121天就已完成测试,最迟的在测试截止时间后65天。学习者中及时提交测试,即在测试截止时间之前及当天提交测试的学习者占39.31%,说明及时完成测试的学习者不多。图4-20为通过考核者与未通过考核者的平均相对提交时间的直方图,通过两幅子图的比较可知,两个群体在平均相对提交时间上的分布大致相同,但通过者的提交时间更为集中。通过考核的学习者中,在截止时间前后10天内完成测试的学习者占97.79%,及时完成测试的学习者只占37.40%;未通过者中截止时间前后10天内完成测试的学习者占90.10%,及时完成测试的学习者占42.40%。与人们的常规想法不同,通过考核的学习者并没有更积极地在截止时间之前完成测试,相反在截止时间之后提交测试的占大多数,但通过者延迟的时间不会太长,绝大部分在5天之内。

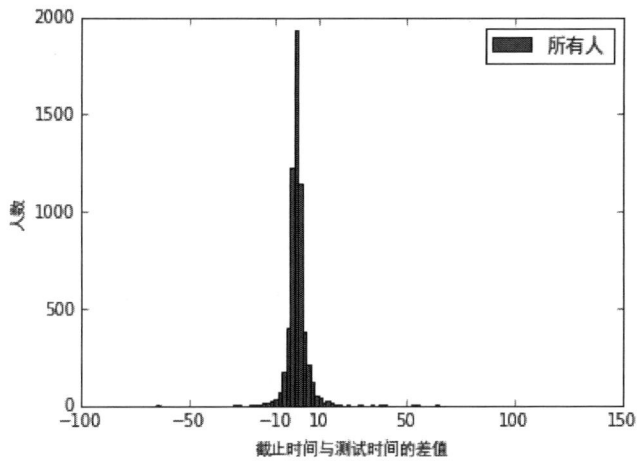

图4-19 平均相对提交时间直方图

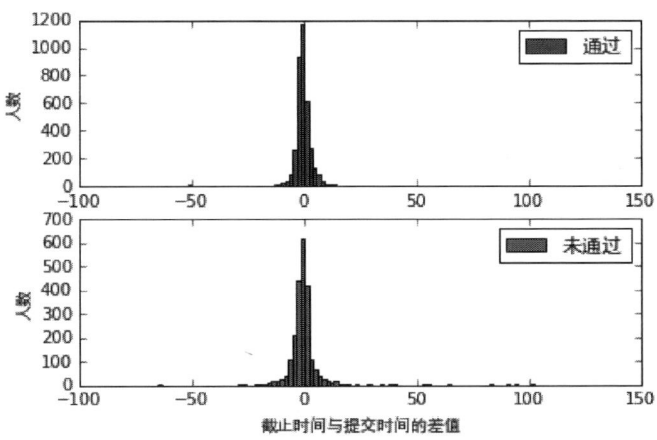

图4-20 各个成绩等级相对提交时间直方图

(3) 学习资源利用情况

从宏观上看，BBB 课程平均每学期提供 288.5 个学习材料，10.3 个测试。在 4 个学期中一共有 7909 人次选修了该课程，其中包括重修的学习者，消除重复记录后数据集中包含 1409257 条材料浏览记录，43032 条测试记录。平均每个学习者有 178.18 条材料浏览记录，5.44 条测试记录，与课程提供的学习资源数量相比，只占学习平台提供的资源的一半左右，这些数字表明有大量的学习资源并没有被学习者利用。

①浏览行为。

从学习者的角度看，在 BBB 课程中，选修的学习者总人次数为 7909，具有材料浏览记录的人次数为 6622，占学习者总人次数的 83.73%。通过考核的学习者中有 99.95% 的人浏览了材料，几乎是所有通过者都有浏览学习材料的记录，而未通过者中浏览材料的人数只占 69.07%，说明通过者和未通过者在浏览行为上有较大的差异。

在所有学习者中，使用平台所提供的学习材料一半以上的有 133 人，仅占学习者总人次数的 1.68%，表明绝大多数的学习者对学习材料的使用很少，资源的使用率很低。此外，在通过考核者中，学习者人均使用学习材料的数量占总数的 21.06%，在未通过考核者中，该比例为 6.49%，可以推测学习者使用的学习材料越多，通过最终课程考核的可能性越大。

从材料的角度看，2013 年第一学期和 2014 年第一学期所有的学习材料都曾被学习者浏览过，2013 年第二学期和 2014 年第二学期各有一份学习材料没有被人浏览过，该材料的类型是 subpage（子网页）。推测该材料没有被浏览的原因有两个，一是该课程网站的网页链接有问题，该子网页没有与任何页面相连；二是学习者认为该子网页的内容对于学习没有任何益处，不需要浏览。课程设计者需要仔细分析问题的原因，对课程学习资料进行适当调整，减少类似"无用"学习材料的存在，使课程结构更加合理，节省学习平台的存储成本和学习者判别及浏览无用材料的时间成本。

在平台提供的学习材料中，学习者的人均浏览次数小于 1 的材料有 979 份，占比 84.84%，人均浏览次数小于 0.5 的材料有 909 份，占比 78.77%，说明有将近 80% 的学习材料浏览人数小于总人数的一半。各个学期的具体情况如表 4-8 所示。除了 2014 年第二学期外，其他学期都有 80% 以上的材料其浏览人数不到学习者总数的一半，说明有大量材料的使用率较低。同时考虑期末考核通过率，由表 4-8 可知人均浏览次数小于 0.5 的材料占比越低，期末考核通过率越高，即学习者对学习材料的使用越多，期末通过考核的可能性越大。2014 年第二学期的学习材料与前几学期有很大的区别，学习材料的数量明显减少，并提供了很多 oucontent 类型的学习材料，平均浏览次数低于 0.5 的材料占比最低，期末考核通过率也最高。

表 4-8　　　　　　　　各学期材料浏览情况

学　　期	2013 年第一期	2013 年第二期	2014 年第一期	2014 年第二期	总计
人均浏览次数小于 0.5 的材料数量	266	269	262	112	909
平台提供的材料数量	315	321	311	207	1154
百分比	84.44%	83.80%	84.42%	54.11%	78.77%
期末考核通过率	45.44%	47.92%	45.07%	50.26%	47.46%

图 4-21 展示了各类型材料中平均每个材料的人均浏览次数，从图中可以看出有许多类型的材料较少被使用。homepage 类型是使用最多的学习材料，远超过其他类型。在各个学期的课程中 homepage 类型的学习材料只有一个，即每个学期的课程只有一个主页，homepage 浏览次数最多，说明学习者主要通过课程主页链接到其他的学习资料上进行学习。其次，学习者使用较多的材料类型有 forumng、quiz、oucontent 和 subpage。其他类型的材料利用率极低，人均浏览次数都不到 0.5 次，其中 sharedsubpage 和 resource 类型使用最少，人均浏览次数仅为 0.0072 次和 0.0319 次，几乎接近于 0。图 4-22 对比了通过者和未通过者对各类材料的浏览情况，由图可知通过者和未通过者在材料类型的使用上大致相同，浏览最多的材料类型都是 homepage、forumng、quiz、oucontent 和 subpage，但平均每个材料的人均浏览次数差别较大，通过者对 homepage 的人均浏览次数接近 60 次，而未通过者的人均浏览次数仅为 12 次，只到通过者的五分之一。此外在 questionnaire 和 sharedsubpage 等少数类型上也有所差异。

②测试行为。

总体来看，提交过测试的学习者人数占总数的 76.84%，其中通过考核的学习者全部都有提交测试的记录，未通过者中只有 55.91% 的学习者曾提交测试，表明两个群体在测试提交上有较大差异。为了使不同学期之间的数据具有可比性，本研究使用测试提交比率来衡量学习者完成测试的数量，测试提交比率为学习者完成的测试数量与课程要求完成的测试数量的比值，测试提交比率为 1 表示学习者完成了课程所有的测试，测试提交比率为 0 表示学习者没有完

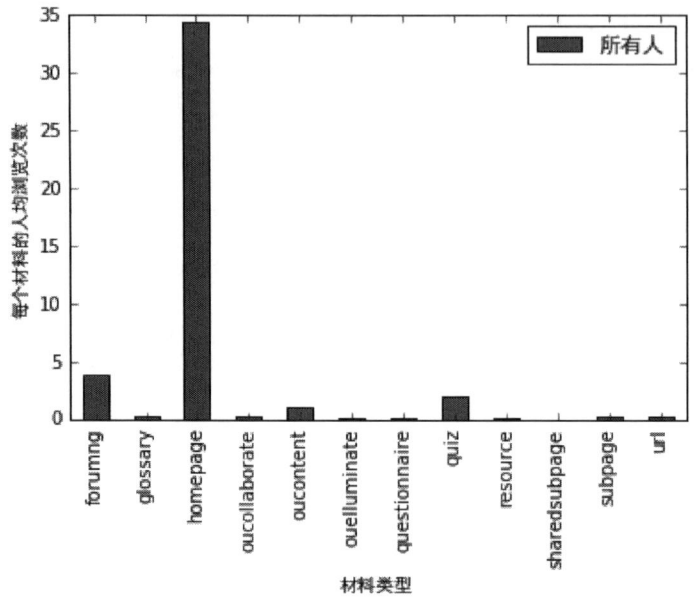

图4-21　各类型材料的浏览情况

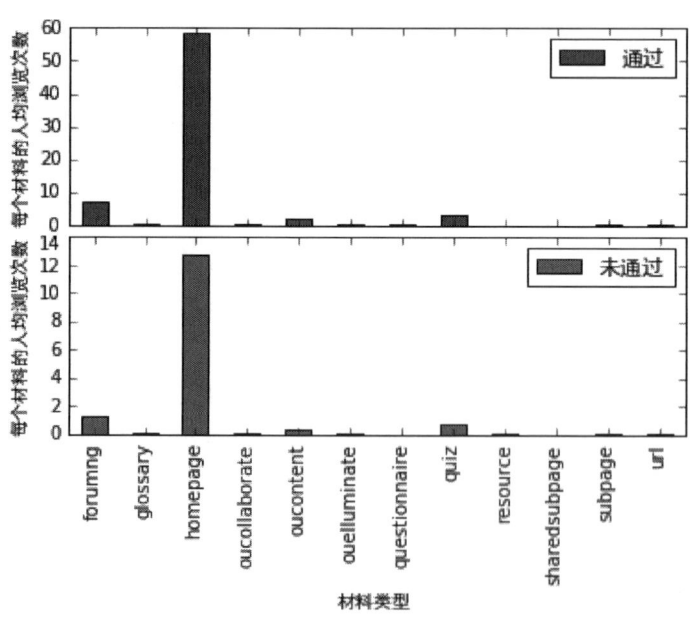

图4-22　各成绩等级材料浏览情况

成任何测试，测试提交比率的值越大，表示学习者完成的测试越多。图4-23为所有学习者测试提交比率的直方图，可以看出测试提交比率呈现出严重的两极分化，测试提交比率高于 0.9 的学习者占总人数的 47.59%，测试提交比率小于 0.1 的学习者占总人数的 27.29%。图 4-24 展示了通过者和未通过者的测试提交比率直方图，很明显在不同成绩等级的群体中测试提交比率的分布完全不同。在通过考核的学习者中完成所有测试的学习者占比为 73.81%，测试提交比率大于 0.9 的学习者占比为 90.52%，只有 0.29% 的学习者提交比率低于 0.5，即几乎所有的通过者都至少完成了一半的测试，并且七成以上的通过者完成了所有测试；在未通过考核的学习者中测试提交比率大于 0.9 的只有 8.80%，测试提交比率大于 0.5 的学习者只有 23.51%，测试提交比率小于 0.1 的占比为 51.91%，超过未通过者人数的一半。这些数据说明测试提交比率与学习者的期末成绩之间具有相关性，完成测试的数量越多，测试提交比率越大，学习者通过期末考核的可能性越大，相反，若学习者不完成测试或完成的次数非常少，则极有可能无法通过期末考核。

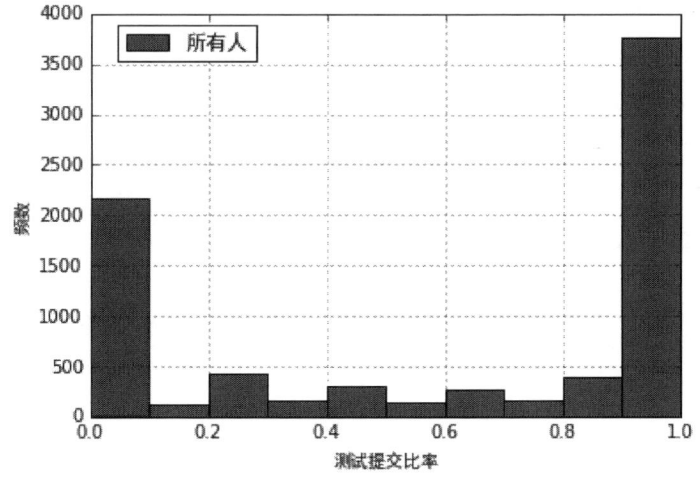

图 4-23　测试提交比率直方图

综上所述，基于对开放大学学习分析数据集（Open University Learning Analytics Dataset）的相关信息以及数据的清洗，并使用统计分析方法对在线学习行为数据进行初步分析后，得到如下具体结论：

①学习者个人信息。英国开放大学的在线学习者以 35 岁以下青年为主，但年龄分布较国内的在线学习者更广，高中以下学历的学习者所占比例较高，高学历的用户较少，残疾学生的比例较高。卡方检验的结果显示年龄、性别、地区、教育水平以及是否残疾这五个属性与学习者的学习结果相关。

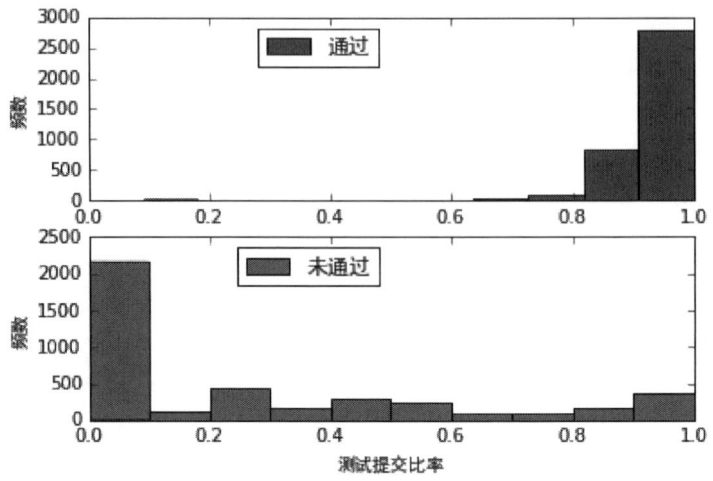

图 4-24 各成绩等级测试提交比率直方图

②学习行为的时间规律。注册时间与学习结果的相关性较弱，绝大部分的学习者在课程开课前半个月就已经完成课程的注册行为，通过期末考核的学习者群体与未通过的群体在注册时间上并没有较大的差异。学习者的材料浏览行为受到测试和考试的驱动，在临近测试和期末考试时，学习者会更加频繁地浏览学习材料。与未通过课程考核的学习者相比，通过者浏览材料的次数更多，并且具有持续性，推测学习者的浏览次数与学习结果具有较强的相关性。学习者提交测试的时间主要集中在截止时间前后 10 天内，通过考核的学习者提交时间更为集中，虽然有大量的通过者在截止时间之后完成测试，但通常不会超过 5 天。

③学习资源利用情况。学习者对学习资源的利用率较低，对学习资源的使用情况与学习结果有紧密的联系，尤其是测试提交比率与学习结果有明显的相关性。使用的学习材料越多、完成的测试越多，学习者通过考核的概率越大。

4.3 基于决策树和递归特征消除法的在线学习行为特征选择研究

4.3.1 理论基础

(1) 数据挖掘的一般过程

数据挖掘是从大数据集中找出隐藏在其背后的、人们事先不了解但对决策有支持作用的信息、知识和规律的过程，允许数据集不完全、有噪声、不确定、包含各种存储形式。过去数据库技术只是有效地将数据组织和存储于数据库当中，进行简单的分析，数据内部蕴藏的大量有用的信息无法为人们所获。数据挖掘技术吸收统计学、机器学习、模式识别等领域中大量知识提取的方法，融合多个领域的理论和技术，深入发掘数据中所蕴含的信息和知识，为科学的决策提供支持。数据挖掘发现的知识模式大体上可以分为描述型和预测型两大类，描述型模式是规范性地描述和概括当前数据中存在的事实，发现当前数据的一般特性；预测型模式是指用变量的历史数据和当前值预测未来值。根据知识表示模式，数据挖掘可以分为广义知识挖掘、关联知识挖掘、类知识挖掘、预测型知识挖掘和特异型知识挖掘等几类。目前数据挖掘技术已经被广泛应用于零售、保险、银行、交通等诸多商业领域。

数据挖掘是一个多阶段的处理过程，主要的阶段包括问题定义、数据抽取、数据预处理、知识提取和知识评估等，如图4-25所示。问题定义是通过了解相关领域的背景情况和理论知识，明确需要解决的问题，明确挖掘的目标。数据抽取是指按照挖掘要求从所选的源数据库中抽取出相关的数据。所需的数据可能来自几个不同的数据源，因此往往需要进行数据集成。

图4-25 数据挖掘的一般过程

数据预处理阶段主要是对数据进行再加工，检查其完整性及一致性等，数据挖掘的结论依赖于输入数据的质量，因此，数据预处理工作是进行后续数据分析和数据挖掘的基础，对提高挖掘结果的性能以及获得正确的结论至关重要。据统计，在一个完整的数据挖掘过程中，大约需要使用60%的时间进行数据预处理，只有总工作量的10%左右才是挖掘工作所占的比例。具体而言，数据预处理阶段包括数据清理、数据变换以及数据归约等。

知识提取阶段主要进行选定挖掘算法的实施，从数据中提取出以某一模式表示的知识。这是在数据挖掘过程中十分重要的步骤，模型和算法对挖掘结果的准确性有重要影响，需要慎重选择，并且需要在样本上进行验证，与其他方法进行比较。回归、关联规则挖掘、神经网络、决策树、聚类、遗传算法等都是常用的数据挖掘方法。

最后一阶段是知识评估阶段，主要是对挖掘出来的模式进行评估，需要根据实际情况，例如挖掘结果性能的好坏，对数据挖掘过程中的一些步骤进行优化，循环该过程一直到满足事先确定的标准或要求。此外还需要对挖掘得到的知识进行解释与说明，并最终应用到实际的决策中。

（2）基于决策树的特征排序方法

基于学习模型的特征排序方法属于单一特征选择方法，其基本思想是利用简单高效的数据挖掘算法，单独为每一个特征和目标变量建立分类或预测模型，并使用交叉验证法获得的平均错误率或准确率等模型评价指标作为评价函数对特征进行排序。模型评价指标好的特征与目标变量的相关性较高，可能是目标变量的影响因素。

在众多的分类算法中，决策树是应用最为广泛的算法之一，具有简单、易实现、计算快、易于理解，以及同时处理连续型和离散型特征等优点，常被用于数据预处理阶段进行特征选择。它从杂乱无序的数据集中归纳推理出分类规则，并以决策树的形式表示。在决策树中，每一个内部结点都表示在一个特征上的判断，结点的每个分支代表该特征的一个取值，每个叶结点代表最后的类别。对于整棵决策树，从根结点到叶结点的一条完整路径表示一条分类的规则，因此决策树非常容易被转化为分类规则，结果易于理解，是一种非常直观的分类知识的表示形式。

决策树算法通常分为构造决策树和修剪决策树两个步骤。构造决策树时一般是采用自上而下递归构造的方法，从数据集中挑选一个以某种标准判断的最有影响力的特征，作为一个内部结点，原有的数据集被该特征分成许多个子集，然后在每个子集中再挑选出最有影响力的特征，如此递归调用，一直到叶结点的所有样本都属于同一类，或者没有其他剩余的特征可以用来进一步构造结点，此时采用多数表决来决定叶结点的类型。由于在决策树的构造过程中没有考虑数据集会存在数据噪声的问题，因此可能产生过拟合的现象，导致对未知数据分类时分类性能下降，为了解决这个问题需要进行决策树的修剪。

当前常用的决策树算法有 ID3、C4.5 和 CART 等。从本质上来说，ID3、C4.5 和 CART 等决策树方法在每个内部结点选择分类能力最强的特征以构造决策树的过程也是一个特征选择的过程，这些算法分别使用信息增益、信息增益比以及 GINI 指数作为评价函数来选择特征。

信息增益以及信息增益比都是衡量某一特征能够为目标变量的分类带来多少信息，带来的信息越多说明该特征对目标变量的分类越重要，与目标变量的相关性越强。具体来说，模型包含该特征和不包含该特征时信息量的差值就是该特征为目标变量分类带来的信息量。在信息论领域中，熵可以用作信息量大小的度量。在一个分类模型中，假定类别有 n 个取值 $C_1,C_2,\cdots,C_n$，每一个类别出现的概率是 $P(C_1),P(C_2),\cdots,P(C_n)$，熵 $H(C)$ 可以定义为：

$$H(C) = -\sum_{i=1}^{n} P(C_i) \cdot \log_2 P(C_i) \tag{4-1}$$

当分类系统不包含特征 A 时，即特征 A 取值固定时，系统的信息量由条件熵度量，假定特征 A 有 m 种取值 $A_1,A_2,\cdots,A_m$，条件熵具体定义如下：

$$H(C \mid A) = \sum_{j=1}^{m} P(A_j) \cdot H(C \mid A_j) \tag{4-2}$$

$$H(C \mid A_j) = -\sum_{i=1}^{n} P(C_i \mid A_j) \cdot \log_2 P(C_i \mid A_j) \tag{4-3}$$

则特征 A 的信息增益为：

$$Gain(A) = H(C) - H(C \mid A) \tag{4-4}$$

在实际应用中以上式子中的概率常用相应类别的数据量除以总数据量进行计算。信息增益比的定义如下：

$$GainRatio(A) = \frac{Gain(A)}{H(A)} \tag{4-5}$$

通过信息增益或者信息增益比的数值大小，可以判断特征对目标变量分类的重要程度，从而了解特征与目标变量的相关性。

构造决策树中生成内部结点的另一种方法是使用基尼指数（Gini Index），代表算法是 CART。基尼指数常被用作度量数据集合不纯度的方法，假定样本集合为 S，样本集合的类别有 n 个取值 $C_1,C_2,\cdots,C_n$，类别 C_i 的样本数为 s_i，则样本属于类别 C_i 的概率 $P(C_i) = s_i/|S|$，基尼指数的具体定义如下：

$$Gini(S) = 1 - \sum_{i=1}^{n} P(C_i)^2 \tag{4-6}$$

基尼指数越小，数据集合的纯度越高。当样本集合中只有一个类别时，基尼指数为 0，此时数据最纯，当样本集合中各类平均分布时，基尼指数最大，即数据最不纯。假定某一特征 A 有 m 种取值，将样本集分为 m 个子集，第 k 个子集的大小为 s_k，则使用特征 A 划分样本集后的基尼指数为：

$$Gini_{split}(S) = \sum_{k=1}^{m} \frac{s_k}{|S|} Gini(s_k) \tag{4-7}$$

若使用特征 A 划分样本集合后，各个子集基尼指数的加权平均值越小，说明按特征 A 划分后,各子集内的纯度越高,即特征 A 带来的信息越多。

本研究将使用 C4.5 算法和 CART 算法。C4.5 算法是为了弥补信息增益倾向于选择取值多的属性的缺陷,是由 ID3 算法发展而来,该算法采用信息增益比来选择包含信息量最多、能最好地将样本分类的特征,并且增加了处理含有未知属性值训练样本、合并具有连续值属性、k 交叉验证等功能。CART 算法与 C4.5 方法不同,该算法使用二分递归分割的方法进行决策树的生成,既能处理离散型的特征和目标变量,也能处理连续型的特征和目标变量。当目标变量为连续型数据时,把生成的决策树称为回归树;当目标变量为离散型数据时,把生成的决策树称为分类树。在构建决策树时,CART 算法对每一个特征都会遍历所有可能的分割方法,计算每一种分割的基尼指数,选择具有最小基尼指数的特征及对应的分割作为内部结点和分支。

基于决策树的特征排序方法即对每一个特征分别建立决策树分类模型,可以将分类模型的分类准确率(accuracy)作为特征排序的依据,准确率是指分类器得出正确分类结果的样本数量与总样本数的比例,模型的分类准确率越高,说明该特征与目标变量的相关性越强。基于决策树的特征排序方法具有简单、快速的优点,但由于只是单独分析每个特征对目标变量的影响,忽略了特征之间的相关关系,导致获得的特征子集中可能存在冗余。在特征数量较多的情况下可以将该方法作为初步筛选特征的方法。

(3) 递归特征消除法

递归特征消除法是一种封装型的特征选择方法。封装型特征选择方法是指将后续使用的分类算法的某一性能评价函数作为评估特征的标准。递归特征消除法的基本思想是贪心算法,即在每一次迭代过程中消除一个对目标变量影响最小的特征,直至剩下一个特征为止。递归特征消除法的大致流程如图 4-26 所示。从原始特征子集的全集出发,训练分类模型并获得特征的重要性得分,消除重要性得分最低的特征,进入下一次迭代,直至只剩下一个特征为止。依据消除特征的顺序得到特征排序,越晚消除的特征排名越靠前,并以此排序为依据选出相应的特征子集。

递归特征消除法要求使用的分类算法能对特征的重要性进行评价,常使用的方法有 Logistic 回归、SVM 以及决策树方法。当使用 Logistic 回归和 SVM 方法(核函数为线性)时,一般采用特征的系数作为重要性的评价指标,系数越接近 0,说明其对目标函数的影响越小。在使用决策树方法时,主要是用特征为分类系统中纯度提高所做的贡献来衡量特征的重要性,一般使用基尼指数

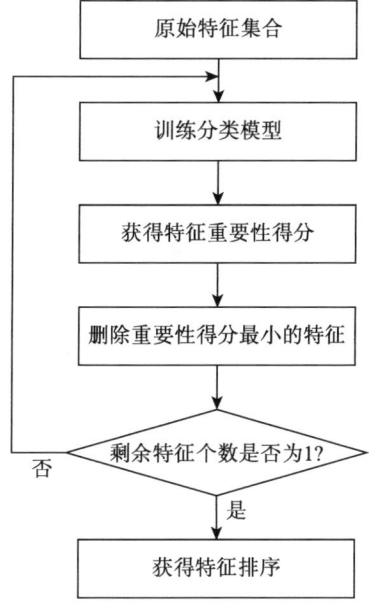

图 4-26 递归特征消除法流程

作为评价指标。

(4) 敏感性分析

敏感性分析的基本思想是分析某一特征缺失后对预测或分类性能的影响大小,若缺失特征后,预测或分类性能明显下降,则表明该特征对目标变量的影响较大,反之则较小。敏感性的度量可以定义为缺失某一特征后的预测错误率与包含该特征的原模型错误率的比值。数学表达式如下:

$$S_i = \frac{V(F_{-i})}{V(F)} \tag{4-8}$$

上式中,S_i 表示目标变量对特征 X_i 的敏感性,$V(F)$ 表示没有特征缺失的原模型的错误率,$V(F_{-i})$ 表示缺失特征 X_i 后的模型的错误率。错误率是指分类模型得出错误分类结果的样本数量占样本总数的百分比。

敏感性分析得到的是特征 X_i 无法被模型中其他特征所代替的影响,是增加特征 X_i 后给模型带来的、新的信息量的大小。S_i 的值越大表明特征 X_i 对目标变量的影响越大。S_i 值较小则可能存在两种情况,可能是特征 X_i 的确对目标变量的影响较小,也可能是当前特征集合中存在与特征 X_i 相关的特征,二者包含相同信息,去掉其中一个并不会对模型性能造成影响,若特征 A 和特征 B 完全相同,当原模型中包含特征 A、特征 B 时,去掉特征 A,并不会使模型损失信息，特征 A 包含的信息完全可以由特征 B 提供，不会使分类的错误率明显上升。本研究将使用敏感性分析方法分析重要特征对学习结果的影响大小。

4.3.2 特征提取与数学模型构建

从数据挖掘过程的角度看，提出或构造出与预测学习结果这一挖掘任务相关的特征集合对后续分类模型的建立和训练十分重要，在模型运用恰当的前提下，特征的好坏将成为制约挖掘性能的瓶颈。若提取的特征粒度过大，则会丢失较多有用信息，使分类器的性能不佳；若提取的特征粒度过小，则得到的特征数量过多，不仅会造成后续特征选择的工作量增大，耗费的时间增加，还可能导致性能的下降。过去缺少公开的在线学习行为数据，研究者使用的特征都较为简单，难以扩展。2012 年后，随着慕课平台的"井喷式"发展，积累了大量的在线学习数据，同时为了促进在线学习领域的研究，edX 等国外的知名慕课平台和一些高校公开了其拥有的部分在线学习数据，为深入地研究在线学习行为提供了数据基础。

当前对在线学习行为的研究多是依靠人工经验来抽取和构造特征进行数据挖掘和分析，常用的特征可以分为两类：第一类是学习者的个人信息，如年龄、性别、居住地、受教育程度等人口统计信息；第二类是行为统计信息，主要是操作时长和操作次数的统计，如材料浏览次数、记录密度、登录次数、论坛发帖的数量、是否完成测试、视频浏览时长等。统计粒度和时间窗口都较大，一般都是评价整个学期行为的宏观行为统计信息，这样提取特征的原因有两点：一是研究者得到的数据集本身不具备详细的行为数据；二是为了同时对多门课程的行为数据进行分析，使得到的结论具有可移植性和推广性。更细粒度的特征，如学习者在较短单位时间内的操作次数、操作的时间点、操作的对象和各种操作的先后顺序等，只有少部分研究学习行为的行为模式或序列模式的研究者会在聚类方法和关联规则挖掘方法中使用，较少研究者会将其应用于分类方法中。

本部分研究虽然只针对 1 门课程的行为数据进行分析，但课程持续时间和学习资源在不同的学期间也有差异，在线学习行为的跨学期分析比较难进行，因此在人为构造特征时需要综合考虑模型的泛化能力和信息的利用率提出合适的特征。由于本书研究的在线学习行为只包含"注册"、"测试提交"和"浏览"行为，特征提取和构造可以从个人信息、注册行为、测试行为和浏览行为四个方面进行，结合前人的研究成果和现有数据集的属性分别提出相应的特征。

对于个人信息，可以提取的特征有性别、年龄段、教育水平、地区、是否残疾、已修学分。对于注册行为，提取的行为特征是注册时间以及该课程重修次数。对于测试行为，由于从数据集中无法获得不同学期测试之间的对应关系，难以将单次的测试行为数据引入模型中，只能构造特征在整体上评价一个学期的测试行为，从时间角度看，可以引入平均相对测试提交时间差 $submit\_time$，简称为平均测试提交时间，假定学习者 i 在一学期中完成的测试集合为 z，学习者 i 提交测试 k 的时间为 s_{ik}，测试 k 的截止时间为 L_k，则：

$$submit\_time = \frac{1}{|z|} \sum_{k \in z} (L_k - s_{ik}) \qquad (4-9)$$

对于没有测试提交记录的学习者平均测试提交时间假设为所有提交记录中相对提交时间的下限。从测试的完成情况看，可以构造学习者完成测试的比率 sub_rate，简称为测试提交比率，假定学习者完成的测试数量为 $|z|$，课程要求完成的测试数量为 Z，则 $sub\_rate = |z|/Z$。

对于材料浏览行为，除了常规使用的材料浏览次数，还可以参照测试行为，构造学习者材料浏览比率 view_rate，即学生已浏览材料的数量与课程提供材料总数的比值；从时间角度，提取学习者每天的浏览次数；从材料角度，提取每类材料的浏览次数，虽然各个学期之间具体学习材料的浏览情况难以比较，但材料的类型总数固定，可以以材料类型为统计粒度，统计每类材料的浏览情况，将与材料类型相关的行为信息引入，更深入地分析材料浏览行为与学习结果的关系。

学习结果是抽象概念，没有标准的度量方式，综合考虑现有的研究数据，本研究以最终是否通过课程考核作为学习结果的具体表现。数据集中期末成绩有四个等级，本研究将优秀（distinct）和通过（pass）统一当作通过考核，将辍学（withdraw）和未通过（fail）视作未通过考核。

综上所述，本研究使用的全部特征如表 4-9 所示，构成了在线学习行为的数据模型。依照上述构造方法从原始数据集抽取和构造特征，并将地区、年龄、教育水平等特征的文本信息由数字代替。

表 4-9　　　　　　　　　　使用特征汇总

个人信息 I_i	性别 I_{i0}，年龄段 I_{i1}，受教育水平 I_{i2}，居住地 I_{i3}，是否残疾 I_{i4}，已修学分 I_{i5}
注册行为 E_i	注册时间 E_{i0}，课程重修次数 E_{i1}

续表

测试行为 A_i	平均测试提交时间（submit_time）、测试提交比率（submit_rate）
浏览行为 V_i	总浏览次数（sum_view）、材料浏览比率（view_rate）、每天浏览次数 $D_i = (d_{i1}, \cdots, d_{it}, \cdots d_{iT})$、各类材料浏览次数 $C_i = (c_{i1}, \cdots, c_{im}, \cdots c_{iM})$（$d_{it}$ 为第 t 天浏览次数，T 为课程持续天数；c_{im} 为第 m 类材料的浏览次数，M 为材料类型数）
学习结果 y_i	是否通过期末考核（final_result）

4.3.3 基于决策树和递归特征消除法的特征选择算法

特征选择是为了降低特征空间的维数，从一组特征中选出最有效的特征子集的过程，是数据挖掘过程中的重要步骤之一。特征选择的好坏将直接影响分类和预测模型的精度和泛化能力。经过特征选择得到的特征子集是能较好地对目标变量进行分类或预测的特征，一方面，可以起到提高准确率和运算速度的作用，另一方面，该特征子集中包含了能影响目标变量的特征，因此可以借助特征选择方法分析目标变量的影响因素。

预测学习者的学习结果，即预测学习者最终是否通过课程考核，本质上是一个二分类问题，特征中既包含离散型数据如年龄、居住地区和教育水平等，又包含浏览比率和测试比率等连续型数据，相关系数、卡方检验等方法都不能统一比较。决策树分类方法是解决二分类问题的常用算法，计算简单、快速，并且可以同时处理连续型和离散型特征，因此，可以用来对特征进行初步筛选。本研究将首先使用基于决策树的特征排序方法初步筛选出 40 个对目标变量影响较大的特征作为备选特征；接着使用递归特征消除法，进一步对选出的 40 个特征进行排序；最后依据递归特征消除法的结果选出 20 个最优特征形成特征子集。与后续使用的分类算法相对应，递归特征消除法将分别使用 Logistic 回归、SVM 和决策树方法。具体步骤如下：

①遍历原始特征集合 F 中的每一个特征 F_i，分别使用 C4.5 算法和 CART 算法单独构造决策树模型，在数据集上训练决策树模型并计算模型的分类准确率，将两个算法的平均分类准确率作为排序的依据；

②依据模型的平均分类准确率对特征进行排序，选择最好的前 40 个特征，构成备选特征集合 F^{40}；

③将备选特征集合 F^{40} 作为递归特征消除法的初始特征集合，分别训练 Logistic 回归、SVM 和 DT 三个相应分类模型，计算特征的重要性得分，删除

重要性最小的特征进入下一轮迭代，直至仅剩一个特征为止；

④由③中特征消除的顺序得到特征排序，根据特征排序选出最好的20个特征分别形成特征子集 $F^{Logistic}$、F^{SVM} 和 F^{DT}。

影响因素的分析在很多研究领域都是十分重要的研究内容。掌握变量之间的相关关系或是重要变量的影响因素有重要的现实意义。在在线学习领域中，如果能正确掌握影响学习结果的因素并加以运用，可以及早地对学习者的学习行为施加干预，帮助学习者获得更好的学习成果，提高学习者的学习效率，同时也可以减少学习者因课程考核失败而重修的情形。另一方面，还可以避免学习资源的重复占用，提高学习资源的利用率，使学习资源发挥最大作用。前人的研究中得到的影响因素主要有性别、受教育水平、年龄、上课次数、浏览材料的次数、论坛发言次数等。当前分析影响因素的研究方法很多，本研究尝试在基于决策树的特征排序方法的基础上使用敏感性分析方法分析学习结果的影响因素。

4.3.4 实验结果分析

（1）特征选择的结果

依照上述步骤，首先对原始特征集合中所有的特征分别建立决策树模型，经过10交叉验证后，计算模型的预测准确率，选出最优的40个特征构成备选特征集合 F^{40}。表10列出了准确率（Accuracy）最高的前20个特征。

由表4-10可知，分类准确率最高的前20个特征并不包含与个人信息相关的特征，全部是与浏览材料和完成测试这两个学习行为相关的特征，个人信息相关的特征中最靠前的特征排名是第266名，说明相对于学习者的个人背景，学习过程中的测试和浏览行为对学习结果的影响更大。测试提交比率、材料浏览比率、总浏览次数和平均测试提交时间这4个评估整个学期学习行为的宏观统计特征排名靠前，与学习结果有较强的相关关系。其余的特征都是描述学习者具体浏览行为的，材料和时间两个角度的特征都有，这表明描述学习材料浏览行为的细粒度特征的确能够为预测学习结果带来信息。

接着进行递归特征消除，表4-11列出了递归特征消除法排名靠前的10个特征。由表4-11可知，在递归特征消除法中使用不同的分类算法会产生不同的特征排序结果，使用Logistic回归方法时，时间角度的浏览行为特征排名较为靠前，使用决策树方法时，材料类型角度的浏览行为特征较为靠前，SVM方法介于两者之间。四个大粒度的宏观行为统计特征排名都十分靠前，特别是测试提交比率在三种方法中都排在第一，说明该特征对学习结果的影响极大。

表 4-10　　　　　　　基于决策树的特征排序部分结果

排名	特征	准确率	排名	特征	准确率
1	测试提交比率	0.9221	11	第 151 天浏览次数	0.6775
2	quiz 类浏览次数	0.8313	12	第 150 天浏览次数	0.6668
3	homepage 类浏览次数	0.7841	13	url 类浏览次数	0.6630
4	resource 类浏览次数	0.7633	14	第 200 天浏览次数	0.6614
5	subpage 类浏览次数	0.7598	15	第 199 天浏览次数	0.6614
6	材料浏览比率	0.7519	16	第 165 天浏览次数	0.6596
7	总浏览次数	0.7502	17	第 149 天浏览次数	0.6594
8	平均测试提交时间	0.7258	18	第 219 天浏览次数	0.6566
9	oucontent 类浏览次数	0.7215	19	第 95 天浏览次数	0.6553
10	forumng 类浏览次数	0.6916	20	glossary 类浏览次数	0.6547

表 4-11　　　　　　　递归特征消除法的部分排序结果

排名	$F^{Logistic}$	F^{SVM}	F^{DT}
1	测试提交比率	测试提交比率	测试提交比率
2	homepage 类浏览次数	平均测试提交时间	总浏览次数
3	平均测试提交时间	url 类浏览次数	材料浏览比率
4	第 219 天浏览次数	第 219 天浏览次数	quiz 类浏览次数
5	第 198 天浏览次数	homepage 类浏览次数	homepage 类浏览次数
6	第 207 天浏览次数	材料浏览比率	subpage 类浏览次数
7	第 193 天浏览次数	subpage 类浏览次数	forumng 类浏览次数
8	总浏览次数	第 207 天浏览次数	resource 类浏览次数
9	第 164 天浏览次数	forumng 类浏览次数	url 类浏览次数
10	第 199 天浏览次数	第 198 天浏览次数	oucontent 类浏览次数

（2）学习结果的影响因素分析

在特征选择结束后，使用敏感性分析方法分析重要特征对学习结果的影响大小。由于递归特征消除法的结果与使用的分类方法有关，本研究仅对基于决策树的特征排序结果中的重要特征进行分析。首先使用基于决策树的特征排序中排名前 20 的特征构造决策树，计算得到全模型的平均错误率为 12.59%；其次分别计算缺失特征 X_i 后决策树模型的平均错误率 $V(F_{-i})$；最后计算各个特征的敏感性得分 S_i。结果如表 4-12 所示。

表 4-12 敏感性分析结果

排名	特征	S_i	排名	特征	S_i
1	测试提交比率	1.5101	11	第95天材料浏览次数	1.0251
2	平均测试提交时间	1.0562	12	第199天材料浏览次数	1.0231
3	总浏览次数	1.0482	13	forumng类材料浏览次数	1.0221
4	第165天浏览次数	1.0472	14	第151天材料浏览次数	1.0191
5	oucontent类材料浏览次数	1.0442	15	第200天材料浏览次数	1.0161
6	第219天浏览次数	1.0442	16	resource类材料浏览次数	1.0101
7	材料浏览比率	1.0292	17	homepage类材料浏览次数	1.0080
8	glossary类材料浏览次数	1.0271	18	第149天材料浏览次数	1.0071
9	url类材料浏览数量	1.0271	19	第150天材料浏览次数	1.0020
10	subpage类材料浏览数量	1.0261	20	quiz类材料浏览次数	1.0009

由敏感性分析的结果可知,测试提交比率对学习结果的影响最大,其次是平均测试提交时间和总浏览次数。综合特征排序和敏感性分析的结果,测试提交比率与学习结果的相关关系非常强,单独使用测试提交比率的决策树模型分类准确率高达 0.9221,敏感性分析表明缺失该特征,分类错误率将会增加 50%,明显高于其他特征。具体来看,未通过考核者的平均测试提交比率是 0.24,通过者中的平均值是 0.85,相差 0.61。测试提交比率与学习者通过率的关系如图 4-27 所示,总体上看,随着测试提交比率的提高学习者的通过率上升,未通过比率下降。学习者完成测试的次数越多,越有可能通过课程考核。

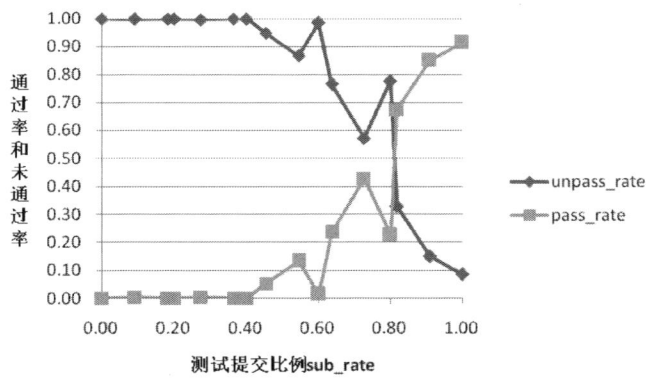

图 4-27 测试提交比率与通过率的关系

平均测试提交时间对学习结果的影响也十分重要。通过者的平均测试提交时间的均值是 -0.1564，未通过者的均值是 -87.8900，说明通过课程考核者和未通过课程考核者都没有在截止时间前及时提交测试，但通过者的拖延时间较短，可以由此推测，及时提交测试或只有十分短暂拖延的学习者学习态度端正，重视课程的学习，更有可能通过最后的课程考试。

对于总浏览次数，浏览次数越多者越容易通过期末考试。未通过考核者的平均总浏览次数为 193.15，80% 以上的未通过者浏览次数低于 300 次，通过者的平均总浏览次数为 953.68，与未通过者相差 760.53，并且与未通过者相反，有 80% 的通过者浏览次数多于 360 次，这些数据表明多浏览学习材料有利于通过课程考核。

材料浏览比率对学习结果的影响排在第 7 位，图 4-28 和图 4-29 分别为未通过者和通过者的浏览材料比率的直方图，未通过者中材料浏览比率的均值为 0.06[①]，75% 以上的学习者材料浏览比率低于 0.1；通过者中材料浏览比率的均值为 0.21，80% 以上的学习者材料浏览比率高于 0.1。表明学习者使用的学习材料越多，材料浏览比率越高，学习者通过最终考核的可能性越大。

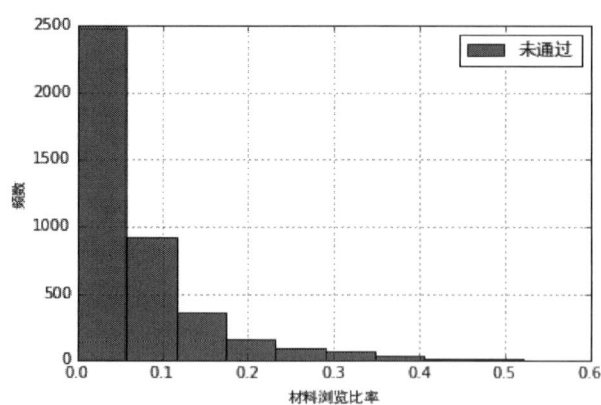

图 4-28　未通过者材料浏览比率直方图

---

① 0.06 是未通过者中材料浏览比率的均值，即每个概率值下的人数×概率值。计算公式为：$m = \sum_{i=0}^{1} \dfrac{p_i \times n_i}{N}$，其中，$m$ 是平均值，p_i 是概率值，n_i 是相应概率下的人数，N 是总人数。

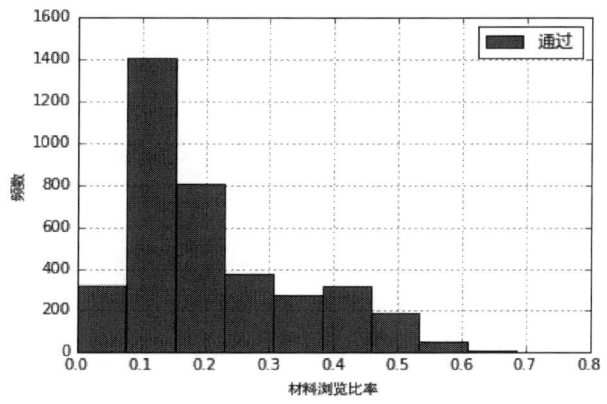

图 4-29　通过者材料浏览比率直方图

敏感性分析结果表明,当存在总浏览次数等宏观行为统计特征时,某些小粒度的具体材料浏览行为特征的缺失会造成分类错误率的提高,说明小粒度的具体行为特征能带来新的信息。通过对这些小粒度行为特征的分析可以推测出更多影响学习结果的行为因素。从时间角度看,开课后第 95、149、150、151、165、199、200、219 天都是对学习结果比较重要的时间节点,合并相邻的时间点,则可以得到重要的时间段是开课后第 95 天左右、第 149 至 165 天、第 199 至 200 天以及第 219 天左右。在这些关键时间中,通过者倾向于更多的浏览学习材料,以第 150 天为例,通过者当天的平均浏览次数为 5.33,未通过者的平均浏览次数为 0.52,二者之间存在明显差异。从材料角度看,在基于决策树特征排序和递归特征消除法排序的结果中,一些材料类型浏览次数的特征排名十分靠前,如 homepage 类、quiz 类、oucontent 类以及 forumng 类等,说明这些特征对于预测学习者是否通过考核来说是较好的特征,与学习结果相关性强,由此可以推测这些类型的学习材料是十分重要的学习材料,对它们的浏览行为会影响最终考核成绩。但在敏感性分析中,quiz 类、homepage 类、resource 类和 subpage 类浏览次数的敏感性得分排名却下降,说明这些特征间可能存在冗余问题,即若学习者对一类材料浏览较多,则他很可能是个积极的学习者,对其他类型材料的浏览次数也会很多,进而总浏览次数较大,相反,对某些类型材料浏览次数少,很可能对所有类型的材料都很少使用。

此外,比较表 4-10 和表 4-12 中这些特征的排序,测试提交比率都排在第一位,表明该特征本身是学习结果的重要影响因素,并且其余特征包含与其相似的测试行为信息的较少,即使是平均测试提交时间也没有办法完全涵盖测试完成情况的信息。平均测试提交时间和总浏览次数的敏感性得分排名提高，是由于这两个特征蕴含较多其他特征所不能提供的信息。虽然总浏览次数可以从具体浏览行为特征推导得到，但全模型中只包含了部分具体浏览行为特征，没有在全模型中出现的其他材料类型浏览情况和其他时间内的浏览情况信息只能由衡量完整学期行为的总浏览次数和浏览比率提供。

综上所述，本书建立了在线学习行为的数据模型，完成了特征的提取和选择，并进行了学习结果影响因素的分析。实验结果表明，学习者的浏览行为和测试行为与学习结果关系密切。在学习行为上越积极的学习者，如较多浏览学习材料、完成课程测试以及及时提交测试等，越有可能通过最终课程考核，并且通过影响因素分析还可以获得影响学习结果的关键的学习时间节点和重要的学习材料类型。实质上使用基于决策树的特征排序和敏感性分析方法获得的是学习结果的相关因素，"影响因素"应该包含因果关系，通过当前使用的方法得到的是特征与学习结果间的数据相关关系，是否是影响因素还需要依靠理论知识和逻辑关系人为判断并进一步实施实验以验证。

4.4 学习结果预测

4.4.1 理论基础

（1）随机森林（Random Forest）

随机森林方法是当前非常流行的分类和预测方法之一，最早是由 Breimant 于2001年提出。该方法具有诸多优点，例如预测效果好、训练速度快、能同时处理离散型和连续型特征、能分析非线性关系、能处理高维数据而不用进行特征选择、不容易出现过拟合等，因此被应用于众多领域中。随机森林是组合分类方法的一种，其基本思想是利用自助重抽样方法（bootstrap）从原始数据集中有放回的随机抽取多个样本子集，在每一个样本子集上训练决策树模型，分别进行预测，最后采用投票或取平均值的方式确定最终预测值。大量的理论和实证研究都表明随机森林方法性能较优，分类或预测准确率高，能容忍异常值和噪声，并且可以减少过拟合问题。随机森林方法既可以用于对离散型的目标变量进行分类，也可用于对连续型的目标变量进行回归，本研究只简单介绍随机森林分类方法。

随机森林分类方法的主要处理过程如图 4-30 所示。首先，使用自助重抽样方法获得 K 个样本子集，给每棵决策树都生成一个随机向量 Θ_k，这些随机向量独立同分布，使用样本和随机向量训练一棵决策树，假定 $h(X,\Theta_k)$ 为样本子集 k 得到的分类模型，X 为特征。在每一个样本子集上构造决策树时，利用生成的随机向量进行随机特征选取，只在选出的特征集合中选择最有影响力的特征作为结点构造决策树。这个处理过程不仅减少了决策树生成过程中的计算量，而且增加了模型间的差异，使最终组合成的模型具有很好的泛化能力，不进行剪枝也不会出现过拟合问题。由 K 个分类模型可以得到 K 个分类结果，通过简单的投票表决方式确定最终分类结果，如下所示：

$$H(x) = \arg\max_Y \sum_{i=1}^{K} I(h_i(x) = Y) \quad (4-10)$$

其中 $H(x)$ 表示组合分类方法得到的最终分类结果，$h_i(x)$ 是单个决策树模型进行分类的结果，Y 是目标变量，$I(\cdot)$ 是示性函数。随机森林方法得到的每一棵树的分类性能都非常弱，但是合在一起能得到一个很好的分类结果。可以从理论上证明在随机森林方法中，随着决策树数量的增加，模型的泛化误差将增加并趋近一个上界，随机森林方法具有很好的收敛性，并不会由于决策树数量过多而产生过拟合问题。

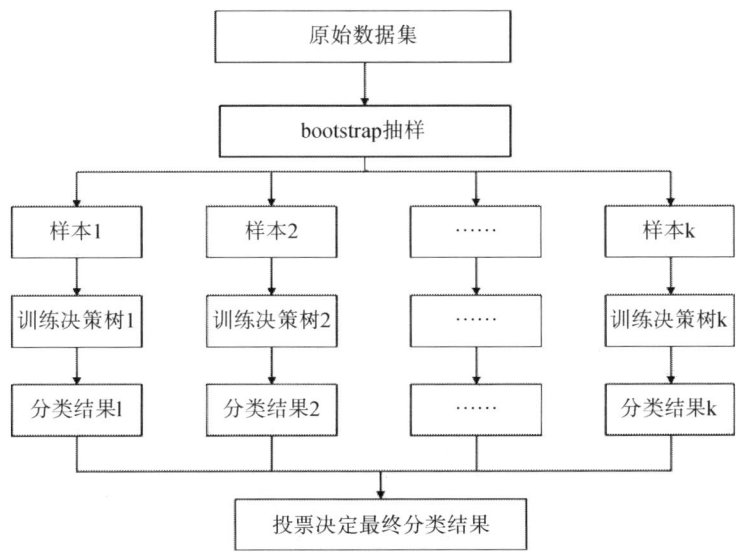

图 4-30 随机森林的处理过程

(2) GBDT (Gradient Boosting Decision Tree)

GBDT 是另外一种关于决策树的组合分类方法,虽然也由多棵决策树组成,但与随机森林不同,GBDT 是一种基于 Grandient Boosting 思想的迭代决策树方法,每次迭代都在减少残差的梯度方向上建立一棵新的决策树,最后模型的最终结果是由所有决策树的结果累加起来得到。残差是指样本的真实值与模型预测值之间的差值。GBDT 具有灵活处理各类型数据、预测准确率高及对异常值鲁棒性强等优点。

GBDT 也是集成学习 Boosting 方法中的一种,但是与传统的 Adaboost 方法相比有非常大的区别,Adaboost 算法是根据前一轮迭代中弱学习方法计算出的误差率来修改训练集的权重,让计算错误的样本的权重更大,使其在后续的迭代中受到重视。GBDT 方法在每一轮学习的是已有决策树的结论累加和的残差,以残差作为该轮决策树的目标变量建立决策树。由于使用残差作为每轮迭代中学习的目标变量,组成 GBDT 的决策树全都是回归树。在使用 GBDT 方法进行分类时,与 Logistic 回归分类方法类似,实际上是预测各类别样本出现的概率。

具体来说,GBDT 方法的核心思想是在第一次建立回归树模型之后,每一次迭代都训练决策树模型学习之前所有回归树结果累加和的残差,即在第 n 次迭代时,使用前面 $n-1$ 棵回归树结果之和的残差作为目标变量,在构建决策树过程中,回归树的损失函数是均方误差,节点分裂的标准是使损失函数值最小。最后是以所有回归树的结果累加和作为整个模型的结果。GBDT 可以弥补单一决策树方法常出现的过拟合问题,其缺点在于前后决策树之间具有依赖关系,难以并行计算。

(3) 其他分类方法

除了随机森林以及 GBDT 这些组合分类方法之外,还有很多单一的分类方法,如前面特征排序使用过的决策树方法以及 Logistic 回归、朴素贝叶斯和 SVM 等,决策树方法已在此前介绍过,下面仅对其余三种分类方法进行介绍。

第一,Logistic 回归。Logistic 回归属于广义线性回归的一种,目标变量多是二分类的,常被用于完成分类和预测任务,同时也是研究二分类特征 y 与一些影响因素 $(x_1, x_2, \cdots, x_n)$ 之间关系的一种变量分析方法。考虑具有 n 个独立变量的向量 $x = (x_1, x_2, \cdots, x_n)$,设条件概率 $P(y=1 \mid x) = p$ 是 x 发生的条件下目标事件发生(即 $y=1$)的概率。则 Logistic 回归模型可以具体表示为下式:

$$p = P(y = 1 \mid x) = \frac{1}{1 + e^{-(w_0 + w_1 x_1 + w_2 x_2 + \cdots + w_n x_n)}} \quad (4-11)$$

上式中，$f(x) = \dfrac{1}{1+e^{-x}}$ 称为 Logistic 函数。由式（4-11）可得，目标事件发生与不发生的概率之比为：

$$\frac{P(y=1\mid x)}{P(y=0\mid x)} = \frac{p}{1-p} = e^{g(x)} \qquad (4-12)$$

这个比值也被称为事件的发生比（the odds of experiencing an event），它的值大于 0，没有上界，根据 odds 是否大于 1 可以判断两种情形发生的概率大小。对其取对数可得：

$$\ln\left(\frac{p}{1-p}\right) = g(x) = w_0 + w_1 x_1 + w_2 x_2 + \cdots + w_n x_n \qquad (4-13)$$

对事件的发生比取对数后得到一个线性函数，对其进行线性回归求得各系数的值即可获得分类模型。Logistic 回归模型具有实现简单、模型易于理解、计算速度快等优点，但有时分类准确率不高，可能出现欠拟合。

第二，朴素贝叶斯。朴素贝叶斯是一种基于贝叶斯定理和特征条件独立假设的简单分类算法，对于待分类样本，计算在这些特征取值出现的条件下，样本属于各个类别的后验概率，选择出后验概率最大的类别作为模型的分类结果。具体描述如下，假定类别有 n 个取值 $C_1, C_2, \cdots, C_n$，各个类别出现的概率是 $P(C_1), P(C_2), \cdots, P(C_n)$，特征个数为 m，由 m 维向量 $X = (x_1, x_2, \cdots, x_m)$ 表示，根据贝叶斯定理，特征为 X 的样本属于类别 C_i 的后验概率计算公式如下：

$$P(C_i \mid X) = \frac{P(X \mid C_i) P(C_i)}{P(X)} \qquad (4-14)$$

根据假设，各特征之间相互独立，则

$$P(X \mid C_i) = \prod_{k=1}^{m} P(x_k \mid C_i) \qquad (4-15)$$

概率 $P(x_k \mid C_i)$ 由训练过程计算。分类器将选择具有最大后验概率值的类别作为模型的分类结果。由于假设特征之间是相互独立的，朴素贝叶斯分类方法在特征间相互关系较强的数据上分类效果不佳，但其具有计算量小、计算速度快、节省内存和时间以及可以处理多分类问题等优点。

第三，支持向量机。支持向量机（SVM）也是十分常用的分类方法之一。简单来说，SVM 方法的基本思想是利用核函数将样本空间映射到高维空间，经过映射之后原来样本空间内杂乱无序不能线性处理的数据，在高维空间内可以使用线性的超平面来划分，即将非线性可分的问题通过特征空间的映射转化成了线性可分的问题。线性核函数、多项式核函数和径向基核函数等都是常用核函数。SVM 可以很好地解决非线性问题，解决小样本的机器学习问题，并且拥有较好的泛化性能。该方法的缺点是内存消耗大，模型难以进行解释，而且对参数和核函数的选择非常敏感，在使用时需要选择合适的核函数，并进行参数调整。本研究将使用线性核函数。

（4）分类性能评价指标

本研究使用的分类模型性能评价指标主要有准确率（accuracy）、精确率（precision）、召回率（recall）、F-score 以及 AUC 值等。在二分类问题中，这些分类性能指标的计算都是以混淆矩阵为基础。混淆矩阵的形式如表 4-13 所示。

表 4-13　　　　　　　　　混淆矩阵

真实值	分类器的结果	
	正	负
正	TP	FN
负	FP	TN

假定有正和负两类，Positive 代表分类模型得出的分类结果为正类，Negative 代表分类模型得出的分类结果为负类，True 表示模型分类正确，False 表示模型分类错误。则分类器的分类结果和分类器的正误组合起来有四种组合，分别是：

①真阳性：样本的真实分类为正，分类器的结果也为正，TP（true positive）。
②假阳性：样本的真实分类为负，分类器的结果为正，FP（false positive）。
③真阴性：样本的真实分类为负，分类器的结果也为负，TN（true negative）。
④假阴性：样本的真实分类为正，分类器的结果为负，FN（false negative）。

准确率（accuracy）是指样本总量中被分类器正确分类的样本占总样本的百分比，也被称为总体识别率。

$$accuracy = \frac{TP + TN}{TP + TN + FP + FN} \qquad (4-16)$$

精确率（precision）是指分类器分类结果为正的样本中，真实分类是正的样本所占的百分比。模型的精确率越高，真实分类为负的样本被错判为正类的概率越小。

$$precision = \frac{TP}{TP + FP} \qquad (4-17)$$

召回率（recall）是指真实分类是正的样本中，分类器分类结果为正的样本所占的比例。模型的召回率越高，真实分类为正的样本被分类器错判为负类的概率越小。召回率和精确率之间呈现出逆关系，可以降低一个从而提高另一个指标，很难做到同时提高。

$$recall = \frac{TP}{TP + FN} \qquad (4-18)$$

F - score 将精确率和召回率组合到一个性能评估指标中，是二者的调和均值。F - score 的值越大，说明模型的分类性能越好。

$$F = \frac{2 \times precision \times recall}{precision + recall} \qquad (4-19)$$

AUC 值是 ROC 曲线与 x 轴围成的面积，取值范围是（0，1）。ROC 曲线是反应真阳性率和假阳性率之间关系的曲线，即真实分类为负的样本中分类器错误识别成正类所占比例与真实分类为正的样本中分类器正确识别为正类所占比例之间的关系。AUC 值越大，模型的分类性能越强。

4.4.2 学习结果预测方法研究

预测学习者的学习结果是数据挖掘技术在在线学习行为分析领域中最早的应用之一，也是长久吸引研究者进行探索的热点问题。目前，已有研究者利用回归、决策树、SVM 等多种预测或分类方法对学习结果进行预测，有些研究者还尝试将不同的分类算法结合在一起，以提高预测的性能。这些传统的单一分类方法往往精度不高，存在不足：当数据存在噪音时，决策树所训练出的模型可能产生过拟合问题；当数据量较大，使用 SVM 进行分类可能产生极大的时间和内存消耗；特征之间存在冗余时，朴素贝叶斯方法的基本假设无法完全满足。如前所述，本研究在特征提取阶段，为了更多地利用数据所蕴含的信息，提出了使用统计粒度较小的具体浏览行为特征，产生的特征数量较多，特征间可能存在冗余。为了兼顾模型的泛化能力和数据中信息的利用程度，本研究尝试使用随机森林、GBDT 这两个组合分类方法，随机森林和 GBDT 方法的泛化能力较强，本身具有特征选择的能力，可以直接在原始特征集合上进行模型训练，而不用进行特征选择。

本书将比较随机森林、GBDT 以及经过特征选择的单一分类算法的分类性能，找到一种分类性能较好的方法，完成学习者学习效果的预测。具体来说，本研究将使用随机森林、GBDT 这两个组合分类方法在未经特征选择的原始特征集合上训练分类模型，预测学习结果；其次，在基于决策树和递归特征消除法所获得的最优特征子集上，使用决策树、Logistic 回归和 SVM 等单一分类方法训练分类模型。具体过程如图 4-31 所示。

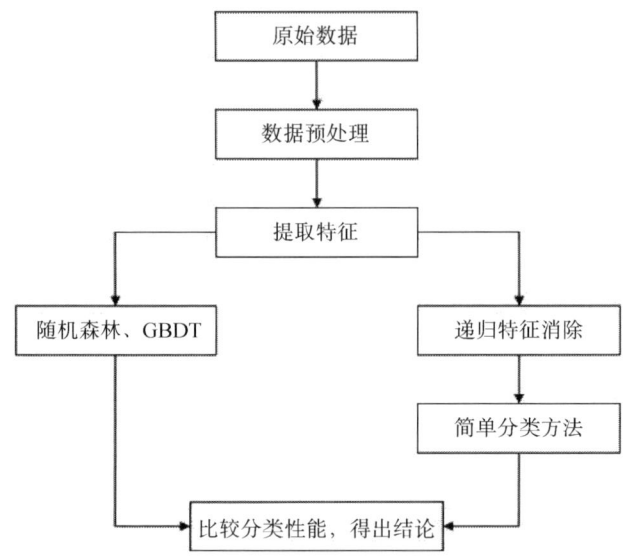

图 4-31 学习结果预测模型研究框架

4.4.3 实验结果

本书在实验过程中全程使用十折交叉验证法（10-fold cross-validation），计算模型性能评价指标的平均值进行比较。首先，使用随机森林方法训练分类模型，迭代次数是随机森林方法中比较重要的参数，迭代次数为模型最后生成的决策树棵数，本研究进行多次实验以选出较优的迭代次数。图 4-32 是随机森林方法的分类准确率随迭代次数的变化情况，从图中可以得知，刚开始当迭代次数较小时，随着迭代次数的增加，分类准确率迅速上升，在迭代次数增加到 8、9 后，模型分类准确率的增长速度急剧变缓，其后缓慢增加，当迭代次数增加到 15 时，模型分类准确率达到 0.92，迭代次数增加到 20 以后，模型的分类准确率的增长接近于 0，即使迭代次数增加到 100，准确率仍然没有超过 0.927，也没有下降的趋势，验证了随机森林方法并不会随着迭代次数即决策树数量的增加而产生过拟合问题。迭代次数的增加会使模型的训练时间增长，增大时间耗费，在权衡准确率与计算时间后，本研究将迭代次数定为 50，每棵决策树的深度没有限制。

接着,使用 GBDT 方法进行分类,同样使用不同的迭代次数进行多次实验,获得模型的分类准确率与迭代次数的关系,如图 4-33 所示。与随机森林方法相似,当迭代次数较小时,模型的分类准确率随着迭代次数的增加而快速增加,当迭代次数到达 5 次以后,模型的准确率转变为缓慢增加。与随机森林方法不同,在迭代次数增加到 15 次后,随着迭代次数的增长,分类准确率有所波动,但大体上依然有上升的趋势,当迭代次数为 100 时,分类准确率是 0.9277,达到最大。因此确定 GBDT 方法的迭代次数为 100,对于其他参数不做过多研究,设定学习率为 0.1,每棵决策树的最大深度为 5,使用的损失函数是对数似然损失函数。

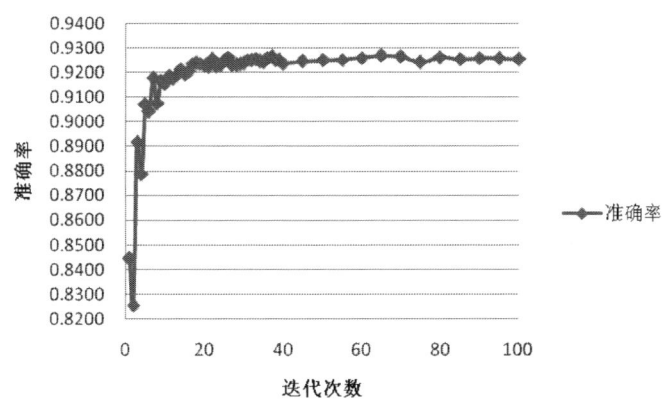

图 4-32　随机森林分类准确率与迭代次数的关系

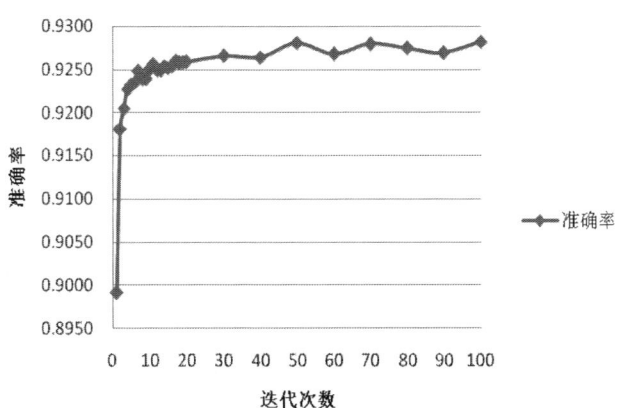

图 4-33　GBDT 分类准确率与迭代次数的关系

随机森林、GBDT 和决策树等单一分类算法的分类性能如表 4 - 14 所示。通过比较各分类算法的分类性能指标可知，同是组合分类方法的随机森林和 GBDT 方法的分类性能比经过特征选择的单一分类方法更好。随机森林、GBDT 以及 Logistic 回归这三个模型的分类性能非常接近。仔细比较各个性能指标的得分，GBDT 方法的分类性能指标值略微高一些，能将测试集中 92.77% 的样本正确分类，其他四个指标值也非常高，精确率达到 96.56%，召回率稍低，但也达到 89.21%，精确率和召回率之间是具有逆向关系的，很难做到两者都高。GBDT 的计算时间耗费较大。仅次于 GBDT 方法的是随机森林方法，该方法的精确率甚至超过 GBDT 方法，达到 97.63%，是所有方法中精确率最高的方法。在当前的学习行为数据集上，随机森林和 Logistic 回归也都是较好的二元分类方法，并且这两种方法计算时间较短，能快速得出结果。综合五个性能指标来看，SVM 方法的分类性能略差于 Logistic 回归，其中精确率略高于 Logistic 回归，但是 SVM 方法计算的时间较长。

表 4 - 14　　　　　　　　各分类方法的性能

方法	Accuracy	Recall	Precision	F1 - score	AUC
随机森林	0.9255	0.8827	0.9763	0.9252	0.9624
GBDT	0.9277	0.8921	0.9656	0.9275	0.9672
决策树	0.8729	0.8736	0.8530	0.8662	0.8716
Logistic	0.9202	0.8782	0.9664	0.9200	0.9613
SVM	0.9171	0.8720	0.9675	0.9169	0.9532
朴素贝叶斯	0.8714	0.8707	0.8572	0.8634	0.8721

决策树和朴素贝叶斯方法的性能相近，两者的分类性能指标都低于其他分类方法，并且差距较大。朴素贝叶斯方法的基本假设是特征之间相互独立，这一点在实际数据中很难实现，即使在特征选择后，也不能完全保证最优特征集合中的特征之间完全不相关。在本实验中，基于决策树的特征排序方法和递归特征消除方法，并没有严谨的分析各个特征之间的相关性，因此最后得到的 20 个特征之间很可能具有相关性，导致朴素贝叶斯方法的分类性能不佳。由上一章的特征排序结果可知，只使用一个测试提交比率特征构建决策树模型，分类准确度能高达 92.21%，超过 Logistic 回归方法的分类准确度，甚至接近最优的 GBDT 方法和随机森林方法。而使用递归特征消除方法后，在 20 个特征上建立的决策树模型的分类性能却下降，说明特征数量的增加使决策树模型

出现明显的过拟合问题，无法对新的样本正确分类。图 4-34 为决策树模型分类准确率随着特征数量变化的折线图。由图可知，当特征的个数增加到 3 个时，分类准确率直接从 90% 下降到 87%，之后随着特征个数的增加，虽然准确率稍有波动，但一直维持在 87% 左右，没有超过 88%。

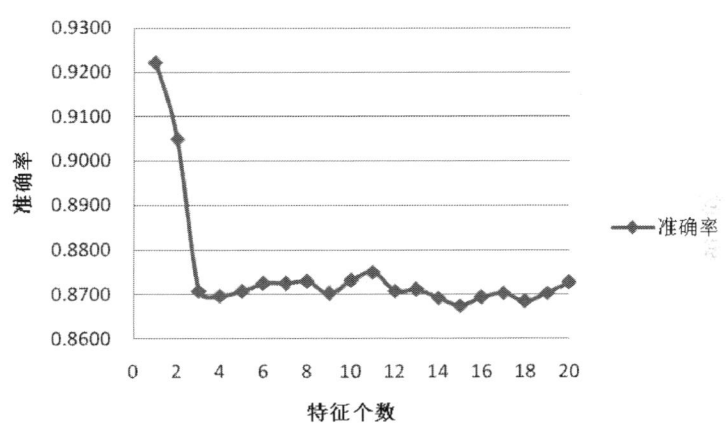

图 4-34　决策树算法分类准确率与特征个数的关系

4.4.4　预测学习结果

为了及早发现学习者未来的学习表现并实施相应的干预措施或给予警示，在线学习平台需要在学期中对学习者的学习结果进行预测。本研究分别在开学后第 10 天、第 20 天……第 270 天建立分类模型，分析模型分类性能与模型建立时间的关系。通过之前的实验结果可知，组合分类方法的分类性能较单一分类方法更优，考虑分类模型训练的时间长短，本研究选择使用随机森林方法建立分类模型预测学习者的学习结果。具体结果如图 4-35 所示。由实验结果可知，随着时间的推移，分类模型的各项分类性能指标都变优，分类准确率逐步上升。模型建立的时间越迟，学习者的行为数据越多，特征包含的信息量越多，由于使用较小粒度的特征（每天浏览次数），模型中使用的特征数量也相应增加，分类模型对学习结果的预测更加准确和精确。在开学后第 150 天建立分类模型，模型的分类准确率能达到 87.25%，精确率为 95.17%，召回率为 79.73%，表明该分类模型能对 87.25% 的学习者正确预测，在模型预测的未通过者中有 95.17% 的学习者最终不能通过课程考核，在最终未能通过考核的学习者中有 79.73% 的学习者能被模型识别出，即在开学后第 150 天可以识别出 79.73% 的未通过者，采取适当的措施对这些"潜在失败者"进行警示和干预，增加与这些学习者的交流，及时解决他们的问题，则有可能使这部分学习者在后续的学习中端正态度、提高积极性并最终通过课程考核。

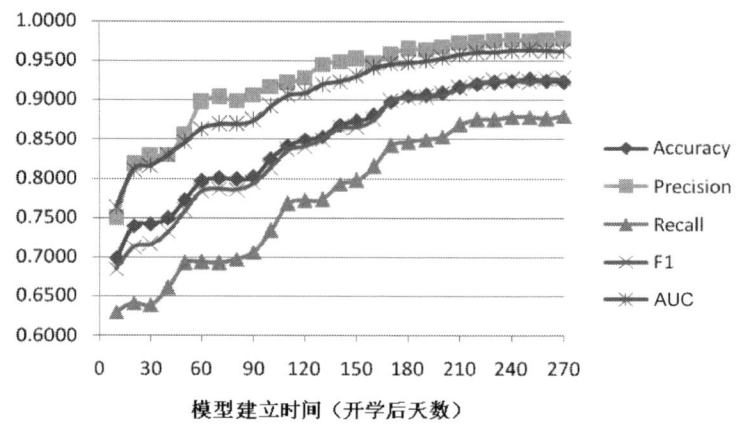

图4-35 分类性能与模型建立时间的关系

在实际应用场景中，多数是利用历史数据训练分类模型，对当期学习者的最终学习结果进行预测。本研究使用2013年的学习数据建立分类模型对2014年学习者的学习结果进行预测，预测结果如表4-15所示。预测的准确率为91.75%，精确率为95.86%，召回率为87.91%，分类性能较好，说明可以使用历史数据预测当前学期学习者的期末考核情况。

表4-15　　　　　　　　　　　预测结果

真实情况	模型预测结果	
	通过	未通过
通过	1802	77
未通过	245	1781

Accuracy = 91.75%　　Precision = 95.86%　　Recall = 87.91%　　F1 = 91.71%　　AUC = 0.9175

使用2013年数据在不同时间点上建立模型，对2014年学习者进行预测，图4-36展示了模型的分类性能与模型建立时间的关系。与之前的结果类似，随着模型建立时间的推迟，模型的分类准确率、精确率和召回率都上升。在开学后第150天建立分类模型，模型的准确率为86.17%，精确率为92.31%，召回率为80.01%，说明使用历史数据在期中建立分类模型也能较好地识别出学习者未来是否能通过课程考核。

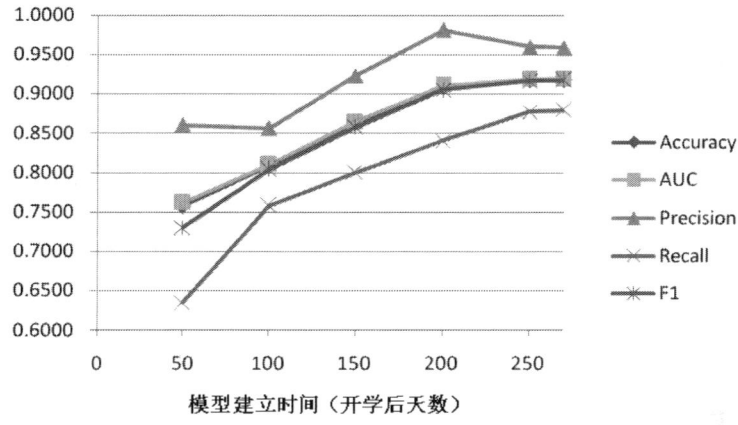

图 4-36 模型建立时间与模型性能的关系（使用历史数据）

综上所述，通过比较随机森林、GBDT 以及经过特征选择的单一分类算法的分类性能，并简单地分析模型建立时间与模型分类性能的关系之后，得到相应实验结果，该结果表明：组合分类方法优于经过特征选择的单一分类方法，分类性能最优的是 GBDT 方法，但其计算时间长；其次是随机森林方法，分类性能与 GBDT 方法相近，具有最高的精确率，并且计算时间短，是非常好的分类方法。通过模型建立时间与模型分类性能关系的分析可知使用随机森林方法可以在期中对学习者的学习结果进行预测，较早地识别出学习者是否能通过课程考核。

4.5 结论与启示

4.5.1 结论

随着信息技术和互联网技术的发展，在线学习取得巨大的进展，吸引了很多学习者。在线学习平台或在线学习系统在服务学习者的同时积累了海量的学习行为数据，其中蕴含着大量有用的信息与知识。越来越多的研究者开始注意到这些数据，并使用多种新型技术手段对这些在线学习行为数据进行分析。通过深入研究学习规律、认知规律和学习者的行为模式，期望能利用获得的客观规律干预学习者的学习行为，促进在线学习平台的不断优化，使学习平台提供更好的教育服务，从而达到改善学习者学习质量、提高学习者学习效率和提高教育资源利用率的目标。由于在线学习平台积累的在线行为数据具有数据量庞大、存储形式多样以及存在噪声、缺失等特点，研究者开始引入数据挖掘技术探索隐藏在数据背后的规律。基于以上背景，本书利用数据挖掘技术对在线学习行为进行定量研究，分析在线学习行为现状，探究学习者的行为规律，分析学习行为特征与学习结果的关系，最后选择和训练分类模型预测学习者的学习结果。本研究获得的结论将有助于理解学习者的在线学习行为，对在线学习平台的设计和课程的安排有所启示，并且有助于学习者认识自身学习行为对最终学习结果的影响，主动或在平台及教师的干预下做出调整，提高学习效率，通过课程考核。

（1）在线学习者背景及学习行为现状

本研究使用图表等简单统计分析方法对在线学习行为现状进行研究，主要分析了学习者的个人背景、学习行为的时间规律以及学习材料的利用情况。主要结论有：

①英国开放大学的在线学习者年龄分布十分广泛，主体是35岁以下的年轻人，但35岁以上的学习者占比将近30%，远比国内高，说明国内的在线学习方式还有很大的发展空间，在线学习方式的普及将有助于推动终身学习型社会的发展。由于英国开放大学对学习者的资质无要求，该校的在线学习者中高中及高中以下学历的学习者比重非常高，残疾学生的比例也较高。卡方检验的结果表明，"年龄"、"性别"、"地区"、"教育水平"和"是否残疾"这5个个人信息特征都与期末成绩等级相关。

②绝大多数学习者在开课前半个月就已完成注册，开课之后学习者的积极性较高，浏览次数达到最大，之后开始下降，但会受到测试和考试的压力而增加学习材料的浏览次数。学习者提交测试的时间主要集中在截止时间前后10天内，在截止时间前提交测试的学习者不足四成。与常规印象不同，通过考核的学习者并没有更积极地在截止时间前完成，但通过者拖延的时间不会太长。

③学习者对学习资源的使用较少，平均使用的数量只有资源总量的一半，资源利用率极低，存在资源浪费的现象。学习者的材料浏览行为和测试提交行为会影响其期末考核成绩。

（2）影响学习结果的关键因素

在前人研究的基础上，本研究提出增加使用统计粒度较小的具体浏览行为特征进行数据分析和数据挖掘，应用基于决策树和递归特征消除法的特征排序方法，并在此基础上使用敏感性分析方法分析重要特征对学习结果的影响。主要结论有：

①与学习结果相关性最高的 20 个特征中不包含个人背景信息，说明相比学习者的个人背景，课程学习中的学习行为对学习结果的影响更大，学习行为越积极，通过课程考核的可能性越大。

②使用特征排序方法和敏感性分析方法可以获得对学习结果影响较大的重要学习材料和关键时间节点。

③通过敏感性分析的结果可知，较小粒度的具体行为特征能为分类模型带来新的信息，提高了数据的利用率。

④综合特征排序和敏感性分析的结果显示，对学习结果影响较大的特征有"测试提交比率"、"平均测试提交时间"、"总浏览次数"和"材料浏览比率"等统计特征，以及重要时间段内的每天材料浏览次数和重要类型学习材料的浏览次数。

（3）预测学习结果的最佳方法

本研究比较了随机森林、GBDT 和经过特征选择的单一分类方法的分类性能。主要结论有：

①组合分类方法的分类性能优于经过特征选择的简单分类方法，其中 GBDT 方法的分类性能最佳，但计算时间较长；随机森林方法的分类性能与 GBDT 方法十分接近，且计算快，不会随着决策树数量的增加而产生过拟合问题。若侧重计算的时间代价，随机森林方法更优。

②在简单分类方法中，Logistic 回归的分类性能最佳，十分接近于组合分类方法，模型简单、计算时间较短；其次是 SVM 方法，但计算时间长；由于特征选择不能完全解决特征间的相关问题，朴素贝叶斯方法的分类性能不佳；决策树方法会随着特征数量的增加而产生过拟合问题，分类性能急剧下降。

③通过实验发现，使用历史数据预测当前学习者的学习结果是有效的，并且可以在学期结束前，甚至是期中之前及时地预测学习者未来的学习结果。

4.5.2 启示

随着互联网和移动电子设备的普及，越来越多的学习者使用在线学习平台或相似功能的应用软件。本研究对学习行为现状、学习结果影响因素以及学习结果预测的研究能够为在线学习平台的设计和营运以及在线课程设计提供重要启示。

第一，学习者的行为数据具有极大的价值，在线学习平台在设计时应该考虑到收集学习者行为数据这一功能，设计合理的数据结构，收集更多有用的数据，并且需要注意学期间或课程间的统一性，若能使不同学期的数据或不同课程的数据具有可比性，则有利于更加深入地研究学习者的学习行为。

第二，学习行为对学习者在线学习的期末考核成绩有明显影响，尤其是平时测试的完成情况和学习材料的浏览情况，学习者的学习行为越积极通过课程考核的可能性越大。在线学习平台可以在临近测试截止时通过邮件、手机短信等方式提醒学习者完成相应的学习内容，浏览学习资料，完成测试，使学习者取得更好的学习结果。此外，通过学习结果的影响因素分析，平台可以获得对学习结果有重要影响的重点学习材料以及关键时间节点，推荐给学习者，提高学习者的学习效率；另一方面，平台还能获得对学习结果几乎无影响或者学习者使用极少的学习材料，深入分析这些材料影响小或使用少的原因，对课程设计进行改良，删减不必要的学习材料，有利于提高学习者的浏览效率以及降低平台的存储和运维的成本。

第三，通过分类性能好的分类模型，学习平台可以准确而精确地预测出学习者未来的学习结果，尤其是发现可能无法通过课程的学习者，及时对其施加干预，向学习者展示其未来可能获得的考核结果，激发学习者的学习动力，利用学习结果影响因素分析的结论，引导学习者实施最能影响学习结果的行为，将有利于提高学习者的学习效率、课程的整体通过率以及学习资源的利用效率。

第5章
学习者学习意愿影响因素研究

5.1 引言

在互联网时代,教育领域在信息技术的推动下发生了重大变革。2008年,两位加拿大学者Dave Cormier与Bryan Alexander首次提出慕课(Massive Open Online Courses,MOOC)的概念,即大规模开放在线课程。这是一种新型的网络教学模式,通过信息技术将优质的教学资源送至互联网连接的各个角落,很多课程不仅完全免费,而且有作业、答疑和考试等配套的学习过程。慕课的出现对在线学习领域带来了巨大的冲击,引发了高等教育领域的颠覆性变革。2012年是慕课元年,斯坦福大学校长John Hennessy将它的"井喷式"发展称为教育史上的"一场数字海啸"。

与传统的远程教育不同,慕课具有下面四个典型特征:第一,参与课程的高等院校、学习者、教学者,以及课程的投入等方面呈规模化;第二,参与课程的学习者、慕课教学形式,以及教育理念等方面具有开放性;第三,学习者可以将慕课课程学习计划在任何时间、任何地点,这是慕课的网络化的体现;第四,慕课的组织方式、学习方式、课程设置等方面表现出的创新性。除此之外,相比于现有的视频公开课,慕课的教学模式具有正规课程的效能,保证了教学质量,从而得到众多学习者的广泛认可。

随着大规模在线课堂的发展,国内相继出现了网易云课堂、腾讯课堂、中国大学MOOC等慕课平台,吸引了大量的学习者在慕课平台学习。与传统教学模式相比,其则是学习者学习个性化和课程选择多样化的学习模式,因此,学习者参与课程的影响因素多。慕课进入中国后逐渐受到广泛关注，国内慕课相关的理论研究与教学实践工作也逐步达到高峰，2013年关于慕课的期刊文献数量仅有8篇，2016年便增长到1247篇，2017年期刊数量上升至2095篇，各大慕课平台陆续上线。

互联网Web 2.0的普及和成熟的云计算助力慕课，国内慕课体系逐渐完善，为全国各地大量的国内学习者提供在线优质学习资源。据极光大数据统计显示，仅2017年8月，在线教育APP市场用户规模已达2.76亿。其中，网易公开课的市场渗透率位居综合教育类APP排名首位，腾讯课堂排名是第二。国外慕课平台也毫不逊色，Coursera、edX和Udacity吸引了来自世界各地的学习者，平台课程及参与学习的学生数量直线上升。

一方面，在现实应用中，学习者参与慕课课程学习表现出以下典型特征：

第一，学习者学习动机呈现多样性。①慕课主体是学习者，但由于其学习背景、受教育程度、地域和年龄段不同，继而导致学习者呈现出学习动机的多样性特征。例如：上海用户对在线教育的偏好度居首，北京以0.24%紧随其后；网易公开课中最关注的话题为知识青年、校园社区和二次元；网易公开课中学习者最感兴趣的课程是音乐，其次是书籍和美食。②学习者学习目标不同。部分学习者不是以拿到学分或者证书为目的，而是单纯以个人喜好或者为了拓展自己的知识面，或者只是为了了解概念，故而完成课程学习。③角色差异也会导致学习动机的不同。如上班族会以考取职业资格证为主要目的，学生会以加深知识点的理解或辅助完成作业为目标；接受初高中小学教育的学习者不会以完成所有课程学习为目的，高龄学习者只是以兴趣为主等现象。

第二，同伴互动有效激发了学习者的积极性。国内慕课平台社交社区学者使用度比较高，基于便捷的社交软件，学习者可以自由结交来自五湖四海的同伴学习者，并自由交流探讨。学习者可以结识文化程度高于自己的其他学习者，也可以为文化程度低于自己的学习者答疑解惑及评价作业。学习同一门课程的不同学习者在评论区提问解答，继而促使学习者具有更积极参与课程学习的动力。

第三，学习者操作偏好的多样性。学习者对平台风格具有不同偏好，因此对慕课平台有着不同的体验感，慕课的线上学习特点引致学习者学习终端类型呈现多样性，参与者只要拥有可以上网的设备，比如：手机、iPad或电脑等，就可自如接入慕课学习平台和实现识别间的无缝切换。然而，不同终端有不同的操作方式，学习者在参与课程学习之前会考虑通过何种具体渠道、使用何种APP参与学习，这些决策涉及到了平台特征，例如：平台操作是否简便、界面是否美观、资料是否齐全、下载资料速度、课程视频能否下载等平台特征均会对使用者的学习行为产生不同程度的影响。

第四，无法实时监督学习者在线学习行为。参与慕课课程学习的学习者可以随意退出或者进入课程学习，传统课堂有课程表，明确规定在哪间教室、哪个时间段参与学习，对学生迟到或早退现象会有一定惩罚措施。慕课环境下学习者按照自己的意愿和兴趣参与课程学习，无法约束学生及时完成课程，影响学习者的课程学习完成率。目前部分慕课平台虽然设置了相应的监督机制，但仍然存在较多缺失，如腾讯课堂以积分方式奖励课程的持续学习者，且奖励积分可用于购买收费课程。

从对应用现状的分析，不难发现，为了激发学习者参与慕课平台课程的学习积极性，应综合考虑到个体差异、同伴互动影响、信息技术支持带来的便利等要素的作用，充分挖掘影响学习者参与慕课平台课程学习的影响因素。

另一方面，在理论研究工作中，目前对学习者参与慕课平台课程学习影响因素的研究工作主要聚焦于以下方面：

第一，慕课学习者学习行为研究。刘杨（2013）对慕课平台学习者进行调查后发现，75.76%的被调查者认为通过慕课能接触到高质量课程；59.6%的被调查者表示慕课平台课程丰富，可以进行多样性选择；48.48%的被调查者表示选择慕课是因为慕课提供了免费课程。赵敏杰（2009）认为学习者的基本特征和学习需求是多样化的，例如，接受统一高等教育的使用者同其他用户相比，能在更短时间内完成系统学习，其具备的先修知识、自我认知能力、明确学习动机以及学习期望，都能正向影响学习者的课程完成率。具体而言：①兴趣作为学习者课程选择及学习的主要动力，使其相较于慕课课程的来源机构及任课教师而言，更加重视课程及其内容质量本身。②课程选择原因呈现多样化。在学习动机方面，自我实现是学习者的主要学习动机，而课程学习的最终驱动力是学习兴趣和学习需求；在学习过程方面，学习者会制定自己的计划、会课前预习和总结适合自己的学习方法，当进入学习倦怠期时能实现自我调控，但学习者对学习的整体意识性、学习任务执行性、学习问题反馈性和学习经验总结性方面仍有待提高，同时，存在同伴之间的交流互动较少的现象。学习者对学习时间的管理规划直接影响到其在线学习效果。课程视频是目前慕课课程的主要学习资源，其他类型的电子学习资源使用率普遍较低（唐孙茹，2014）。③课程环境。由于课外自主学习是虚拟环境下展开，在学习过程中难免会出现学习资源利用率较低和学习者被其他网络应用干扰甚至是沉迷网络游戏等问题，一旦慕课学习者对其在线学习行为不加以约束与控制，便很难保证在线学习质量，继而影响课程完成率及知识建构效果。

第二，基于 TAM2（Technology Acceptance Model 2）模型的理论研究。Davis（1986）提出 TAM（Technology Acceptance Model）模型，以解释用户对信息系统的接受行为。此后，Venkatesh 和 Davis（2000）在 TAM 基础上，丰富了感知有用性的影响因素，提高了技术接受模型的适应性水平，继而提出了 TAM2 模型，并通过大量实验研究，证明了 TAM2 模型的有效性。

第三，参与课程学习影响因素研究。不同的课程学习策略、动机以及学习期望等个体差异会影响学习过程，个人差异会对学习过程产生影响（赵宏，2015）；慕课平台系统特征的影响作用会贯穿整个学习过程；社群中的同伴互动程度将影响参与者参与课程讨论的积极性；监督机制的有效性影响参与课程学习的持续性。

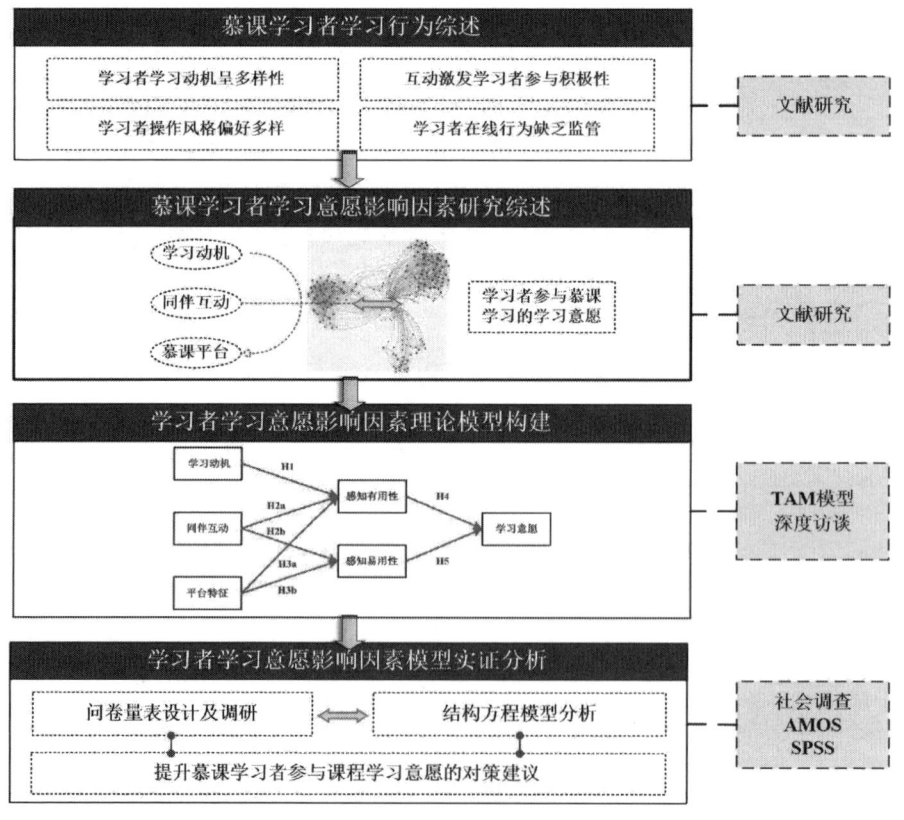

图 5-1　技术路线

综上所述，无论是在应用层面或者理论研究层面，学习者学习参与率的提升都是关键问题。本书将从慕课本质出发，尝试从课程、学习者、交互特性等视角探究提升学习者参与度的途径和方法，本研究的技术路线如图 5-1 所示。

具体而言，本书首先基于前人研究成果，梳理和总结对学习者在线学习行为产生影响的关键影响因素；然后，结合现实应用，基于 TAM2 模型，构建慕课学习者参与课程学习的影响机制模型；再次，通过问卷调查的方式，完成实证分析；最后，根据分析结论，提出提升学习者学习参与率的对策建议。

5.2　文献回顾

以下将对学习者学习行为、学习者参与慕课课程学习的影响因素、TAM2 模型的相关研究成果进行回顾和梳理。

5.2.1　学习者学习行为研究

目前学习者行为存在以下典型特征：其一，学习目标存在差异。学习者在参与课程前有明确的目标，但对课程内容的学习结果没有期望，因此，存在课程学习高注册率与低完成率之间的现象反差，课程学习到中途便不再坚持学习（陈长胜，2020）；由于不同的学习意向导致选择的多元化现象，部分学习者为了拿到证书和学分，而另外部分学习者只是为了学习新知识，而不在意有无证书，研究者对 Edx 平台研究发现了学习者学习参与表现，55.4% 的慕课学习者选择课程的动机主要在于获得知识技能证书或课程证书，22.5% 的学习者只是为了挑战自我，8.8% 的学习者旨在为自己的职业发展储备新知；其二，个人需求不同。学习者个人需求的差异导致其在线学习行为存在差异（Ma, 2016）；其三，学习论坛使用情况不尽相同。学习者对不同虚拟学习社区或学习论坛的使用率存在差异，导致有些学习平台上的课程学习完成率偏低、退出率较高，继而引发对平台课程教学质量的质疑，这也就使很多研究学者开始就学习论坛或社区的系统设计（程诺，2019；贾利锋，2020）、功能完备度（王扶东，2020）、操作易用性（王兴兰，2019）、交互机制设计（戴心来，2019；杨晓娟，2020）、内容有效性（叶韦明，2019；李海峰，2020）、资料来源权威性（许睿，2020）、监督机制设计（甘娜，2020）等问题展开相关研究，并取得了有价值的研究成果。

5.2.2 影响因素研究

目前研究关注的学习者参与慕课学习的影响因素主要包括以下不同层面：第一，从学习者层面观察，主要包括学习者个人属性（刘冰，2016）、学习目标（郝兆杰，2018；谢觉萍，2020）、学习策略（陈长胜，2020）、学习期望（白杨，2018）、学习风格（高欣峰，2019；刘彩燕，2020）等，由于这些因素直接决定了学习者的学习策略及行为，继而对学习者的学习参与学习情况将产生重要影响；第二，从平台层面观察，平台界面友好性（韩锡斌，2014）、平台操作简洁性（赵磊，2017）、平台交互便捷性（尧磊波，2020）等都将对其产生影响；第三，从课程设计观察，课程资源丰富性（张绍东，2015）、课程内容的吸引力（王守宏，2015；曾宁，2019）、课程更新速度（贺斌，2014）、课程配套服务的完备性（蔡宝来，2015；崔裕静，2019）、奖惩机制的合理性（冯永华，2019）都将对其产生影响。

5.2.3 基于 TAM2 模型的研究

TAM 模型的应用较为广泛，描述了信息接受度的影响因素，并应用于许多不同研究领域。由于教育学领域中的新技术层出不穷，迭代更新速度较快，因此，在教育学领域的应用研究中也较为常见。例如方旭（2015）、孟奕爽（2019）等基于 TAM 模型及其扩展模型，对学习者学习行为影响因素进行研究；董娜（2017）基于 TAM2 模型，分析了移动端学习行为的影响因素；王臣（2019）基于 TAM 模型，实证检验了学习者学习态度、学习资源、技术手段、对学习者网络学习行为及其学习意愿的影响。鉴于该模型在此前不同教育革新阶段的研究成果及其结论的稳健性，本书考虑依托该理论模型，结合慕课学习这一新应用场景，推进学习者参与慕课学习的影响因素研究。

5.3 理论模型

5.3.1 学习动机

学习动机是激励和支撑在线课程学习者的学习行为,并使其坚持完成学习目标的重要动力。其中包括知识价值观、对学习的兴趣度(乐惠骁,2019)、对自我的认知(陈长胜,2020)、所期望的学习成绩等方面。通过前期文献分析及学习者访谈发现,在线课程学习者参与课程学习主要以兴趣为主,辅以获取学业证书、获取新知等目标。根据 TAM2 模型,学习者的学习动机对感知有用性和感知易用性提出如下假设:

H1:学习动机对学习者参与课程有用性感知存在正向影响作用。

5.3.2 同伴互动

同伴互动是在线课堂平台中共同参与学习课程的同伴学习者之间的交流、讨论,相互提问答疑,或发表自己的看法供大家参考的相关活动。在线课堂平台会提供相互交流的虚拟社区及其交流平台,以便学习者自由结识其他同伴学习者,自由讨论,并形成协同学习、共同进步的同伴效应(陈淼,2019)。但同伴互动活跃与否取决于学习者学习意愿,例如:学习者是否乐于同他人分享、交流及讨论,互动过程是否能激发学习者的学习兴致,互动平台是否方便学习者自由发表言论及实时推进问题讨论过程(王泰,2020)。根据 TAM 模型,学习者同伴互动意愿、互动对学习的帮助、个人在互动平台上的交流能力,提出如下假设:

H2a:同伴互动对学习者参与课程感知有用性存在正向影响作用。

H2b:同伴互动对学习者参与课程感知易用性存在正向影响作用。

5.3.3 平台特征

平台特征是慕课学习者所使用的在线学习平台相关特征(张姣,2017),主要包括:学习者在打开平台时的第一感觉,即平台界面是否友好、规范;平台功能是否完备,其操作流程和使用方式是否简单、便捷;平台资源是否比较丰富且呈现专业化及体系化特征（黄福涛，2019）；平台各类学习资料是否可供学习者下载；平台是否有可供学习者自主选择的课程群，以供学习者完善自己的知识体系（高欣峰，2019）；平台是否提供免费课程和收费课程，以供学习者按需选择等。根据TAM2模型，针对平台特征所对应的界面、功能、学习资料等因素，提出如下假设：

H3a：平台特征对学习者参与课程感知有用性存在正向影响作用。

H3b：平台特征对学习者参与课程感知易用性存在正向影响作用。

5.3.4　感知有用性

感知有用性反映了学习者在学完课程后感受到来自慕课平台提供的课程和资料对自己学习提供帮助的程度，主要包括：平台使用者学完课程后是否感知到对知识点理解的深化效果、是否感知到平台学习资料对学习者构建完整知识体系的促进作用、学习慕课课程是否有助于学习者达到自己的学习预期、学习者感受到平台是否有针对性地提供了的优质服务支持、学习者是否感受到知识内容的有效性（冯永华，2019）等。根据TAM2模型及其相关理论，提出如下假设：

H4：感知有用性对学习者学习意愿存在正向影响作用。

5.3.5　感知易用性

感知易用性描绘了慕课平台使用者对平台操作难度的感知，主要包括：学习者进入平台后是否能够根据页面布局快速定位需求模块、在短时间内能否熟练操作学习软件、是否能够熟练使用学习平台对应的社交化问答平台（翟宇卉，2017）等。根据TAM2模型调节理论，对平台感知易用性提出如下假设：

H5：感知易用性对学习者学习意愿存在正向影响作用。

5.3.6　学习意愿

学习意愿反映了慕课学习者使用平台的个人意愿。学习者是否愿意使用平台、是否愿意下载平台提供的学习资料、是否愿意在平台上同他人交流探讨、是否愿意从潜在学习者身份转变为忠实学习者（张敏，2016）、是否愿意购买付费课程（陶春，2018）。

综上所述，构建相应理论研究模型如图5-2所示。其中学习动机影响感知有用性，平台特征对感知有用性和感知易用性影响显著，同伴互动对感知有用性和感知易用性存在影响，感知有用性和感知易用性进一步影响学习意愿。

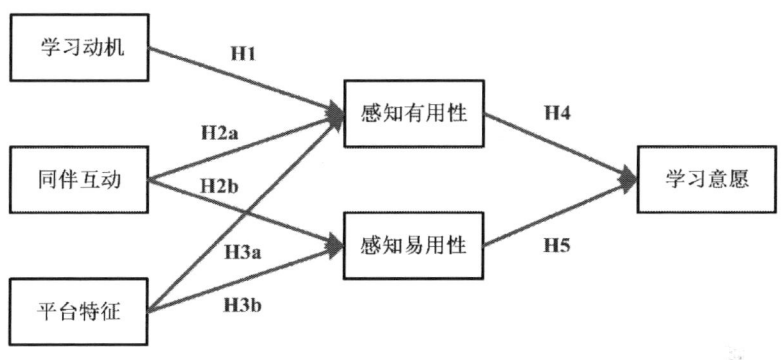

图 5-2　理论研究模型

5.4　实证分析

问卷收回后处理数据，并进行结构方程分析。首先进行信度经验以证明我的问卷设计有效，其次是相关性分析，在相关性分析之前进行正态检验。相关分析结果显示，变量之间高度相关。最后进行回归分析，以研究变量之间是如何相互影响，继而完善模型。

本研究基于前人研究成果，提出并修正完善学习者慕课学习意向影响因素研究模型，设计各变量的测量量表，组织领域专家对量表进行内容检验，根据专家意见和小样本测试结果修正测量量表，通过大样本问卷调查，采用回归分析，验证学习者慕课学习意向影响因素模型的各项假设。

5.4.1　问卷设计

本研究以 TAM2 模型为基础，结合学习者在线课程学习实际情况，构建慕课学习者参与课程学习意向影响因素模型。在该模型中，影响参与慕课学习影响因素的变量主要包括学习者的对慕课平台的感知易用性、感知有用性、学习者的学习动机、慕课平台的平台特征、同伴互动参与度，以及学习者参与课程学习的学习意愿。根据前人研究成果设计对应测量项，调查问卷共涉及 6 个观测变量，22 个测量项，每个测量项均采用李克特 7 分量表进行测量。所有变量的测量项都是在相关理论以及研究结论的基础上形成的,问卷量表如表5-1所示。

表 5-1　　　　　　　　　　　问卷量表

维度	编号	测量项	参考文献
学习动机 Motivation to learn	ML1	我因为兴趣而参与慕课课程学习	乐惠骁（2019）； 陈长胜（2020）
	ML2	我想获取新知而参与慕课课程学习	
	ML3	我为了获取证书而参与慕课课程学习	
同伴互动 Peer interaction	PI1	慕课学习过程中,我乐意与同伴在线交流	陈淼（2019）； 王泰（2020）
	PI2	在线交流使我对慕课学习更感兴趣	
	PI3	我在平台上与同伴交流顺畅	
平台特征 Platform features	PF1	慕课平台的界面简洁美观	张姣（2017）； 黄福涛（2019）； 高欣峰（2019）
	PF2	慕课平台上下载资料方便快捷	
	PF3	慕课平台的功能健全	
	PF4	慕课平台提供了丰富的学习资料	
感知有用性 Perceived usefulness	PU1	我能从慕课平台上获取有用的学习资料	冯永华（2019）
	PU2	课程学习加深了我对知识点的理解	
	PU3	慕课课程对我获取凭证有帮助	
	PU4	慕课课程帮助我构建了完整知识体系	
感知易用性 Perceived ease of use	PE1	我能在慕课平台快速找到目标界面	翟宇卉（2017）
	PE2	我能快速熟练操作各功能模块	
	PE3	我能快速使用平台社区进行交互	
学习意愿 Personal intention	PEI1	我愿意使用慕课平台	张敏（2016）； 陶春（2018）
	PEI2	我愿意下载慕课平台提供的学习资料	
	PEI3	我愿意在平台上与他人交流探讨	
	PEI4	我愿意成为慕课课程的忠实学习者	
	PEI5	我愿意购买付费课程	

5.4.2　预测试结果分析

社会调查研究方法要求在问卷正式发放前,需要先进行小范围预测试,通过探索性因子分析来验证问卷设计的合理性和有效性。探索性因子分析是对调查问卷的质量进行评测的一种方法,具体包括信度分析和因子抽取。

信度分析主要是用于检验所发展的量表在对相关变量进行度量时是否具有

稳定性和一致性。本研究采用李克特 7 分量表，而 Cronbach's α 系数法是适合对测量量表进行检验的一种信度分析方法。一般来说，Cronbach's α 系数大于 0.7 则量表可信。因子抽取是通过样本数据来检验变量之间的结构，进一步检验所设立的测量项是否能够正确的归属于特定的因子。在进行因子抽取时可以使用主成分分析法进行检验。

本研究进行了两轮预测试。第一轮预测试的样本为在校学生，发放样本量为 60 份，回收有效问卷 39 份。在进行信度分析时，样本数据计算的整体 Cronbach's α 系数为 0.894，各因子的信度如表 5-2 所示。

表 5-2　　　　　　　第一轮预测试中问卷的信度分析

学习动机	同伴互动	平台特征	感知有用性	感知易用性	学习意愿
0.814	0.825	0.851	0.667	0.843	0.681

信度分析的结果显示，感知有用性和学习意愿的信度不符合要求。在因子分析中，KMO 值为 0.701，适合使用主成分分析法，但因子分析中解释的总方差大于 1 的只有 5 个因子，并且感知有用性和学习意愿下的测量项因子载荷相对较小，这一方面与样本数量较小有关，另一方面也说明问卷的测量项之间可能存在相关性过高等问题，因此，本研究对问卷的测量项进行了修改，修改后的问卷包含 6 个因子，19 个测量项，新的测量项如表 5-3 所示。

表 5-3　　　　　　　　修正后的因子及其测量项

因子	测量项
学习动机	我因为兴趣而参与慕课课程学习 我想获取新知而参与慕课课程学习 我为了获取证书而参与慕课课程学习
同伴互动	慕课学习过程中，我乐意与同伴在线交流 在线交流使我对慕课学习更感兴趣 我在平台上与同伴交流顺畅
平台特征	慕课平台的界面简洁美观 慕课平台上下载资料方便快捷 慕课平台的功能健全 慕课平台提供了丰富的学习资料

续表

因子	测量项
感知有用性	我能从慕课平台上获取有用的学习资料 课程学习加深了我对知识点的理解 慕课课程对我获取凭证有帮助
感知易用性	我能在慕课平台快速找到目标界面 我能快速熟练操作各功能模块 我能快速使用平台社区进行交互
学习意愿	我愿意使用慕课平台 我愿意下载慕课平台提供的学习资料 我愿意在平台上与他人交流探讨

第二轮预测试问卷发放时,考虑到第一轮初测试的结果不太理想,新问卷扩大了样本容量,并且通过网络发放问卷,被调研人群从校内学生扩大到了在校学生和工薪族,网络问卷共回收 78 份。

信度分析结果如表 5-4 所示,19 个测量项的整体信度为 0.856,各因子的信度均大于 0.7,证明各测量项都很好地归属于特定因子。

表 5-4　第二轮预测试中问卷的信度分析

学习动机	同伴互动	平台特征	感知有用性	感知易用性	学习意愿
0.864	0.876	0.887	0.901	0.803	0.921

在因子分析中,KMO 值为 0.778,大于 0.6,Bartlett 检验也非常显著,说明数据适合做因子分析。

在主成分提取中,有 6 个成分的特征值超过了 1,采用最大方差法旋转后的成分矩阵中,因子载荷均大于 0.7,可知每个变量所设置的测量项均属于同一个因子,各因子的累计方差贡献率如表 5-5 所示。

表 5-5　因子载荷与累计方差贡献率

变量	编号	因子载荷	累计方差贡献率
学习动机	ML1	.846	24.021%
	ML2	.859	
	ML3	.776	

续表

变量	编号	因子载荷	累计方差贡献率
同伴互动	PI1	.886	
	PI2	.839	40.798%
	PI3	.843	
平台特征	PF1	.888	
	PF2	.886	52.496%
	PF3	.809	
	PF4		
感知有用性	PU1	.909	
	PU2	.915	63.455%
	PU3	.884	
感知易用性	PE1	.799	
	PE2	.818	70.87%
	PE3	.701	
学习意愿	PEI1	.849	
	PEI2	.883	81.624%
	PEI3	.863	

由以上的分析结果可知，预测试的探索性因子分析基本达到要求，修改后的问卷在整体信度和各因子的信度均超过 0.7，经过旋转可以抽取 6 个主成分，各测量项均能反映对应的因子，因此，修改后的问卷具有一定有效性和科学性。

5.4.3　调查问卷的收集

问卷发放以网络发放为主，面向中央财经大学参与考研和进修双学位及为考取凭证而参与慕课课程学习的在校学生。接受调查的人员具有相同的教育背景，年龄接近，以降低因教育背景和年龄而引起的测量误差；另外，参与问卷填写的人员都是参与慕课课程学习的学习者，保证数据真实有效。网络问卷发出量较大，但仅回收 187 份。回收率仅为 37.4%，筛查去除无效问卷，最终收回 158 份。其中男生占 33.71%，女生占 66.29%，经常使用慕课平台学习课程的人员占比为 67.43%，使用过但是很少使用的人员占比为 25.14%，从未使用过的人员占比为 7.43%，从回收问卷中剔除从未使用过慕课平台的问卷，并展开后续分析。

5.4.4 问卷数据的统计性分析

描述性统计分析是对数据的基础分析，本研究中回收的数据质量良好，能够满足问卷的代表性要求。表 5-6 显示了各测量项的均值和标准差。

表 5-6　　　　　　　　　问卷数据的统计性分析

因子	编号	测量项	均值	标准差
学习动机	ML1	我因为兴趣而参与慕课课程学习	4.68	1.18
	ML2	我想获取新知而参与慕课课程学习	4.7	1.19
	ML3	我为了获取证书而参与慕课课程学习	4.76	1.23
同伴互动	PI1	慕课学习过程中，我乐意与同伴在线交流	4.01	0.91
	PI2	在线交流使我对慕课学习更感兴趣	4.31	1.27
	PI3	我在平台上与同伴交流顺畅	4.24	0.94
平台特征	PF1	慕课平台的界面简洁美观	3.58	1.32
	PF2	慕课平台上下载资料方便快捷	3.74	1.43
	PF3	慕课平台的功能健全	3.82	1.02
	PF4	慕课平台提供了丰富的学习资料		
感知有用性	PU1	我能从慕课平台上获取有用的学习资料	4.23	1.27
	PU2	课程学习加深了我对知识点的理解	4.12	1.26
	PU3	慕课课程对我获取凭证有帮助	4.37	1.13
感知易用性	PE1	我能在慕课平台快速找到目标界面	4.34	1.11
	PE2	我能快速熟练操作各功能模块	4.21	1.07
	PE3	我能快速使用平台社区进行交互	4.06	1.21
学习意愿	PEI1	我愿意使用慕课平台	4.75	1.06
	PEI2	我愿意下载慕课平台提供的学习资料	4.58	1.15
	PEI3	我愿意在平台上与他人交流探讨	4.74	1.19

5.4.5 验证性因子分析

验证性因子分析是对测量方程的必要检验过程，需检验各因子及其对应测度项间的关系，目的是确定每一因子使用的测度项是否合理。第一，聚合有效性检验。通过聚合有效性分析发现，因子的 Conbach's α 系数均大于 0.7，组合信度均大于 0.8，平均抽取方差大于 0.5，所有因子的标准化因子载荷均大于 0.5 且 T 值较大，达到显著水平，因此，满足聚合有效性。第二，区别有效性检验。通过区别有效性分析发现，各因子相关系数均小于平均抽取方差，因子之间相关系数较小，每一测度项均能较好反映对应因子而不反映其他因子，因此，通过区别有效性检验。第三，模型拟合程度评价。本模型拟合程度评价指标如表 5 – 7 所示，由指标结果可知，拟合优度指标满足要求，表明模型拟合较好。

表 5 – 7 模型拟合程度评价指标

拟合优度指标	χ^2	χ^2/df	RMSEA	GFI	NFI	NNFI	IFI	CFI
研究结果	324.72	2.38	0.06	0.85	0.91	0.94	0.92	0.96
理想标准	较小	<5	<0.08	>0.8	>0.9	>0.9	>0.9	>0.95
是否符合	是	是	是	是	是	是	是	是

5.4.6 结构方程分析

结构方程分析是分析因子间相关关系的方法。通过结构方程可以在测量模型基础上对各因子关系进行剖析。AMOS 软件可以进行结构方程模型分析，并得到因子间的路径系数。通过 AMOS 分析，本研究中的因子间存在较为显著的因果关系，可以接受研究假设，如图 5 – 3 及表 5 – 8 所示。

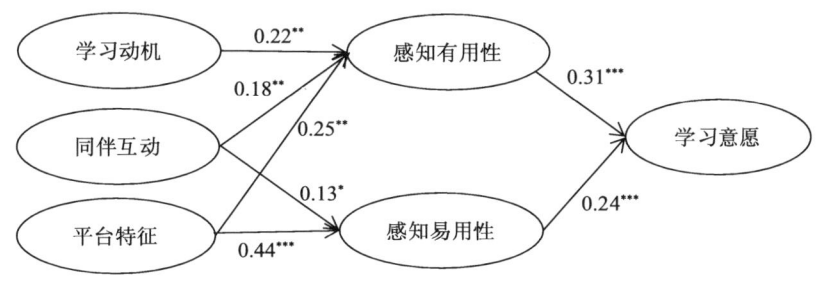

注：*** 为 p < 0.001；** 为 p < 0.01；* 为 p < 0.05。

图 5 – 3 结构模型路径系数

表 5 – 8 模型路径系数与 T 值

	假设与路径	路径系数	T 值	是否支持
H1	学习动机→感知有用性	0.22**	3.78	支持
H2	同伴互动→感知有用性	0.18**	4.01	支持

续表

	假设与路径	路径系数	T 值	是否支持
H3	同伴互动→感知易用性	0.13*	3.07	支持
H4	平台特征→感知有用性	0.25**	4.11	支持
H5	平台特征→感知易用性	0.44***	6.67	支持
H6	感知有用性→学习意愿	0.31***	5.59	支持
H7	感知易用性→学习意愿	0.24**	4.06	支持

注：*** 为 $p<0.001$；** 为 $p<0.01$；* 为 $p<0.05$。

5.5 结论与启示

5.5.1 结论

本研究对慕课学习者参与课程学习意愿影响因素模型及其对应假设予以了实证检验，并得到如下结论：第一，学习动机对感知有用性存在显著正向影响；第二，同伴互动对感知有用性和感知易用性影响显著；第三，平台特征对感知有用性和感知易用性存在显著影响；第四，学习者对慕课平台的感知有用性及感知易用性正向影响学习者的学习意愿。

5.5.2 启示

根据模型实证结论，本研究提出以下建议，以监督和督促学习者的在线学习行为，并树立正确的学习观念。

（1）平台应引导学习者选择适合的学习课程

虽然慕课平台向学习者提供了丰富的学习资源，然而也让学习者面临着课程选择困境。面对海量课程资源，学习者的甄选过程费时费力，且结果未见得尽如人意。由于课程内容会对学习者参与课程的学习意愿产生影响，因此：①平台对学习资料予以明确分类。为方便学习者按照个人差异选择适合自己的课程及学习资料，平台应对学习资料予以筛选和明确分类，以便学习者短时间内找到符合自己需求的学习资料，提升学习者的感知易用性；②AI 能够助力慕课课程，使其更加智能化。平台可以根据以往学习者平时的学习行为、资料搜索行为等数据，结合学习者的学习习惯与偏好智能推荐适合的学习资料，为学习者解决学习资源的供需精准匹配问题，提升学习者的感知有用性；③平台视频课程应配有详细介绍。学习者在选择课程时会考虑授课教师资质，而授课教师的背景、授课风格及偏好在一定程度上决定了视频课程的质量，因此，课程介绍部分应考虑加入教师介绍、课程教材、授课体系、知识模块、授课方案、教学实践环节活动、线上互动方案等，以便学习者选择课程时参考，并提升学习者的感知有用性。综上所示，学习资料的明确分类、教师及学习资料的详细介绍、课程视频信息的完备性等都能更好地帮助学习者在参与课程学习后，达到预期的学习效果，同时也能方便学习者根据课程简介选择适合自己的课程，继而提升学习者在平台上的感知有用性和易用性，并进一步提升其学习意愿。

（2）平台应建立合理的奖罚及激励机制

尽管许多学习者具有明确的学习动机，然而由于某些慕课学习平台未能配备完善的监督机制及激励机制，导致学习者因缺乏适当的监督机制而无法独立、自主、自觉地完成在线学习，特别是对于低年龄段的学习者而言，问题更加凸显。鉴于此，平台应考虑运用信息技术完善监督机制，为广大学习者营造积极健康有序的网络学习环境。

第一，设置在线打卡机制。目前有些移动端的学习类APP会以分享学习信息至朋友圈等形式，督促学习者通过每日签到或打卡机制坚持完成课程学习；有些平台学习会为学习者提供完成课程返还学费等经济激励方式，或发布精华信息获得奖励积分等非经济激励方式，激励学习者参与平台课程学习；还有一些平台会通过学习者的浏览行为，例如：视频观看时长等，并实时分享学习行为排名等激励措施，以鼓励学习者坚持在线学习。本研究建议慕课课程平台同时运营PC端和移动端，并打通信息在不同端设备上的流通渠道，以便促进学习者完成学习任务后的实时分享和打卡互动。

第二，应用和管理学习任务单。传统课程有固定课程表，教师会根据课程进度和学习者的认知水平予以实时调整，以确保同班同学总体进度基本一致，并在规定时间内完成课程学习。但是，慕课平台上部分课程视频允许下载；部分课程要求必须在线观看，但因开放周期较长，无须教与学同步，因此，学习者可能无法合理掌控学习进度，这时就可以考虑设置学习任务单。针对不同学习对象，因人而异地制定不同类型的学习任务单，也不必采取强制措施，允许学习者按照自己需求和认知水平等情况随心便捷定制，并配有智能监督机制，提醒学习者严格执行学习任务单中约定或计划的学习活动，推进学习进度，以提升学习任务单的易用性和灵活性。

第三，设置趣味抢答活动。目前，微信作为国内应用普及度最好的社交软件，覆盖了大多数手机用户，因此，可以考虑使用一些小程序，吸引不同年龄阶段的学习用户，并改善用户的学习体验度。其中Z世代作为慕课课程的学习主体，更加喜欢游戏化元素丰富的学习环境，可以考虑在小程序中设置知识通关小游戏、益智类问答、问题抢答和知识测试等功能，通过提升学习者间的同伴互动频次，充分激发学习者的学习意愿。慕课课堂同现实课堂最大的差别在于师生面对面交流环节的缺失，这就使得实时鼓励学习者的热情难以实施，而趣味抢答并实时分享互动情况恰好有效弥补了这一外界激励机制的缺失，而通过内外结合的激励机制共同促进了学习者的学习兴趣，提升了学习意愿。

第四，创办在线班级。在线班级功能与传统教学中的实际班级非常相似，在线班级创办初衷是以突破时空限制的方式完成知识交流与分享，同一课程的学习者之间可以相互分享有效的学习方式或学习资源，并对疑难问题自由发表观点与意见。相对于平台社交社区，在线班级会更为活跃，分享话题会更聚焦且容易产生共鸣，教师也可以在此分享学习经验、收集学生疑难问题、提供更具针对性的答疑解惑服务。因此，创建在线班级能够有效提升同伴互动频率和质量，帮助教与学相关工作的推进，并提升教师教学的针对性和学习者学习的积极性。

第五，设置奖励积分兑换机制。平台用户在签到、发表帖子、分享信息的过程中所获得的积分可用来参加不同活动，类似电商平台的运营机制。例如：用户在苏宁购买电子商品时可积攒云钻，当云钻积累到一定数量便可参加平台组织的满减活动，或者兑换小礼品等。在慕课平台上，可以考虑类似操作，当学习者的积分达到一定数值，可考虑兑换相关学科的交流论坛的入场券、学术会议入场券、展览会门票等，以丰富和完善学习者的课外知识体系；或者允许学习者使用积分兑换付费课程及学习资料，以降低学习者的学习成本；再或者使用积分兑换教材或图书，以激励用户增加阅读量。这些方式都能有效增加学习者的感知有用性，继而提升学习者的学习意愿。

第六，营造良好学习氛围。慕课平台以学习和交流知识为主，为学习者提供更人性化服务，营造良好的平台学习氛围，以期更充分地提升学习者对平台的使用黏性。同时，为了促进优质师资和教学资源的共享，需要进一步打破平台与高校之间的藩篱，促进平台与高校的合作，同时，平台学习所获得的课程认证及学分可由高校或教育机构认可，并予以学分认定，也可被企业接纳，这样，能够有效提升平台的权威性和公信力，更好激励学习者多元化、多渠道地推进知识体系塑造，这也必将大幅提升慕课平台课程学习者数量，并助力形成学习型社会。

第6章 学习者知识建构效果影响因素研究

在线课堂泛指在网络上进行授课的课堂，它于2008年兴起，其教育模式依托的网络化及信息化特点，使其以惊人速度向世界范围扩散，2012年风靡全球，并对传统实体课堂的教学方式产生较大冲击。在线课堂以其开放共享的在线学习环境特点，使越来越多的学习者参与其中，同时推动了市场化商业在线教育平台如雨后春笋般涌现，高等教育机构也积极引进在线课程用以辅助学习者学习。然而研究发现，在线课堂并不具备传统课堂的学习效果，往往注册人数多，学习积极性差，通过率低。由于虚拟社区建设不完善，管理方式与评价模式不健全，缺乏教师的监督与指导，导致一些学习者学习动机不端正，学习消极怠慢，学习的积极性与主动性较弱，因此，知识建构效果不佳，通过率表现平平，大多平台一直低于7%。尽管如此，在线课堂的规模仍然不断扩张，平台参与数量保持稳健增长。Coursera仅仅推出近4个月，就扩散到全世界196个国家，截至2013年8月注册人数已经超过450万人。由清华大学打造的学堂在线，截至2014年，使用总人数已经超过13000人，这说明在线课堂的发展势不可挡，但是在线课堂的低通过率与学习效果差是制约其提质的制约因素，也是研究者关注的研究议题。本书将对在线课堂进行研究，旨在提高在线课堂平台管理水平，优化学习者学习效果。

本书将通过文献回顾、结构方程模型、逻辑回归模型分析，构建以知识建构效果影响因素为中心的在线课堂研究体系，主要研究如图6-1所示。

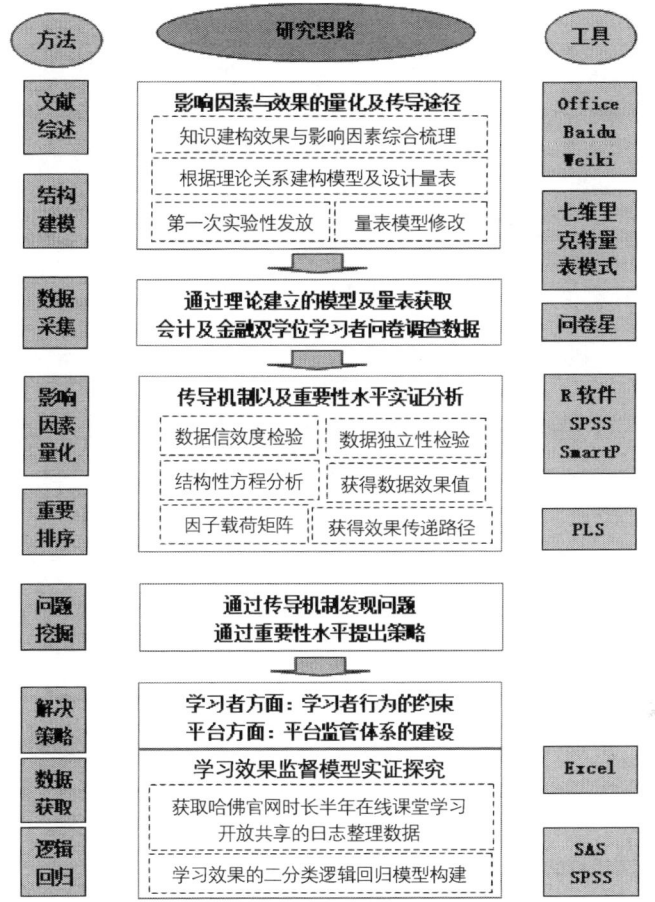

图 6-1 研究的总体技术路线

6.1 引言

6.1.1 现实背景

在线课堂是基于互联网络的远程在线互动培训课堂。一般系统采用音视频传输以及数据协同等网络传输技术，模拟真实课堂环境，通过网络给学生提供有效的培训环境。标准形式为：学习者安装客户端或直接使用浏览器，通过注册的账号参加在线培训课程。在线课堂由电子化的学习资源、虚拟交流社区、在线检测和个人信息管理几个部分构成。在影响因素研究中，在线平台、学习者自身与教师对知识的学习起重要作用，通过平台的优化、学习者的自我提升、教师的转变可以有效提高知识建构水平。另外，对平台的管理系统与评价体系进行改进，对促进学习者学习积极性，提高课程通过率具有重要意义。

然而，在线课堂参与的学习者规模庞大，平台的开放性、交互性、个性化还有待提高，针对在线课堂的优化方式、教师的转变方向、学习者自主性提高与管理评价体系建设的研究不仅难度大，而且针对性有待提高。因此，本研究旨在针对在线学习知识建构效果以及其影响因素进行理论与实证的研究，提取有效的量化信息，构建以学习者主体为中心的在线课堂学习效果因素影响研究体系。

（1）现实背景

我国互联网迅猛发展，个性化、交互式的在线课堂参与人数不断增长，像"慕课"这样的在线平台在社会上不断涌现，学校也不断地运用在线课堂。因此，在线课堂将成为现代教育的必然趋势，对全民学习与终身学习发挥巨大的作用。

由于现存在线课堂存在平台建设不完善、学习者学习积极性差、虚拟交流社区建设不健全等问题，造成了在线课堂整体的学习效果不佳，主要表现为完成率和通过率低，极大地影响了在线课堂的发展。

第一，平台建设不完善。平台的评价模式与管理系统尚有欠缺。Yuan和Powell（2013）认为在线课堂的发展缺乏正确的评价模式和监督机制，导致了学习效果评价的不确定性。由于在线课堂平台上的课程学习由学习者自行利用非课堂时间自主学习完成，在这一过程中可能存在学习注意力分散、考试作弊等行为，并无法提前准确把握和有效控制，导致学习者的真实学习效果难以得到准确评估（Billington 和 Fronmueller，2013）。

第二，学习积极性差。学习者学习的积极性不高。张辉和马俊（2015）在翻转课堂实施过程中发现学习者的学习主动性仍有待提高。一方面，学习者参与学习的主动性还不够，不愿意主动回答问题，不愿意展示自己，课程拓展视频的选修参与度较低，选修的学习者中大部分学习者也只是完成基本课程任务；另一方面，由于不少学生出于完成学习任务为目的，投入的精力和主动性不够，作业整体质量不高。

第三，虚拟社区不健全。在线课堂的视频制作质量和在线交流平台和方法亟待提高。课程视频和在线交流的总体满意度相对较低，特别是在线交流有52.5%的学生认为一般或者不满意。Hansch、Newman 和 Hillers（2015）指出主导课程的视频内容分段制作技术及制作成本都会对在线课堂提出挑战。与此同时，视频的制作方法和技巧还应与课程背景和其所面对的学习人群相适应。并且由于较多课程的授课教师均是学校教师，除视频授课答疑之外，还有很多实体课堂的教学科研工作需要协调。因此，答疑工作会存在时滞性的问题，这也将影响其与学生之间的及时互动交流，导致对教学质量的评价结果并不理想。

第四，知识建构效果不佳。完成率与通过率低。由于在线课堂管理体系不完善、评价体系不健全、平台建设不合理、虚拟社区功能发挥不充足以及学习者学习积极性不高。因此，中途退学、敷衍了事的人数很多。数据显示，在线课堂完成率总体比较低，一般在7%—9%左右；乔丹（2013）发现，美国很多主要的在线课堂完成率大多低于10%；姜蔺（2013）调查发现在线课堂只有8%左右的学习者能拿到毕业证，结业率低。

然而，就当前的学习效果改进措施而言，一方面，现阶段在线课堂方面的问题解决措施一般都比较宏观和泛化，解决措施相对而言比较粗糙。考虑不全面，忽视了技术手段、教师适应性调节等要素的重要作用；另一方面，现阶段的解决措施比较散乱，缺乏系统性的梳理，对在线课堂实际平台的提升效果不显著。因此，本书将从定性分析视角系统梳理在线课堂知识建构效果的影响因素与解决措施，定量视角分析不同因素的影响效果值，探究基于日志的学习行为预测模型及其可行性。

（2）理论背景

我国在线课堂进入学界视野后，随着研究进程的不断深入，在线课堂知识建构效果的理论得以快速发展，主要研究成果集中在以下三方面。

第一，在线课堂特征研究。目前，大量学者剖析了在线课堂的特点、分类及优缺点，认为网络舆情具有大规模、开放性、共享性与在线性的特点，并且不断的挖掘出交互性、个性化与自主性等特征。并且，从在线课堂的内容、性质与规模三个维度对在线课堂进行分类，从教育公平、开放共享、交流互动等角度阐述了在线课堂的优越性，强调了学习者自由散漫、课程完成率低、学习效果不佳等缺点以及提出改进措施的必要性（姚勇，2011；Meyer，2012；Kolowich，2013；Altbach，2014；潘辉，2015；Katy，2015）。

第二，知识建构理论研究。学界当前针对知识建构的研究分为两个角度：

一个角度是群体知识建构；另一个角度是个体知识建构。在线课堂强调群体对知识产生的作用，主要集中在群体知识建构的研究（秦慧臻，2014）。群体知识建构的主体是学习者，以原有知识为基础，以社会化情景为环境，探究集体对知识建构的影响（甘永成，2004；谢幼如，2009；秦慧臻，2014）。通过建构效果的差异，将知识建构分为深建构与浅建构两个维度，细分为共享、论证、协商、检验与应用，基本确定平台、学习者、教师为知识建构的主要影响因素（Scardamalia, 1994；Gunawandena, 1997；王云、董炎俊，2013；杨素芳，2014；秦慧臻，2014）。

第三，知识建构效果影响因素研究。当前，学界认为影响知识建构效果的因素主要有三个：分别是教师、在线平台和学习者。观点主要如下：其一，在线平台有利于满足建构个性化知识。在线课堂平台的开放性、个性化、交互性等有利于多参与者的知识建构，维护教育公平（杨霞，2014）。其二，学习者特征与学习效果紧密相连。学习者的动机、自主性、风格、行为及归因方式与知识建构效果有关（王云、董炎俊，2013）。其三，教师的管理、交流、引导能力，经验技术等对学习者学习过程有帮助（朱宏洁、朱赟，2013；张金磊，2013）。

通过人为主观分析，提出了定性的优化方案。其一，完善在线课堂平台建设。主要包括完善在线课堂虚拟学习社区建设（秦慧臻，2014）、完善在线课堂评价体系（甄宗武，2015）、完善在线课堂监督体系（Billington, 2013）、优化视频制作（张辉、马俊，2015）、促进在线课堂社会交互（李青、刘娜，2015）等五个方面；其二，提高学习者自主性。具体措施包括：端正学习动机（王云、董炎俊，2013）、改变归因方式（王云、董炎俊，2013）、提高学习积极性（杨根福，2016）、监督学习行为（曾丽婷等，2014）、促进学习者交流（姚勇，2011）、重视入门技术（Matula, 2013）等方面；其三，提高教师辅导水平。具体措施包括：学习视频制作技术（甄宗武，2015）、转变教学方法（Kolowich, 2013；秦慧臻，2014）、提高教学技术（朱宏洁、朱赟，2013）、增加情感交流（张金磊，2013）、提高教学经验（张金磊，2013）、改变教学模式（金陵，2012；刘荣，2012）、转变教学角色（张金磊，2012）、提升平台管理能力（秦慧臻，2014）等措施。

虽然大量的学者已在在线课堂知识建构效果研究中取得了较多理论研究成果，但相关研究仍存在一定局限性。很多研究成果无法落地。针对在线课堂的评价模式与监督模式的建设无法实际落地，或者落地后没有发挥实际效果。目前的建议大多是指导性的准则，在提出策略方面缺乏技术层面的思考，应与在线课堂平台紧密的结合，从技术角度挖掘影响因素，构建评价与管理的模型。因此，本研究将基于文献回顾、结构化方程建模、逻辑回归建模等方法，通过理论与实践、定性和定量相结合的方式，探究更可行的解决措施。

6.1.2 研究意义

（1）现实意义

目前，在线课堂的发展遇到了瓶颈，缺乏有效的措施对目前的状况进行改观。因此，在新常态下重新审视在线课堂是非常有必要的。进行理论探究的同时紧密联系实际进行实际的探索，有利于把握在线课堂的本质特征，提出因地制宜的实践性强的解决方案。在实证的过程中，在线课堂知识建构的研究将会拓展，在线课堂也将随着各方面的突破实现发展，从而促进国家的教育水平。

据此，本研究针对当前在线课堂的现实特征与现实治理需求，进行了理论与实证的探索，现实研究意义如图6-2所示。

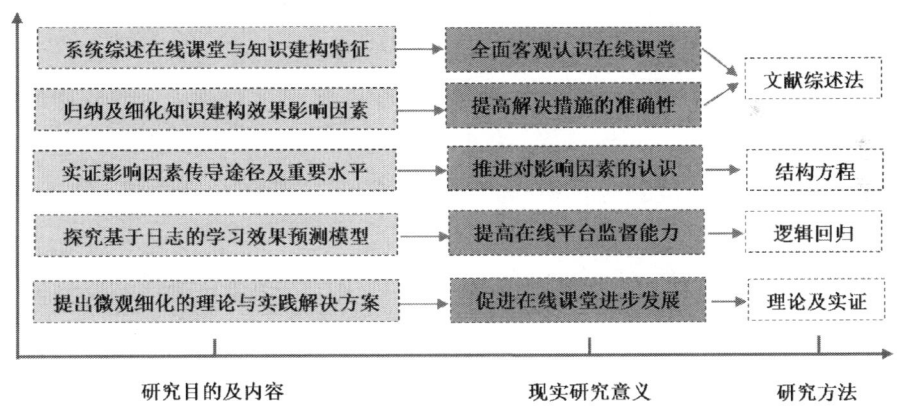

图6-2 现实研究意义

第一，全面客观地认识在线课堂。在线课堂在与时俱进的过程中内涵和外延被不断地提炼和丰富，并且以往对在线课堂以及知识建构内涵和外延的研究角度单一，提出的解决措施深刻但过于片面。因此，需要对在线课堂进行深度的挖掘与认识，才能把握目前在线课堂的本质特征。对在线课堂以及知识建构的研究，有利于对目前新常态下在线课堂发展进行定位，不断地在变化的环境中了解其内涵、外延的变化，从而发展新理论，开拓新思路，提出新的解决方法，促进在线课堂的发展。因此，本研究通过对在线课堂及其知识建构的内涵与特征进行梳理，把握目前在线课堂的最本质特征，认识在线课堂的优势，挖掘目前存在的问题。

第二，提高解决措施的准确性。在线课堂知识建构效果影响因素的研究是提出解决方案的重要依据，向来受到研究者的重视。然而，基于目前提出的解决措施，在线课堂出现的问题并没有太大的改观，众多准则性的策略也使网络平台在采纳时无所适从，很多方案流于形式，并未取得预期效果。导致这种结果的主要原因是对影响因素认知的不透彻、不全面，不能准确把握问题的根源。在这种情况下，需要研究者对影响因素进行系统全面细致的认识，从而提出更加准确的解决方案。因此，本研究基于大量的文献阅读，对影响因素进行归纳与细化，对特定的问题提出更加准确的解决措施。

第三，推进对影响因素的认识。在线课堂知识建构效果影响因素的研究目前还停留在比较粗糙和泛化的阶段。在研究过程中，各研究者不断地确定知识建构效果的影响因素，并针对问题给出相关方面的建议。这样的做法是有欠妥当的，策略的指导性不强。因为影响因素是有传导的机制与重要性水平的，并且不同平台的传导过程与重要性水平存在差异，通过对其的研究将可以对特定平台因素的重要性进行排序，在特定的传导机制下，提出的解决策略将会更加地有效。因此，本研究将利用技术工具对知识建构效果及其影响因素进行挖掘和分析，通过结构化方程模拟传导机制，通过影响效果值确定因素的重要性水平，进而因地制宜地提出解决措施。

第四，提高在线平台监督能力。对在线平台的监督有利于约束学习者，提高学习者的主动性。然而，目前提出的监督策略多制度化，忽略了信息技术与网络平台的优势，效果不佳。这要求目前的监督体系更加与平台契合，能体现技术与大数据的优势。因此，本研究通过获取平台日志数据，通过二分类逻辑回归建模，建设可以预测学习者学习效果的监督模型，实现在学习过程中对学习者的精准管理，提升平台的监督能力。

第五，促进在线课堂进一步发展。在线课堂因为其知识建构效果不佳而遇到发展的瓶颈，研究者已经在相关方面做了大量研究，但是整体提升的效果不佳。在研究的过程中虽然发现了问题，但是提出解决措施过于概念化。由于相关方面缺少实证研究，致使一些解决措施实践性不强，在现实中开展不顺利。因此，本书通过理论总结，结合实证研究得出的结论，对特定平台提出较为精准的解决方案，以促进在线课堂的进一步发展。

（2）理论意义

本研究针对当前在线课堂研究领域存在的诸多不足，开展以学习者为主体对象的在线课堂知识建构效果研究，并在理论上丰富对在线课堂影响因素的内涵和认识。因此，本研究的理论研究意义如图6-3所示。

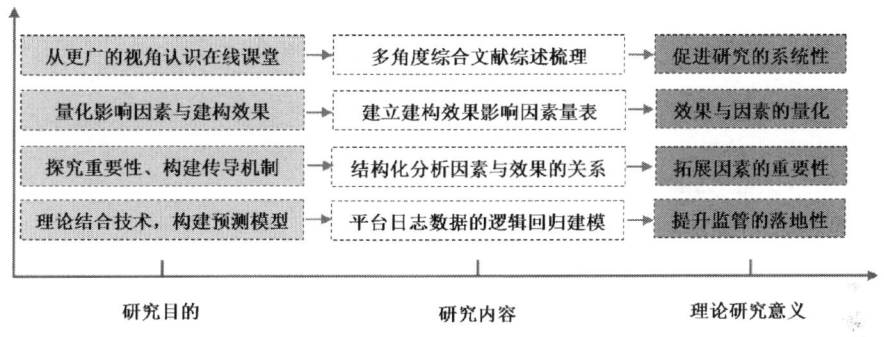

图6-3 理论研究意义

第一，促进研究系统性。以往对在线课堂影响因素的研究大多是单个因素进行探究，没有考虑到影响因素之间的内在联系，也没有考虑到多因素的共同作用。因此，提出的解决措施没有实际的意义，对实际问题的改进力度不强。本研究通过文献梳理分析，综述在线课堂视角下教师、平台、学习者三个角度对在线课堂的影响，并且针对多个点进行解决措施的提出，各个解决措施可以相互弥补，相互促进，多方面提高在线课堂学习效果。

第二，建构效果与影响因素的量化。以往影响因素与建构效果相对概括性较强，研究结论的理论化程度较高。本书期望通过量化研究，进一步发现可行性措施：①根据知识建构效果基于知识建构的过程与对知识掌握的程度不同，将其分为更加细致的五个阶段，这样便于研究不同因素对不同阶段的影响，解决措施更加精准。②将影响因素进行细化，把学习者特征分为细粒度的四个特征，平台特征分为两个特征。不仅如此，本书并未停留在理论研究上，通过构建模型与量表，实证探究了他们之间的内在关系。

第三，对因素重要性进行拓展。以往的因素研究只是对影响因素分门别类，再针对不同的因素提出不同的看法，大多将所有的因素看作一个水平。但是，在实际平台中，不同因素对知识建构效果的影响程度是有区别的。以往的研究对影响因素的作用一概而论，没有区分重点与不同平台的差别。本研究通过量表获取信息，通过结构方程模型对数据进行处理，得出各个效果与不同因素之间的逻辑联系，计算出不同因素对效果的影响值，从而区分不同因素的差异。通过量化影响因素的重要性水平，既弥补了因素重要性研究的缺失，又对解决措施的提出提供支持。

第四，提升解决方案的落地性。由本研究的影响因素粒度更细，基于中央财经大学网络教育平台检测模型，在实证过程中发现实际问题。由于研究对象聚焦，基于实际问题，因此，提升了情景化解决方案的落地性及可行性。

6.1.3　研究内容

本研究的主要工作包括以下三部分内容：

（1）在线课堂知识建构效果影响因素综述

本研究将从下列两方面予以阐述：①分析知识建构的内涵、特征、理论和过程，深入剖析在线平台学习者和教师三个影响因素对在线课堂知识学习的影响。②研究目前在线课堂知识建构过程中的不足，从影响因素三个方面进行层次剖析，基于内涵和特征角度，挖掘在线课堂的缺陷，得出在线课堂的监督体系和评价体系非常欠缺，导致了学习者学习积极性不高；基于学习者层面，多角度解读了学习者特征与学习效果的内在联系；基于教师层面，解释了在线课堂与传统课堂中教师角色的不同，包括信息技术、教学模式、思想观念上的差异。

（2）在线课堂知识建构效果模型实证研究

本书：①构建了在线课堂知识建构效果模型，并提出相关研究假设。首先，介绍知识建构即是对知识的学习，外延特征包括知识重组性、学生中心性、环境交互性。然后，介绍知识建构主要是基于建构理论，前人的研究将建构效果分为浅、深两个层次，总体对应应用、验证、协商、论证、分享五个阶段；概括纳入模型的影响因素，包括学习者和平台特征两个因素，学习者特征部分又细分为学习的归因、动机、效能和风格，平台特征细分为资源与社交。接下来，本研究基于文献综述提出合理假设，在五阶段模型的基础上构建影响因素模型，引入在线平台特征和学习者特征两方面的影响因素。最后，通过研究的模型建构量表，并对量表进行预测试，修改完善量表。②在线课堂知识建构效果模型实证分析。通过问卷的发放、收集、整理数据，对数据进行信效度分析，方差检验，带入结构方程模型，使用 SmartPLS 进行回归分析，得出学习效果与各个因素之间的相关性。

（3）在线课堂知识建构效果监督模型实证研究

本研究对在线课堂平台监督系统进行研究。首先，综述在线课堂平台学习效果不佳的现存问题，与解决措施相联系的学习行为理论与学习自主性理论等理论依据。然后，根据学习行为对学习自主性的表现以及学习自主性对知识建构效果的影响，建构研究假设，即视频观看、资料查找、活跃天数、章节学习等学习行为对学习效果有显著影响。接下来通过哈佛在线平台日志数据进行逻辑回归验证假设，得出影响知识建构效果的学习行为。最后，以逻辑回归模型拟合正常学习曲线，对每一位在线学习者进行监控，以提高学习效果。

6.2　在线课堂知识建构效果影响因素综述

MOOC（Massive Open Online Courses，大规模在线开放课堂）最早是由加拿大学者科米尔和布莱恩于2008年提出，Bergmann（2009）指出MOOC是指在教学过程中使用播客、Wiki等信息技术的在线课堂形式，在这一背景下，翻转课堂孕育而生，并于2012年在世界范围内快速普及。翻转课堂与传统课堂的"课上学习、课后作业"教学模式相反，第一，课前，学习者登录翻转课堂教学平台自主观看教学视频，并完成预设的课前练习；第二，课上，学习者通过课堂互动进行问题讨论，并在互动过程中实现知识内化；第三，课后，学习者通过彼此间在虚拟学习社区的互动式拓展交流，提升学习效果。学习者在学习社区中通过协作学习、反复讨论，持续对新观点、新问题和新思路进行检验与修正，逐步形成知识共识，并深化吸收和应用新知识。这种交互式学习和交流方式有效提升了学习者的学习自主性、能动性和使用黏性，避免了学习者的流失（Tucker，2012）。然而，通过翻转课堂近年来的教学实践发现，课程的注册人数虽然较多，然而课程平台的监督机制匮乏、学习者的学习积极性下降、课程通过率持续走低等问题，极大困扰着翻转课堂的教学实践者，这些现象不禁让人思考"什么因素影响了翻转课堂的知识建构效果？"这一问题。为了全面回答这一问题，本研究通过文献回顾，系统梳理了目前翻转课堂知识建构效果的影响因素，并从教学平台、教师、学习者等方面探究了提高翻转课堂知识建构效果的可行性措施。

本研究的综述逻辑如图6-4所示。首先，剖析了知识建构的内涵、特征、主体、建构过程以及效果，并认为教学平台、教师和学习者是翻转课堂知识建构效果的主要影响因素。然后，从教学平台、教师和学习者三个方面，系统阐述了翻转课堂知识建构效果的影响因素以及存在的问题：其一，在教学平台建设过程中，存在评价模式有局限的问题；其二，在教师作用方面，阐述了新型教育模式下，教师角色定位在教学技术、教学模式及教育观念上进行的转变等问题；其三，在学习者特征层面，解读了翻转课堂的学习者特征，多视角厘清了学习者学习行为缺乏连贯性等问题。最后，结合上述问题，分别从完善平台建设、转变教师教学方法、提升学习者自我管理能力等方面，系统论述了提升翻转课堂知识建构效果的途径及策略，并全面梳理和总结了翻转课堂知识建构效果影响因素的研究现状，以及未来研究的发展趋势。

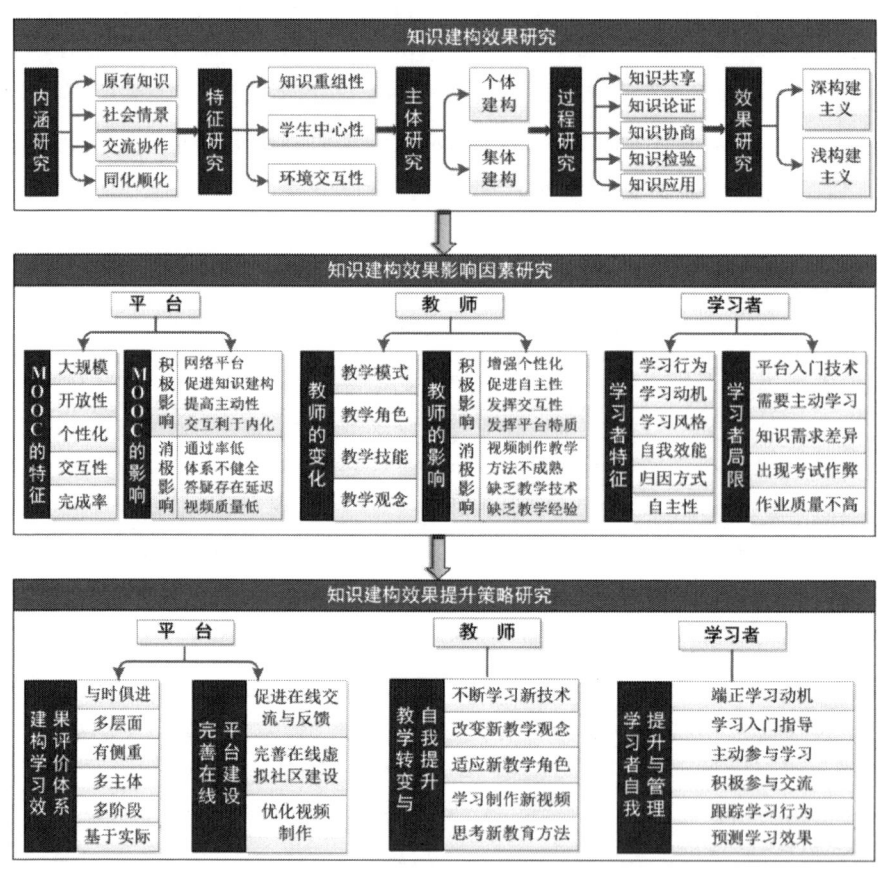

图 6-4　在线课堂知识建构效果影响因素研究框架

6.2.1　知识建构效果研究

（1）知识建构的内涵界定

知识建构这一概念最早由 Scardamalia 和 Bereiter 两位研究者于 20 世纪 80 年代初提出，此后国内外诸多学者对其进行了拓展研究。知识建构是指学习者基于原有知识,在一定社会情景中,积极主动与外界交流,相互协作,通过同化或顺化作用,全面而深刻地理解新知识的过程。其典型表现包括:其一,知识建构建立在原有知识基础上。知识建构是创建新认知、修正原有知识、对知识进行重组的过程(Scardamalia,2006),这一过程要求学习者通过已有的经验和知识,运用自己的方式,对所要理解和学习的知识做出解释,从而获得和消化知识(岳金春,2006)。其二,知识建构基于特定的社会背景。知识建构是个体间在某一特定社区中相互合作、协同参与某种有目标的活动的过程(Stahl K. A. D.,2004),这一过程要求学习者在特定情境中探究问题,并通过集体建构知识的行为,增加个体吸收新知识和改善已有知识结构(杨卉,2008)。其三,知识建构需要学习者积极与外界交流。知识建构不仅需要学习者积极主动地建构知识,还应与外界保持协同合作与沟通交流(钟志贤,2005),其强调个体在特定组织中通过协作形式,共同完成某种活动,最终达成共识和认知(谢幼如,2009)。其四,学习者经过旧知识与新知识的同化与顺应,完成基础知识建构。这里,同化描述了学习者用旧知识理解新知识,并建构出新认知的过程,学习者的认知结构并未发生本质改变;而"顺应"则强调了学习者在学习新知识的过程中,完成了对原有认知结构的调整与重组。由此可见,从知识建构的内涵演化脉络而言,其从个体逐渐向群体协作的方向转变,并促使知识建构内涵逐步趋于完善。

(2)知识建构的特征研究

建构主义是知识建构的理论依据,其以学习者为中心,认为学习的本质是以旧知识和原有经验为基础,对新知识进行解释和建构的过程。其呈现三个方面主要特征:其一,知识重组性。知识建构既是对新知识的建构,也是对已有知识的重组与改造;其二,学习者中心性。建构主义以学习者为中心,弱化了教师在学习过程中发挥的主导作用,并强调学习者作为知识认知的主体,会在建构过程中主动建构知识,而教师对学习者知识建构过程而言只起到辅助作用(秦慧臻,2014)。其三,环境交互性。建构主义认为,理想化的学习环境应当涵盖学习情境、辅助协作、知识交流和意义建构四方面关键要素(甘永成,2004)。由此可见,在知识建构过程中,学习者不仅收获了知识信息本身,还形成了与之相关的隐性知识,同时也提升了学习者的学习能力。

(3)知识建构的主体研究

知识建构的主体是学习者,根据学习者的数量不同,可将其划分为个体建构与集体建构两类细分主体形式。其一,个体知识建构。它是学习者基于个体认知结构建立的,学习者个体将新知识与旧有知识进行整合,并以新的认知形式脱颖而出,继而获取并重组为新知识的过程,它是集体协作知识建构的基础;其二,集体知识建构。集体知识建构是学习者之间通过交流、沟通、协作、共享等形式完成群体知识建构的过程,学习者在遇到学习困难或问题时,通过交互协作行为,与其他学习者进行交流互动,最终达成理解性共识,即新观点,并将该观点纳入自己已有的认知结构的过程(秦慧臻,2014)。很显然,个体建构是集体建构的基石,集体建构是个体建构的升华。

(4) 知识建构的过程研究

知识建构过程最初由古纳瓦德纳(Gunawardena,1997)提出,此后诸多研究学者对其进行进一步剖析和拓展研究,得出具有共识性的结论。谢幼如(2008)对其进行归纳总结后,将该过程刻画为以下五个基本阶段:其一,共享。学习者之间就某一讨论话题进行描述、提出自己的观点及看法;其二,论证。学习者通过比较、分析自己与别人观点中存在的不同点与矛盾点;其三,协商。学习者通过知识协同交流行为形成更为全面的小组观点;其四,创作。学习者将已形成的协作知识用恰当的方式表现出来;其五,反思。教师与学习者对协作知识建构过程及其结果予以总结和反思,以及时修正其间存在的问题。此后,杨素芳(2014)在此基础上,将其简要概括为以下五个核心变量,即知识共享、知识论证、知识协商、知识检验及知识应用。究其本质而言,知识建构并非直接传授知识,而是学习者自身积极主动建构知识的过程。知识建构需要学习者在共享中交互观点;在论证中深化对新知识的认知;在协商中达成一致;在检验中总结反思,修正改善并形成全面一致的观点;基于此对知识进行实践应用。由此可见,学习者需要通过多元化的方式实现知识建构过程,并通过自身已有的知识经验,与外界进行沟通交流,以在分歧中通过协商达成共识,并基于此,建构和完善已有知识结构,继而对问题产生全面而深刻的理解,达到深度学习的效果。

(5) 知识建构效果研究

知识建构效果即学习者学习知识的效果。按照学习者主体数量区分评价知识建构效果而言,个体知识建构效果通常依据学习成绩予以评判,与之对应的集体知识建构效果或平台知识建构效果则依据完成率或通过率予以评价。按照学习者知识建构深度而言,Scardamalia(1994)将知识建构效果区分为肤浅建构主义与深刻建构主义。其中,肤浅建构主义(Shallow Constructivism)反映了学习者在参与学习活动的过程中,无法对所传达的知识具有全面深刻的认知，只能意识到活动表层所包含的内容，无法深入把握知识的实质内涵；而深刻建构主义（Deep Constructivism）反映了学习者之间通过交流协商和意义建构，达成一致意见，并全面深刻理解其实质内容的过程，与此同时，在知识建构过程中，深刻建构主义的学习者不仅学习到了基础知识，常常还会通过主动学习与交流探讨，加深和拓展已有知识的深度和范围，如赏析问题、共享知识、辨析意义等。显然，基于深度建构主义的知识建构效果优于肤浅建构主义的知识建构效果。

6.2.2 知识建构效果影响因素研究

知识建构效果与教学平台、教师与学习者三方面因素息息相关（秦慧臻，2014）。学习者和教师是 MOOC 平台的主要参与主体，学习者通过 MOOC 平台进行学习，教师通过 MOOC 平台进行知识传授与管理，三者紧密联系，共同促进知识建构效果的提升。因此，本研究将从 MOOC 教学平台、教师、学习者三个方面，分别梳理影响知识建构效果的主要因素。

（1）MOOC 教学平台对知识建构效果的影响

MOOC 平台具有以下五个主要特征：大规模（Kolowich，2013；Altbach，2014）、开放性（李青，2015）、个性化（Boyatt，2013）、交互性（李青，2015；秦慧臻，2014；杨根福，2016；姚勇，2011）、完成率低（Jordan，2015；姜蔺，2013）。这些特征引发了 MOOC 平台对知识建构效果的积极与消极影响，主要体现在网络平台建设、社区监控与评价、社区交互三个方面（秦慧臻，2014）。一方面，就积极层面而言，MOOC 提高了学习者的学习主动性，促进了自主知识建构。第一，网络平台能促进提升知识建构效果。翻转课堂根植于在线课堂，因此能提供海量学习资源以及跨时空的虚拟学习社区。第二，良好的社区管理与评价体系能提升学习的主动性。不同学习者在在线学习社区扮演不同的角色，拥有不同任务，在一定规则下，各司其职，社区井井有条，忙而不乱（陈国强，2006）。第三，社区交互有利于知识内化。虚拟社区支持学习者进行社交交互和内容交互，多元化的社交工具使交互更加快捷，交互内容更加丰富，提高了在线课堂的学习效果和满意度（York，2012）。另一方面，就消极层面而言，MOOC 学习形式自由，知识建构效果不确定性较强。第一，通过率与完成率偏低，辍学率较高。虽然 MOOC 翻转课堂参与量大，一门课程上万名学习者，然而，完成率与通过率持续走低，总体低于 7%，学习过程中放弃与作弊情况时有发生（Jordan，2015）。第二，管理体系尚不健全。监督机制缺失（张辉，2015）、评价模式单一（李青，2015）、未有效将构成性评估与结论性评估结合（甄宗武，2015）等问题，导致学习效果不确定性增加，学习注意力分散、考试作弊等行为无法得以有效控制。第三，答疑存在延迟。学习者规模较大会使指导者应接不暇，对每个学习者进行回答、指导、评价是不现实的，在交流和指导方面也存在时滞性（李青，2015）。第四，视频质量低。教师的视频制作水平不佳，课堂视频制作团队未能及时提供配套服务，使得很多教学视频较呆板，未能充分结合课程特点及学习受众需求，缺乏吸引力，总体表现为视频冗长，重点不突出，缺乏趣味性（Hansch，2015）。

（2）教师对知识建构效果的影响

在线课堂是对传统课堂的颠覆，相较于传统课堂而言，教师在教学模式（金陵，2012；刘荣，2012；申灵灵，2014）、教学角色（张金磊，2013）、教学技能（秦慧臻，2014；Bergmann，2012；朱宏洁，2013）、教学观念（Steffens，2015；徐福荫，2013）等方面都面临着巨大变化（王颖，2013）。这些转变引发了教师对知识建构效果的积极与消极影响。一方面，就积极影响而言，教师在知识建构过程中发挥着举足轻重的作用：第一，教师通过制作不同形式的教学资源，满足学习者的个性化学习需求。第二，教师通过制定学习计划和设置测试问题，提升学习者的自主学习能力。第三，教师通过在虚拟学习社区与学习者的交流互动，促进学习者参与知识交流，帮助学习者完成知识内化。第四，教师通过翻转课堂 MOOC 教学平台，发布课程资料与课程通知，管理和安排课程进度。第五，教师通过问题测试成绩、单元测试成绩、参与互动频次等多元化形式，综合评价学习者的知识建构效果（张金磊，2013）。另一方面，就消极影响而言，教师自身所存在的诸多不足，也会显著影响学习者的知识建构效果。第一，视频制作能力不足。诸多教师在授课视频的制作技能方面存在缺陷，容易出现知识点表达不清晰、章节录制形式单一（甄宗武，2015）、视频冗长乏味、内容缺乏互动性、语音语调缺乏吸引力（张金磊，2013）。第二，教学方法存在缺陷。囿于传统教学方式固有思维的限制，其一，多数教师直接将线下教学经验用于线上翻转课堂教学，未充分发挥 MOOC 平台优势，不能灵活安排学习活动，无法满足学习者的个性化学习需求（Kolowich，2013；李青，2015）；其二，许多教师对碎片化学习方式缺乏清晰认知，忽视了个性化指导及实时互动的重要性，导致学习者中断，乃至放弃课程学习的不确定性显著增加（李青，2015）；其三，MOOC 平台基础上的翻转课堂缺乏面对面的情感交流环节，教师与学习者的分离引发了学习者的孤独感，导致其学习积极性持续走低（李青，2015）。第三，教师对学习者知识建构效果的评价方法缺乏科学指导。翻转课堂教学过程涉及学习时间安排、课堂活动组织、视频设计制作、问题归纳总结及师生交流互动等诸多教学环节（朱宏洁，2013），教师未能结合MOOC课程的学习特点全面把握各环节学习质量，并对学习者的知识建构效果予以综合评价，导致评价体系缺乏科学性。

（3）学习者对知识建构效果的影响

翻转课堂中的学习者在学习行为（姚勇，2011）、积极程度（杨根福，2016；王冬双，2014）、自我效能感（李青，2015）、学习动机（Limayem，2008；王云，2018）、学习风格（董炎俊，2012）、归因方式（王云，2018）等方面呈现的特征，均有别于传统课堂。学习者作为知识建构的主要参与主体，其特征必然对知识建构效果产生影响。第一，学习者知识背景及学习动机的不同，致使其在学习社区所处的位置、学习积极性与主动性不同，继而导致知识建构效果存在差异（曾丽婷，2014）。第二，学习者缺乏熟练使用教学平台的能力。由于学习者过于专注课程本身，经常忽略或直接跳过平台操作指导课程，继而导致学习过程不流畅，平台功能发挥不充分，最终表现为学习通过率低下（Matula，2013）。第三，学习者的学习主动性有待提高。由于学习者在交流讨论、课程参与、自制力提升等方面存在一定缺失，致使学习者懒惰情绪成为知识建构效果提升的主要障碍。第四，学习者知识需求的个性化要求较高，每个学习者期待的教学方式与教学内容有所不同，而教师精力有限，无法同时满足低水平学习者和高水平学习者的不同需求，继而影响知识建构效果（姚勇，2011）。第五，由于监督机制的匮乏，加之学习者迫切希望通过考试，导致考试作弊现象时有发生（Lewin，2012a；DeSantis，2012；Gibbs，2012），继而影响知识建构效果。第六，学习者任务完成质量差。由于部分学习者的学习态度不端正，且依托的硬件设施不完善（张辉，2015），导致学习者对待教学内容的态度逐渐发生变化，热情退减，导致任务完成质量偏低，继而影响知识建构效果（曾丽婷，2014）。

6.2.3 知识建构效果提升策略

综上分析发现翻转课堂知识建构效果的主要影响因素源自MOOC平台、教师和学习者层面。本研究针对目前翻转课堂存在的主要问题，结合知识建构效果，从翻转课堂虚拟学习社区平台、教师与学习者三方面剖析问题的改进措施及策略建议,以期针对性解决上述问题,促进学习者的知识消化吸收能力,继而最大化知识建构效果。

(1)平台层面:建构学习效果评价体系,不断完善教学平台建设

MOOC翻转课堂的蓬勃发展,为学习者和教师提供了深度交互渠道,满足了知识建构的个性化需求,深受广大学习者追捧。然而,管理和评价体系的亟待完善、交流反馈的时滞性、视频总体质量欠佳等问题,在一定程度上打击了学习者的参与热情,导致学习者完成率及通过率偏低,辍学率攀升,继而致使知识建构效果较差。因此,为提高MOOC翻转课堂的知识建构效果,必须对教学平台建设工作予以高度重视。

在平台建设层面,一方面,建构科学合理的学习效果评价体系。翻转课堂作为新时代的产物,其知识建构效果评价体系应与时俱进,该体系在内容上应考虑基础知识考核、实践考核、课程参与度考核等多维考核方式,在评价主体上应采用平台、教师、学习者自身等多主体综合评价模式,在评价时间上应按照时间顺序进行多阶段系统考核,这些措施有利于客观反映学习者的知识建构效果,及时在学习与管理过程中发现主要问题,实时予以针对性改进。学习效果评价体系的建构应基于实际调查,结合定量评价模型,以综合反映学习者视频学习、课程作业、在线交流等情况,及时使学习者正确认识自己,从而适时调整学习进度及自身期望,提高学习者的学习积极性和学习效率,继而提升知识建构效果。

另一方面,不断完善教学平台建设。第一,促进翻转课堂虚拟学习社区的交流与反馈。具体而言,主要包括:其一,自动与人工结合的答疑方式。平台可通过采集和汇总学习者普遍遇到的问题或常规错误,建立答疑问题库和解答方案库,方便学习者随时取用参考,通过"一般问题由答疑题库自动答复,特殊问题由教师人工答复"的结合方式,减轻教师的答疑压力,提升答疑工作的实时性;其二,完善多元化沟通方式。采用多渠道交互方式促进师生及生生之间的交流,如:同时采用QQ、微信、Wiki等交互工具,提高回应的时效性,增强交流频次和深度,促进学习者协作解决问题,继而获得深度知识;其三,定期开展富有趣味性的有奖讨论活动。通过活动形式,增强学习者参与交流的积极性与主动性,使学习者在听取相互意见的同时加深对问题的理解,提升自身的知识建构效果。第二,完善在线虚拟学习社区建设。通过探索翻转课堂虚拟学习社区管理机制,包括学习者视频学习进度管理、课程笔记存储优化管理、在线测试问题发现、学习质量评价管理等,对学习者学习活动进行实时

监督与有效规划，在满足学习者个性化学习和知识建构需求的同时，促进学习者对课程知识的深度掌握。第三，优化视频制作效果。教学平台应协助教师规划教学内容、提炼课程重点、培训视频制作技术、开发优良视频内容，同时建议在确保核心内容清晰呈现的前提下，按照知识点而非章节为单位剪辑教学视频、引入趣味元素进行生动形象地表达展示、增强学习者在学习过程中的真切感、提高学习者对知识直观认知和接受程度，继而增强学习者的学习积极性，提升其知识建构效果。

（2）教师层面：注重教师自我提升，促进教师教学转变

翻转课堂对传统教学模式带来了重大变革。与传统灌输式教学模式大相径庭，翻转课堂主张自主学习，以学习者为中心，教师扮演着教育者、管理者与设计者等角色，教学新观念不断涌现。然而，教师在翻转课堂管理、教学、评价等方面的经验缺失、视频制作技术的匮乏、在线沟通技巧的不足等问题，无形中都将挫伤学习者的学习积极性，继而影响知识建构效果。因此，教师需要转变教学观念，尽快适应角色变化，同时提升自身综合能力，以引导学习者解决不同困难，帮助学习者完成知识内化。

在教师层面，第一，与时俱进，不断提升新技术应用能力。由于翻转课堂的大量知识通过网络以视频或音频形式向学习者展示，因此，教师必须掌握现代信息技术，具备教学音频、视频和电子课件的制作能力，通晓网络发布流程，熟知利用网络平台进行可视化教学的方式方法，具备一定教学平台管理能力。第二，转变教学观念。教师必须摒弃传统灌输式教学观念，在为学生提供高质量学习资源的同时，兼顾考虑满足学生的个性化学习需求的教学方法，具备教学技能更新意识，向学生提供不同需求层面的学习资源，使学生能够高效利用该资源实现知识内化。第三，适应新的教学角色。教师应充分意识到其多元化的教学角色，教师既是传播者和讲授者，也是课程视频的开发者和知识建构过程的推进者，更是学习者的引导者、教学活动的组织者和教学平台的管理者，因此，教师应通过不断学习和实践，积极适应角色的转变过程。第四，积极更新教学视频。教师在制作翻转课堂所需的教学视频之前，应明确学习者的实际需求与其应向学生展示的重点内容，以学生需求和教学内容相互匹配为导向，注重运用视频互动元素和环节，才能制作出生动、有趣、节奏合理的教学视频，以更好吸引学习者的学习注意力。第五，思考新的教育方法。在当前的翻转课堂教学实践工作中，由于时空上的割裂，师生之间的情感交互比较困难，许多教师因此极大忽视了其与学生之间的情感纽带建设工作，导致给学习

者带来学习过程的孤独感，因此，教师应思考新的教育方法，增强与学习者的联系，频繁开展在线互动和虚拟学习社区或论坛的讨论活动，增强师生与生生之间的交互，以有效提升学习者的学习热情及其对知识的应用能力。

（3）学习者层面：注重学习者的自我提升，协助学习者进行自我管理

在学习者层面，一方面，学习者应注重培养自我提升意识。第一，端正学习动机。学习动机决定学习主动性，其对知识建构效果具有显著影响，学习者应明确自己的学习动机和学习目标，保持良好的学习热情与积极性，切勿随波逐流；第二，认真学习入门教学指导。入门教学指导可让学习者高效掌握教学平台主要功能，并快速适应新的学习方式，学习者应认真参与和学习入门教学指导课程，积极为适应翻转课堂的学习模式奠定基础；第三，主动参与学习。每个学习者都是独立的，知识获取需由学习者主动完成，因此，学习者应发挥自主学习的能力，并做好自我约束；第四，积极参与交流。学习者应熟练使用翻转课堂 MOOC 平台提供的各种交流工具，并且积极参与其中，主动提出问题及参与讨论，促进群体知识的建构。

另一方面，协助学习者进行自我约束。第一，实时跟踪学习者的学习行为。通过日志文件，对虚拟学习社区中的学习者行为进行全程跟踪，实时记录其学习过程，这项工作既有利于促进学习者主动学习及把握学习者的学习进度，同时有利于了解不同学习者的行为特征，通过客观数据研究学习者知识建构的影响因素，完善教学平台各项功能，进而提升学习者的知识建构效果。第二，预测学习者的学习效果。基于上述翻转课堂学习行为数据，建立预测模型，根据学习者当前状态实时预测其通过课程的概率，如通过概率较低，则及时通知学习者上线学习，向学习者报告学习中存在的问题或缺陷，以督促学习者尽快调整，继而提高学习者的学习主动性，有效帮助学习者完成课程学习，通过考试（涂艳，2018）。

综上所述，本研究对翻转课堂知识建构效果的影响因素进行了全面梳理，从 MOOC 教学平台、教师和学习者三个层面厘清了知识建构效果的关键影响路径，并针对这些影响，分而治之地给出了知识建构效果的提升策略，为后续研究者提供了更加广阔的研究视野，以期帮助该领域研究者全面了解翻转课堂教学实践工作中教师、平台以及学习者的主要特征、存在的关键问题及解决措施。

然而，由于翻转课堂仍然处于实践探索的初级阶段，尽管翻转课堂知识建构效果的理论研究工作已取得了一定创新发展，但仍存在诸多局限性，主要包

括：其一，跨学科合作研究成果较为鲜见。翻转课堂知识建构效果研究涉及信息学、管理学、社会学、心理学、语言学等诸多学科，然而依托交叉学科理论基础展开的高质量研究成果仍然较为匮乏，因此，未来应积极推进跨学科、多领域的合作研究，为挖掘翻转课堂知识建构效果的提升机制，提供全方位的理论依据；其二，缺乏可操作的解决措施。现阶段提出的建议措施与主要对策较为抽象，实操性较弱，难以对实践工作产生实际指导作用，因此，未来研究趋势将更多关注理论与实践相结合，提出可行性的解决措施；其三，实证研究成果凤毛麟角。由于学习者的知识建构效果难以度量，学习者学习行为数据较难获取，因此，导致已有研究成果以定性分析为主，实证分析成果较少，实证研究结论缺乏普适性等问题，未来可尝试拓展数据采集方式，采用多元化定量研究方法，进一步探索和丰富实证研究成果；其四，多因素整合研究成果有待丰富。翻转课堂知识建构效果的影响因素错综复杂，目前主要聚焦于教学平台、教师以及学习者等维度，忽视了社会认证机构、配套基础设施建设、平台管理机制等影响因素的作用，更未能将所有影响因素纳入分析体系，进行多因素综合分析的成果并不多见，因此，未来研究者可考虑从更全面的视角进行综合分析，提出系统性的知识建构效果提升策略。

6.3 在线课堂知识建构效果的实证研究

知识建构是指学习者在原有知识基础上，通过相互交流完成认知结构重组，继而深刻理解新知识的过程。在线课堂具有大规模、个性化、自主性、开放性、交互性等特点，有利于群体知识建构。然而，诸多研究表明，在线课堂视频重点不突出、缺乏趣味性、课程完成率低、辍学率高等现象普遍存在，继而导致在线课堂的知识建构效果明显欠佳。针对该问题，许多研究学者围绕在线课堂知识建构效果展开了相关研究，已有研究主要分为两类：其一，提出学习者、教师与网络平台三方面知识建构效果的影响因素，并对每个因素进行了深入研究；其二，从定性视角为提高知识建构效果提供策略建议。

目前多数在线课堂知识建构效果研究主要包括以下内容：第一，对当前在线课堂的发展瓶颈进行探究，梳理并汇总分析了在线课堂的主要问题。第二，基于瓶颈问题，厘清已有的解决措施，揭示这些措施的主要局限或不足之处。

第三，对问题进行抽象，上升到理论层面，确立研究议题和研究目标。第四，通过知识建构效果影响因素研究，提出提升知识建构效果的具体措施，并评估其可行性。尽管上述研究思路及相关成果对提升在线课堂知识建构效果具有一定指导价值，然而，仍然存在提升策略过于宏观抽象、可操作性较为欠缺、实证研究较为鲜见等问题，因此，本研究将基于前人研究成果及研究不足，确定了本研究的研究主线及研究意义（如图6-5所示），同时，基于知识建构学习理论，提出在线课堂知识建构效果影响因素模型，并通过实证检验影响机制，继而为在线课堂的改进与发展提供具体可操作的参考建议和提升策略。

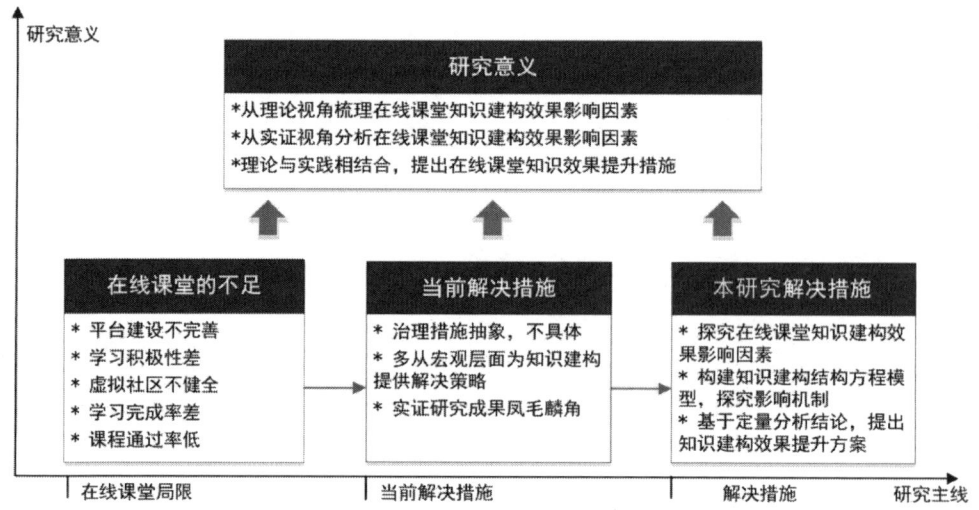

图6-5 在线课堂知识建构研究主线

本研究将采用结构方程模型分析方法，对在线课堂知识建构效果影响因素模型进行分析。本研究接下来的内容安排如下：第一部分是文献回顾。旨在对已有主要研究成果进行回顾梳理，厘清在线课堂知识建构效果的主要影响因素；第二部分将构建在线课堂知识建构效果影响因素模型。旨在以在线课堂知识建构效果为核心研究对象，挖掘主要影响因素，刻画描述各因素与研究对象之间的逻辑关系，提出相关研究假设，构建理论研究模型；第三部分是问卷量表设计与数据采集。旨在通过访谈、案例分析、理论与实践应用场景结合等方式，设计问卷量表，形成调查问卷；第四部分是统计结果分析。旨在在正式大规模问卷发放回收完成的数据采集基础上，进行信度和效度检验，并完成结构方程模型分析，得到统计分析结果；第五部分是讨论与启示。旨在根据实证结论，提出针对性的知识建构效果提升策略。

6.3.1 文献回顾

（1）知识建构过程理论

Gunawardena（1997）将整个知识建构过程划分为五个部分，分别是学习者分享信息和观点、学习者共同总结认知差异、学习者通过协商达成一致认知、学习者检验和建构新观点、学习者正确应用新知。Scardamalia（1994）提出浅建构与深建构两类不同层次的知识建构过程。其中，"浅建构"指学习者在交流过程中，仅共享看法并讨论问题；"深建构"则是指学习者在虚拟社区中经过充分讨论达成共识，经过检验并在实践中应用知识的过程。此后，王云（2013）结合深、浅两个层次的建构意义，指出知识共享和知识论证与浅建构对应，而知识协商、知识检验与知识应用则与深建构对应。

（2）知识建构效果的影响因素

知识建构效果主要受平台、学习者、教师三方面因素影响。其一，就平台而言，优秀的在线课堂平台具有大规模、开放性、个性化、交互性、自主性等特点，有利于群体知识建构。在线课堂中的交互内容、交互角色、交互时间、交互空间对知识建构效果具有显著的正向影响作用；其二，就学习者而言，学习者的学习行为、学习风格、自主性、学习动机、归因方式、平台契合程度等特征对知识建构效果存在显著影响；其三，就教师而言，其管理能力、交流能力、引导能力和技术经验等，对知识建构效果具有显著影响。

因此，学习者和教师是在线课堂知识建构的参与者，学习者通过在线课堂平台进行学习，教师通过在线课堂平台进行知识的管理与讲授，两者与在线课堂平台紧密联系，共同促进在线课堂知识建构效果。然而，Ho（2014）和Wang（2018）分别选取不同平台的多门课程研究表明：目前阶段，不同平台的教师授课能力及课程进度管理方式并不存在显著差异，课程本身的认证方式基本相同，鉴于此，本研究将聚焦于在线课堂教学平台与学习者两个层面探究在线课堂知识建构效果的影响因素。

6.3.2 研究模型与假设

（1）研究假设

①知识深建构。知识建构主要包括知识共享、知识论证、知识协商、知识

检验与知识应用五个环节，而知识协商、知识检验与知识应用三个阶段是学习者充分讨论后达成共识，并经由实践检验和应用的知识深化阶段，因此，上述三个环节属于知识深建构活动的范畴。其一，知识协商是指为得到问题的答案，学习者之间交流互动，并达成知识群体建构的过程，是承接知识论证与知识检验的重要阶段。学习者遇到问题后，会通过虚拟社区进行讨论交流，并随着讨论的深入，从问题的表象挖掘到问题的实质，并提出不同观点，论证不同观点的正确性，经由协商，最终达成共识得到唯一观点。之后，学习者将协商得到的知识带入习题以检验正确性。因此，知识协商对知识检验具有重要影响。其二，知识检验是学习者对建构的新观点进行检验与修正的过程。学习者协商达成一致观点后，会通过课后习题、单元作业、阶段测试等方式检验观点的正确性，不断修正错误观点。此后，学习者会将检验正确的观点应用于生产或生活中。因此，知识检验对知识应用具有重要影响。其三，知识应用是学习者把检验后的正确观点应用于具体生活场景的过程。理论上而言，学习知识就是为了应用知识，因此，知识应用是知识建构的最终阶段与目标。真实的应用场景比检验过程中的问题更加复杂抽象、灵活多变，检验对知识掌握的牢固程度将会对应用产生影响。综上所述，不难看出，深建构的协商、检验、应用这三个阶段是层层递进的，学习者通过协商得到问题的结论，再通过训练检验结论的正确性，并达到牢固掌握知识的目的，最后应用到实际生活场景中。因此，本研究提出如下假设：

H0a：在线课堂学习者的知识协商对知识检验存在显著正向影响作用。

H0b：在线课堂学习者的知识检验对知识应用存在显著正向影响作用。

②知识浅建构。知识建构前两个环节主要包括知识共享与知识论证，以学习者知识交流与探讨活动为主，并未进入达成共识的后续阶段，因此，上述两个环节属于知识浅建构活动的范畴。其一，知识共享是学习者阐述主题，提出并彼此分享想法与观点的过程。学习者在在线课堂学习的过程中，通过视频、电子讲义等资料进行自主学习，当学习者遇到问题或者看到其他学习者发布问题时，会将自己的观点和看法通过虚拟社区予以分享。知识共享源于解决问题的诉求，是知识建构的起点，通过提出问题、激发社区讨论、得到新观点这一系列环节，为解决问题，完成知识论证奠定基础。因此，知识共享对知识论证具有重要影响。其二，知识论证是学习者在发现自己观点与他人存在差异时，通过分析确认不同观点的正确性，更深层次地认识问题的过程。由于在线课堂学习者的知识与经历存在差异，导致其对同一问题的看法存在多样性，通过问

题与观点的分享，学习者可以挖掘不同观点之间的差异，激发学习者之间的交流讨论，学习者在论证不同观点的正确性与观点相互碰撞的过程中不断完善，最终趋于一致，继而完成知识协商。由此可见，浅建构所包括的知识共享与知识论证是递进影响的，学习者通过分享观点发现彼此间差异，然后经由交流讨论和发表新观点，论证观点的正确性，通过学习者间协商，确定正确观点，继而进入观点检验与应用阶段。这一过程中，学习者需经由浅建构阶段过渡至深建构阶段，由此不难看出，浅建构对深建构的影响作用不可小觑。因此，本研究提出如下假设。

H1a：在线课堂学习者的知识浅建构对深建构具有显著的正向影响。

H1b：在线课堂学习者的知识共享对知识论证具有显著的正向影响。

③学习者特征。学习者特征是学习者在在线课堂中呈现出来的具体特点，主要包括学习风格、自我效能感与学习动机三个维度。其一，自我效能感是学习者对本身实现学习目标信心的强烈程度。在在线课堂中，如果学习者在应用平台方面有较高的自我效能感，那么他更愿意去使用平台，对学习资源的利用率更高；如果学习者相信自己的观点是正确的，那么他更愿意在虚拟社区中发表自己的意见，对知识分享、论证、协商产生积极作用；如果学习者对解决学习和现实问题具有自信，那么他更可能去检验和应用知识。因此，自我效能感对知识的浅建构效果与深建构效果均具有重要影响。其二，学习动机是学习者学习的目的。它主要源于学习者学习兴趣、好奇心及自我发展的需要，是学习者自主学习的驱动力。当进取心强的学习者遇到问题时，他会自主地在虚拟社区中共享问题，并与其他学习者进行交流，以解决学习过程中存在的问题。以学习技能提升及自我发展为目标的学习者，在完成资料学习与在线交流后，更有可能进行知识的检验与应用。由此可见，学习动机对知识的浅建构效果与深建构效果同样也具有重要影响。其三，学习风格是学习者在在线课堂中个性化与习惯化的表现。不同学习者在在线课堂中的学习方式存在差异，其中，活跃型学习者会频繁参与平台讨论，积极分享知识并建构新知；沉思型学习者会由于未实时参与讨论而缺乏深度交流的机会；感知型学习者偏好在案例学习和习题练习的过程中发现问题；直观型学习者倾向运用抽象思维学习而缺乏知识检验与应用的机会。由此可见，学习风格同样将对知识的浅建构效果与深建构效果产生影响。综上所述，不难发现，学习者特征（包含学习风格、自我效能感、学习动机）对知识的浅与深层次建构效果均具有重要影响。因此，本研究提出如下假设：

H2：在线课堂学习者特征对知识浅建构效果具有显著正向影响。

H2a：自我效能感对浅建构效果具有显著正向影响。

H2b：学习动机对浅建构效果具有显著正向影响。

H2c：学习风格对浅建构效果具有显著正向影响。

H3：在线课堂学习者特征对深建构效果具有显著正向影响。

H3a：自我效能对深建构效果具有显著正向影响。

H3b：学习动机对深建构效果具有显著正向影响。

H3c：学习风格对深建构效果具有显著正向影响。

④学习资源。学习资源是在线课堂平台拥有的全部教学资源，主要包括课程资源与辅助教学资源。其中，课程资源主要包括授课讲义、视频、课程重难点等；辅助教学资源包括线上习题、测试等。学习资源是学习者进行课程学习的基础，视频及讲义的质量、布局安排与趣味性都会对学习者吸收知识产生影响，习题、测试等对知识检验具有重要作用。由此可见，学习资源是知识建构效果的重要影响因素。基于此，本研究提出如下假设：

H4：虚拟社区学习资源对浅建构具有显著正向影响。

H5：虚拟社区学习资源对深建构具有显著正向影响。

⑤社会交互。社会交互是学习者在虚拟学习社区进行交互的各种活动，例如：通过点赞、打分等动作对教学内容进行评价；利用BBS、微信、QQ等方式与教师或其他学习者交流讨论；通过分享、转发等行为完成知识共享。学习者在在线课堂学习过程中，通过虚拟社区分享信息、讨论问题、扩展问题思路、相互争论、产生新知、达成共识，这些行为活动与交流言论都将影响社区其他成员，并对整体知识建构产生积极作用。基于此，本研究提出如下假设：

H6：虚拟社区社会交互对浅建构具有显著正向影响。

H7：虚拟社区社会交互对深建构具有显著正向影响。

（2）研究模型

结合上述分析，本研究对应的在线课堂知识建构效果影响模型如图6-6所示。首先，影响知识建构效果的五个核心变量分别是知识共享、知识论证、知识协商、知识检验与知识应用，前两个变量是浅建构变量，后三个变量是深建构变量；另外，模型将学习者特征、学习资源及社会交互三个变量纳入研究体系；最后，综合分析自我效能感、学习动机、学习风格、学习资源及社会交互五个解释变量与知识共享、知识论证、知识协商、知识检验、知识应用五个被解释变量之间的关系。

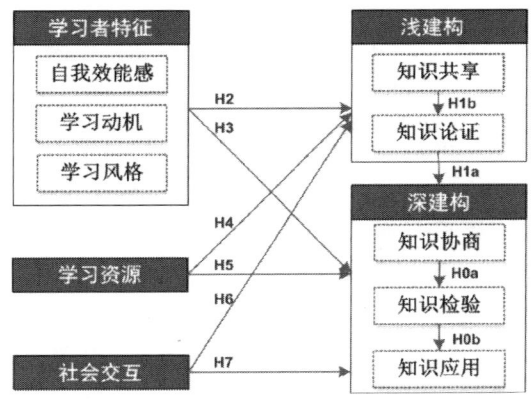

图 6 - 6　研究模型

6.3.3　问卷量表设计与数据采集

(1) 问卷量表设计

在线课堂知识建构效果影响因素问卷总量表如表 6 - 1 所示。结合前人的研究成果、在线课堂学习者访谈的问题记录，以及与网络教育平台授课教师的讨论商榷三种方式，确定在线课堂知识建构效果影响因素测量量表，并据此确定了调查问卷。该过程经过了四个主要步骤：其一，确定研究的主题与框架；其二，收集知识建构效果研究的相关文献；其三，与网络教育平台老师和在线课堂研究者讨论，对量表问题的含义、词汇及表达方式进行修改完善；其四，针对 87 名在线课堂学习者发放纸质问卷，进行预调研填答，根据预调研反馈数据，对问卷题目进行修订，最终确定含有 40 个问题项的 Likert 7 级调查问卷。

表 6 - 1　　在线课堂知识建构效果影响因素问卷总量表

维度	编码	测量项	依据
自我效能感 (Self Efficacy)	SE1	我觉得我有能力协调好日常的各类学习任务	王云、董炎俊 (2013)
	SE2	我觉得我有能力使用在线学习方式	
	SE3	在学习中使用在线课堂会让我有成就感	
	SE4	我觉得我有能力运用系统进行在线学习	
学习动机 (Learning Motivation)	LM1	我使用在线课堂学习是因为兴趣	
	LM2	为了获得知识，我用在线课堂进行学习	
	LM3	我想在在线课堂的学习过程中取得好的成绩	
	LM4	为了得到学位，我用在线课堂进行学习	
	LM5	我非常强烈地想学习在线课程	

续表

维度	编码	测量项	依据
学习风格 (Learning Style)	LS1	喜欢通过在线习题来学习	王云、董炎俊 (2013)
	LS2	喜欢通过在线视频来学习	
	LS3	喜欢通过在线讨论来学习	
	LS4	喜欢通过线上讲义来学习	
	LS5	我认为在线课堂的学习方式很适合我的学习风格	
学习资源 (Learning Resources)	LR1	在线课堂有授课视频能满足我的学习需求	杨根福 (2016)
	LR2	在线课堂有随堂练习,有利于我的学习	
	LR3	在线课堂的在线测试模块,有利于我的学习	
	LR4	在线课堂平台的学习资源对我很有用	
社会交互 (Social Interaction)	SI1	老师回答我的问题对我理解知识是有用的	杨根福 (2016)
	SI2	同学回答我的问题对我理解知识是有用的	
	SI3	我回答别人的问题能促进我对知识的理解	
	SI4	我认为虚拟社区的交流对我是有用的	
知识共享 (Knowledge Sharing)	KS1	我经常在社区中发表观点	
	KS2	同学们经常在社区中发表观点	
	KS3	在虚拟社区中,经常有观点被发表	
知识论证 (Knowledge Argument)	KA1	我经常在社区中对发表的观点进行讨论	
	KA2	同学们经常在社区中对发表的观点进行讨论	
	KA3	在虚拟社区中,经常有对观点的讨论	
知识协商 (Knowledge Negotiation)	KN1	得到大家都满意的答案	张金磊 (2013)
	KN2	大家经常通过观点的讨论得到一致的答案	
	KN3	经常在虚拟社区中进行讨论并达成共识	
知识检验 (Knowledge Test)	KT1	交流解决问题提高了作业质量	
	KT2	交流解决问题提高了学习流畅性	
	KT3	交流解决问题提高了考试成绩	
	KT4	我们在虚拟社区中得到的共识通常是正确的	
知识应用 (Knowledge Application)	KAp1	我可以熟练运用在线课堂学到的知识	
	KAp2	我可以用在线课堂学到的知识去考相关证书	
	KAp3	在线课堂的学习有助于我对该领域进行更深入的学习	
	KAp4	我可以用在线课堂学习的知识去参加相关比赛	
	KAp5	我能把在线课堂学到的知识加以应用	

(2) 数据收集

本研究选取的问卷发放对象是来自中央财经大学双学位网络课堂的三年级本科生,通过"问卷星"向 500 位本科生发放,并按以下标准对回收问卷进行筛选:其一,被调查对象应具有在线课堂学习经历;其二,被调查者自愿使用在线课堂学习平台;其三,通过反向问题与时间阀值去除答题质量较差的问卷;其四,不存在全部选项均为同一答案或缺失值过多的问题。据此标准,剔除无效问卷,并保留 137 份有效问题用于实证分析,问卷回收有效率为 27.4%。

6.3.4 统计结果与分析

(1) 描述性统计分析

在性别方面,32.12% 被调查者为男生,67.88% 为女生,男女生比例差距较大;在年级方面,被调查者全部来自同一高校的同一年级学生,文化水平差距不大;在在线课堂使用经验方面,被调查者都有至少一年半时长的在线课堂学习经历;在专业方面,金融专业学生占比 45.26%,会计专业学生占比 54.74%;在平台选取方面,所有被调查者均使用同一在线课堂平台。

(2) 模型验证

本研究采用结构方程模型,数据处理方法为偏最小二乘法。该方法结合了线性回归与因子分析,既可以计算测量模型,也可以验证结构模型,并解释复杂模型变量间关系。模型验证过程包括:其一,测量模型验证。旨在检验量表的信效度和题项的一致性;其二,结构模型检验。旨在检验解释变量与被解释变量之间关系的显著性,并计算路径系数。

①信效度检验。依据 Nunnally(1979)对信度检验的研究结论:信度检验三个指标的合格标准分别为:克隆巴赫系数大于 0.7、组合信度大于 0.7、平均方差抽取量大于 0.5。本研究结构模型检验的数据满足上述标准,如表 6-2 所示,因此,可认为量表各题项的一致性良好。依据 Fornell 和 Larcker 对效度检验的研究结论:效度检验主要包括区分效度和收敛效度。本研究变量与其他所有因子的相关系数值都不大于该变量的平均方差抽取量平方根,因此,测量数据符合区分效度检验标准。本研究的组合信度均在 0.8 以上,平均方差抽取量均大于 0.55,变量的交叉因子负荷均不低于 0.7,因此,数据通过效度检验。

表 6-2　　　　　　　　　　信度与效度分析

测量变量	测量项编码	克隆巴赫系数	组合信度	平均方差抽取量
学习动机	LM1 – LM3	0.716	0.841	0.637
学习资源	LR1 – LR3	0.740	0.852	0.659
学习风格	LS1 – LS4	0.759	0.844	0.576
知识共享	KS1 – KS2	0.764	0.894	0.808
知识协商	KN1 – KN3	0.904	0.940	0.839
知识应用	KAp1 – KAp5	0.889	0.919	0.694
知识检验	KT1 – KT3	0.859	0.914	0.780
知识论证	KA1 – KA2	0.781	0.899	0.817
社会交互	SI1 – SI4	0.825	0.883	0.654
自我效能	SE1 – SE4	0.871	0.912	0.722

②结构模型验证。模型验证结果表明：模型中的假设 H0a、H0b、H1a、H1b、H2、H2c、H3、H3a、H3b、H5、H6、H7 得到支持，其余假设均未予支持。其中，社会交互、学习风格对知识共享呈显著正向影响，解释方差变异 26.6%；知识共享对知识论证呈显著正向影响，解释方差变异 25.4%；社会交互、知识论证对知识协商呈显著正向影响，解释方差变异 34.9%；学习动机、自我效能、知识协商对知识检验呈显著正向影响，解释方差变异 56.8%；自我效能、学习资源、知识检验对知识应用呈显著正向影响，解释方差变异 54.8%。基于上述模型分析结果，在剔除未予支持的研究假设后，得到如表 6-3 与图 6-7 所示的修正模型。

表 6-3　　　　　　　　　　路径系数回归结果

	路径系数	Standard Deviation
知识协商→知识检验	0.378 ***	0.077
知识检验→知识应用	0.395 **	0.07
知识论证→知识协商	0.294 **	0.081
知识共享→知识论证	0.504 ***	0.065
学习风格→知识共享	0.222 **	0.078
学习资源→知识检验	0.269 **	0.085
学习动机→知识应用	0.272 *	0.084
自我效能→知识应用	0.284 *	0.079

续表

	路径系数	Standard Deviation
社会交互→知识共享	0.474*	0.061
社会交互→知识协商	0.416*	0.07
社会交互→知识检验	0.28**	0.085

注：*** $p<0.001$；** $p<0.01$；* $p<0.05$

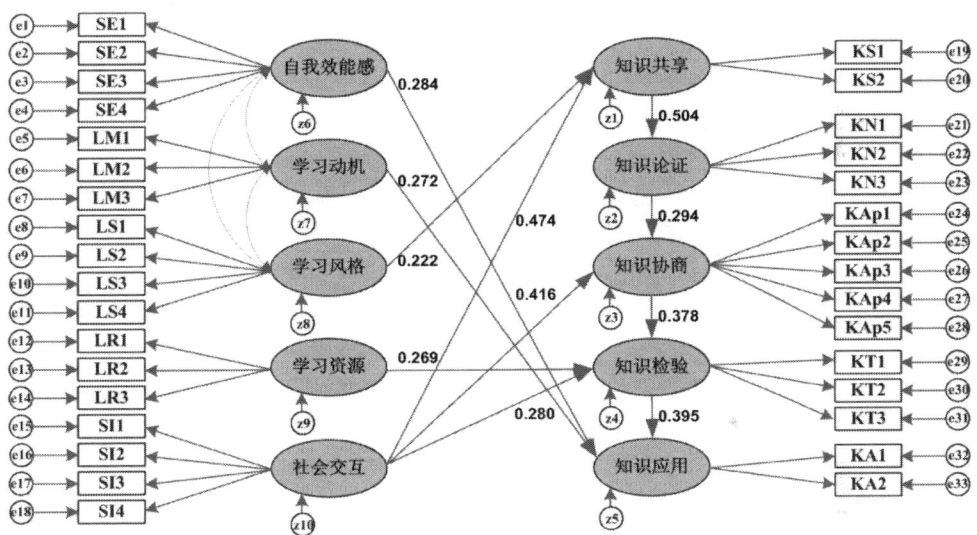

图 6-7 知识建构效果影响因素模型

③效果值计算。结构方程模型的效果分析旨在利用解释变量对被解释变量的直接、间接路径系数计算出各解释变量对被解释变量的总效果值。本研究的被解释变量被各因子影响的总效果值如表 6-4 所示。

表 6-4　　　　　　　　　　变量效果值

	知识共享	知识论证	知识协商	知识检验	知识应用
自我效能感					0.284
学习动机					0.272
学习风格	0.222	0.112	0.033	0.012	0.005
学习资源				0.269	0.106
社会交互	0.474	0.239	0.486	0.464	0.183

④方差分析。本研究使用单因素方差分析和独立样本 T 检验法，验证用

户的性别、专业差异是否在在线课堂知识建构效果及相关影响因素认知上存在显著性差异。方差检验的结果显示各影响因素的 P 值均不小于 0.05。T 检验结果显示各影响因素的双侧 Sig. 值均大于 0.05。因此，表明不同专业、不同性别的三年级本科生在知识建构效果上并未存在显著差异。

6.3.5 结论与启示

（1）知识建构过程理论检验

图 6－7 呈现的研究结论表明：知识共享与知识论证、知识论证与知识协商、知识协商与知识检验、知识检验与知识应用之间存在直接影响，效果值高且显著。该结果说明知识建构效果的上一阶段会对下一阶段产生显著正向影响，知识建构过程存在递阶依赖关系。因此，验证了本研究理论模型的合理性与有效性。在实际情景中，首先，学习者通过视频、教学讲义等课程资源进行学习；然后，利用 QQ、BBS 等通信工具在虚拟学习社区中与老师或同学交流，对问题发表观点、展开讨论，得出一致结论，学习者会在课程作业、单元测试中检验所学知识，以验证新知的正确性；最后，学习者将正确的知识应用于实际生活中。因此，在知识建构过程中，应注意以下两点：其一，教师和教学平台应积极促进学习者开展各阶段知识建构活动，协助学习者把握每一阶段的学习质量，并顺利转化至下一阶段，继而防止知识建构过程的断裂。其二，教师与平台应针对各阶段建构学习者评价模型，可考虑互评、自评、教师评价、学习记录自动提取等方式，综合评价各阶段学习者的学习效果，当个体学习者遇到困难时，及时提供个性化辅导，当群体学习者遇到问题时，实时提供集体直播答疑，继而有效巩固和提升知识建构效果。

（2）知识建构效果影响因素及其重要性水平

表 6－4 的研究结论表明：其一，社会交互对知识共享、知识协商、知识检验存在显著正向影响；其二，平台的学习资源对知识检验具有显著正向影响；其三，学习者特征对知识建构效果存在显著正向影响，其中，学习者学习风格对共享知识存在显著正向影响，学习动机与自我效能对知识应用具有显著正向影响。表 6－4 进一步显示出各因素对知识建构不同阶段产生的相对影响程度。其一，社会交互对知识共享、知识论证、知识协商、知识检验的影响效果值最大；其二，学习风格对知识共享具有较大影响；其三，学习资源对知识检验具有较大影响；其四，自我效能与学习动机对知识应用具有强烈影响。因此，在知识建构过程中，应注意以下四点：其一，在知识建构的前四个阶段，

社会交互的作用较为突出，社会交互与教师的引导及平台组织具有密切联系，因此，可通过提高平台交互工具的多样性、便捷性、实效性来提高教师的引导能力、组织能力、互动能力，继而充分激发师生及生生之间的交互开放性、联动性和协同性，发挥社会交互的积极作用，以促进知识建构效果的提升；其二，通过提高平台的兼容性，并推广因人而异的个性化教学模式，将有助于知识共享效果的提升；其三，优化平台的学习资源，丰富学习效果检测手段，扩展测试形式，对学习者知识检验的效果有所助益；其四，尽管诸多因素都会综合影响学习者的知识应用效果，然而影响作用最大的因素仍是学习者的主观因素，包括自我效能与学习动机，因此，应对学习者的学习效果及时予以反馈和指导，以提高学习者学习知识与使用知识的自主意愿及信心，继而提升学习者的知识建构效果。

(3) 学习资源对知识建构效果的影响

表6-4显示学习资源对知识检验具有直接影响，并间接影响知识应用效果。这一分析结果表明在线课堂平台的学习资源的形式多元性和内容丰富性对知识检验和知识应用具有积极影响。在线课堂除了课程视频外，还有在线讲义、课程作业、单元测试、章节练习等学习资源，它们能有效促进学习者知识检验和知识应用的效果，与此同时，学习资源越丰富、质量越好，学习者的学习兴趣就越加浓厚，因此，优化学习资源可以显著提高学习者的学习自主性。然而，在实践教学中，平台的视频制作仍然存在较多缺陷，例如：章节录制的固有形式导致学习者不能进行选择性学习；冗长乏味的视频导致学习者很难集中注意力学完全部知识。因此，在知识建构过程中，应注意以下两点：其一，在线课堂平台需要规划教学内容，提炼课程重点，在这一基础上开发并形成一套优质的视频制作方法；其二，建议以知识点而非章节为分割单元制作视频，可以考虑在确保核心内容的前提下，加入趣味性或游戏化元素，对视频内容予以生动形象地表达，以增加视频的趣味性、吸引力、沉浸感和带入感，继而提升学习者的学习积极性，提升知识建构效果。

(4) 社会交互和学习风格对知识建构效果的影响

由表6-4结果显示：社会交互对知识共享、知识协商及知识检验存在直接影响，并分别对知识论证和知识应用产生间接影响。因此，社会交互越频繁、交互内容越丰富、参与角色越复杂、交互载体越便利，知识建构的共享、论证、协商、检验、应用的效果就会越好。在验证结果中，社会交互对知识共享、协商、检验存在较大影响，而对论证和应用的影响作用较小。主要原因在于：实证研究中的社会交互主要发生在 QQ、微信、BBS 等交流平台中，学习者将自己在对视频或讲义学习（即知识共享）中不理解的知识与作业、测试（即知识检验）中遇到的问题上传至交流平台，老师直接对其予以解答（即知识协商），该过程中缺乏学习者之间以多轮会话形式相互讨论解决问题（即知识论证）的过程。这一分析结论显示该平台在线课堂教育依然未能摆脱以教师为主导的教学思路，继而忽略了学习者的主动性与解决问题的能力。因此，在知识建构过程中，应注意以下两点：其一，教师应营造和谐轻松的交流环境，教学过程应以解决问题为导向，通过情景式教学问题，积极引导学习者之间的协作交流讨论，并对提问者、质疑者、回答者、追问者等参与讨论者予以实时反馈，引导学习者通过共同协作找到问题答案；例如：引入知识建构墙、鼓励学习者开展组间协作讨论、教师敏锐洞察交流社群中的中间人并予以实时积极引导，拓展知识建构圈（Knowledge Building Circle，KDC），推动协同讨论结论的凝练与升华；其二，平台应提供 QQ、微信、BBS 等多元化交流工具，将问答、集体讨论等多种交流方式无缝对接。

表 6-4 结果进一步显示：学习风格对知识共享具有直接影响，并对在线课堂知识建构效果的知识论证、知识协商、知识检验和知识应用产生间接影响。学习风格对知识共享影响最大，该结果表明学习者学习风格与在线课堂平台使用方式之间的契合度越高，则越能显著提升学习者的知识共享效果。如果学习者的学习风格是线上自主学习，即适应通过观看视频和在线讲义的自主学习形式，喜欢在线测试的作业方式，能够有效驾驭在线交流的知识传递和知识共享方式，具有较强的自主学习能力与探究能力，那么学习者的在线课堂知识共享效果会得以更快提升，愈加有利于提高其知识建构效果。因此，在知识建构过程中，应注意以下三点：其一，针对学习者对在线学习方式的适应与驾驭程度，有效甄别并准确区分不同学习风格的学习者，制定针对性的课程架构与学习计划，开发多元化学习方式，以满足不同学习风格的学习者需求；其二，平台与教师应该注重课前入门指导，如增设在线课程引导课，使学习者尽快熟悉平台基本功能和课程的各项进阶学习模式；其三，在线课堂平台的设计应尽量简洁且具有亲和力，符合学习者操作习惯，系统兼容性较强，降低入门技术门槛，分层设置知识建构的进阶技术融入度，在给学习者更多选择余地的同时满足其个性化需求。

（5）学习动机和自我效能对知识建构效果的影响

图 6-7 和表 6-4 的分析结论表明：学习动机和自我效能对知识应用存在

直接影响。由表 6-4 中的效果值观察可知，一方面，学习动机与自我效能对知识应用的影响程度基本持平，说明积极正向的学习目的与自信心对提升知识建构效果同等重要。大多数学习者的学习目的首先旨在学习一门新技能，其次是对课程内容的兴趣，最后是获得课程认证。在学习的过程中，学习者运用知识的动机越强烈，则越敢于将理论知识应用于实际场景，特别是对于那些满足职业诉求或应用知识的学习者而言，他们会更加积极主动地将知识应用于实践，继而有效提升学习者系统学习的整体观、优化观和系统思维能力，因此，学习动机与知识应用紧密关联。另一方面，自我效能对知识应用的影响主要体现于应用知识的自信心上，自信的学习者倾向于将理论知识应用于实践环节。学习者对知识的迁移进阶不仅需要扎实的知识基础，还需要建立充分的自信心，因此，自我效能感较强的学习者，具备更高的知识应用水平。由此可见，在知识建构过程中，应注意以下两点：其一，在学习动机方面，教师应该设置多元激励机制及分阶段教学模式，例如：在学期初、期中等关键节点对学习者学习动机进行分阶段调查，针对性采纳不同阶段的教学方案及激励措施，引导学习者保持正确的学习动机与持续的学习热情；其二，在自我效能方面，教师应注重设计衔接性高、递进关系明确的学习任务，从易到难、由浅入深地协助学生将现有知识映射到新知识体系中，并适时引导学生调整认识负荷，继而在有效降低学生认知负荷的前提下，使学习者在完成学习任务的过程中逐步建立起学习自信，提高自我效能感，继而提升学习者的知识建构效果。

综上所述，本研究将在线课堂及学习者特征纳入知识建构效果影响因素模型，通过实证研究，挖掘在线课堂知识建构效果的关键影响因素及其对知识建构效果的影响路径，并得到以下结论：第一，实证检验了经典知识建构过程模型在在线课堂应用情景下的有效性。知识建构理论认为知识建构效果包括知识共享、知识论证、知识协商、知识检验和知识应用五个阶段性效果。知识共享作为知识论证的基础，通过对问题的分享，刺激不同观点的碰撞，并产生新观点，继而论证观点的正确性；知识论证作为知识协商的基础，通过对不同结论的论证，协商确定共识性观点；由于并非每次协商的结果都是正确的，因此，需要进行知识检验，在验证新知的有效性及正确性之后，才能将其付诸实践应用。本研究基于在线课堂情景下的实证研究结论进一步证实了知识建构理论模型的有效性与正确性。第二，解释了在线课堂平台优化建设的重要性。本书研究结论表明在线课堂平台的社会交互对知识共享、知识协商、知识检验具有显著积极影响，平台上的学习资源对知识检验存在显著正向影响，因此，完善在线课堂平台的优化建设对提高知识建构效果至关重要。一方面,从社会交互视角而言,平台应优化提升学习者在线交流与实时反馈功能。例如:采用多元化沟通渠道,以促进师生间交流,提高回应及反馈的实时性;定期开展趣味性或游戏化讨论活动,以提高学习者参与交流的积极性,继而使学习者在听取彼此意见的同时,深化对问题的理解,促进自身知识建构效果的提升。另一方面,从学习资源视角而言,平台应探索一系列学习资源管理机制和资源智能化制作流程,这一功能将直接提升教师的学习资源制作和组织水平,间接增强学习者对知识的认知程度与接受度,继而显著提高学习者的学习积极性,并有效提升知识建构效果。第三,关注学习者特征变化,促进学习者自我完善。由本书研究结论观察发现,学习者的学习风格对知识共享具有显著影响,学习动机与自我效能感对知识应用存在积极影响,学习者特征对提升其知识建构效果的作用不可小觑。因此,平台、教师与学习者三方应形成合力,共同促进学习者进行自我完善。例如:引导学习者明确学习动机,并一如既往地保持良好的学习热情与参与积极性;认真组织入门指导学习,使学习者快速适应新型学习方式;对学习者进行实时激励与反馈,以持续激发学习者的学习自主性,并进行学习行为的自我约束与学习潜力的自我发掘;促进学习者积极参与交流,主动提出问题,主动协商讨论,以提高群体知识建构的效果。

6.4 在线课堂平台建设解决措施实证研究

目前,在线课堂在各高校迅速推广,参与人数不断增长,但是存在监督机制缺乏、通过率低、自主性差、学习效果不佳等问题。研究以自主学习理论为基础,以数据统计、K-S检验、Wileoxon秩和检验、二分类逻辑回归为分析方法,探究在线课堂学习行为与知识建构效果的联系,构建预测模型作为监督机制,提高学习者的学习主动性,从而提高知识建构效果。最后得出结论:性别、年龄、文化程度、观看视频、查找资料、章节学习、活跃频率、活跃天数、观看次数、论坛参与等个人因素、学习行为、活跃程度和社会交互对知识建构效果有显著正向影响。解决在线平台视频学习效果差,存在学习假象的问题,可以从学习行为之间正相关性显著入手,进行监督、控制和提高。

在线开放课程(Massive Open Online Courses,慕课)是在线课堂规模化后的一种表现形式，其作为一种新型教育方式，资源对每个学习者开放，有利于实现教育资源的公平化和全球化。由于在线开放课程的开放性、个性化、信息化的特点，不仅规模庞大，而且发展迅速，但由于虚拟社区建设不完善，管理方式与评价模式不健全，缺乏教师的监督与指导，导致学习者学习动机不端正，学习消极怠慢，学习积极性与主动性较差，最终，学习效果表现不佳，通过率普遍低于7%。在线课堂知识建构效果整体不高，是社会各界关注的问题。因此，本研究基于学习者行为对在线课堂学习效果监督模型进行实证研究，以不断完善在线课堂平台的管理，提高学习者的知识建构水平。

本书将继续探究在线课堂知识建构效果监督机制：第一，从自主学习理论和学习行为理论视角，梳理学习效果影响因素。第二，通过数据统计，从学习者行为的角度分析在线课堂知识建构水平。第三，论述监督模型的构建方法，提取重要影响因素，构建监督模型。第四，基于数据分析结果，提出在线课堂存在的问题及解决措施。最后对在线课堂学习效果实证研究的现状与不足展开讨论。

6.4.1 实证模型理论基础与变量假设

（1）自主学习理论

自主学习是一种具有积极性与建构性的学习方式。自主学习的主体是学习者，特征体现于学习者行为。自主学习者在在线课堂中有以下特征：其一，行为自主。自主学习者在在线课堂中会自主选择内容、调节策略、端正动机、营造良好学习氛围、对结果进行判定和评估以提高学习效果。其二，效果显著。学习者会根据自己的兴趣与风格选择学习方式、学习科目与学习环境，以集中精力提高学习效率，达到学习目的。其三，自我管理。自主学习者会管理学习活动，如安排学习计划，选择学习方式，控制学习进度，评价学习结果，总结反思等。其四，学习高频。自主学习者会更加积极地参与在线课堂的视频学习、社会交互参与、单元测试、学习总结、完成作业等活动，学习参与度高。

在在线课堂中，自主学习是一种理想的学习方式，学习者主动学习和自我管理可以使学习变得高效。学习行为的频率与时长体现了学习的自主性，并且自主性高的学习者，知识建构效果水平普遍要高。

（2）学习行为理论

学习行为是学习者在在线课堂学习过程中所做的动作，是学习自主性的直接体现，是完成知识建构的必然过程。学习行为的主体是学习者，客体是课程活动，主要有两个特征：其一，多样性。学习者行为有视频学习、社会交互参与、单元测试、学习总结、完成作业等多种类型。其二，主动性。根据学习行为的频率不同，可将学习行为分为主动参与、一般参与、极少参与、旁观四个维度。学习效果与学习行为直接相关，在剔除智力的影响因素外，学习的频率、参与度与学习者学习效果呈显著正相关。学习行为是学习自主性的直接表现，探究影响学习行为的因素，可以提高学习者自主性，进而提高学习效果。

曾丽婷（2014）的研究表明，在线课堂学习者的学习行为具有以下规律。其一，视频的学习人数随着发布时间的增长不断减少。在作业提交和考试测验之前会出现异常的小高峰。其二，社会交互参与量伴随着课程学习而增长，并且一直比视频参与量高。其三，测试和总结完成时间趋于集中，绝大多数学习者在截止日前一天内参加测验并完成所有测试。其四，学习者会在截止时间当天和前一天集中提交作业。其五，绝大多数学习者能跟上学习进度，完成课程的考试。

综合考量发现学习者学习有如下特点：其一，学习者的学习行为之间存在紧密联系；作业和测试能够促进学习者进行视频学习，进而促进社会交互参与。其二，学习者的学习行为存在规律；学习者总在信息发布与截止日期到来时才表现出良好的积极性，其他情况下表现得懒惰，说明学习过程缺乏监管与鼓励。

（3）学习者特征影响因素理论

学习者是学习知识的主体，在学习过程中处于中心位置，学习者特征对知识的建构产生主要影响，具体如下：其一，学习者个体特征，比如学习者的知识背景、学习动机以及学习风格等，对知识的理解都有不同的促进作用。其二，学习者行为特征，不同的学习者会选择不同材料、不同时间、不同方式进行学习，学习的时间和频率也不一样，因此，学习的效果也存在差异。

（4）研究假设

基于自主学习理论、学习行为理论、学习者特征影响因素理论的研究，发现学习者特征会对学习自主性产生影响，使不同学习者之间产生学习积极性与活跃度的不同，进而影响学习者知识的建构。学习者特征可分为个人因素特征与学习行为特征。

①个人因素。个人因素是影响学习自主性与知识建构效果的重要因素。个人因素包括性别、年龄、文化程度等等。首先，学习者的学习动机、学习兴趣会对学习的积极性产生巨大的影响。学习动机强烈的学习者会有强烈的学习欲

望，主动去增加学习的长度和频率，学习积极性较高，学习效果较好。其次，不同性别、年龄、文化程度的学习者对同样的课程的喜爱程度、学习动机、接受程度都不同，他们的学习习惯、风格、自我管理能力也不同，这都是对学习结果造成差异的原因。因此，本研究做出如下假设：

H1：在线课堂学习中，个人因素对知识建构效果有显著正向影响。

H1a：在线课堂学习中，性别对知识建构效果有显著正向影响。

H1b：在线课堂学习中，年龄对知识建构效果有显著正向影响。

H1c：在线课堂学习中，文化程度对知识建构效果有显著正向影响。

②学习行为。学习行为是影响知识建构效果的重要因素，也是学习自主性的直观体现。在线课堂的学习行为包括查找资料、视频学习、章节学习等。不同行为的学习者，学习知识效率不同，学习的方法和风格不同，将产生不同的学习结果。直观看来，学习行为多的学习者，接触的内容多，知识建构效果好的可能性较大。因此，本研究做出以下假设：

H2：在线课堂学习中，学习行为对知识建构效果有显著正向影响。

H2a：在线课堂学习中，观看视频对知识建构效果有显著正向影响。

H2b：在线课堂学习中，查找资料对知识建构效果有显著正向影响。

H2c：在线课堂学习中，章节学习对知识建构效果有显著正向影响。

③活跃程度。活跃程度可分为活跃频率和活跃天数，对学习者知识的积累有重要影响。学习者在在线平台活跃的天数越长、操作的动作越多，他积累的知识越广泛，学习得越扎实。因此，本研究做出如下假设：

H3：在线课堂学习中，活跃程度对知识建构效果有显著正向影响。

H3a：在线课堂学习中，活跃频率对知识建构效果有显著正向影响。

H3b：在线课堂学习中，活跃天数对知识建构效果有显著正向影响。

H3c：在线课堂学习中，观看次数对知识建构效果有显著正向影响。

④社会交互。在线课堂中的社会交互包括知识共享、知识协商、知识论证等方面，学习者在交互社区（如 QQ、BBS）中进行询问问题、讨论结果、分享知识，对学习者知识的内化都有提升的作用，帮助学习者加深知识点的印象，促进对知识的牢固掌握。因此，本研究做出如下假设：

H4：在线课堂学习中，社会交互对知识建构效果有显著正向影响。

自主学习是指学习者以积极的心态主动建构知识的学习形式。自主学习是学习者主动自愿完成的，因此效率通常较高，具有下列特征。其一，行为自主。自主学习者的行为不需要进行激励、督促与管理，他会根据平台的资源对学习进行自主规划，对课程进行自主选择，对过程实现自我控制，对结果进行自我反馈，是理想的学习状态（周炎根，桑青松，2007）。其二，效果显著。自主学习的学习者一般具有强烈的动机，积极的心态，明确的规划，扎实的背景，灵活的学习方法，这种主动式的学习，效果一般都较为显著（庞维国，2003）。其三，自我控制。自主学习者会对学习的过程进行控制，他会控制时间、控制质量、控制情绪等等，保证学习的持续性（Zimmerma，2002）。其四，学习高频。自主学习的学习者一般在平台中表现得较为活跃，从材料的学习，问题的讨论，作业的参与都会有较高的参与，为较高的知识建构水平打下基础。

在在线课堂中，自主学习是一种理想的学习方式，学习者主动学习和自我管理可以使学习变得高效。通过学习行为的频率和活跃天数可以评价学习者的自主程度，并且自主性高的学习者，学习效果普遍要高。

6.4.2 在线课堂学习者学习行为量化分析

（1）数据集描述

本研究的数据来自哈佛在线课堂平台的设备日志，数据字段定义为以下几个方面：课程、学号、注册、观看视频、搜索资料、地区、文化水平、年龄、性别、分数、活跃频率、活跃天数、视频播放、章节学习、社会交互、获得学位、完成课程等17个因素，变量的解释如表6-5所示。

表6-5　　　　　　　　　　研究变量表

变量	度量	变量	度量
完成课程	完成课程为1；未完成为0	活跃天数	学习者发生动作的天数
注册	进行注册为1；否为0	视频播放	学习者播放视频的次数
观看视频	进行观看为1；否为0	章节学习	学习者学习的章节学习数量
搜索资料	进行搜索资料为1；否为0	社会交互	学习者进行社会交互的次数
获得学位	获得学位为1；否为0	性别	男为1，女为0
活跃频率	学习者在线课堂的活跃频率次数	文化水平	由上到下分为5级
年龄	学习者出生的年份	分数	考试成绩，值为0—1，0.6为合格

通过分类，可以将其分为三类：其一，学习行为特征。包括观看视频、搜索资料、活跃频率、活跃天数、视频播放、章节学习、社会交互。其二，学习者特征。包括课程、学号、注册、文化水平、出生日期、性别。学习行为特征

为主观存在，与学习者的学习主观能动性有关，是决定课程通过的决定性因素。学习者特征是客观因素，是当前学习者无法改变的，无法通过监督提升效果，是决定课程通过的次要因素。两者都会对学习效果产生不同程度的影响。其三，学习效果。包括分数、获得学位、完成课程。

（2）数据统计分析

将数据输入到 SPSS 进行数据统计分析，得到表 6-6 至表 6-9 数据统计结果。

在置信度为 99% 的情况下拟合得出的相关性，显著性（双尾）都为 0，说明每个相关性的系数都是有效的。通过数据描述，本研究发现在线课堂存在的问题。其一，课程通过率低，得到学位的学习者只有 2.60%。其二，学习者自主性不佳，注册之后大部分学习者没有进行在线学习。其三，个体间学习状态差异较为明显，积极性高的学习者学习频繁，消极学习者未进行学习。其四，完成课程不代表知识建构效果良好。完成课程与其他学习因素相关性较低，说明完成课程与在线学习过程无必然联系，不能准确反映学习者的学习效果。其五，视频学习成为在线课堂的最大阻碍。视频与章节学习成较强相关性，但与其他五个因素相关性低，并且大多数学习者进行视频学习之后未进行其他学习行为，说明视频学习存在缺陷。

根据以上现状，本研究认为导致学习者知识建构效果低下的原因主要包括以下几点：其一，平台建构存在缺陷。缺乏视频学习监督技术，未发挥视频分享知识、引导学习者的作用，大多数学习者止步于视频学习。其二，缺乏教师的组织、管理与辅导。由于学生多、教师少，导致教学过程中缺乏对虚拟社区交流的组织，答疑存在延迟，打击了部分学习者的积极性。其三，学习者学习动机不端正，导致大多数学习者遇到困难容易放弃。其四，缺乏监督体系建设，由于平台自由散漫的学习氛围，导致学习者随波逐流。

表 6-6　　　　　　　　　　离散数据描述统计处理结果

指标	活跃频率	天数	视频播放	章节学习	社会交互
个案数	521720	521720	521720	521720	521720
平均值	272.76	3.98	30.53	2.09	0.01
中位数	4	1	0	1	0
众数	0	1	0	0	0
标准差	1156.579	9.737	190.832	3.8	0.154

续表

指标	活跃频率	天数	视频播放	章节学习	社会交互
方差	1337675	94.808	36417.01	14.441	0.024
最小值	0	0	0	0	0
最大值	53180	205	34596	47	6
偏度	8.673	5.449	31.551	3.92	16.333

表6-7　二分类数据描述统计处理结果

	观看视频	搜索资料	学位	完成	性别
总数	521720	521720	521720	521720	521720
1	61.90%	5.90%	2.60%	84.40%	25.60%
0	38.10%	94.10%	97.40%	15.60%	74.40%

表6-8　相关性处理结果

	观看视频	搜索资料	完成学位	文化水平	年龄	性别	活跃频率	获得分数	视频播放	活跃天数	章节学习	社会交互
搜索资料	0.197											
完成学位	0.129	0.624										
文化水平	-0.006	0.031	0.032									
年龄	0.016	-0.008	0.004	-0.431								
性别	-0.059	-0.009	0.017	0.067	-0.055							
活跃频率	0.184	0.589	0.641	0.042	-0.006	0.006						
获得分数	0.164	0.688	0.934	0.038	0.006	0.021	0.707					
视频播放	0.125	0.371	0.377	0.043	-0.009	0.005	0.738	0.426				
活跃天数	0.235	0.644	0.664	0.048	-0.017	-0.005	0.819	0.726	0.554			
章节学习	0.427	0.758	0.619	0.035	-0.011	-0.021	0.61	0.687	0.361	0.692		
社会交互	0.065	0.095	0.096	-0.021	0.029	-0.004	0.13	0.11	0.079	0.142	0.143	
完成课程	-0.123	0.072	0.07	0.034	0.01	0.034	0.101	0.089	0.068	0.107	0.087	0.035

表6-9　学位与各因素的相关性

	观看视频	搜索资料	完成学位	文化水平	年龄	性别	活跃频率	获得分数	视频播放	活跃天数	章节学习	社会交互
完成学位	0.129	0.624	0.032	0.004	0.017	0.641	0.934	0.377	0.664	0.619	0.096	0.07

通过相关性分析可得到监督模型的构建基础与确定重要影响因素。

第一，在线课堂中的学习行为会相互影响、相互促进，具有传导性和可预测性（如表6-8所示）。学习者会在进行一项学习动作的同时，进行其他学习动作。例如，学习者进行章节学习，会不停地播放视频，在观看过程中，用搜索资料引擎对问题进行查找，通过社会交互对问题进行解答。学习者学习主动性强，各方面都会有良好表现，章节学习、搜索资料、活跃频率、视频播放等因素会同步增长。由此得出结论，行为数据间存在正向相关性，其特征可以相互传导、相互促进，并且因素之间关联性越强，传导性越强，预测结果越准确。

第二，由表6-9观察可知，学习效果并非与每个学习行为有关，并且影响效果也有差异。视频和社会交互与学习效果相关性较弱，对学习效果影响较小。搜索资料、活跃频率、活跃天数、章节学习与学习效果呈高度相关。说明学习者在在线课堂中主要通过章节学习和搜索资料进行学习，并且活跃的天数越多，触发活跃频率越多，学习效果越好。因此，这四个因素是影响学习效果的主要影响因素。

6.4.3 知识建构效果影响因素探究

（1）数据处理方法介绍

通过在线课堂平台日志获取学习者行为数据，统计其全部有效数据为521720条。研究以完成学位为知识建构效果，其中，完成学位标志为1的数据只有13684条。为了提高模型准确性，本研究采用完成学位与未完成学位比例1:1进行数据选取，共取出数据13684万条作为训练集，将其他数据（50万条左右）作为测试集，通过二分类逻辑回归构建模型。

（2）影响因素挖掘方法介绍

单因素方差分析法。如果样本分布完全随机，且样本数为多个时，可以选择单因素方差分析，单因素方差分析不用考虑样本之间个体差异的影响。单因素方差分析可以用来推断样本均值是否相等，由单一的因素影响的多组样本，其某个因变量的均值是否存在显著性差异的问题。如果存在显著差异，那么说明该因素对样本有影响。

（3）正态分布检验

首先需要对样本的指标进行显著性检验，以确定样本数据对被观测变量是否存在显著性，显著性检验可以通过多种方法进行，这取决于数据的特征。例如，样本数据符合正态分布，则使用T检验；样本数据不服从正态分布，则用非参数 Wilcoxon 秩和检验。

现利用 SPSS 的 K-S 检验作分布检验，以检测选取的变量是否符合正态分布。K-S 检验的原理是将一个变量的实际频数分布与正态分布、均匀分布、泊松分布、指数分布进行比较，然后根据样本的分布确定总体样本是否服从选定的某种分布。K-S 检验结果如表 6-10 所示，根据 K-S 检验原理，当 P（双尾）值小于 0.05 时，则属于非正态分布。由表 6-10 结果可以知以上全部变量都不服从正态分布，因此，这些变量的显著性检验要通过非参数检验的方法进行。

表 6-10　　　　　　　　　　K-S 检验结果

影响因素	K-S	P（双尾）	影响因素	K-S	P（双尾）
观看视频	0.457	0.000c	活跃频率	0.290	0.000c
搜索资料	0.348	0.000c	活跃天数	0.212	0.000c
文化水平	0.421	0.000c	视频播放	0.377	0.000c
性别	0.130	0.000c	章节学习	0.194	0.000c
年龄	0.448	0.000c	社会交互	0.531	0.000c
获得分数	0.322	0.000c	完成课程	0.516	0.000c

（4）Wileoxon 秩和检验

由于本研究选取的变量都不服从正态分布，因此，将采用非参数 Wileoxon 秩和检验的方法对变量进行显著性检验，结果如表 6-11 所示。

表 6-11　　　　　　　　　　W 秩和检验结果

影响因素	Z 值	P 值	影响因素	Z 值	P 值
观看视频	-71.526	0.000	活跃频率	-99.997	0.000
搜索资料	-103.603	0.000	活跃天数	-97.831	0.000
文化水平	-12.843	0.000	视频播放	-57.179	0.000
性别	-8.362	0.000	章节学习	-100.161	0.000
年龄	-3.779	0.000	社会交互	-19.469	0.000
获得分数	-107.663	0.000	完成课程	-47.091	0.000

根据 Wileoxon 秩和检验原理，当 P（双尾）值小于 0.05 时，则说明变量对于观察变量显著。由表 6-11 可得以上全部变量都对是否获得学位影响显著。

因此，可以确定，H1，H1a，H1b，H1c；H2，H2a，H2b，H2c；H3，H3a，H3b，H3c；H4 假设成立。即，在线课堂学习中，个人因素对知识建构效果有显著正向影响，个人因素中的性别、年龄、文化程度对知识建构效果有显著正向影响。在线课堂学习中，学习行为对知识建构效果有显著正向影响，学习行为中的观看视频、搜索资料、章节学习对知识建构效果有显著正向影响。在线课堂学习中，活跃程度对知识建构效果有显著正向影响，活跃程度中的活跃频率、活跃天数、观看次数对知识建构效果有显著正向影响。在线课堂学习中，社会交互对知识建构效果有显著正向影响，社交行为中的论坛交流对知识建构效果有显著正向影响。

6.4.4　在线课堂预测模型建构

在探究得影响因素的基础上，本研究对知识建构效果进行预测，以达到对在线课堂学习者进行有效管理的目的。模型相比以往的研究更加注重学习者的学习过程，使用的数据为频率，用频率的积累来表现知识积累的过程。模型通过平台日志，将学习数据实时地保存到数据库，通过预测模型，管理者可以根据结果对学习者进行跟踪与管理。

（1）逻辑回归预测模型介绍

理论认为，学习行为对知识建构效果有显著影响。相关性分析得出，搜索资料、活跃频率、活跃天数、章节学习与学习效果呈高度相关。显著性检验得出，个人因素、学习行为、活跃程度和社会交互对知识建构效果有显著性影响。因此，研究使用回归建模研究多因素对学习效果的影响。由于目标变量为二分类变量，因此适合使用 Logistic 回归。

①逻辑回归模型构建方法介绍。

Logistic 方法的应用场景是影响因素分析或判别分类，当被解释变量为二分类变量时，用该算法研究一组解释变量和被解释变量之间的一种最佳映射关系。这种方法能够有效地在众多变量中筛选出影响因素。

Logistic 回归方法是广义的逻辑回归模型，被解释变量 y 仅限"是"和"否"两个取值，假设在解释变量 x_1，x_2，x_3，……，x_n 的作用下，如果解释变量 y 取"是"的概率为 p，则取"否"的概率就为 $1-p$，逻辑回归模型研究的是当被解释变量取"是"发生的概率与解释变量的关系。

假设有 n 个独立向量 $x' = (x_1, x_2, x_3, ……, x_n)$，某活跃频率发生的条件概率写作 $p(Y = 1 | x) = p$，逻辑回归模型可表示为：

$$p(Y=1\mid x) = \frac{1}{1+e^{-g(x)}} \quad (6-1)$$

其中：$g(x) = \beta_0 + \beta_1 x_1 + \beta_2 x_2 + \cdots + \beta_n x_n$

定义不发生活跃频率的条件概率为：

$$p(Y=0\mid x) = 1 - p(Y=1\mid x) = \frac{1}{1+e^{g(x)}} \quad (6-2)$$

然后，发生与未发生活跃频率概率的比值为：

$$\frac{p(x=1\mid x)}{p(x=0\mid x)} = \frac{p}{1-p} = e^{g(x)} \quad (6-3)$$

该比值被称为发生比，因为 $0 < p(x=0\mid x)$，对其取对数，即得到线性函数：

$$\ln\left(\frac{p}{1-p}\right) = \beta_0 + \beta_1 x_1 + \beta_2 x_2 + \cdots + \beta_n x_n + \varepsilon \quad (6-4)$$

②Logistic 回归建模步骤。

首先，把因变量"取得学位"定义为 1，"未取得学位"定义为 0；把学习行为作为自变量 $x_1, x_2, x_3, \cdots, x_n$。继而，对比值取对数，列出回归方程：

$$\ln\left(\frac{p}{1-p}\right) = \beta_0 + \beta_1 x_1 + \beta_2 x_2 + \cdots + \beta_n x_n + \varepsilon \quad (6-5)$$

代入相关训练集数据估计回归系数，根据回归系数写出回归方程，分析拟合优度。最后代入测试集进行检验，用检验的结果对回归方程进行修改和评价。

（2）预测结果

通过 SPSS 对自变量进行筛选，对模型不断调整，在保证回归系数显著、模型效果良好的条件下，得到以下回归方程的数据结果，包括回归方程系数、预测准确率、拟合优度，如表 6-12 至表 6-14 所示。

表 6-12　　　　　　　　　　回归方程系数

模型参数	系数值	标准误	卡方值	自由度	P 值	OR 值
年龄	0.0390	0.0059	43.7067	1	0.0	1.0398
性别	0.5646	0.1122	25.3055	1	0.0	1.7588
活跃频率	0.0014	0.0001	154.2615	1	0.0	1.0014
活跃天数	0.0518	0.0047	123.3566	1	0.0	1.0531

续表

模型参数	系数值	标准误	卡方值	自由度	P值	OR值
视频播放	-0.0029	0.0002	141.6741	1	0.0	0.9971
章节学习	0.4672	0.0140	1113.5928	1	0.0	1.5955
社会交互	-1.2041	0.2782	18.7340	1	0.0	0.3000
常量	-82.2103	11.7328	49.0964	1	0.0	0.0000

表 6-13　　　　　　　　　　预测正确率

实测	预测		正确百分比（%）
	未获得学位	获得学位	
未获得学位	6582	260	96.2
获得学位	248	6594	96.4
总体百分比（%）			96.3

表 6-14　　　　　　　　　　拟合优度

-2 对数似然	考克斯-斯奈尔 R^2	内戈尔科 R^2
3065.999	0.687	0.916

①预测模型。

代入 35153 条训练集数据得出结果如表 6-12 所示，在 95% 的置信度下，显著性（双尾）都小于 0.05，T 值都远大于 2，说明回归系数全部有效。在七个主要影响因素的预测模型中，得出年龄的系数为 0.039，性别的系数为 0.5646，活跃频率的系数为 0.0014，活跃天数的系数为 0.0518，章节学习的系数为 0.4672，视频播放的系数为 -0.0029，社会交互的系数为 -1.2041，常量为 -82.2103，因此，得出逻辑回归模型。预测方程为：

获得学位 = 0.039 × 年龄 + 0.5646 × 性别 + 0.0014 × 活跃频率 + 0.0518 × 活跃天数 + 0.4672 × 章节学习 - 0.0029 × 视频播放 - 1.2041 × 社会交互 - 82.2103

②模型评价。

根据表 6-13 显示，训练集 13684 条数据中，学位原本通过并且预测通过的为 6594 条，原本不通过预测不通过的为 6582 条，预测正确的一共 13176 条；原本通过预测不通过的有 248 条，原本不通过预测通过有 260 条，预测错误的有 308 条；对未通过学位预测的正确性为 96.2%，对通过学位预测的正确性为 96.4%；总体的正确率为 96.3%。根据表 6-14 数据显示，得出模型的拟合优度为 0.916，即模型对数据的拟合程度较高，达到 91.6%。因此，模型构建较为准确。

③模型检验与调整。

将测试集数据代入回归方程得出预测结果，得到了测试集的正确率如表 6-15 所示，对方程正确性进行评价。

表 6-15　　　　　　　　　　测试集正确率

实测	预测		正确百分比（%）	总数
	未获得学位	获得学位		
未获得学位	483677	17517	96.50	501194
获得学位	56	6786	99.18	6842
总体百分比（%）			96.54	508036

根据表 6-15 对测试集数据的预测结果与真实值的对比，发现测试集 508036 条数据中，学位原本通过并且预测通过的为 6786 条，原本不通过预测不通过的为 483677 条，预测正确的一共 490463 条；原本通过预测不通过的有 56 条，原本不通过预测通过有 17517 条，预测错误的有 17573 条；对未通过学位预测的正确性为 96.50%，对通过学位预测的正确性为 99.18%；总体的正确率为 96.54%，相对于预测模型的正确率提高了 0.24%。

根据数据显示，模型预测可信度高，对未通过学位与通过学位的预测都较为准确。由于数据中的未通过学位人数较多，可以提高未通过学位数据的比例，来提高未通过学位的预测准确性，其弊端是降低通过学位的预测准确性，但是也不妨采用双重预测标准，加强模型的有效性。

分析其出现误差的原因，对于原本未通过但预测通过的学习者，本身的学习行为具备通过学位的条件，可能备考状态不佳或者考试发挥失常，使这部分同学未通过考试，但其实际状态与通过学位的要求相差不大，这一点可以返回数据中查看分数得出，这部分学习者非常接近合格分数。因此，预测模型将其预测为未通过在合理的范围之内。对于原本通过而预测未通过的学习者，6842 条数据存在 56 例，可能由于运气等因素，使其通过了学位，这种偶然性是存在的。因此，认为模型是准确而有效的。

6.4.5　结论与启示

本研究首先通过描述性统计分析，发现在线课堂存在学习积极性差、通过率低的问题，然后通过显著性分析发现性别、年龄、文化程度、观看视频、搜索资料、章节学习、活跃频率、活跃天数、观看次数、论坛参与等个人因素、学习行为、活跃程度和社会交互对知识建构效果有显著正向影响。基于此，本研究建构了知识建构效果逻辑回归预测模型。模型通过学习者的学习动作及其次数进行建模，有效地体现了学习者的学习过程，把学习效果的累积与学习动作的累积等价，学习者可以提高学习动作的积累提高学习效果。因此，在学习者学习的过程中，可以通过学习者已经积累的动作进行预测，评估当前学习的状况，然后根据评估对学习者给予指导。此新型的在线课堂的监督模式解决了在线课堂效率低下、监督松懈的不足等问题，具有深远的现实意义。

本研究是对现有实证研究的拓展，现有研究主要通过作业、测试等学习成果对成绩进行探究，具有滞后性，并且由于学习成果的表现方式不同，限制了研究结论与模型的使用范围。笔者通过学习行为研究弥补了这个不足，因为学习行为具有实时性，不同时间点会存在一个相应的动作累积；也具备普遍性，不同平台学习者的学习行为也大体相同，因此，模型有很强的应用能力。此外，模型使用日志数据，充分体现了信息技术和在线课堂的特点和价值，技术操作性强。

经过数据分析与逻辑建模，本研究得到以下结论：

第一，学习者行为数据之间正相关性显著。通过相关性的分析，可以看到数据具有统一的趋势，对于某一位学习者来说，在线学习的行为（观看视频、搜索资料、活跃天数、章节学习等）有统一的趋势，即一方面很高，其余要素高的可能性大，获得学位的概率高；相反，学习者的一些方面很差，可以预测他的另一方面也很弱，获得学位的概率小。因此，在促进学习者知识建构的过程中，管理者采取集中攻其一点或者分散控制的方法，都可以对学习者行为进行激励，促进学习者知识的建构。

第二，活跃天数、视频播放、章节学习、活跃频率等学习行为对知识建构呈显著正向影响。显著性检验与预测模型中具有实际作用的变量基本一致，说明研究提取的重要影响因素是正确的。提高学习效果需要关注在线课堂学习效果的重要影响因素，因此，在线课堂管理者在学习者学习过程中，应该积极观察学习者的动态，重视重要因素，起到监督、提醒作用。同时，给予学习者学习方法的指导，在在线课堂的学习中，应该从视频入手，坚持学习，保证章节学习的学习量，积极合理地利用平台功能，提高学习者的知识建构效果。

第三，学习者学习过程中存在学习的假象。一方面，视频的观看就像一道门槛，把许多的学习者挡在在线课堂的门外，解决学习效果的问题需要从视频开始。经过数据的简单统计不难发现，观看过视频的学习者数量可观，但是有超过一半多的学习者没有其他的在线学习行为；相关性分析中，视频与其他因素的相关性很低。由此可见，学习者在视频学习中并没有认真对待。另一方面，在线课堂的课程完成率虚高。数据统计中，完成数量与取得学位的数量相差甚远；相关性分析中，完成率与各因素保持较低的相关性。说明完成课程不能表现在线课堂的学习效果，其中存在着诸多问题。提高学习效果不仅要对学习者进行激励，更要了解问题的本质，才能从根本上解决问题。

第四，性别、年龄、文化水平等个人因素与社会交互对知识建构效果有显著影响。因此，在教学的过程中，在线课堂平台需要实现个性化教学，考虑不同性别的心理成熟度，不同年龄的自我管理能力，不同文化水平的知识接受能力，不同人群的学习习惯，不同性格的交流风格，让每个人都满足自己的个性化需求，让每个学习者都感觉到学习环境的畅快与舒适，促进知识的建构。

本研究同时发现，关于在线课堂的实证研究颇多，由于研究所选择的分析视角不同，提出的影响因素也存在差异，再结合不同的模型构建方法，得出的结论也存在千差万别的现象，但其本质仍然是相同的。

第一，影响因素的分类存在差异。在实证模型的构建中，学习者特征有很多分类标准。按动作类型划分，学习者行为可分为视频学习、社会交互参与、单元测试、学习总结、完成作业等类型。按学习自主性划分，分为积极参与、一般参与、极少参与、旁观四个维度。在郝巧龙等人的研究中，把学习者行为分为持续时间、学习进度、观看时长、笔记数、作业成绩、发帖数、回帖数、得分帖数、在线成绩、社会交互得分、见面课成绩和期末成绩等24个因素来进行成绩预测模型的构建。由于每个在线课堂平台的特点不同，学习行为也出现不同的分类。

第二，研究结论多元化，本质具有一致性。在线课堂的知识建构效果分为共享、论证、协商、检验、应用五个阶段，受虚拟社区、学习者、教师等三个因素影响。其一，虚拟社区方面，认为交互内容、交互角色、交互时间、交互空间对知识建构效果呈显著正向影响。其二，学习者方面，认为学习主动性、学习行为、学习风格、归因方式、自我效能对知识建构效果呈显著正向影响。其三，教师方面，教师交流能力、教师组织能力、教师评价能力和教学材料制作能力对知识建构效果呈显著正向影响。

然而，在线课堂学习效果实证研究工作中仍然存在些许不足。第一，模型使用范围方面,主要适用于特定平台;第二,数据来源方面,过于单一的数据来源导致模型缺乏普适性,而过于广泛的数据来源又可能会弱化研究结论对单一平台的适用性,这一矛盾增加了模型的建构难度,本研究建议以提高效果为主;第三,模型建构方面,大多数模型使用作业、测试等学习成果对学习者的成绩进行预测,存在滞后性,对日常的实时管理缺乏助益,本研究从学习者行为的角度预测学习效果,使模型注重学习过程;第四,模型的泛化迁移应用能力偏弱,大多数模型停留在理论层面,具有科学性但是仍然缺乏些许可行性和技术操作性。

综上所述,在线课堂的实证研究影响因素差异化、结论多元化、模型形式化,解释力强而应用能力弱。因此,本研究认为学习者知识建构效果的模型建构应该着眼于学习行为,使模型建构体现知识的积累,使模型能够用于日常的在线课堂平台管理,增加模型的应用能力与迁移能力。

第 7 章 翻转课堂教学模式与学习者知识吸收能力的关系研究

7.1 引言

本研究已经对学习者学习行为及其知识建构效果进行了理论研究，接下来将尝试基于教学实践工作，从翻转课堂教学实施过程发掘翻转课堂教学模式与学习者知识吸收能力的内在关系。本研究将基于 Moodle 教学平台的翻转课堂教学模式引入信息学院电子商务专业及信息管理与信息专业本科一年级学生的"电子商务概论"双语课程中，通过设置合理的授课思路和作业模块完善教学模式，以期在课时量有限的前提下有效提升该课程学习者的知识吸收能力、拓展学习者的知识覆盖范围、完善学习者的知识结构体系，继而进一步优化翻转课堂虚拟学习社区建设的方法途径。

7.1.1 研究背景

(1) 现实研究背景

翻转课堂虚拟学习社区诞生和发展的时间较短，而近五年以来在各国教育领域逐渐普及与推广，使其显现出巨大的潜力，并有望成为弥补传统教学模式的关键手段之一，也将有效推动翻转课堂教学模式的科学化及学习者知识建构水平的提升，并有效解决高等教学实践环节存在的现实问题，但是尽管如此，从学习者、教师、课程三方面而言，翻转课堂虚拟学习社区自身的建设仍然存在诸多问题，主要问题如图 7-1 所示。

第7章 翻转课堂教学模式与学习者知识吸收能力的关系研究

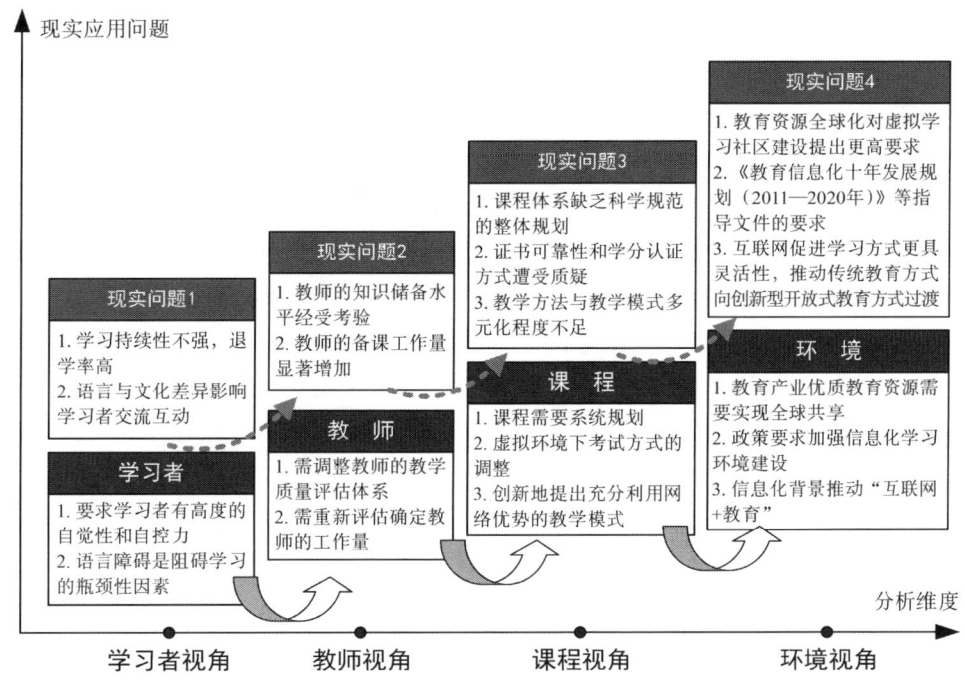

图 7-1 现实研究背景

从学习者视角出发：第一，学习的持续性不强，退学率高。目前翻转课堂虚拟学习社区正处于逐步发展的上升阶段，虽然日新月异，但对 Coursera、edX、Udacity 三大知名 MOOC 学习平台的学习者行为观察发现：尽管很多学习者在 MOOC 学习平台或者虚拟学习社区进行了注册，但在课程注册通过的学习者中，真正能从一而终地完成课程学习并获得证书的人却少之又少。由此可见，在翻转课堂虚拟学习社区中进行学习要求学习者具有高度的自觉性和自控力，即并不是所有的学习者都适合访问翻转课堂虚拟学习社区完成学习任务；第二，语言与文化差异影响学习者交流互动。目前在国内外知名 MOOC 平台上开设大多数课程均为英文课程，尽管很多课程都配有中文字幕，但如要高效深入地掌握课程所授内容，仍然对母语为中文的学习者的英文水平提出了较高要求。如果学习者的英语基础较差或对特定语言环境对应的文化背景理解不足，很有可能影响学习质量和知识吸收效果。

从教师视角出发：第一，教师的知识储备水平经受考验。实际上，在 MOOC 平台上授课及在对应虚拟学习社区答疑的教师大多是名校名师，然而，名校名师的优势往往突显于其所在的专业科研教学领域，拥有较多科研成果或在传统课堂教学方面具有丰富的授课经验,但是却未必具备足够的信息技术基础,并能驾驭翻转课堂互联网教学模式的方方面面;另外,由于学习者感兴趣的知识或者其所提出的问题涉及诸多交叉学科知识,甚至是冷门知识,这就对采用翻转课堂教学模式的授课教师的知识储备提出了更高要求。第二,教师的备课工作量显著增加。一方面,大部分在翻转课堂虚拟学习社区授课的教师同时在各高校承担校内传统教学任务,这就要求教师利用更多时间关注线上平台的学习者动态,如:是否参加线上单元测试、是否浏览课前推送视频或学习资料等,如果教师无法拨出足够的时间和精力与学习者交流互动,势必将会削弱学习者的线上学习动力,并影响学习者的知识吸收效果;另一方面,由于大量与课程相关的规定情境思考题、各类开放性思考题、推送的课程视频、作业完成方式的设计需要同时具有较高趣味性和知识性,并能将两者融为一体,才能较好地吸引学习者的课程网站访问黏性,这无疑将加重教师备课负担,带来更大的工作量。

从课程视角出发:第一,课程体系缺乏科学规范的整体规划。由于翻转课堂教学模式的推行时间并不长,虚拟学习社区也还处于发展初期,尽管平台课程越来越多,但许多高校的专业培养计划和课程总体规划设计仍沿用了传统教学模式的思路,并未将其放置到翻转课堂教学体系中进行重新规划,因此,使得其课程体系的设置并不适宜采用翻转课堂教学方式。因此,将缺乏整体规划的课程放到翻转课堂教学环境中,不仅达不到实现社会需求与提高学习者知识水平的效果,而且还有可能大大削弱学习者的学习积极性;第二,证书可靠性和学分认证方式遭受质疑。尽管许多课程在学习结束且通过在线考试之后能够颁发课程结业证书并提供学分认证,这是翻转课堂教学方式的一大优势,然而,在虚拟环境中通过考试的方式,以及进行学分认证的途径可能存在作弊的情况,由此导致证书的可靠性和学分的认证方式面临诸多质疑,那么,如何有效避免这一情况,实现学分认证的有效性和可靠性就成了翻转课堂虚拟学习社区发展过程中的又一个瓶颈问题;第三,教学方法与教学模式形式多元化程度不足。理论上讲,依托互联网的大背景,虚拟学习社区可以采取多种教学方式和学习模式交叉应用,并设计出多元化的虚拟教学模拟环境,然而,到目前为止,主流虚拟学习社区仍沿用了较为传统、古老的行为主义教学法,仍然以填鸭式的教学视频资源发布的教学方式为主,较比于传统教学模式而言,翻转课堂对应的虚拟学习社区并没有充分发挥其互动性强、知识更新速度快、实时分享式学习方式及协同式讨论的优势,并形成有特色的网络学习方式。

从环境视角出发：第一，教育资源全球化对虚拟学习社区建设提出了更高要求。为确保全球优秀的教育资源能够惠及全世界各地学习者，帮助他们增长知识、开阔视野、启迪智慧、刺激学习者们的求知欲和好奇心、培养其独立思考、勇于探索的良好学习行为习惯，有必要寻找如翻转课堂教学方式这样更为有效的创新型教育模式。第二，《教育信息化十年发展规划（2011—2020年）》等指导文件的要求。规划提出"教育信息化的发展要以教育理念创新为先导，以优质教育资源和信息化学习环境建设为基础，以学习方式和教育模式创新为核心"，这就为翻转课堂教学模式的发展奠定了坚实的基础，并通过以教育信息化带动教育现代化，以期有效破解制约中国教育发展的难题，也是加快从教育大国向教育强国转变的重大抉择；第三，互联网促进学习方式更具灵活性，推动传统教育方式向创新型开放式教育方式过渡。翻转课堂在线课堂相较于线下课堂而言，省去了出门和交通的麻烦，在舒适熟悉的家庭环境下学习，同时也将时间化零为整，利用更多零碎时间完成课程学习任务。另外，对于上班一族的学习者而言，翻转课堂线上学习还能有助于在继续"充电"的需求下便捷地增进知识积累，因此，这一学习方式也拥有了作为稳定忠实消费群体的广大上班族。

（2）理论研究背景

尽管翻转课堂兴起的时间不长，但对翻转课堂及其虚拟学习社区的研究工作已经取得了一些成果，在梳理了大量相关文献后发现，目前这一领域的理论研究成果主要集中在翻转课堂虚拟学习社区的内涵及外延性概念界定研究、虚拟学习社区建构理论研究、学习者知识吸收或建构效果研究等方面，如图7-2所示。

就翻转课堂虚拟学习社区的内涵及外延概念界定研究而言，由于翻转课堂虚拟学习社区的概念涉及教育学、社会学、心理学、计算机科学、新闻传播学和图书馆情报学等领域，其概念的界定较为复杂。就翻转课堂虚拟学习社区的建构理论研究而言，Hill 在梳理和分析 Udacity、Coursera、MITx 和 edX 平台后，指出翻转教学虚拟学习社区的构建应遵循包括"协助学习者建立结构依赖、鼓励探索性学习的氛围"等在内的九大策略。就学习者知识建构效果研究而言，针对翻转课堂学习者知识建构效果评价的研究成果并不丰富，Bereiter（2012）在其研究中明确指出了"知识建构"与"学习"之间存在的差异，并认为学习是内在的、几乎不可见的过程，其结果是学习者信念、态度和技巧的改变，而知识建构或者吸收过程则被视为创建并修正知识结构的过程。

综上所述，本书将在前人教学实践和理论研究的基础上，基于学习者知识

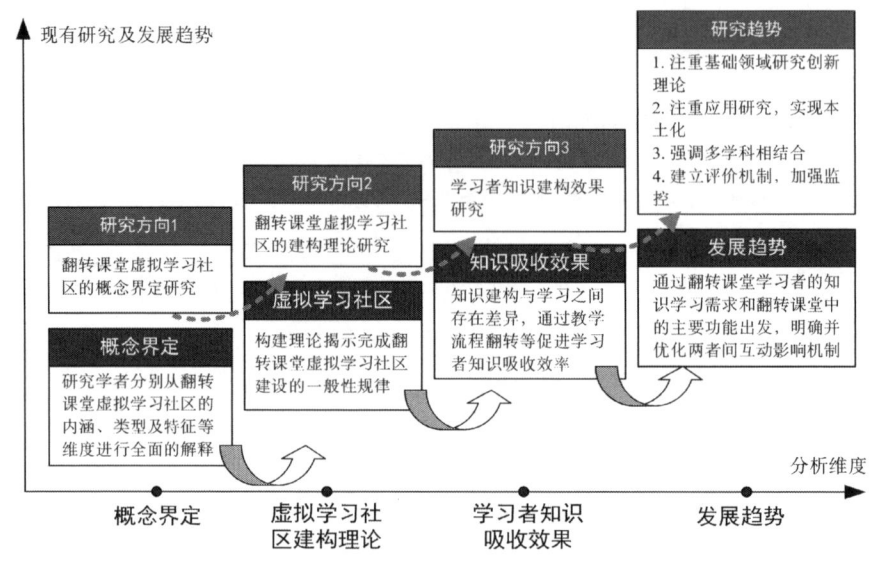

图 7-2 理论研究背景

吸收效果，从学习者学习模式、教师教学模式、虚拟学习社区建设等维度出发，通过建立学习者知识吸收能力模型，提出优化翻转课堂教学模式及推进翻转课堂虚拟学习社区建设的工作建议，以此指导翻转课堂教学模式的优化和虚拟学习社区的健康持续发展。

7.1.2 研究意义

（1）现实研究意义

本研究旨在解决如图 7-3 所示的与翻转课堂教学模式与学习者知识吸收能力相关的三个现实应用问题，其现实意义主要表现于以下三个方面：

现实应用问题 1：翻转课堂虚拟学习社区对学习者知识吸收能力的现实影响

翻转课堂虚拟学习社区对于学习者的知识获取与分享、知识认知的深化、知识的群体建构、新知识的检验修正、新知识应用的全面优化具有重要影响。本书拟探讨翻转课堂虚拟学习社区对学习者知识吸收能力的作用机理，其研究成果可应用于分析翻转课堂虚拟学习社区大规模学习者集体创新智慧的形成以及高校管理者及实业界如何进行正确的产学研三位一体的结合式研发，以期使科研、教学、生产三种不同的社会分工在功能及资源优势上有效实现大规模协同、集成及优化配置，使翻转课堂虚拟学习社区中的创新知识及技术在上、

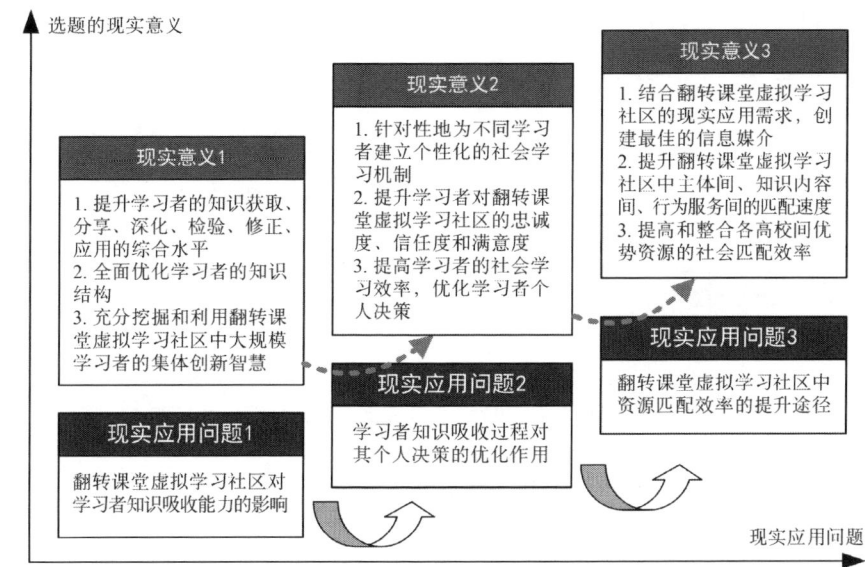

图 7-3 现实研究意义

中、下游实现完美的对接与耦合。

现实应用问题 2：学习者知识吸收过程对其个人决策的优化作用

学习者在翻转课堂虚拟学习社区中的知识吸收过程可以优化学习主体的个人决策。本书对于翻转课堂虚拟学习社区中社会学习机制以及学习者的知识吸收过程进行了解析和探讨，基于此，可有针对性地、因人而异地为不同学习者建立个性化的社会学习机制，以此提升学习者对翻转课堂虚拟学习社区的忠诚度、信任度和满意度，进而为建构和谐的学习型社会网络、改善整体学习环境、提高学习者的社会学习效率形成有力的助推器。

现实应用问题 3：翻转课堂虚拟学习社区中资源匹配效率的提升途径

在学习者 – 知识传递者、学习需求 – 知识供给、学习者个性化学习行为 – 翻转课堂虚拟学习社区服务等活动过程中，广泛存在着不同的匹配过程，翻转课堂虚拟学习社区通过提供有效的搜索和匹配机制将成为满足上述活动匹配要求的最佳信息媒介。本书研究翻转课堂虚拟学习社区对于社区中主体间、知识内容间、行为服务间匹配过程的作用机制，有助于发挥翻转课堂虚拟学习社区在上述匹配过程中的积极作用，进而提高各高校间优势资源的社会匹配效率。

（2）理论研究价值

本研究旨在解决如图 7-4 所示的与翻转课堂虚拟学习社区及学习者知识

吸收能力相关的四个理论研究问题，其理论研究意义主要表现于以下四个方面：

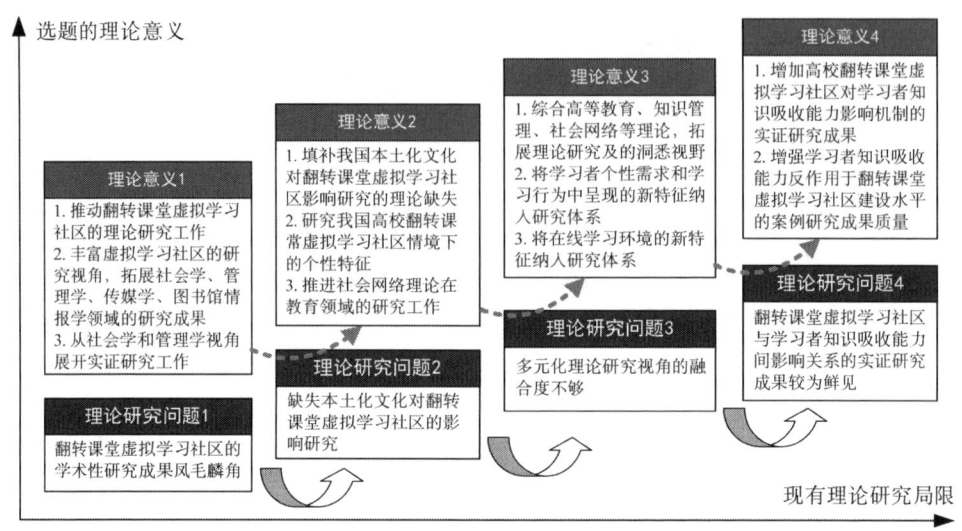

图 7-4　理论研究价值

理论研究问题 1：翻转课堂虚拟学习社区的学术性研究成果凤毛麟角

国外对于翻转课堂虚拟学习社区的研究仍然处于起步阶段，国内的相关学术性研究成果则更是凤毛麟角，而现有文献大部分属于教育学的研究范畴，缺乏从社会学和管理学视角展开的实证研究工作。本书研究翻转课堂虚拟学习社区对学习者知识吸收能力的影响机制问题，有助于加深对于学习者知识建构过程的认识，并进一步从理论上丰富了翻转课堂虚拟学习社区的研究视角。

理论研究问题 2：本土化文化对翻转课堂虚拟学习社区的影响研究缺失

我国高校的翻转课堂虚拟学习社区在本土文化的影响下，与国外社会网络相比存在显著差异，尤其表现在社区网络结构及学习者的交互行为等方面，本研究将学习者学习行为、教师教学模式的一般性研究与我国高校翻转课堂虚拟学习社区情境下的个性特征与约束相结合，以充分利用我国高校翻转课堂虚拟学习社区这一有价值的样本资源，推进社会网络理论在中国教育研究领域中的应用。

理论研究问题 3：多元化理论研究视角的融合度不够

本书综合高等教育、知识建构、社会网络等理论，将学习者置于具有新特征（网络效应、长尾效应、蝴蝶效应、共赢效应、马太效应、聚众效应等）

的翻转课堂虚拟学习社区环境中进行分析,以期有效拓展上述理论研究及其实践应用问题的洞悉视野。

理论研究问题4:翻转课堂虚拟学习社区与学习者知识吸收能力间影响关系的实证研究成果较为鲜见

关于我国高校翻转课堂虚拟学习社区对学习者知识吸收能力影响机制的实证研究成果,以及学习者知识吸收能力反作用于引导和提升高校翻转课堂虚拟学习社区建设方向和发展水平的案例研究成果,在我国高校教育教学研究领域较为鲜见,本书拟通过选取具有代表性的高校学习者及翻转课堂虚拟学习社区,展开我国高校翻转课堂虚拟学习社区与学习者知识吸收能力间关系的实证研究工作,以填补这一研究领域存在的缺失。

7.1.3 研究思路

本书将按照如图7-5所示的研究思路,针对翻转课堂虚拟学习社区中学习者知识吸收能力的关系现状反映出的局限性,通过构建学习者知识吸收能力理论模型,利用结构方程模型分析方法,结合教学实践工作中总结的虚拟学习社区中学习者行为特征、教师教学模式特征、虚拟学习社区功能特征,提出优化虚拟学习社区功能的建议。

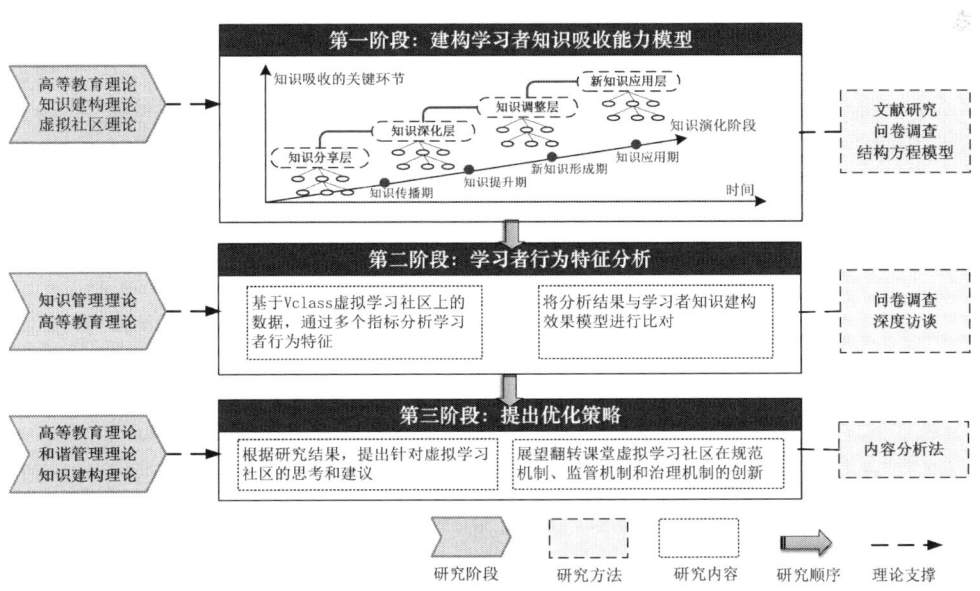

图7-5 研究思路

7.2 建立学习者知识建构效果模型

7.2.1 引言

本部分工作是在前人研究的基础上，建立翻转课堂教学模式与学习者知识吸收能力关系的理论模型。以中央财经大学"计算机基础"网络课程学习者作为第一轮研究对象，以双学位辅修课程学习者作为第二轮研究对象，通过发放问卷的方式搜集数据进行网络教学模式与知识建构效果影响关系的预测试实证研究，进而得到常规性网络教学模式对学习者知识建构效果的关键影响因素，通过研究学习者知识吸收能力的影响因素，可以依据这些因素针对性地改变翻转课堂教学模式和教学方式，为翻转课堂教学模式的改进提供建议，并为将"电子商务概论"双语课程引入 Moodle 翻转课堂教学平台提供借鉴思路。

7.2.2 理论模型框架及假设

翻转课堂教学模式下的学习者知识吸收效果既与学习者的学习活动有关，同时也与教师的教学活动有关，因此，探究翻转课堂教学模式下的学习者知识吸收效果的关键影响因素，必须同时将两者纳入其中，有助于设计科学合理的协同式教学模式，以激发更多学习者通过主动参与翻转课堂学习活动提升其自身的知识吸收效果。本书将教与学的双向活动同时纳入研究视角，并通过问卷调查收集研究数据，利用结构方程模型研究影响学习者知识吸收效果的关键因素。

（1）教师教学活动的影响因素

针对翻转课堂环境下的教师教学活动，本研究结合中央财经大学教务管理系统中的教学质量评价体系，根据其中的评价问题项进行重新归类后，总结出四个主要维度，分别是授课内容、授课方式、授课安排和授课风格。另外，基于翻转课堂虚拟学习社区的特有属性，杨根福（2016）指出 MOOC 平台提供的课程资源包括课程授课资源及辅助学习资源，其中授课资源涵盖了视频录制资源、授课脉络组织、学习目标介绍、课程难重点划分等，而辅助学习则涵盖了相关辅助视频资源、在线测试、课程作业指导文件、推送学习资料等，这些学习资源的趣味性、与授课内容的相关度、与学生现有知识水平的兼容性等都将影响教师的教学活动效果，进而影响学习者的知识吸收效果。基于此，本模型同时纳入了课程资源制作水平，即课件制作水平这一影响维度。基于此，本研究认为授课内容、授课方式、授课安排、课件制作水平和授课风格均将直接对教学活动效果产生影响，继而间接影响学习者的知识吸收效果，其中授课内容是翻转课堂教学模式下教师在课前、课中、课后提供的与课堂教学相关的内容安排，授课方式是翻转课堂教学模式下教师讲授内容的方式组合，授课安排是对整门课程的授课时间、节奏、进度的规划，授课风格是授课老师在线上线下体现出的教学特点，课程制作水平反映了翻转课堂教学模式下教师应用信息技术制作授课内容的程度，并得出如下假设。

H1a：授课内容对教师的教学活动效果存在影响。

H1b：授课方式对教师的教学活动效果存在影响。

H1c：授课安排对教师的教学活动效果存在影响。

H1d：课件制作水平对教师的教学活动效果存在影响。

H1e：授课风格对教师的教学活动效果存在影响。

（2）学习者学习活动的影响因素

就学习者学习活动的影响因素而言，通过文献回顾，结合学习者的实际情况，总结出学习者学习行为、学习者感受、学习者交流互动三个方面的关键影响因素。除此之外，考虑到学习者在虚拟学习社区的学习效果将受到网络吞吐量、数据传输速率等网络基础设施的影响，因此，将其纳入到学习者学习活动影响因素中。其一，就学习者行为而言，秦慧臻（2014）翻转课堂的虚拟学习社区为学习者提供了共同学习并分享知识的线上环境，并形成为共享知识的储存、学习者之间的交流协作提供技术支持的开放平台，促进学习者通过虚拟学习社区的交流与合作获取和吸收知识的学习行为。方旭（2015）基于 TAM（Technology Acceptance Model）模型，通过构建 MOOC 学习行为影响因素模型，并通过 325 份样本数据对其进行实证研究后，指出学习感知有用性（学习者感觉 MOOC 学习对自己现有知识结构完善和知识范围拓展提升的程度）和感知易用性（学习者感觉 MOOC 学习需要付出努力和投入精力的程度）对学习意向产生直接影响作用，并间接影响着学习者的学习行为，最终对 MOOC 平台学习者的学习效率和效果产生影响；其二，就学习者感受而言，王云和董炎俊（2013）指出如果学习者从主观感受上对自己做事的"效能"期望比较高，就会产生较强的自我效能感，并竭尽全力地做好这件事。在翻转课堂的课程学习过程中，自我效能感强的学习者往往确信自己能够较好地适应甚至驾驭课程学习线上平台，主动参与线上发布的讨论话题，在讨论区勇敢发帖陈述自己对该问题的独特见解，并愿意与同学就讨论话题进行激烈争辩直至达成一致意见，这一感受将驱动学习者更深入地理解和拓展思考学习内容，继而有助于学习者知识吸收效果的提升；其三，就学习者交互而言，杨根福（2016）认为学习者在翻转课堂环境中的交互行为包括对课程内容的评论、点赞等与内容的互动，通过 MOOC 平台与教师或其他学习者之间进行的人际关系交流互动，通过转发、分享等交互行为实现课程内容的社交化互动传播，这些交互行为都将帮助学习者深化和完善已有知识体系。姚勇（2011）认为学习者在翻转课堂虚拟学习社区的学习交互行为具有角色、空间、内容和时间维度的交互特征，这些特征有助于学习者以化零为整的方式吸收知识，并能有时间产生全新的学习灵感和创新的思考方式。Matt 和 Fernandez（2013）指出 MOOC 为全世界的学习者打造了一个"几乎涵盖大学所有的科目"的"空中大学"，并通过给学习者提供更加灵活的社交空间促进了知识分享和交流活动。Porterfield（2013）认为 MOOC 相较于传统教学模式而言，其所创造的虚拟学习社区能够将全世界学习者用一种灵活便捷的方式联系起来。秦慧臻（2014）指出学习者在翻转课堂虚拟学习社区中可以通过社会化信息交互、问题深入探讨、创新观念提出、问题思路扩展、学习心得交流、不同观点碰撞并最终达成共识的过程，推动学习者的学习热情，提高学习者的学习效率；其四，就网络基础设施而言，Sementelli 和 Garrett（2015）探索和审慎评估 MOOC 对高等教育的潜在价值及效用，并认为网络基础设施更好、信息传递速度更快、收费更合理的 MOOC 平台更便于学习者构建完善的知识体系，同时，课程资源越丰富优质，学习者更容易获取知识。Bartolomé 和 Steffens（2015）认为翻转课堂相较于传统课堂而言，需要部署更多高效的通信设备来搭建网络学习平台和虚拟学习社区，尽管这些设备具有低重复利用率和高成本等现实问题，但其通信质量的好坏、学习者的网络使用经验及其所具备的信息技术水平，直接决定和影响着学习者的学习热情和学习效果，因此，投入更多资金用于网络基础设施的建设和学习者网络信息技术水平的培训提升是至关重要的。综上所述，本研究认为学习者行为、学习者感受、学习者交互和网络基础设施都将对学习者的知识吸收效果产生影响，其中学习者行为是学习者在虚拟学习社区中进行学习的具体行为活动，学习者感受是学习者在虚拟学习社区中的学习体验和直观感受，学习者交互是学习者在虚拟学习社区中与其他用户交流互动的活动，网络基础设施是虚拟学习社区的信息技术支撑状况,并做出如下相关假设。

H2a:学习者行为对教师的学习者学习活动存在影响。

H2b:学习者感受对教师的学习者学习活动存在影响。

H2c:学习者交互对教师的学习者学习活动存在影响。

H2d:网络基础设施对教师的学习者学习活动存在影响。

(3) 学习者知识吸收能力的影响因素

本研究提及的知识吸收能力(效果)作为知识建构效果的延伸性构念,反映了对虚拟学习社区有价值的观点与思想的产生及不断改进的过程质量、学习者在社区中相互协作共同参与且最终形成知识产品过程质量的衡量结果(秦慧臻,2014),旨在衡量和评价学习者最终的学习效果。Bereiter(2003)认为知识建构过程是创建并修正知识结构的过程;Pena-Shaff(2001)及赵建华(2007)等人以意义单元为基本单位,诠释了学习者的知识建构过程;王陆(2012)基于此研究,提出了包括"提问-响应"、"阐释-澄清"、"冲突-辩论/辩护"、"综合-共识"、"评估-反思"和"情感-人际交流"在内的六个知识建构意义单元;王云(2013)通过问卷调查及实证研究,检验了学习者个性特征对虚拟学习社区中知识建构的影响机制,并发现自我效能感、学习动机、成就归因方式和学习风格等学习者的个性特征与其知识建构水平具有相关性;杨素芳(2014)认为知识建构包括知识共享、知识论证、知识协商、知识检验和知识应用五个不同阶段;潘炳超(2014)采用准实验研究的方法,以教学程序为实验变量进行教学实验研究后得出结论:翻转课堂有利于激发和维持大学生的学习动机、培养大学生自主学习与合作学习能力,继而提升学习者的知识建构能力;赵兴龙(2014)通过对翻转课堂中知识内化过程及教学模式设计问题的定性研究指出,翻转课堂主要通过教学流程翻转、分解知识内化的难度、增加知识内化的次数,促进学习者知识获得,进而提升学习者的知识建构效果;Maton(2014)认为对知识予以科学规范的编码有助于知识建构水平的提升。综上所述,基于知识建构过程中环节递进的层次分解,结合知识建构理论,考虑到 Henri(1992,2010)和 Gunawardena(1997)研究中选择的信息分享层、深化认识层、意义协商层、新观点的检验与修改层和应用新知识层指标,与我国学习者在翻转课堂虚拟学习社区中进行知识建构的过程更为接近,对学习者的知识吸收效果进行层次分析,从过程性视角将其细分为知识分享层、知识深化层、知识调整层及新知识应用层四个层面,其中知识分享是指学习者在学习过程中与其他人进行知识的交流共享活动,知识深化是学习者对所学内容的深入思考和扩展认知活动；知识调整是指学习者在学习了一段时间之后对新知识与已有知识之间的融合、深化等知识结构重组的活动；知识应用是指学习者在学习之后将所学知识运用于实践的过程，并形成以下研究假设。

H3a：知识应用效果对知识吸收效果存在正向影响关系。

H3b：知识调整效果对知识吸收效果存在正向影响关系。

H3c：知识深化效果对知识吸收效果存在正向影响关系。

H3d：知识分享效果对知识吸收效果存在正向影响关系。

（4）翻转课堂教学模式与学习者知识吸收能力的关系

在一门完成的翻转课堂教学课程中，最重要的角色便是"教"所对应的知识传授者（教师）和"学"所对应的知识接受者（学习者），因此，不难看出，教师的教学活动和学习者的学习活动将同时影响学习者的知识吸收效果，据此，形成学习者知识吸收效果模型中的两个主假设，并形成如图7-6所示的翻转课堂教学模式与学习者知识吸收能力的关系模型。

H4：教师的教学活动效果与学习者知识吸收效果正相关。

H5：学习者学习活动效果与学习者知识吸收效果正相关。

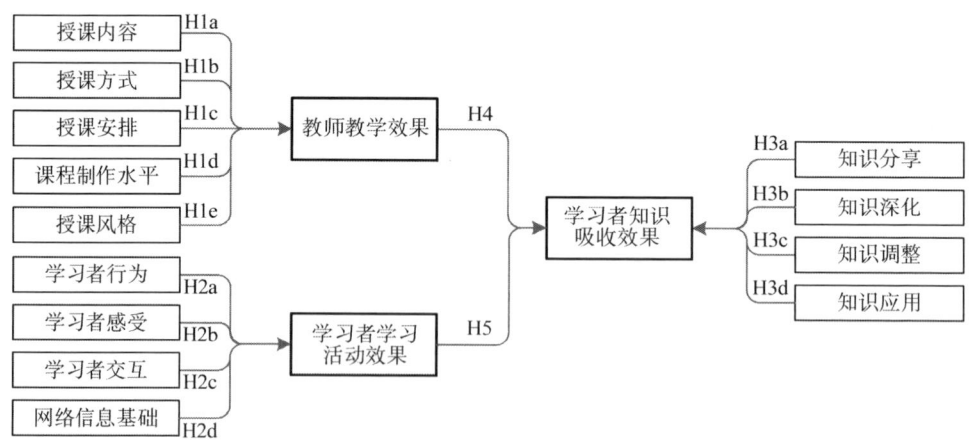

图7-6 理论模型

针对理论模型中涉及的变量及假设设计问卷总量表如表7-1所示。

表 7-1 问卷总量表

二阶因子	一阶因子	测量项	编号	理论依据
知识吸收效果	知识分享	我乐于与同学就所学内容进行交流	A1	Bantam (2015)
		交流让我对知识的理解更加深入	A2	
		交流让我受益匪浅	A3	
	知识深化	我发现我的理解与其他人的理解有不一致的地方	A4	张金磊 (2013); Antonio (2015)
		我会针对与其他人的不同进行深入地分析思考	A5	
		我能够更深层次地认识问题	A6	
	知识调整	我能根据交流后的思考对知识的理解进行调整	A7	Matula 和 Mitry (2013); Asoke 和 Halabh (2014)
		在调整之后我能对知识有新的认识和深化	A8	
		虚拟学习社区课后作业很多	A9	
		我的课后作业的完成质量很高	A10	
		我的考试的成绩很好	A11	
	知识应用	我对新知识的理解能够得到其他人的认同	A12	Chunwijitra、Laokok 和 Chai (2015)
		我可以熟练运用虚拟学习社区中学习的知识	A13	
		我可以使用课程所学知识解决实际问题	A14	
		我能根据对知识的理解得到问题的正确解答	A15	
学习者学习活动	学习者行为	我经常登录社区进行学习	A16	王萍 (2015); 朱宏洁和朱赟 (2016)
		我在社区学习的时间足够长	A17	
		我在学习过程中从来不走神	A18	
		我经常暂停视频,思考所学内容	A19	
	学习者感受	我感觉在虚拟学习社区中学得更有积极性	A20	Harvard 和 MIT (2013); Altbach (2014)
		我感觉虚拟学习社区使学习变得更愉悦	A21	
		我在认为虚拟学习社区的学习效果比课堂学习效果好	A22	
		我很容易适应虚拟学习社区的学习方式	A23	
		虚拟学习社区学习有助于学习效率的提高	A24	
		我愿意通过虚拟学习社区形式进行课程学习	A25	
	学习者交互	使用这种方式学习,我能与同学和老师进行交流	A26	王云和董炎俊 (2013)
		我愿意参与虚拟学习社区交流平台上的讨论	A27	
		我在虚拟学习社区的交流平台上表现得很活跃	A28	
	网络信息基础	我熟悉在虚拟社区发布信息的方法	A29	Coursera、edX 等案例分析
		我能顺利下载课程网络资源	A30	

续表

二阶因子	一阶因子	测量项	编号	理论依据
教师教学活动	授课内容	老师会通过提出问题的方式设置学习活动	A31	Pruitt（2010）；王颖和张宝辉（2012）
		授课过程中有案例分析和研究讨论	A32	
		老师会对学生的学习过程加以反馈	A33	
		授课过程中会通过分工合作的形式完成成果	A34	
	授课方式	老师会设置学生学习导读内容	A35	朱宏洁和朱赟（2016）
		老师会通过实践性任务的设置引导学生学习	A36	
		老师会通过多种形式体现学习内容	A37	
		老师会建立引导体系图引导学生	A38	
	授课安排	课程安排合理，任务量足	A39	张辉和马俊（2015）
		课程的长度适中	A40	
		教学内容节奏紧凑	A41	
	授课风格	老师能够充分吸引学生的注意力	A42	Hansch、Newman 和 Hillers（2015）
		老师借助翻转课堂将理论和实践充分结合	A43	
		老师会给予同学足够多的资料	A44	
	课程制作水平	采用的信息技术适合授课内容	A45	Bailey 和 Pearson（2011）
		情景化教学能够在课程中充分体现	A46	

7.2.3 实证分析

（1）实证方法

针对如图 8-6 所示的理论模型，其所涉及的变量均为无法直接测度的潜变量，需多个外显观测指标予以间接度量。基于此，相关分析及多元回归等传统方法的研究效果不甚理想，因此，选择结构方程建模（Structural Equation Model，SEM）作为样本数据的分析工具，并采用 Amos 和 SPSS 分析软件，进行探索性因子分析、信度检验、验证性因子分析（主要包括区别效度与收敛效度检验）、模型分析及模型修正。

（2）问卷设计

结合前人的研究成果、访谈的问题记录、案例分析的相关结论以及研究小组的讨论商榷四种方式，确定翻转课堂教学模式与学习者知识吸收能力的关系模型测量量表，并最终确定了用于正式调研的 Likert 7 级调查问卷。

(3) 数据收集

本次问卷调研工作在 2015 年 12 月针对中央财经大学"计算机基础"课程、双学位辅修学生、Moodle 平台师生用户展开，针对五个课程班级，发放问卷共计 507 份，回收问卷时将存在选项不合理（全部选项均为同一答案）或缺失值过多等问题的 226 份无效问卷予以剔除，保留有效问卷 274 份。

(4) 分析过程

①探索性因子分析。

本研究首先随机选取一半样本进行探索性因子分析，经 KMO 检验和 Bartlett 球形检验结果显示，接包主体参与行为数据适合做探索性因子分析，继而得到所有 45 个测量项的初始探索性因子分析结果，共提取了 13 个因子，累计解释总变异量的 71.45%，高于 Hair (1997) 提出的 69% 的标准，因此，其解释是充分有效的。一致性检验结果如表 7-2 所示，可以看出 Cronbach's Alpha 系数为 0.957，说明此次问卷调查的数据具有好信度。

表 7-2 数据整体的信度分析

Cronbach's α	项数
.957	46

另外，对问卷中每个潜变量的信度分别检验结果如表 7-3 所示。从表中可以看到，除知识调整量表 Cronbach's Alpha 系数为 0.678，低于 0.7 以外，其他分量表的 Alpha 系数均在 0.7 以上，表明此量表的可靠性较高。

表 7-3 潜变量的数据信度检验

潜在变量	可靠性统计量	
	Cronbach's α	项数
知识分享	0.924	3
知识深化	0.783	3
知识调整	0.678	5
知识应用	0.832	4
学习者行为	0.837	4
学习者感受	0.921	6
学习者交互	0.867	3
网络信息基础	0.742	2

续表

潜在变量	可靠性统计量	
	Cronbach's α	项数
授课内容	0.826	4
授课方式	0.830	4
授课安排	0.857	3
授课风格	0.802	3
课程制作水平	0.785	2

然而，由于潜变量知识调整的 Cronbach's Alpha 系数小于 0.7，因此有必要针对这一潜变量进行一阶因子的调整。考虑知识调整这一潜变量对应的 5 个测量指标，依次去掉其中的问题项，重复进行信度检验后发现"虚拟学习社区课后作业很多（A9）、我的课后作业的完成质量很高（A10）、我的考试的成绩很好（A11）"这三个测量指标不能很好地测量"知识调整"这一潜变量，因此去掉这三个问题项，保留前两个问题项。

经过上述的调整，此次调查数据拥有了可靠信度。

②验证性因子分析。

首先采用 SPSS 统计软件进行结构效度检验，具体检验结果如表 7 - 4 所示。

表 7 - 4　　　　　　　　问卷的效度检验

潜变量	测量指标个数	KMO 值	Bartlett 检验的 p 值
知识分享	3	0.738	.000
知识深化	3	0.653	.000
知识调整	2	0.521	.000
知识应用	4	0.783	.000
学习者行为	4	0.719	.000
学习者感受	6	0.891	.000
学习者交互	3	0.734	.000
网络信息基础	2	0.504	.000
授课内容	4	0.778	.000
授课方式	4	0.782	.000
授课安排	3	0.712	.000
授课风格	3	0.707	.000
课程制作水平	2	0.511	.000

效度分析的结果显示，除了知识调整、网络信息基础、课程制作水平均因由两个测量项而使 KMO 值较低以外，测量指标对各潜变量具有较好的解释程度，说明问卷具有可接受的结构效度。

③模型分析评价。

本研究运用 AMOS 软件对构建的理论模型进行实证分析，绘制的一阶潜变量和二阶潜变量的路径图，导入问卷搜集的数据文件，并进行结果计算，如图 7-7 所示。

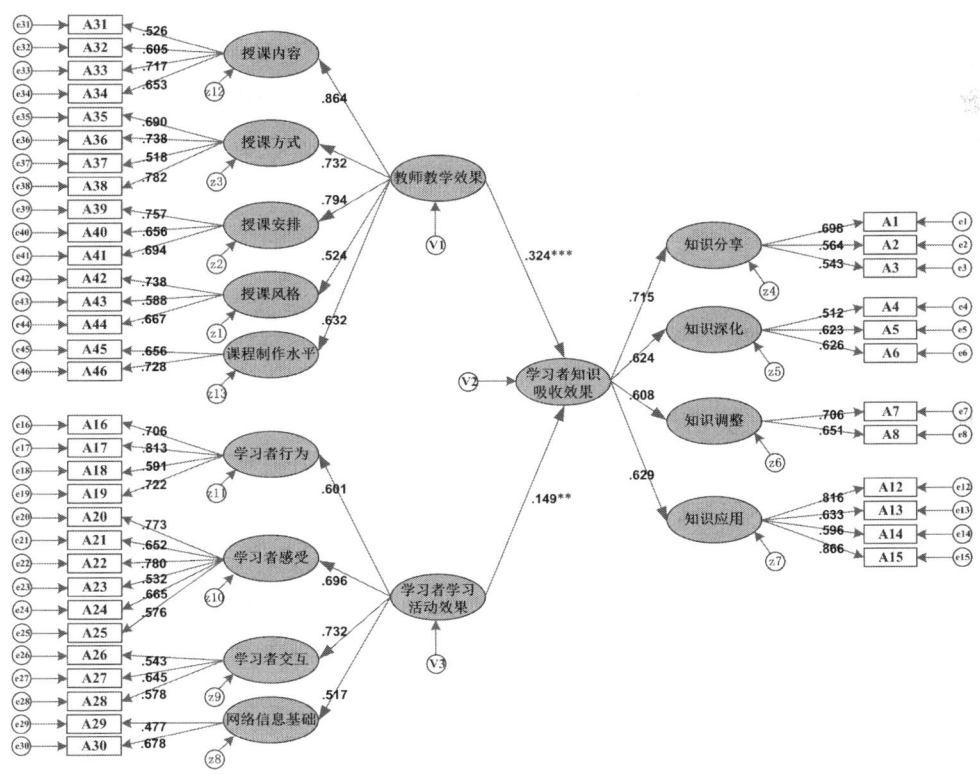

注：*、**、*** 分别表示 P 值在 10%，5%，1% 的范围。

图 7-7 教师的教学活动参数估计结果

其一，载荷系数与路径系数的显著性。

载荷系数是潜变量与外显观测变量之间的回归系数；路径系数则是潜变量与潜变量之间的回归系数。这里，可以根据 p 值判断载荷系数与路径系数的显著性。例如：如果路径系数对应 p 值小于 0.01 则认为该路径系数在 99% 的置信度水平下显著异于 0，即变量之间显著相关。

本模型的主要参数估计结果如表7-5所示。

表7-5　　　　　　　　载荷系数与路径系数估计结果

*			Estimate	P
学习者学习活动	→	知识吸收效果	.149	.004
教师教学活动	→	知识吸收效果	.324	***
教师教学活动	→	授课风格	.524	*
教师教学活动	→	授课安排	.794	**
教师教学活动	→	授课方式	.732	***
教师教学活动	→	课程制作水平	.632	**
教师教学活动	→	授课内容	.864	***
知识吸收效果	→	知识分享	.715	**
知识吸收效果	→	知识应用	.826	**
知识吸收效果	→	知识深化	.624	**
知识吸收效果	→	知识调整	.608	*
学习者学习活动	→	学习者行为	.601	**
学习者学习活动	→	学习者感受	.696	***
学习者学习活动	→	学习者交互	.732	**
学习者学习活动	→	网络信息基础	.517	*

首先，从二阶因子潜变量之间的路径系数观察，学习者学习活动效果对知识吸收效果影响关系的 p 值为 0.004，小于 0.01，教师教学效果对学习者知识吸收效果影响关系的 p 值在 0.01 的显著性水平下显著异于 0。由此可见，假设 H4 和 H5 成立，即教师教学效果和学习者学习活动效果均对知识吸收效果存在正向影响关系。其次，从一阶因子潜变量和二阶因子潜变量之间的路径系数观察，绝大多数一阶因子潜变量对二阶因子潜变量的解释程度较高。最后，从一阶因子潜变量和外显观测变量之间的载荷系数观察，这些外显观测变量能够有效测度且解释一阶因子潜变量。

综上所述，从显著性检验的角度来看，本研究的理论模型在统计意义上显著。

其二，拟合指数评价。

AMOS 为模型评价提供了多元化的模型拟合指数，这里选用常用拟合指数，上述模型拟合指数的计算结果如表 7-6 所示。

表 7-6　　　　　　　　　　拟合指数计算结果

拟合指数	卡方值（自由度）	CFI	NFI	IFI	RMSEA	AIC	BCC	EVCI
结果	1867.961（845）	0.867	0.784	0.869	0.067	2155.961	2213.042	8.105

从表 7-6 中可以看出，虽然有些模型指标距离最优标准仍有一定差距，但考虑到本模型涉及的测量项较多，同时翻转课堂也属于一个较新的实证研究领域，因此，总体结果尚可接受，拟合程度在可接受的范围内，表明模型对现实数据具有一定解释力。

7.2.4　结论与启示

根据上述实证分析结论观察，表明本书尝试创建学习者知识吸收效果影响模型对现实数据具有一定解释力，换言之，也说明该模型具有一定可信度。就其现实意义而言，证明了本研究的理论模型及相关假设的有效性。

假设 H1a-H1e 与 H4 的结论分析解释如下：首先，由实证分析结论可见，授课内容、授课方式、授课安排、授课风格、课程制作水平与教师教学活动效果之间的路径系数分别为 0.864、0.732、0.794、0.524 和 0.632，且 p 值通过显著性检验，表明教师的授课内容、授课方式、授课安排、授课风格、课程制作水平对教师教学活动效果存在显著的正向影响关系，假设 H1a-H1e 得到数据支持；然后，教师的教学活动效果与学习者的知识吸收效果之间的路径系数为 0.324，且 p 值通过显著性检验，表明教师的教学活动效果对虚拟社区中学习者的知识吸收效果存在显著的正向影响关系，原假设 H4 成立，教师教学效果对学习者的知识吸收效果存在显著影响。综上说明，教师的教学效果越好，即教师在翻转课堂教学模式中使用的授课内容越丰富、授课方式越科学合理、授课安排越明确、授课风格越新颖且吸引人、课程制作水平越高，学习者的知识吸收效果就越理想，据此结论可考虑在未来实施"电子商务概论"双语课堂翻转课堂教学实践工作时，以改善教师教学相关活动为切入点，从授课内容、授课方式、授课安排、课程制作水平等方面着手完善教师教学实践活动，继而为提升学习者在翻转课堂学习模式下的知识吸收效果做好准备。

假设 H2a-H2d 与 H5 的结论分析解释如下：首先，由实证分析结论可见，学习者行为、学习者感受、学习者交互、网络信息基础与学习者学习活动效果之间的路径系数分别为 0.601、0.696、0.732 和 0.517，且 p 值通过显著性检验，表明学习者的学习者行为、学习者感受、学习者交互、网络信息基础对学习者学习活动活动效果存在显著的正向影响关系，假设 H2a – H2d 得到数据支持；然后，学生的学习活动效果与学习者的知识吸收效果之间的路径系数为 0.149，且 p 值通过显著性检验，表明学生的学习活动效果对虚拟社区中学习者的知识吸收效果存在显著的正向影响关系，原假设 H5 成立，学生的学习活动效果对学习者的知识吸收效果存在显著影响。综上说明，学生的学习活动效果越好，即学生在翻转课堂教学模式中的学习行为越频繁、学习者感受和体验越好、学习者交互程度越高、网络信息基础越完备，学习者的知识吸收效果就越理想，据此结论可考虑在未来实施"电子商务概论"双语课堂翻转课堂教学实践工作时，以改善学生对翻转课堂虚拟学习社区的易用性和及时性为切入点，从学习者行为、学习者感受、学习者交互、网络信息基础等方面有序引导学习者的各项学习活动，继而为提升学习者在翻转课堂学习模式下的知识吸收效果奠定基础。

假设 H3a – H3d 的结论分析解释如下：由实证分析结论可见，知识分享、深化、调整、应用效果与学习者学习活动效果之间的路径系数分别为 0.715、0.624、0.608 和 0.826，且 p 值通过显著性检验，表明学习者的知识应用、调整、深化、分享效果对学习者知识吸收效果存在显著的正向影响关系，假设 H3a – H3d 得到数据支持。此结论可考虑在未来实施"电子商务概论"双语课堂翻转课堂教学实践工作时，以有序推动学习者在对翻转课堂教学模式下的知识应用、调整、深化、分享过程，继而为提升学习者在翻转课堂学习模式下的知识吸收效果奠定基础。

7.3 "电子商务概论"双语课程翻转课堂教学实施

7.3.1 引言

为顺利实施"电子商务概论"双语课程翻转课堂教学工作，并有序通过将课程主体内容迁徙至 Moodle 线上教学平台，根据上述基于"计算机基础"和双学位辅修学习者的实证研究结论，分步骤将"课前的问题引导与观看视频、课中的难点知识讲解与课堂案例讨论、课后的问题解决与启发式扩展学习引导"三个主要教学环节迁移至 Moodle 翻转课堂教学平台。首先，在了解

"电子商务概论"双语课程学习者的基本情况、学习需求和对 Moodle 平台的接受度之后，有序将"课前的问题引导与观看视频"环节先行引入授课体系，然后，在适应这一课前准备环节的基础上，结合课堂的常规知识难点授课内容和扩展引导思考授课内容之后，将"课中的难点知识讲解与课堂案例讨论"的重点内容凝练后按层次推送到 Moodle 平台；最后，通过发布篇章及单元作业模块对应的作业类型、作业要求、指导性文件、作业参考范本以及单元测试等内容，将"课后的问题解决与启发式扩展学习引导"自然无缝地过渡到 Moodle 平台。

7.3.2 Moodle 教学平台课程内容

在实践教学过程中，为达到预期的教学效果，本课程启用了 Moodle 教学平台，平台上的实体课程展示将涵盖以下内容：

（1）篇章及单元授课目标

旨在帮助学生了解和掌握每个篇章（通常将覆盖 2~3 个章节的内容）和单元的学习目标。

（2）授课脉络引导资料

授课脉络引导资料涵盖篇章及知识单元主线图、规定情境必做思考题、启发式引导问题、开放式思考题等，旨在引导学生在了解篇章及章节授课目标的基础上，快速把握住达成这些授课学习目标的授课内容及知识点主线、授课重难点、为理解上述知识点配设的各类思考题，主要包括：其一，难度较低、涉及的知识点较为单一的规定情境必做思考题；其二，为激发学习者学习兴趣且能自发了解相关知识设定的启发式引导问题；其三，为有一定实践基础的同学设计的与电子商务实践发展紧密相关的热点议题或争议性话题对应的开放式思考题。这些思考题也将以授课内容的形式穿插出现在课堂授课或案例讨论环节。

（3）主案例及辅助案例分享资料

主案例及辅助案例分享资料（含书籍推荐、相关视频链接、国内外相关案例资料等）旨在引导学生在授课之前主动了解每一章节在课堂授课过程和讨论过程中将出现的主案例及辅助案例，为课堂案例分析深度和广度奠定基础知识储备。

（4）篇章及单元作业模块

篇章及单元作业模块涵盖了多元化的作业类型，且难度逐渐递进，主要包括：案例分析作业-单案例分析与跨案例对比分析作业、辩论题作业-模拟辩论赛、Wiki 协同讨论区作业、创意型作业-商业模式创意理念视频、常规实践型作业-主流电商平台功能演练、实践型作业-线上市场调查、英文文献阅读作业、社会实验作业等。旨在同步提升学习者电子商务实践操作能力和理论研究能力，并能无缝将两者融合起来，有助于学生将理论知识与实践应用能力融会贯通，同时也能通过抓住实践问题的本质，并在老师的引导下通过理论分析和理论观点凝练找到问题的解决之道。

（5）Wiki 协同讨论区问题讨论模块

Wiki 协同交流讨论区能够让所有人参与编辑该 Wiki，利用该 Wiki，大家可以合作编辑辩论方案。Wiki 的每个页面的之前历史版本都将被保存，该历史显示了每个参与者的编辑操作。

（6）篇章及单元知识单元总结

篇章及单元知识单元总结旨在帮助学习者整理各章节的知识主线和知识要点。

（7）单元测试模块

旨在学习完成每章知识单元之后，检测学习者的掌握程度和学习效果。

（8）课堂讨论区

旨在交流课堂内外遇到的各类电子商务相关问题，成为学习者之间、师生之间沟通的主要线上渠道。

（9）新闻发布区

旨在发布课程相关的各项通知文件。

（10）学生优秀作业展示

旨在通过学生优秀作业展示模块使得学习者之间能够通过参考、共享和学习优秀作业，提升自己的作业分析能力，找到并弥补可能存在的差距。

7.4 反思性教学成长记录

7.4.1 引言

通过 2015～2016 学年第 2 学期针对信息学院电子商务专业和信息管理与信息系统专业本科一年级学生实施基于翻转课堂教学理念的"电子商务概论"

双语课程后，针对所有学习者进行了线上问卷调研，同时随机抽取了多名学习者进行回访，以期总结教学经验，提取该教学模式的普适化推广范式。

由于在本轮教学模式变革过程中，伴随着线上授课资源的逐步完善、线上课堂内外的讨论区话题的设计、作业类型的多元化及指导文件的冗长性、学习者对 Wiki 协同讨论区的逐步适应性使用向熟练驾驭性使用模式的转变过程等问题，导致在推进翻转课堂教学模式的过程中仍然面临着授课时间受限、教师及助教工作量显著加大、网络视频知识版权保护、网速较慢等诸多挑战，因此，在授课工作完成之后，通过对学习者的线上调查及线下回访，对授课过程中存在问题和实施经验进行了全面总结，并发现这一教学模式在学习者、教师、课程、Moodle 虚拟学习社区平台研发四个方面都有继续改善和优化的空间。

7.4.2 基于 Vclass 虚拟学习社区的知识吸收效果分析思路

本书基于 Moodle 教学平台进行研究，通过分析平台上学习者行为特征，主要包括：登录课程次数、学习章节次数、观看课件次数、查看资料次数、论坛活跃次数、课程分数等，探究在虚拟学习社区中学习者的不同行为对学习效果的影响，以此分析翻转课堂教学模式的完善方向和相应虚拟学习社区的改进与发展之道。

Vclass 网络学习平台是中央财经大学基于 Moodle 网络课程制作软件包创建的虚拟学习社区。截止到 2016 年 9 月，我校在该平台共计开设 9 门课程，本书的研究工作主要围绕其中的"电子商务概论（双语）"课程中的 72 名学习者展开。首先，因变量选择。在学习者学习"电子商务概论（双语）"时需要定期在 Vclass 学习平台中进行单元测试，单元测试总计 13 次，本研究随机从中选择了两次单元测试成绩数据，值得一提的是，因为这两次单元测试难度较低，每次测试的满分为 10 分，基于此，本研究在研究过程中将这两次单元测试的总分合并为满分为 20 分的单次测试成绩作为因变量予以考量，以期观察出研究者不同的学习行为对测试分值（也可视其为学习者知识吸收效果）的影响；另外，自变量选取。在确定研究对象后，本研究对学习者的关键学习活动进行了选择，即自变量选择，并确定以学习者的登录次数、学习者查看 PPT 的次数、学习者查看知识总结的次数以及学习者参与讨论的次数作为自变量，观察其对学习者测试成绩，即学习者知识吸收效果的影响。

7.4.3 基于 Vclass 平台行为数据的知识吸收效果分析

本次学习者行为的统计分析工作针对 2015～2016 学年第 2 学期的 "电子商务概论" 双语课程的 72 名学习者展开，主要跟踪收集了学习者的登录次数、查看 PPT 频次、查看知识总结频次及参与讨论频次等数据 6845 条，具体数据如表 7－7 所示。

表 7－7　　　　　　　　　　Vclass 数据整理

项 目		满分数量	学习者数量	百分比
总 数		28	72	39%
登录次数	大于均值 101.1	22	32	69%
	小于均值 101.1	6	40	15%
查看 PPT 累计数	大于均值 1.8	20	41	49%
	小于均值 1.8	8	31	26%
参与讨论数	大于均值 11.8	8	15	53%
	小于均值 11.8	20	57	35%
查看知识总结累计数	大于均值 0.9	20	47	42%
	小于均值 0.9	8	25	32%

为了更加直观地分析数据的结果，我们将数据制作成了饼状图以展现所有统计结果。具体情况如图 7－8 至图 7－11 所示。

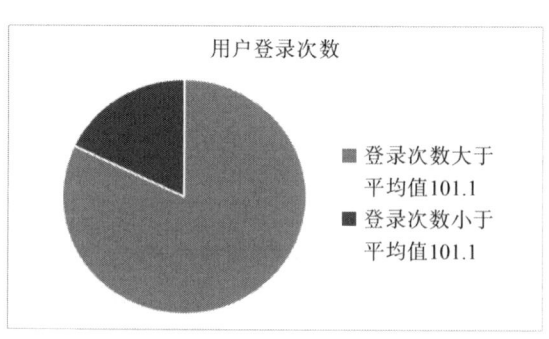

图 7－8　用户登录次数对分数的影响

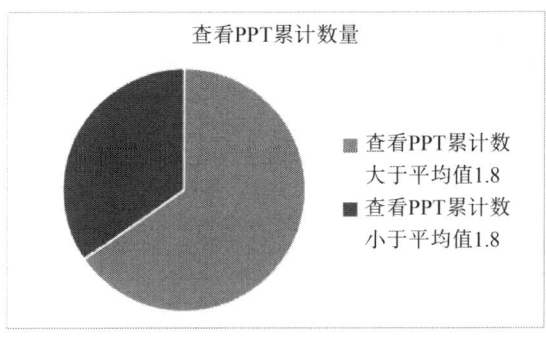

图 7-9 查看 PPT 累计数量对分数的影响

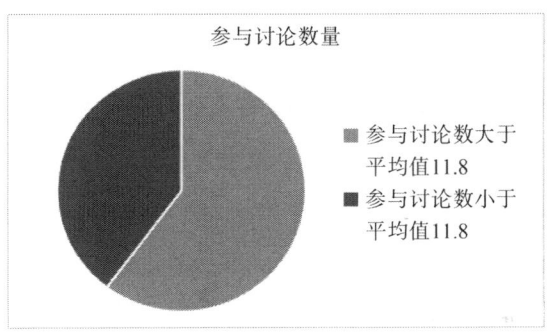

图 7-10 参与讨论数量对分数的影响

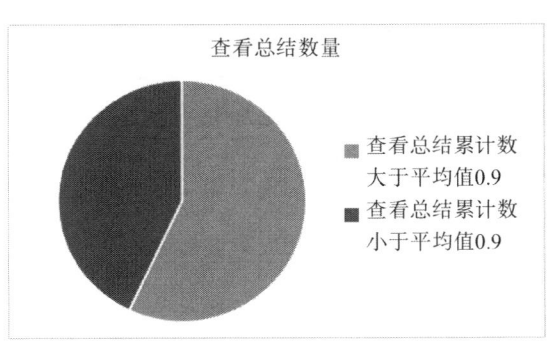

图 7-11 查看总结数量对分数的影响

通过上述的饼状图直观课件，当学习者的登录次数、查看 PPT 次数、参与讨论次数、查看总结次数均大于平均值时，学习者在两次测试中均得到满分的比例更高，并且均大于总体满分率 39%。由此说明上述四项指标，即登录次数、查看 PPT 次数、参与讨论次数、查看总结次数对学习者的单元测试成绩，即学习者的知识吸收效果存在显著影响。当然，通过分析学习者的访问地点、在线时长、访问时间等行为数据,也发现很多学习者属于"夜猫子"类型。

7.4.4 基于 Vclass 学习者访谈的知识吸收效果分析

本书除对 Vclass 上的学习者行为数据进行定量分析之外,还进一步针对平台学习者进行有关虚拟学习社区建设问题的访谈,通过了解课程学习者直接看法,对 Vclass 虚拟学习社区的改进奠定基础,提供优化和完善的方向。

笔者在 72 名学习者中,随机选择了三位自愿接受访谈的同学,并就课程学习中的感受、教师授课模式以及虚拟学习社区的功能等问题进行了深度访谈,表 7-8 汇总了部分访谈信息。

表 7-8   部分学习者访谈信息

	采访者提问	被采访者回答
1	你习惯在 Vclass 上学习吗?	……其实没什么不习惯的,平时自己学习的时候也是看看 PPT,写写老师留的作业。只不过现在这个工作变成了在网站上进行。……
2	那你觉得在这个平台上学习与你平时学习其他课程有什么不足吗?	要说不足的话,就是用起来还是不够便捷,……因为我们不能时时刻刻都在电脑上登录着 Vclass 网站,有时候网站上更新了学习资料,可是自己并不知道,只能每天都去访问一下。所以,最好老师能给平台添加一个新消息提醒功能,比如每次有更新资料,都给我们发个邮件、手机短信或者微信信息,如果能开发一个 APP,肯定会更方便。……
3	平台上也有讨论的模块,那你曾经在平台上跟老师或者同学交流过吗?	曾经在上面发过几次言,没怎么进行过交流,不止我这样,大家都很少真正进行讨论,因为网站是实名注册的,也不能匿名参与讨论,所以大家都有些担心,不敢很自由地随意发言。
4	数据上也显示你们很少发言或者交流,为什么?	我觉得最主要的原因是这个课程的用户也挺少的,两个班就七八十个人,而且大家也没有统一的登录时间,都是各上各的,同时在线的用户不多……我希望一发言马上就有人跟我互动,但不是这样啊……好半天才来一个人,下完课程资源 TA 就走了,都没看我和我的留言一眼啦,所以没办法交流。……

续表

	采访者提问	被采访者回答
5	那为什么上线发言的人也不多呢？	这个可能跟老师提出的话题有关吧，老师在平台上发起的讨论话题大部分都是与课程相关的学习内容、或者电子商务业界大事件啊，再不就是学习方法啊，可能大家都不是特别感兴趣。要是发起的话题更活泼一点，讨论一点跟生活相关的话题，比如看的电视剧啊，喜欢的歌手啊，经常玩的游戏啊，学校的各类活动啊，可能大家会更感兴趣一些。……也可以增加一些答题类或者接龙类的游戏，赢家得积分，积分可以转化为平时成绩，大家的参与度也会更高一些吧……还有，就是跟上课回答问题一样啊，因为是实名的，也许大家不好意思回答，所以要是有个匿名选项，大家可能也更愿意发言了。
6	除此之外呢，你觉得这个平台还有什么可以改进的地方吗？	嗯，最好老师能把关于电子商务的新闻或者报告汇总好，直接转到新闻讨论区，老师平时让我们看这种新闻，也会发链接到课程讨论区，但是大家都很忙，积极性不高，也没时间到链接网站上去一个一个看，所以老师最好能把每天的电子商务热点事件的主要内容分类汇总整理好之后，发给我们看。另外，平台上的发帖功能也不够灵活活泼，连个表情包都没有，贴图片也很麻烦，有时候还不能正常显示，需要安装插件才行，能让老师在论坛里新增一个表情包模块吗？……最好还能有移动端 APP 可以用，谁能天天抱着电脑登录呢？……

对受访学习者的访谈资料进行整理后，将建议分类汇总，如表 7-9 所示。

表 7-9　　　　　　Vclass 虚拟学习社区学习者建议

序号	建议
	关于虚拟学习社区建设的建议
1	新消息上传时能够及时提醒用户
2	开展移动端 APP 的开发，方便用户使用
3	增加匿名发言功能
4	增加论坛发帖表情包功能
	关于虚拟学习社区中开展活动的建议
1	固定用户登录交流时间，方便讨论

续表

序号	建议
2	分享与电子商务有关的新闻、报告
3	线上线下的活动联系得更紧密一些
4	尽可能发布一些更加轻松的讨论话题
5	设置学习积分机制,对应到平时成绩中去
6	老师每天发布新闻事件分类汇总信息,便于用户直接查看
7	增加线上用户的访问度和参与度

7.4.5 Moodle 虚拟学习社区调研问卷

为致力于完善本课程所采用的 Moodle 虚拟学习社区使用方式,66 名同学参与完成了虚拟学习社区调研问卷,其数据统计结果如图 7-12 至图 7-19 所示。

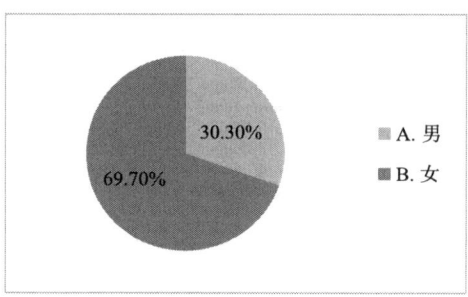

图 7-12 Moodle 平台学习者性别分布情况

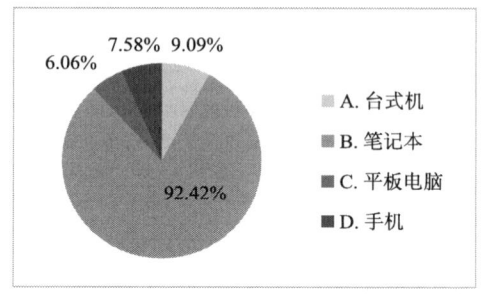

图 7-13 访问 Moodle 平台设备情况

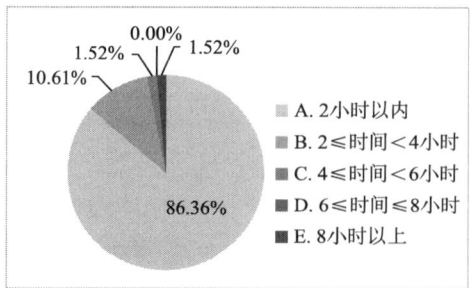

图 7-14 每周 Moodle 平台学习的平均时间

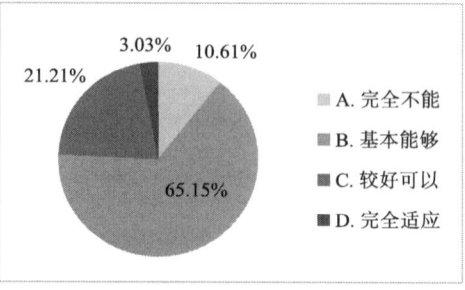

图 7-15 Moodle 平台的网络化学习适应情况

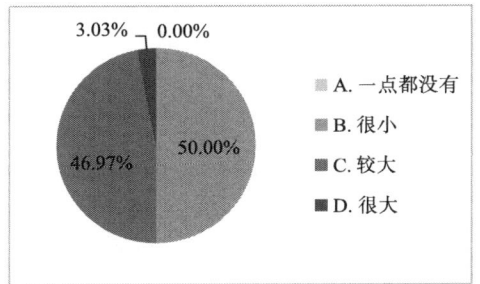

图7-16　Moodle平台对学习的帮助度

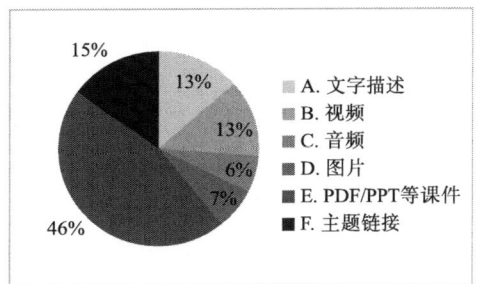

图7-17　Moodle平台学习资源受欢迎度

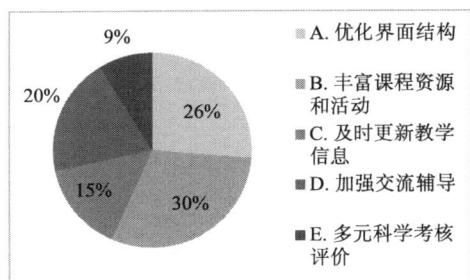

图7-18　Moodle平台的不完善之处

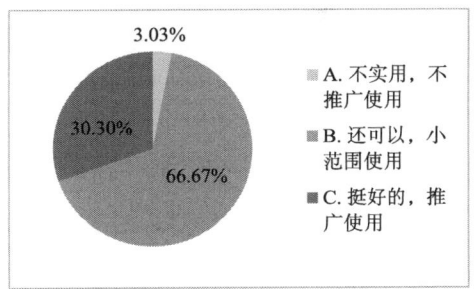

图7-19　Moodle网络学习平台的实用性

根据统计数据观察，Moodle平台访问仍以女性学习者为主；由于平台没有对应的移动端APP，绝大多数学习者仍以移动电脑访问为主，但反应出学习者对移动端APP的旺盛需求；86.36%的学习者每周会在Moodle平台学习时间不超过两小时，说明目前的平台黏性还有待提升；65.15%的同学基本上能较好适应基于Moodle平台的翻转课堂教学模式；Moodle平台对学习者的帮助度因人而异，50%的同学认为帮助很小，46.97%的同学认为帮助较大；46%的学习者认为Moodle平台上最受欢迎的学习资源仍是PDF或者PPT，这说明目前其他类型的学习资源尚未充分发挥出自身优势；关于Moodle平台有待完善之处这一问题，30%的学习者认为有必要继续丰富课程资源和活动，26%的学习者认为界面结构仍有待继续优化，15%的学习者认为更新教学信息的速度有待提升，即教学资源更新的同时，应及时推送这一更新信息至学习者，这一点与前述基于Vclass学习者访谈的知识吸收效果分析结论完全一致；66.67%的学习者认为Moodle网络学习平台的实用性尚可，可在小范围内推广，仅30.30%的学习者认为Moodle网络学习平台的实用性挺好，应推广使用，这一点也说明Moodle平台还有进一步优化和完善的空间。

7.5 结论与启示

7.5.1 结论

通过上述的行为数据分析可以看出，不同学习者在虚拟学习社区中的学习行为将对学习者的知识吸收效果产生不同程度的影响。无论是学习者的登录次数、查看PPT次数、参与讨论数还是查看知识总结数，这些指标均体现了学习者学习主动性的强弱。当学习者自主学习能力和主动性更强，且虚拟学习社区的活动参与度活跃度更高时，往往更有可能获得更高的单元测试成绩；然而，当学习者的学习能力和主动性较低，且较少参与虚拟学习社区的各项学习活动时，该成绩相对偏低，这一结论再次佐证了学习者的学习活动对其知识吸收效果的影响。

通过上述的对学习者的访谈信息和问卷回访数据分析可以看出，当虚拟学习社区中的活动更轻松、更活泼、更贴近日常生活时，就更有可能吸引学习者登录虚拟学习社区进行学习，并参与课程讨论，进而有可能提高学习者的知识吸收效果。与此同时，当虚拟学习社区的使用更加方便、模块更加丰富、在线学习者数量更多、呈现的课程资料汇总程度越高时，也会提高学习者在虚拟学习社区中的参与度，以此让学习者有更多的机会进行课程学习，并提高学习者的平台访问黏度和使用忠诚度。

7.5.2 启示

根据实施翻转课堂前的调研工作、实施过程中有序引入翻转教学模式、实施后通过针对学习者的回访总结教学经验后，本书针对翻转课堂虚拟学习社区的发展进行思考，并提出相关完善建议。

根据此前实施翻转课堂前的调研及实证分析发现，通过改进教师的教学活动和学习者的学习活动均可提高学习者的知识吸收效果，而提高学习者的知识吸收效果正是虚拟学习社区发展的最终目标。因此，未来可从改善教师的授课内容、授课方式、授课安排、课程制作水平等方面，或者从改善学习者的行为、感受、交互和网络信息基础等方面着手提高翻转课堂的教学效果，优化教学模式。

根据此前针对 Vclass 平台行为数据和访谈信息分析发现，虚拟学习社区功能的完善度也会通过影响学习者的学习感受或体验，继而影响学习者的知识吸收效果。因此，从虚拟学习社区的建设方面可进一步提出相应的完善建议。

（1）教师视角

从教师的教学活动方面寻求改进，进一步提高教学质量。其一，提高授课内容的质量，使其尽可能丰富多元。在学习过程中减少单纯的知识点讲解，尽量将知识点融合到各种不同的线上学习活动中，例如：使用案例分析、Wiki 协同讨论区讨论课题的方式，以此同步丰富线上和线下的教学内容。其二，改善授课方式，让授课方式更多元有趣。在虚拟虚设社区中的教学不能仍停留在让学生观看视频、被动接受知识的填鸭式教学方式上，而是要尽可能地在线上与学生互动，以不同授课方式展现学习内容，并通过指导学生完成具有一定挑战性的实践性任务为目标，增加学生的学习兴趣。其三，课时的安排尽可能合理。主要体现在课程长短、课程难易度等方面，要及时根据实际情况进行课程调整，尽量让教学节奏足够紧凑，任务量逐渐攀升。其四，针对不同学习者、不同课程因人而异地调整授课风格。教师要针对不同类型的学习者不断调整授课风格，尽可能地持续吸引学习者的参与度。其五，提高教师的信息技术水平，用丰富的多媒体技术制作交互性更前的课程内容。根据不同的授课内容调整不同的课程制作工具，将各类多媒体技术融合到课程制作过程中。

（2）学习者视角

从学习者的学习活动方面寻求突破，进一步增进学习者的学习热情和主动性。其一，丰富虚拟学习社区的各项学习活动，创新学习形式。在虚拟学习社区中，除了必要的学习活动之外，增加丰富有趣、形式多样的其他学习活动。例如：组织关于教学内容的接龙类答题游戏等，以此吸引学习者的参与度和学习持续度。其二，提供贴近生活的更有趣的讨论话题，引起学习者的共鸣。在引导学生参与学习内容的讨论时，尽可能增加一些贴近生活、更加活泼有趣的话题，这将比单纯的学习内容话题更能引导学生参与讨论。其三，建立积分奖励机制，鼓励学习者登录虚拟学习社区。当学习者登录虚拟学习社区得到奖励或积分增加时，必然会激发学习者坚持登录访问学习资源、参与学习活动的热情，进而提高学习者的访问频次和在线学习时间。

（3）虚拟学习社区视角

从虚拟学习社区建设方面寻求完善，进一步改善翻转课堂学习环境。其一，完善虚拟学习社区功能，提高虚拟学习社区学习活动的参与便捷性。当社区的功能更加完善，操作更方便时，必然会增加学习者的使用易用性和好感，同样，也可以让学习者有更强的登录虚拟学习社区进行学习的意愿。其二，虚拟学习社区的设计要更加人性化，增加学习者的认同感。虚拟学习社区可以通过 QQ、邮件、短信、微信等提醒用户，增加匿名讨论功能，添加表情包功能，通过这样的方式引导学习者登录虚拟学习社区，以寓教于乐的方式边玩边学，以进一步增加学习者的访问和学习意愿。其三，及时迅捷地传递虚拟学习社区中的消息。虚拟学习社区应提供消息的实时传送机制，这样可以增加学习者接收更新信息的速度，提高课程信息的扩散效率，继而提升学习者的学习效率。受国外 MOOC 网上课程持续发展的影响，国内翻转课堂教学模式和虚拟学习社区网上学习平台也逐步从萌芽期进入了快速发展阶段，而在推进翻转课堂教学模式普及化应用的过程中，虚拟学习社区的协同发展尤为重要，因此，对于虚拟学习社区的功能完善工作不可小觑。

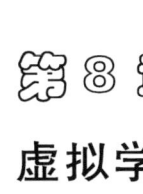

第8章
虚拟学习社区学习者交互行为对学习绩效的影响

8.1 引言

此前各部分内容针对非市场化慕课学习平台和市场化慕课学习平台，分别研究了两种平台虚拟学习社区中的学习者学习行为及教师教学模式对学习者知识建构效果的影响，明晰了学习社区对学习者学习行为及教师教学模式的直接影响机制，及其对学习者知识建构效果的间接影响机制，接下来，本研究将基于此，集中围绕虚拟学习社区，通过进一步探究学习者在社区中的交互行为及课程因素，挖掘其对学习者学习绩效的影响机制。通过该研究，以期获得对现有在线教育平台虚拟学习社区建设的启示，包括平台学习社区如何引导学习者采取更有效的社区互动学习行为、如何依托社区交互改善课程教学方式等，以此解决现有慕课学习平台学习者完成率低、留存率低的问题。

从现实研究背景出发，结合慕课（MOOC）的四大典型特征：其一，大规模，即学生人数无上限；其二，开放，即学生资格无下限；其三，在线，即嫁接互联网且时空无约束；其四，课程，即课程结构要素俱全。本研究认为MOOC平台的建设目标不仅仅是为更多学习者提供免费或低价的海量学习资源，更应该注重提升学习者的学习兴趣及主动性拓展其学习能力、提升其学习质量。传统课程只能通过授课教师的人为记录来分析学习者的学习行为和学习绩效，而慕课平台则能借助平台记录的学习者在学习过程中的行为数据及学习绩效数据进行更加精准地分析。因此，一方面，慕课平台能够向广大互联网学习者无差别地提供海量学习资源（Kushik，Yevtushenko 和 Evtushenko，2016；

Saadatdoost, Sim, Jafarkarimi 和 Mei Hee, 2015），另一方面，慕课平台也能通过对平台课程、教学主体及其主体间的互动行为数据更加精细化分析学习情况，继而得出提升学习者学习绩效的建议或问题解决方案。这两者共同构筑了慕课平台翻转教学有别于传统教学的核心价值。

从理论研究视角观察，已有的研究成果主要包括：第一，慕课学习者行为研究。学者首先研究了学习者在学习过程中的行为的宏观原因和目的等，如郁晓华、顾小清（2013）对学习者行为进行分析，研究学习者行为的原因、目的、环境以及学习者个性化等因素；然后，对学习者的学习行为进行不同维度的划分以及行为框架模型的构建，如黄瑶（2019）将学习者学习行为划分为外显学习行为和内隐学习行为，并对内隐学习行为维度和外显学习行为维度进行划分，构建出学习行为分析模型。但是，本研究也注意到许多现有研究在对学习者行为进行剖析时，并未着重分析在线学习的师生以及生生间的时序交互行为，就比较难以有针对性地提出平台虚拟学习社区的建设和优化建议，因此，本研究着重从学习者在平台上的互动关系网络出发，构建学习者行为，发现虚拟学习社区对学习者在线交互关系建构及其学习绩效的重要影响。第二，慕课课程设置研究。Lee 和 Lehto（2013）发现在线课程的学习效果受到师生间交互行为的影响，特别是学习者是否能够收到授课教师的线上激励及实时反馈等。因此，本研究将对在线课程交互网络进行拓展研究，从课程互动网络和教师在互动网络中的参与度视角，分别研究不同课程之间学习者的不同表现。第三，学习者学习行为与学习绩效的影响研究。桑秋侠（2016）认为在线学习行为分析的研究目的是发现学习者潜在学习规律及学习风格，通过对其学习行为进行适当预测、评价和干预，以提升学习者的在线学习效果。姜强（2015）、贺超凯（2016）剖析了 MOOC 平台上的学习者行为与学习绩效间的交互影响关系，为本研究奠定了重要基础，然而，他们并未充分考虑学习者的交互行为与学习绩效的关系，因此，本研究尝试弥补这部分的研究缺失。

综上分析，不难发现，虽然 MOOC 技术似乎能带来更好的学习环境，但事实上许多慕课平台学习者的学习完成率不高的原因除了常规上观察到的学习者学习行为、教师教学行为以及课程设置等因素外，还有一个非常重要的支撑因素，即虚拟学习社区建设。优秀的虚拟学习社区，能够吸引更多学习者常参与线上讨论、提供更多学习者与教师、学习者之间、教师之间实时远程互动的机会，继而促进学习者的学习效果和教师的教学质量，并优化和完善课程设置；反之亦然。

因此，本研究认为在慕课课程学习中学习者的互动行为对其学习绩效存在重要影响，而仅从学习者个人学习行为出发不能全面精准刻画学习行为与学习绩效之间的关系。

本研究的核心问题是从网络互动关系视角，探究虚拟学习社区的学习者行为及课程设置对学习绩效的影响机制。这里：①学习者行为分为学习者整体行为、学习者在课程中的个体特征和学习者在课程中的互动行为三部分。其一，学习者整体行为是指学习者在 MOOC 平台上的累积行为数，包括累积参与课程数量、累积参与讨论数量等；其二，学习者在课程中的个体特征是指学习者参加一门课程时发生的行为数量，包括发表帖子数、帖子获赞数等；其三，学习者在课程中的互动行为是指学习者在参加一门课程互动时获得的关系网络属性，包括加权出入度、中心系数等。其中，学习者在课程中的互动行为是本部分的研究重点。②课程设置聚焦于不同课程网络属性的差异比较研究，主要涉及课程互动网络的网络结构及关系特征、教师参与互动的程度等属性，通过对比不同类型课程的互动网络属性和教师行为，研究互动网络视角下的课程因素是否会调节学习者行为对学习绩效的影响。

本部分研究工作的思路如图 8-1 所示。

第一步，选取中国大学 MOOC 国家精品课程在线学习平台，使用网络爬虫收集"数据结构"课程信息，包括学习者自身基础信息、互动信息及学习绩效信息三部分；第二步，利用 Gephi 软件对课程中的学习者讨论网络做社会网络分析，全面刻画课程讨论区的互动网络；第三步，使用 Stata 对学习者基本信息和学习绩效进行线性回归分析，对学习者互动行为和学习绩效进行有序 Logit 回归分析，找到与学习绩效存在显著相关关系的变量，研究发现这些变量主要包括：发表的帖子、回复和评论数、获得点赞数量等；第四步，通过选取"微观经济学"这一社科课程进行不同类型课程间的模型表现对比分析，发现教师在虚拟学习社区参与互动的积极性对提升学习者学习绩效的重要影响。

本研究针对以上研究结果尝试提出相应解决方案：第一，针对不同基础类型的学习者、参与不同课程的学习者，尝试提出具有层次性的行为引导策略；第二，对于慕课平台和课程开课单位，提出了关于课程提示、教师答疑等改进措施。通过优化虚拟学习社区布局和功能设置，以期实现上述方案的明确落地，继而帮助学习者提升学习积极性，提高学习绩效。

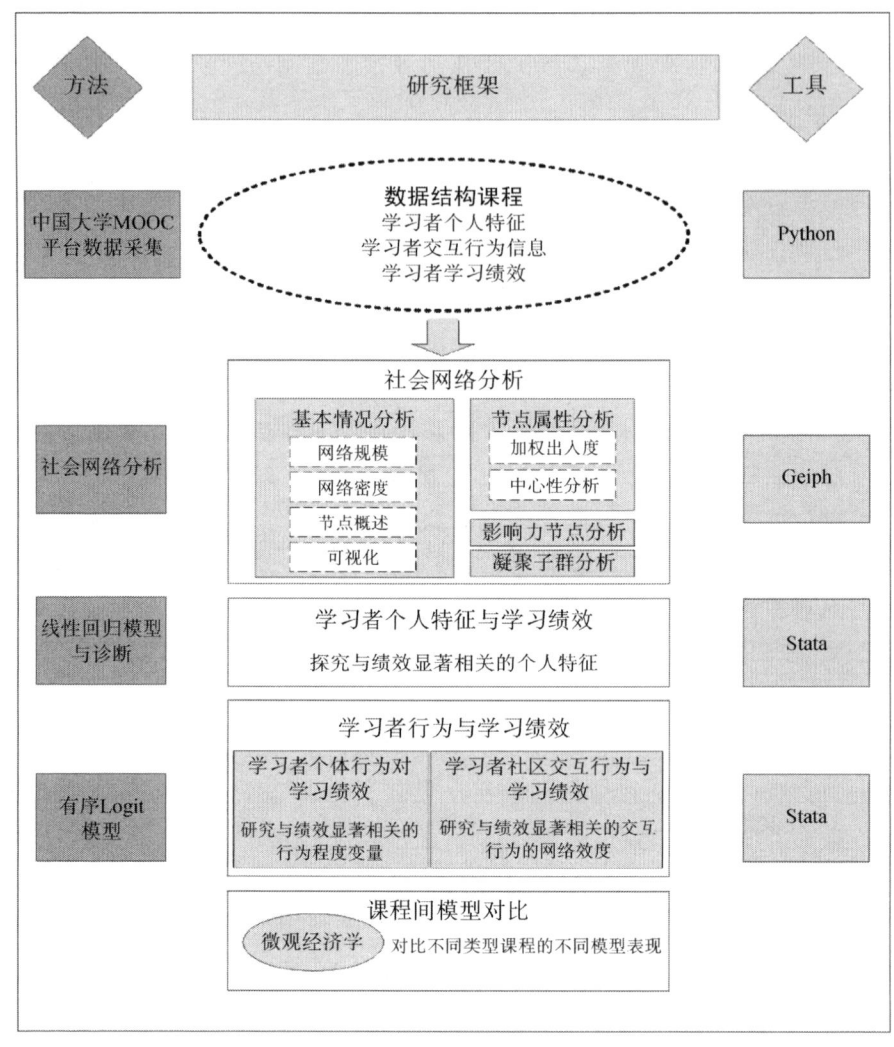

图 8-1 研究思路

8.2 学习者与课程信息获取与表征

8.2.1 学习者基本信息

学习者基本信息包括学习者身份、关注数量、学习时长、发帖和回复总数、获赞数量、参与课程总数和获得证书总数,如表 8-1 所示。学习者基本信息旨在描述学习者自身全局的基本信息,而不细化到学习者在某一课程中的信息。

表 8-1　　　　　　　　　　学习者基本信息表征

用户 ID	身份	关注数	学习时长	发帖和回复总量	获赞总量	参与课程数	获得证书数
569137	学生	0	121 时 30 分	9	13	34	3
656979	在职	0	59 时 23 分	15	0	68	1
886234	学生	0	8 时 29 分	0	1	0	0
986460	学生	0	283 时 44 分	18	0	10	2

其中,学生身份的学习者对应学校和学院两个字段,在职身份的学习者对应就职领域字段,取值为"-"表示当前学习者没有这个字段。

8.2.2　学习者交互行为信息

学习者交互行为信息以"发起-回答"的格式记录学习者们在一门课程讨论区中的交互行为,同时记录交互双方的 ID 编号、发言内容、回答时间,以及这一条交互中回答的点赞数、回答的评论数、老师是否参与该条交互的信息,如表 8-2 所示。学习者交互行为信息旨在描述特定课程中学习者的交互行为,细粒度刻画学习者交互行为。

表 8-2　　　　　　　　　　学习者交互行为信息表征

提问人 ID	回复人 ID	帖子主题	信息类型	提问内容	提问时间	回答内容	回答时间	回答点赞	回答评论数
1020226	1022845	duration	0	…	2018-09-01	…	2018-09-01	0	0
5588146	1029907	时间	0	…	2018-09-01	…	2018-09-01	30	2
1029907	1022845	时间	1	…	2018-09-01	…	2018-09-01	3	3

其中,信息类型字段"0"代表交互是帖子-回复类的交互;"1"代表是回复-评论类的交互。

8.2.3　学习者学习绩效

学习者学习绩效表示学习者在特定课程中的学习情况,包括学习者 ID 编号、课程编号、证书类型字段,如表8-3所示。学习者学习绩效旨在记录学习者在特定课程中的学习绩效。学习证书需要学习者经过一学期的完整学习,期间完成作业和测验,参与讨论,完成学习者之间的互评等步骤,最终由教师根据特定的成绩计算方式获得不同等级的证书。因此,学习证书的等级能够较好地反映出学习者的课程学习效果。

表8-3 学习者学习绩效信息表征

使用者 ID	所学课程	是否获得证书(0-未获得;1-合格;2-优秀)
1030582974	1206104248	1
1017546002	1002040007	2
1141808419	1002788003	1
10536617	1002788003	2

其中,是否获得证书字段中"1"代表合格证书,"2"代表优秀证书,"0"代表未获得证书。

8.2.4 样本特征

本研究选取浙江大学开设的"数据结构"进行研究,为有效精准测度交互行为对学习者学习绩效的影响,在课程的数据中,仅采集参与过课程讨论的学习者数据,样本特征如表8-4与表8-5所示。

表8-4 样本描述性统计-1

特征变量	类型	百分比
身份	学生	87.47%
	在职	12.53%

表8-5 样本描述性统计-2

特征变量	观测数	平均值	标准差	最小值	最大值
关注人数	1683	0.71	3.88	0	95
学习时长	1683	3446.47	5741.99	0	100501
发表帖子总量	1683	24.28	128.87	0	3174
获赞总量	1683	15.94	155.13	0	5863
参与课程数量	1683	30.18	57.25	0	990
获得证书数量	1683	1.37	7.66	0	173

统计数据显示，本课程参与讨论的人数共 1683 人。表 8-4 显示其中 87.47% 为学生，12.53% 为在职人员。说明本课程除了在高校教学中占有较大比重外，在实际工作中也有广泛应用，本研究也对这部分人群进行了总体研究。表 8-5 的数值型特征变量中，关注人数均值较低，标准差较小，但最大值较大，说明本课程大部分人的关注情况都较少，但存在几位影响力较大的用户。学习时长均值较大，标准差也较大，说明较多参与课程学习的学习者在该慕课平台上都花费了数十个小时的时间学习，有花费上千个小时学习的"大神"型学习者，也有花费时间很少的"划水"型学习者。发言总量和获赞数量的均值在 16 和 24 左右的水平，说明总体上参与讨论频次和发言质量均有所保证，表明学习者具有较强的积极讨论意向。参与课程数均值为 30 左右，而获得证书数量均值仅为 1.37，获得证书比率均值为 4.5%。获得证书比率较低的原因有很多，第一，历史、礼仪等课程学习者的最终学习目的是了解某些感兴趣的知识，执着于获得该课程证书的学习者占比较小；其二，高等数学、大学物理等课程难度高、体量大，许多学习者只是将其作为一个辅助学习和理解的工具，并未投入较多精力获得一份难度较大的线上学习证书。因此，这也启示本研究在样本课程选择时应当避免选择偏差。

8.3 社会网络分析

为了初步了解课程学习者的互动网络信息，以下将针对交互行为进行社会网络分析。社会网络（Social Network）是一组节点（行动者）和边（互动关系）组成的网络结构，描述了行动者之间的关系网络。社会网络分析（Social Network Analysis，SNA）是对社会网络的属性和特征进行观测和分析的方法，其中包括对行动者和关系的研究。本研究构建的社会网络来源于中国大学 MOOC 平台"数据结构"课程的互动网络，节点是参与"数据结构"课程讨论的学习者与教师，边是这些参与者之间的问答关系。通过社会网络分析，以期把握网络基本属性和结构特征，为后续统计分析奠定数据基础，并对学习者和教师提出更客观的建议提供数据支持。

8.3.1 网络基本情况

为了更全面地理解当前的社会网络属性，本研究借助 Python 进行学习者社会网络属性计算与分析，并利用 Gephi 工具进行社会网络可视化处理。本研究之所以选取浙江大学开设的数据结构课程（中国大学 MOOC 平台对应课程 ID：1003013004）原因在于：第一，课程参与的学习者数量众多。研究样本量可以保证结果的普适性；第二，学习者参与课程的最终目的之一是获取证书。由于数据结构作为一门计算机领域的主要课程，一部分在校学习者为了结合线下课程获取证书，一部分在职学习者为了求职获取电子证书，因此，该课程学习者获取学习证书的意愿较为强烈；第三，学习者参与讨论的动机在于解决学习中遇到的实际问题需要。通过观察课程讨论区发现，学习者发表的绝大部分帖子主题都紧扣课程学习问题，因此，本研究认为参与讨论的学习者具有主动性与积极性，发言质量总体较高。

基于此，使用该课程讨论区信息构建加权有向图互动网络结构，其中，①节点（node）是教师与学习者，边是他们之间的问答关系；②两节点间交互形成的边（edge）是有方向的，即甲提问且乙回答这一互动形成了由甲出发到乙的一条边；③边的权重是由交互频数决定，即甲提问且乙回答共进行了 3 次，形成的边权重即为 3。

（1）网络规模

学习者互动网络共包含 1824 个节点，其中有 2 个"教师"用户节点，1821 个"学习者"用户节点，1 个教师发起的"课程问题"节点。在课程进行期间内（2018 年 9 月 1 日至 2018 年 11 月 30 日）共产生 7247 次互动，形成 2798 条边。

（2）网络密度

学习者互动网络中的学习者平均度为 1.534，平均加权度为 3.973，即每个学习者平均进行过 3.973 次互动。学习者互动网络形成的有向图密度为 0.001，说明该网络连接较为稀疏，还需要进一步活跃互动网络氛围。

（3）凝聚子群

学习者互动网络的节点平均（有向）聚类系数为 0.102，节点聚类现象不明显，表明学习者之间因问题讨论形成的凝聚子群对应的凝聚程度偏低；平均距离为 2.916，表示学习者之间平均需要大约 3 条边才能联通，即学习者间需要通过两个中间学习者节点作为连接纽带，凝聚子群的耦合程度偏低。

为了研究在时间轴上学习者互动网络的变化情况,本研究将一门课程按周次进行了划分,并跟踪分析了按周推进的社会网络属性变化情况。按周推进的网络属性统计数据如表8-6所示。

表8-6 按周推进的网络属性信息

	节点数	连接数	平均度	网络密度	平均聚类系数	平均距离
第一周	490	669	1.365	0.003	0.087	2.484
前两周	712	1026	1.441	0.002	0.091	2.640
前三周	877	1280	1.460	0.002	0.087	2.697
前四周	1035	1500	1.449	0.001	0.092	2.653
前五周	1148	1663	1.449	0.001	0.090	2.658
前六周	1265	1853	1.456	0.001	0.096	2.666
前七周	1384	2054	1.484	0.001	0.101	2.718
前八周	1454	2186	1.503	0.001	0.102	2.839
前九周	1537	2315	1.506	0.001	0.101	2.866
前十周	1613	2447	1.517	0.001	0.102	2.875
前十一周	1675	2551	1.523	0.001	0.103	2.883
前十二周	1746	2685	1.538	0.001	0.104	2.946
全十三周	1823	2798	1.534	0.001	0.102	2.916

(4)社会网络可视化

本研究使用Gephi工具实现社会网络可视化,可视化图如图8-2和图8-3所示。Gephi是一款社会网络分析软件,能够将社会网络予以直观可视化呈现。在图8-2和图8-3中,①节点的颜色代表学习者的类型,橙色代表不合格的学习者,黄色代表合格证书的学习者,绿色代表优秀证书的学习者,蓝色代表教师;②节点标签的大小代表学习者加权出入度的大小,标签字号大代表加权出入度大,标签字号小代表加权出入度小;③节点标签的颜色代表学习者中心度的大小,标签颜色越深(深紫色)代表学习者中心度越大,标签颜色越浅(浅粉色)代表学习者中心度越小;④边的粗细代表边的权重,即特定学习者之间互动的次数,边线条越粗代表边权重越大,边线条越细代表边权重越小;⑤边的颜色代表提问者的身份,蓝色代表教师(含教师预设的课件问题),绿色代表学习证书为优的学习者,黄色代表学习证书为合格的学习者,橙色代表未获得学习证书的学习者。

图 8-2 展示了课程前 12 周（从课程开始第 1 周到第 12 周，完成课程共含 13 周）按周次推进的社会网络关系结构图。

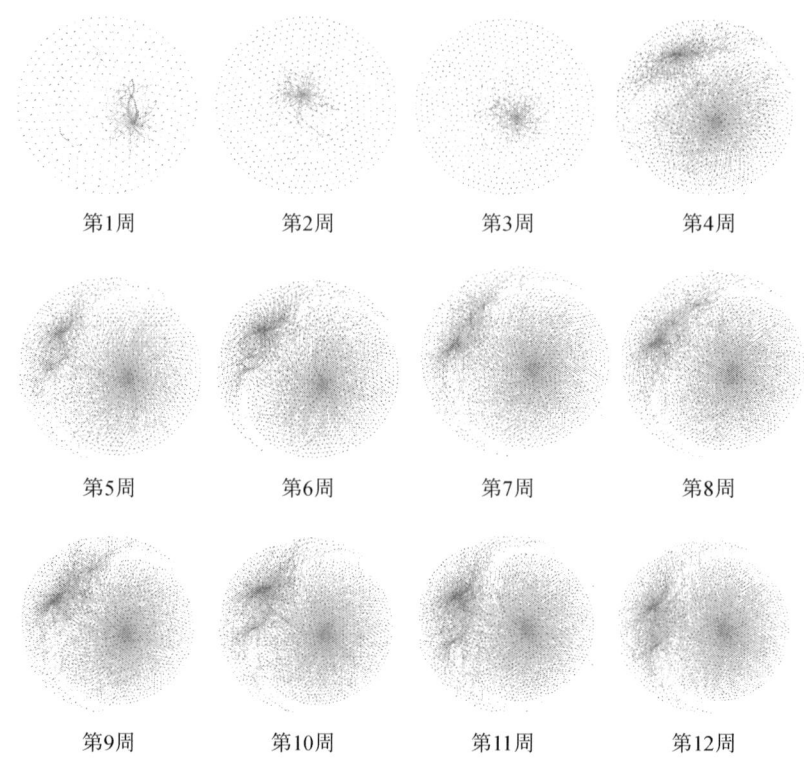

图 8-2 周次网络拓扑图

从上述社会网络结构演进过程观察，可将课程学习的前 12 周划分为两大阶段：

第一阶段：第 1 周~第 3 周。课程开始前三周参与社区学习讨论的人数总量较低；互动范围较小，仅限于有限的学习者之间进行交流，讨论主题以授课教师给定的课件问题为主；互动频次较低，未能形成具有一定凝聚力的学习社群，同时也未能呈现意见领袖型学习者。

第二阶段：第 4 周~第 12 周。从第四周开始参与讨论的人数逐渐增加，并出现明显的社群结构，许多学习者参与到了社区讨论，并开启了互动学习模式。学习者们参与交流和讨论的话题不仅限于教师提出的课件问题，同时还有许多师生交流以及生生交流过程所呈现的多元化知识主题，正因为主题的多元化和交互活跃度的稳步攀升，继而推进了学习互动网络社群结构的逐步形成。

其中，就讨论主题观察，网络结构中最大的蓝色节点代表的是教师设置的课件问题，学习者通过学习和思考发表自己的观点和理解；就互动参与主体观察，网络结构左上方是两位教师与学习者的交流演化过程，积聚了大部分网络中由绿色和黄色节点代表的获得优秀证书的学习者及获得合格证书的学习者，说明与教师保持密切交流的学习者相较于不参与交流的学习者而言，获取课程学习证书的概率更高，本研究将通过后续回归分析结果对这一观察结论予以实证检验。

图 8-3 显示了课程最后一周，即第 13 周形成的最终学习者互动社会网络结构图。

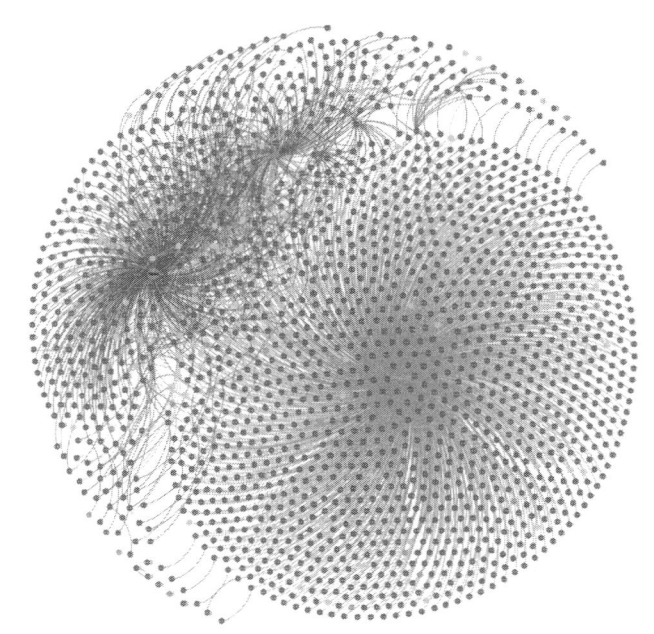

图 8-3 整体社会网络图

从图 8-3 的图形观察可知：

第一，提问用户。课件问题（ID 为 1000000，位于蓝色节点中心位置附近）作为最大的源提出了最多的问题，同时也收到了最多的回答，提高了讨论区的活跃程度。

第二，回答用户。两位教师（ID 分别为 1752268 和 1494192，位于左上方的两个蓝色节点）作为最大的意见领袖型节点用户，解答了较多学习者困惑，显著提升了学习者的学习动力。

第三，获得证书情况。相较于总学习用户而言，尽管最终获得证书的学习用户数量占比较低，但显然最后一周相较于此前12周而言，黄色节点及绿色节点的数量明显增加，即获得合格证书的学习者和获得优秀证书的学习者数量上升，同时这些获得证书的学习者较多分布在离两位教师节点及离课件问题节点更近的位置，即三个蓝色节点的中间位置，这表明参与教师的提问及回答等互动过程越多的学习者越有可能获得证书，本研究将通过后续回归分析结果对这一观察结论予以佐证。

8.3.2 节点中心性分析

本研究使用 Python 的 Networkx 扩展包的社会网络分析方法得到网络中学习者的加权出入度、节点 Harmonic 中心系数、节点接近中心系数、节点中介中心系数的数据统计表。其中数据按照加权出入度排序最靠前的 5 位学习者及最落后的 3 位学习者信息如表 8-7 所示。

表 8-7　　　　　　　　　　学习者中心度等属性

排序	学习者 ID	加权出度	加权入度	Harmonic 中心系数	接近 中心系数	中介 中心系数
1	1000000	4837	0	0.9211	0.8511	0
2	1752268	433	772	0.6990	0.5475	119618
3	1494192	48	130	0.5069	0.452	34665
4	1019349276	67	110	0.48466	0.433735	13380.212
5	1142471116	62	93	0.45226	0.417997	3399.6904
1819	1147160251	0	1	0	0	0
1820	1143456708	0	1	0	0	0
1821	1143443620	1	0	0.28662	0.273157	0

其中：①第一位是课件问题用户，其为教师设置的从课件中引申出来供大家思考讨论问题的用户。这些问题产生了 4837 的出度值，即有 4837 人次参与回答了这些课件问题，对活跃课程讨论区的讨论氛围做出了重要贡献，因此，它拥有较高的 Harmonic 中心系数和接近中心系数，但由于没有入度，因此，无法提供交互的桥梁作用，对应的中介中心度为 0。②第二位和第三位均为"教师"型用户，他们承担了互动网络中的重要角色，拥有很高的出入度及中心系数。③排序靠前的学习者如 1019349276、1142471116 都有很高的出入度

及中心系数,表明他们在互动网络中有很高的参与度,积极提出问题并解答问题,活跃在较多的主题讨论过程中,并且这两位学习者最终都获得了课程优秀证书。④排序最末的学习者 1147160251、1143456708 有着很低的出入度及中心系数,表明他们在参与课程学习的过程中并不经常参与虚拟学习社区的交流讨论活动,不提出问题也不愿回答他人的问题,本研究推测,这部分学习者较为孤立的学习状态可能导致了其最终因无法受到同伴效应的影响而中途放弃学习,继而无法获得课程证书。

接近中心系数(closeness),又称之为距离中心度,其代表一个节点与其他所有节点是否接近。其中,相当于教师节点的课件问题用户节点的距离中心系数最大,取值为 0.8511,说明其可以直接连接到达的其他用户节点数量较多,即其与所有其他节点的距离最近;排序靠前的几个学习者之间的接近中心系数介于 0.4~0.55 之间,表明他们与其他节点的距离也比较近,其讨论比较活跃,参与了较多帖子的提问和回复。

中介中心系数(Betweenness)表示一个节点在网络中的桥梁作用,是否能连接其他学习者之间的交流渠道。其中,教师节点 1752268 有最高的中介中心系数,表明该教师掌握且影响着网络中的信息和资源流动情况,在互动网络中承担着重要的桥梁作用。

8.3.3 影响力节点分析

本研究希望从网络中寻找到"意见领袖"型学习者。意见领袖是在社会网络中主导了信息流动,掌握网络核心资源、引导社群讨论的主要参与者,可通过节点的加权出入度直接予以衡量,本研究将加权出入度排名靠前的几位参与者作为意见领袖。表 8-8 是加权出入度排名前四的参与者,分别是 1752268、1494192、1019349276 和 1142471116。

表 8-8　　　　　　　　　意见领袖参与者

ID	加权出入度	身份
1000000	4837	教师
1752268	1205	教师
1494192	178	教师
1019349276	177	优秀证书学习者
1015128336	155	合格证书学习者

图 8-4 是筛选出的意见领袖节点关系图。

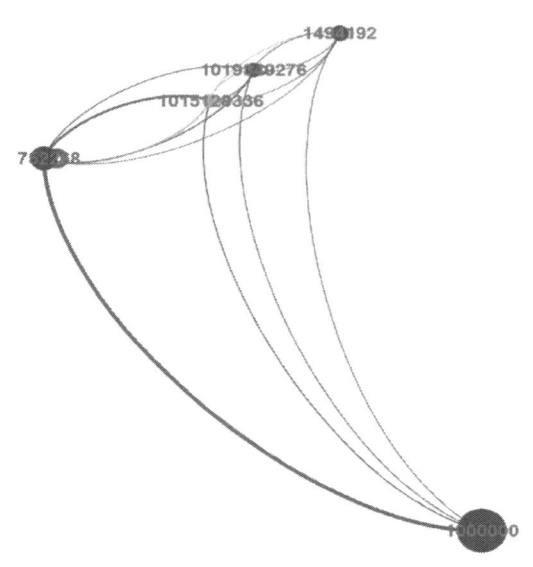

图 8-4　意见领袖图

第一，教师意见领袖。ID 为 1000000 的节点（右下角）是教师 A 节点。ID 为 1752268 的参与者（左一）是教授 B，负责数据结构课程的教学。教授 B 共参与了 1205 次师生互动，她回答了最多的学习者提问，在社会网络中起到了活跃社群、答疑解惑的重要作用，为学习者取得证书保驾护航。ID 为 1494192 的参与者是教授 C，负责数据结构课程的教学。教授 C 共参与了 178 次师生互动，回答问题数量位列第二。这表明教师作为意见领袖，能够在课程教学过程中，及时提出适宜难度的思考问题供学习者们讨论，也能快速响应学习者提出的学习问题。教师能在讨论区进行活跃的互动，有助于课程的教学和学习者对教学内容的理解与思考。

第二，学生意见领袖。ID 为 1019349276 的参与者是一名学生，在数据结构课程中参与了 178 次互动，表现出了极高的活跃性，最终取得了优秀课程证书。ID 为 1015128336 的参与者在数据结构课程中参与了 155 次互动，丰富了课程讨论区的内容，活跃了师生、生生互动的氛围，最终取得了合格课程证书。这表明学习者作为意见领袖，能够为其他学习者开辟提问和解答的示范，激发其他学习者互动的兴趣，活跃讨论区参与氛围。如果这些意见领袖学习者能够最终取得好成绩，就能更加激励学习者们参与互动，提高学习者的群体学习绩效。

8.3.4 凝聚子群分析

本研究进一步对互动网络进行凝聚子群分析。在该课程对应的社会网络结构中,有一些成员互动关系紧密,而另一些成员参与互动的次数却十分有限,与大多数节点的互动关系较为稀疏。因此,若社会网络中小团体内部成员之间互动频繁,关系亲密,则可认定该小团体包含的这些成员之间具有较高凝聚力,并形成了凝聚子群。本研究希望通过探测该网络结构中的凝聚子群,研究团体互动是否对学习者的学习效果存在积极影响。使用 Gephi 工具,导入加权有向网络数据,运行社区探测算法。该社区探测算法属于快速展开算法,依据模块度这一划分标准进行迭代,继而完成社区划分,最终目的是获得模块度最大的社区划分方案,采用该方法进行划分的结果如图 8-5 所示,该课程参与用户的交互网络结构被划分为 29 个子群,得到的模块度为 0.285,观察发现除了 0 类(485 名用户)、2 类(15 名用户)、9 类(25 名用户)、16 类(1256 名用户)子群对应的用户数量较多以外,其余分类对应的用户数量极少。为观察凝聚子群对用户获得课程证书的结果进行比较观察,本研究对超过 10 名用户数量的 4 个子群获取证书的用户比例进行统计,结果如图 8-6 所示。从图 8-5 与图 8-6 的对比观察中不难发现,第 0 类凝聚子群对应的凝聚系数接近于 1,说明出现了明显的小世界现象,这一现象说明该子群内的学习者交互关系密切、讨论频繁,形成了较为优质的互动网络,更重要的是该子群内获得课程证书的用户占比(9.94%)超过总体平均占比(6.79%),更是显著高于其他各子群内获得课程证书的用户占比;然而,另外几类子群的学习者凝聚系数偏低,表明其中并未出现明显的聚类情况,同时子群内获得课程证书的用户占比明显低于总体平均占比。综上,本研究推测凝聚子群及其高凝聚程度对学习者获取证书的结果具有积极影响。

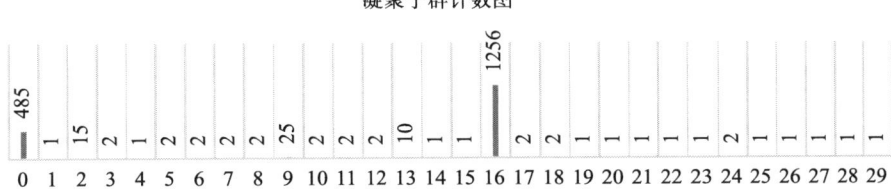

图 8-5 子群分类数量图

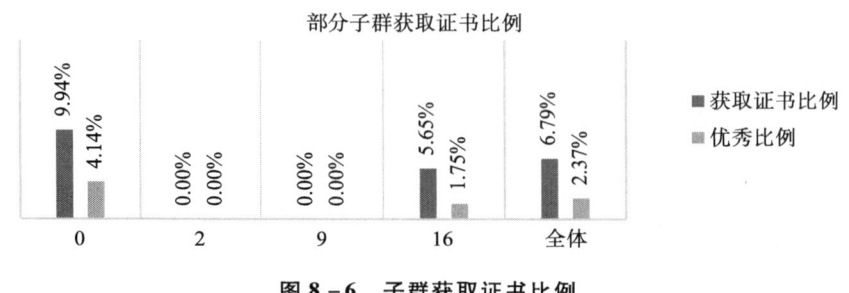

图 8-6 子群获取证书比例

8.4 学习者特征与学习效果的关系

学习者特征与学习效果的相关分析工作主要揭示以下问题的答案：第一，学习者个人特征对整体学习绩效的影响；第二，学习者个体行为对学习绩效的影响；第三，学习者社区交互行为对学习绩效的影响；第四，结合学习者个体行为及其社区交互行为，观察其共同对学习绩效产生的整体影响。

8.4.1 学习者个人特征对整体学习绩效的影响研究

该部分研究工作旨在剖析全平台上单一学习个人特征对整体学习绩效的影响。

（1）理论模型构建

通过观察中国大学 MOOC 平台学习者的个人特征，本研究认为学习者的基本个人特征可能会影响学习绩效，即学习者在学习过程中的个人特征和整体行为会影响学习者的整体绩效，即在慕课平台上获得的所有学习证书总数。依据此前对社会网络分析结果的观察，本研究提出以下的假设：

H1：学习者个人特征对学习者整体绩效存在显著影响。

由于学习者个人特征与学习者获得证书数量的各个变量都是数值型变量，即本模型涉及的解释变量和被解释变量都是数值型变量，因此，本研究将使用多元线性回归模型进行分析，模型表达式如下所示：

$$Y_i = \beta_0 + \sum_{i=1}^{n} \beta_i \cdot X_i \qquad (8-1)$$

其中，被解释变量是用户在平台上获取的所有学习证书总数，解释变量是学习者的个人特征。

（2）数据样本

本研究对公开的学习者个人信息也进行了数据抓取。使用学习者自身的基本信息，包括身份、关注人数、学习时长等基本个人信息，去除了难以标准化的学校、学院和就职领域信息，构成如表 8-9 所示的样本数据。该表取 ID 排序前四的学习者信息作为数据样本。

表 8-9　　　　　　　学习者信息与学习效果分析数据表样本

学习者 ID	身份	关注人数	学习时长	发帖和回复总量	获赞总量	参与课程数量	获得证书数量
569137	0	0	7290	9	13	34	3
656979	1	0	3563	15	0	68	1
886234	0	0	509	0	1	0	0
986460	0	0	17024	18	0	10	2

（3）变量设计

选取学习者获得证书总数作为被解释变量，能够较为全面地衡量单个学习者在不同课程学习过程中的总体绩效；同时选取身份、关注人数、学习时长、发帖和回复总量、获赞总数、参与课程数量六个学习者个人特征为解释变量，具体的变量及其命名如表 8-10 所示。

表 8-10　　　　　　　学习者信息与学习效果分析变量表

变量类型	指标	变量名
被解释变量	学习者获得证书总数	CertNum
解释变量	身份	Identity
	关注人数	ConcernNum
	学习时长	StudyTime
	发帖和回复总量	PostAndRepNum
	获赞总数	LikeNum
	参与课程数量	CourseNum

（4）实证研究

通过构建学习者基本信息与学习效果关系对应的多元回归模型，进行实证分析检验。

① 相关性研究。

变量的相关性分析如表 8-11 所示。

表 8-11　　　　　　　　基本信息与学习效果相关性分析

	身份	关注人数	学习时长	发表帖子总量	获赞总量	参与课程量	获得证书数量
身份	1.0000						
关注人数	0.0120	1.0000					
学习时长	0.0660*	0.3963*	1.0000				
发表帖子总量	0.0609	0.1380*	0.4606*	1.0000			
获赞总量	0.0092	0.1610*	0.2458*	0.7232*	1.0000		
参与课程数量	0.1131*	0.1921*	0.3422*	0.2178*	0.0553*	1.0000	
获得证书数量	0.0656*	0.0722*	0.4092*	0.6936*	0.2142*	0.3149*	1.0000

注：* 表示 $p<0.05$。

相关性分析结果显示，所有变量都与获得证书有显著正向相关关系。这表明学习者各基础信息的提升都将对获得证书具有积极影响。其中，身份变量如果为 1，即在职人员，获得证书数量会显著高于身份变量为 0 的在校学生。关注人数、学习时长、发帖总量、获赞总量、参与课程量的提升也都可能提升学习者获得的证书数量。

② 回归分析。

由于学习者个人特征与学习者获得证书数量涉及的各变量均为数值型变量，即模型涉及的解释变量与被解释变量均为数值型变量，因此，本研究考虑使用多元线性回归模型进行实证分析，模型表达式如下所示：

$$CertNum_i = \beta_0 + \beta_1 identity + \beta_2 concernNum + \beta_3 StudyTime + \beta_4 PostAndRrpNum + \beta_5 LikeNum + \beta_6 CourseNum + \varepsilon_i \qquad (8-2)$$

将数据导入 Stata 分析工具，进行线性回归，再对模型进行多重共线性诊断，最终的检验结果如表 8-12 所示。

表 8-12　　　　　　　　　　回归分析

变量	β 系数	P 值	VIF
身份	-0.1918	0.560	2.67
关注人数	-0.0272	0.378	2.23

续表

变量	β 系数	P 值	VIF
学习时长	0.0001	0.192	1.61
发表帖子总量	0.0640	0.000	1.23
获赞总量	0.0283	0.000	1.17
参与课程数量	0.0144	0.000	1.02
$Adj-R^2$	0.665		
F 值	556.8 ***		

首先，模型的 F 检验报告 p 值为 0.0000，说明模型整体显著，因此，假设 H1 成立，即学习者基本信息对学习者整体绩效有显著影响。同时调整后的拟合优度 R^2 为 0.665，说明解释变量的解释力度较好。其次，模型变量中最大的 VIF 为 2.67，远小于 10，因此不存在多重共线性问题。

根据回归模型中变量结构参数可知：第一，学习者发表帖子总量与获得证书数量存在显著正相关关系。即学习者主动参与互动讨论的程度越高，学习者获得证书的可能性越大。第二，获赞总量与获得证书数量存在显著正相关关系。即学习者发言质量高，受人肯定、认可或褒扬会激发学习者更大的学习动力，继而获得更多的学习证书。第三，参与课程数量与获得证书数量显著正相关。即学习者参与或尝试更多课程，会更有助于学习者获得更多学习证书。然而，身份、关注人数、学习时长对学习者获得证书数量并无显著影响，说明学习者无论是在校学生还是在职人员，尽管学习的方式有所差异，但各自都能找到适合自己的学习方法，因此在通过学习获得证书的能力表现方面差别不大；学习者关注的人数主要反映了学习者关注学习对象的意愿，与付诸实际学习行动之间仍然存在差异，且具有诸多不确定性，因此，对自身获得学习证书的能力未表现出显著影响关系；学习者的学习总时长不仅与学习者投入到不同课程中的学习精力和付诸努力的程度有关，同时与学习者的基本素养及认知负荷水平也息息相关，因此，不能直接决定学习者获得证书的数量。与此同时，也说明该平台学习者的学习能力差距较大，部分学习者通过延长学习时间仍未能取得理想的学习效果。

8.4.2 学习者虚拟学习社区行为对学习效果的影响

以下将针对特定课程，分析学习者行为与学习效果的关系。特定课程中学习者的行为包括学习者所有参与讨论的行为，本研究为细化虚拟学习社区交互行为对学习者学习效果的影响,明确区分了学习者参与讨论的程度和参与讨论的社会网络效度对学习绩效产生的不同影响,并分别对其展开实证检验工作。

(1) 理论模型建构

通过观察学习者在特定课程中的互动行为发现,获取学习证书的学习者往往参与了更多的互动过程,因此,本研究推测学习者在某一门课程的学习中进行的互动行为会影响学习者该门课程的学习效果,并且从个体与社区整体观察,存在两个不同层面的影响机制,分别是:第一,学习者个体参与互动的数值程度,称为个体社区行为;第二,学习者参与互动形成的社会网络效度,称为社区交互行为。因此,本研究提出以下的假设:

H2:学习者在特定课程中的个体社区行为对学习绩效存在显著影响。

H3:学习者在特定课程中的社区交互行为对学习绩效存在显著影响。

现依据以上假设构建理论模型。由于特定课程中学习者绩效只分为优秀证书、合格证书、未获得证书三个离散且有序的结果,因此,比较适合选用次序Logit模型对其进行分析。

参照前人(Vani Borooah,2012)研究设定模型,现共有1820个学习者样本,对样本行为定义一种条件,名为"优秀导致条件",当该条件出现时会使学习者获得更优秀的学习证书。假定有 K 种条件,编号是 $k = 1, 2, 3, \cdots, K$,I_{ik} 是条件 k 对学习者 i 的影响作用。因此,综合 K 个条件,学习者 i 的优秀程度定义为 D_i:

$$D_i = \alpha + \sum_{k=1}^{K} X_k + \varepsilon_i = W_i + \varepsilon_i \qquad (8-3)$$

接着,由于被解释变量 Y 是一个有序变量,样本中的学习者获得三类学习结果的分类内在决定于潜在变量 D_i 的取值以及"临界"值 δ_1 和 δ_2:

$$\begin{cases} Y_i = 0, 若 D_i < \delta_1 \\ Y_i = 1, 若 \delta_1 < D_i < \delta_2 \\ Y_i = 2, 若 D_i > \delta_2 \end{cases} \qquad (8-4)$$

上式中的 $\delta_1, \delta_2 > 0$,并且 δ_1, δ_2 及 β 均为待估计未知参数($\delta_1 < \delta_2$)。一个学习者在学习证书上的归类取决于其优秀程度分数 D_i 是否超过了临界值。因此,该模型规定:当一个学习者的第 k 个决定变量的值增加1个范围,且 $\beta_k > 0$ 时,其优秀程度 D_i 会上升,获得不合格结果的概率会下降,获得优秀证书的概率会增加,而他是否获得合格证书的概率则不能确定。

(2) 学习者个体社区行为对学习绩效的影响研究

①数据样本。本研究对"数据结构"课程中学习者参与讨论的数据进行抓取,使用学习者讨论信息进行分析。数据字段包括:本课程获得的证书,其中"0"代表不合格,"1"代表合格证书,"2"代表优秀证书;学习者发表帖子数量、学习者发表帖子被点赞数量、发表回复数量、发表回复被点赞数、发表评论数量、发表评论被点赞数,形成如表 8 – 13 所示的数据。

表 8 – 13　　　　个体行为程度变量与学习效果数据表样本

学习者 ID	证书	发表帖子数量	发表帖子被点赞数	发表帖子被回复数	发表回复数量	发表回复被点赞数	发表评论数量	发表评论被点赞数
12448084	1	9	1	10	0	0	7	0
12498050	0	0	0	0	2	0	0	0
12533569	0	0	0	0	2	0	1	0
12611847	2	1	0	1	0	0	0	0

②变量设计。当前模型研究特定一门课程中的学习者表现和绩效,因此,被解释变量学习效果通过学习者在当前课程中获得的学习证书类型予以测量,解释变量包括学习者发表帖子数量、学习者发表帖子被点赞数量、发表帖子被回复数量、发表回复数量、发表回复被点赞数、发表评论数量、发表评论被点赞数。具体的变量及其命名如表 8 – 14 所示。

表 8 – 14　　　　交互行为程度变量与学习效果分析变量表

变量类型	学习者讨论程度	符号
被解释变量	学习证书	Cert
解释变量	发表的帖子数量	PostNum
	发表的帖子被点赞数量	PostLikeNum
	发表的帖子被回复数量	PostRepNum
	发表的回复数量	ReplyNum
	发表的回复被点赞数量	ReplyLikeNum
	发表评论数量	CommentNum
	发表评论被点赞数量	CommentLikeNum

③实证研究。

其一,相关性分析。

变量的相关性分析结果如表 8 – 15 所示。

表 8 – 15　　　　　交互行为程度变量与学习效果相关性分析

	学习证书	发表帖子数	发表帖子被赞数	发表帖子被回复数	发表回复数	发表回复被赞数	发表评论数	发表评论被赞数
学习证书	1.0000							
发表帖子数	0.1208*	1.0000						
发表帖子被赞数	0.0329	0.3949*	1.0000					
发表帖子被回复数	0.1048*	0.8899*	0.4877*	1.0000				
发表回复数	0.0940*	0.0621*	0.0902*	0.0721*	1.0000			
发表回复被赞数	0.0029	0.0413	0.0991*	0.0407	0.2353*	1.0000		
发表评论数	0.0079	0.2375*	0.1489*	0.2544*	0.7974*	0.2037*	1.0000	
发表评论被赞数	0.0011	0.0551*	0.0775*	0.0636*	0.5602*	0.1557*	0.6894*	1.0000

注：* 为 $p < 0.05$。

相关性分析结果显示，发表帖子数、发表帖子被回复数、发表回复数与学习证书存在显著正向相关关系，说明学习者在个体交互程度上的提高确实能够帮助他提高学习成绩。但其中发表回复数、发表评论数、发表评论被赞数这一组变量是高度相关的，后期应当排除多重共线性问题带来的估计不准确问题。

其二，有序 Logit 模型分析。

本研究将数据导入 Stata 软件，进行有序 Logit 分析。根据此前的模型设定，综合 7 个条件，学习者 i 的优秀程度定义为 D_i：

$$D_i = \alpha + \beta_1 postNum + \beta_2 PostLikeNum + \beta_3 PostRepNum + \beta_4 ReplyNum + \beta_5 eplyLikeNum + \beta_6 CommentNum + \beta_7 CommentLikeNum + \varepsilon_i$$

$$= W_i + \varepsilon_i \tag{8-5}$$

由于前期发现一组可能存在多重共线性问题的变量，因此使用主成分分析法，提取一个主成分，以描述这三个相关变量，由于回复、评论都是回答行为（区别于提问行为），因此，将该合成变量命名为"发表回答及回答被赞数"，分析结果如表 8 – 16 所示。表中结果显示，合成变量对三个变量的方差贡献率达到了 78.97%，达到要求，因此采用"发表回答及回答被赞数"替代"发表回复数量、发表评论数量、发表评论被赞数量"这组高度相关变量，以消除多重共线性带来的系数估计值、显著性不准确等问题。

接下来，使用有序 Logit 模型进行数据分析，分析结果如表 8 – 17 所示。

表 8 – 16 主成分分析结果

发表回答及回答被赞数	主要成分（特征向量）			方差贡献率
	发表回复数量	发表评论数量	发表评论被点赞数量	0.7897
	0.5773	0.6097	0.5432	

表 8 – 17 交互行为程度变量与学习效果的有序 Logit 模型结果

变量	β	显著性
发表的帖子数量	0.4306	0.033
发表的帖子被点赞数量	−0.0225	0.932
发表的帖子被回复数量	−0.0823	0.422
发表的回复被点赞数量	−0.0987	0.172
发表回答及回答被赞数	0.0176	0.024
Prob > χ^2 (5)	0.0009	

表 8 – 17 显示，多个个体社区行为变量与学习效果显著相关，因此假设 H2 成立。首先，学习者发表的帖子数量和发表回答及回答被赞数的系数对学习证书的影响是正向显著的，表明学习者发表帖子数量的增加，学习者获得优秀证书的可能性也会相应增加，获得不合格结果的可能性将相对减少。然后，学习者发表回复、评论的次数增加，以及回复内容质量的提升，获得被点赞数量的增加时，该学习者获得优秀证书的可能性相应也会增加，获得不合格结果的可能性将相对减少。

综上所述，学习者参与讨论的数值程度提高，评论的被点赞数提升，能够显著提升学习者的学习绩效。

（3）学习者社区交互行为对学习绩效的影响研究

以下将进一步探究学习者社区交互行为的网络效度变量与学习效果之间的关系，与上一节研究过程类似，由于被解释变量学习证书是一个有序的离散型变量，因此，也将采用有序 Logit 模型进行实证分析，具体分析过程不再赘述。

①数据样本。首先对"数据结构"课程中学习者参与讨论的网络进行社会网络分析，数据源使用学习者讨论信息。通过社会网络分析得到的学习者社区交互网络相关参数主要包括：加权出度、加权入度、Harmonic 中心系数、节点接近中心系数、节点中介中心系数，如表 8 – 18 所示。

表 8-18　　　　交互行为网络效度变量与学习效果数据表样本

学习者 ID	学习证书	加权入度	加权出度	Harmonic 中心系数	距离中心系数	中介中心系数
1019349276	2	110	67	0.4846	0.4337	13380
1015128336	1	93	62	0.4522	0.4179	3399
1141194644	0	10	0	0	0	0

②变量设计。将学习证书作为被解释变量，将其余五个描述网络效度的变量作为解释变量，具体变量选取和命名如表 8-19 所示。

表 8-19　　　　交互行为网络效度变量与学习效果分析变量表

变量类型	学习者讨论网络效益	符号
被解释变量	学习证书	Cert
解释变量	加权出度	Weighted Outdegree
	加权入度	Weighted Indegree
	Harmonic 中心系数	Harmonic_Centrality
	节点距离中心系数	Closeness_Centrality
	节点中介中心系数	Betweenness_Centrality

③实证分析。实证分析过程与学习者讨论程度与学习效果关系分析的步骤相同，在此不做赘述。

其一，相关性分析。将一个被解释变量和五个解释变量进行相关性分析，发现接近中心系数与 Harmonic 中心系数的相似性高达 0.99，因此直接删除 Harmonic 中心系数，保留其余四个网络效度测量变量。

其二，有序 Logit 模型分析。交互行为网络效度变量与学习效果的有序 Logit 模型结果如表 8-20 所示。数据显示，多个社区交互行为网络效度变量与学习效果显著相关，因此假设 H3 成立。其中，学习者交互行为中的加权入度、节点接近中心系数对学习者学习效果的影响显著为正，表明学习者回复及评论行为能显著帮助其获得证书，这些带有思考的回复和评论行为比其提出问题更有意义。接近中心系数代表学习者与其他节点是否接近，即两学习者之间彼此可达的直接程度，该网络效度变量显著表明如果一位学习者能够与更多节点进行直接交互，与他人保持较紧密的互动关系，将更有助于其获得优秀学习证书。

表 8-20　交互行为网络效度变量与学习效果的有序 Logit 模型结果

变量	β	显著性
加权出度	0.0525	0.083
加权入度	0.0352	0.000
节点接近中心系数	0.9252	0.017
节点中介中心系数	0.0002	0.242
Prob > χ^2 (4)	0.0000	

（4）学习者虚拟学习社区行为对学习效果的影响

下面将综合上述两部分反映学习者在慕课平台虚拟学习社区的个体社交行为及社区整体交互行为观察，探究其对学习者学习效果的影响。本研究将上述重要变量合成至一个综合性的有序 Logit 模型，以研究所有学习者虚拟学习社区行为变量与学习效果之间的关系，模型分析结果如表 8-21 所示。

表 8-21　交互行为与学习效果的有序 Logit 模型结果

行为层面	变量	β	显著性
个体社区行为	发表的帖子数量	0.5645	0.001
	发表的帖子被点赞数量	-0.0214	0.915
	发表的帖子被回复数量	-0.0786	0.380
	发表的回复被点赞数量	-0.0275	0.226
	发表回答及回答被赞数	0.0559	0.000
社区交互行为	加权出度	0.0595	0.046
	加权入度	0.0142	0.038
	节点距离中心系数	-0.4861	0.334
	节点中介中心系数	-0.0008	0.283
	Prob > χ^2 (4)	0.0000	

表 8-21 显示，学习者发表帖子数量、发表回答及回答被赞数、加权出度、加权入度的增加对学习效果存在显著正向影响作用，这一结果与前文的检验结果契合，同时增加了一个显著变量，即加权出度，这表明在学习者交互行为中，学习者的提问和回答都能有效帮助学习者获得更好的学习证书。

8.5 课程因素与学习效果的关系研究

下面，本研究将探索课程因素对学习者学习效果的影响。为了选择不同领域内的主流代表性课程，并对其进行模型分析检验，以挖掘课程整体网络属性、教师参与度、学习者参与讨论情况对证书获取结果的影响，探究不同的课程因素是否会影响学习者绩效。

8.5.1 获取对比课程

为了研究不同课程之间学习者的交流行为与学习效果之间的关系，本研究选取了经济学学科的主干课程"微观经济学"进行对比研究，之所以选取"微观经济学"课程主要在于：第一，课程参与的学习者数量较多。研究样本量多可以确保结果的普适性；第二，学习者参与本课程的主要目的在于获取证书，而不是如礼仪类、历史科普类课程的参与者主要是出于兴趣，而影响学习的持续性，这样的选择可以有效避免被解释变量的测量误差，提升实证结论的准确性；第三，学习者参与讨论主要出于自身的学习积极性和求知主动性，而非仅为期末成绩加分，敷衍认可教师布置的讨论任务而被动参与讨论。基于此，本研究选取了武汉大学第 10 次开课的"微观经济学"课程。

8.5.2 对比课程网络拓扑图

"数据结构"课程与"微观经济学"课程的虚拟学习社区用户交互网络拓扑图如图 8-7 所示。

(1) 基本属性对比

"微观经济学"与"数据结构"两门课程学习者基本属性对比数据如表 8-22 所示。从基本属性数据观察可知：①"数据结构"课程相较于"微观经济学"课程，其网络规模与网络密度更大，这表明学习者、教师参与讨论的积极性都更高；②"数据结构"课程中节点的聚类系数更高，平均距离更短，这表明该课程学习者在互动网络中的关系更为紧密，有助于讨论的推进和深入。从图 8-7 对应的课程拓扑图中，可明显发现左边的"数据结构"互动网络教师节点的提问（中心节点）频次极高，在网络中占了绝大部分，左上侧

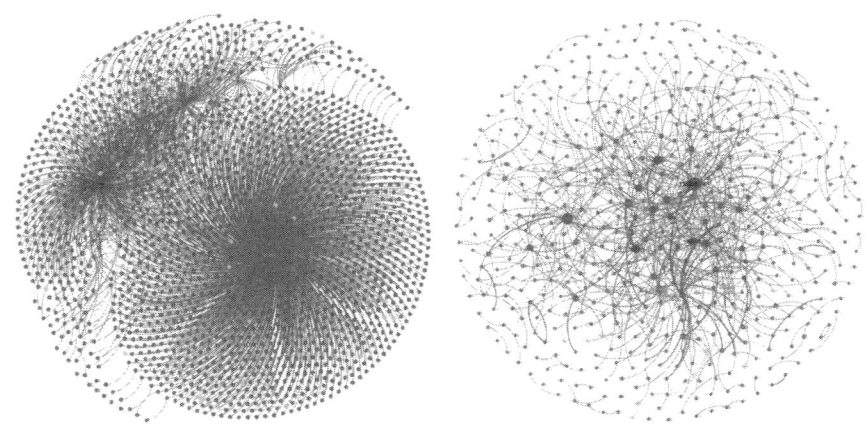

图 8-7 "数据结构"（左）与"微观经济学"（右）网络拓扑对比

的两个教师节点（左上侧高中心度节点）也回答了许多学习者的提问。对比"微观经济学"课程的互动网络，教师节点面积很小，说明其出入度很小，参与讨论的频次较低，这也是网络拓扑更为稀疏，节点间距离更远的原因之一。

表 8-22　　　　　　　　　课程学习者基本属性对比

属性名称		数据结构	微观经济学
网络规模	节点	1824	541
	边	2798	793
节点概述	聚类系数	0.102	0.032
	平均距离	2.916	4.686

（2）影响力节点分析

从两门课程中提出排名靠前和落后的节点，对其加权出入度及中心系数进行对比分析，如表 8-23 及表 8-24 所示。

表 8-23　　　　　　　　　"数据结构"课程影响力节点属性

排序	类型	加权出度	加权入度	接近中心系数	中介中心系数
1	课件问题	4837	0	0.8512	0
2	教师	433	772	0.5475	119618
3	教师	48	130	0.4528	34665
4	学习者	67	110	0.4337	13380
1819	学习者	0	1	0	0

续表

排序	类型	加权出度	加权入度	接近中心系数	中介中心系数
1820	学习者	0	1	0	0
1821	学习者	1	0	0.2731	0

表 8-24　　"微观经济学"课程影响力节点属性

排序	类型	加权出度	加权入度	接近中心系数	中介中心系数
1	学习者	24	24	0.2701	6040
2	学习者	4	31	0.4054	1874
3	学习者	28	3	0.2963	0
4	学习者	30	0	0.256	0
538	学习者	0	0	0	0
539	学习者	0	0	0	0
540	学习者	0	0	0	0

"数据结构"课程中，教师排名均处于前列，在课程中具有较高影响力，其参与行为有效活跃了讨论区的互动氛围，为学习者答疑解惑的互动过程帮助其获得了更好的学习成绩。而在"微观经济学"课程中，教师的参与度很低，且不是具有高影响力的节点，未能起到活跃虚拟学习社区讨论氛围的作用。"数据结构"课程中的学习者比"微观经济学"课程中学习者的参与度更高，发言更加积极踊跃，互助学习情况更好，更有利于活跃讨论区氛围。

因此，在课程讨论网络拓扑结构部分，本研究发现"数据结构"课程的任课教师起到了更积极的作用，同时结合其他措施较好提升了学习者参与讨论的积极性，使讨论区发挥出了更大的价值，助力优化了学习者的学习效果。

8.5.3　对比课程各分析模型结果

通过对比课程的各分析模型的结果，以期发现其中差异。

（1）基本信息与学习效果对比分析

将两门课程的学习者基本信息与学习效果的线性回归模型进行对比，结果如表 8-25 所示。

由于该模型描述的是一位学习者在学习平台上的整体行为和整体学习绩效，因此该模型的对比并不能充分显示出两门课程的差异，而是反映了两门课程在学习者群体上的差异。结果显示：①身份变量在两门课程的学习者中对学

表 8-25　　　　　　　　　基本信息与学习效果课程对比分析

	课程	数据结构		微观经济学	
	模型调整的 R^2	0.665		0.814	
	指数	β 估计值	P 值	β 估计值	P 值
解释变量	身份	-0.1917	0.560	0.3124	0.183
	关注人数	-0.0272	0.378	-0.3245	0.000
	学习时长	0.0000	0.192	0.0002	0.000
	发帖和回复总数	0.0640	0.000	0.0574	0.000
	获赞总数	0.0283	0.000	-0.0292	0.000
	参与课程数量	0.0144	0.000	-0.1192	0.174

习效果均不显著,说明大多数学习者是否在校或在职对其学习能力均无显著影响。②关注人数变量在"微观经济学"中对课程证书获取的影响显著为负,而在"数据结构"课程中影响并不显著。这一原因在于:通过查阅源数据发现,关注人数变量的观测值非常低,关注人数超过 10 的学习者数量不足全部学习者人数的 1%。因此,不能准确测度该行为对学习效果的提升作用,换言之,关注人数变量在课程对比中没有显示出显著性。③学习时长变量在"数据结构"课程中并不显著,但在"微观经济学"中显著为正,这表明经济学课程的学习者群体学习时长的增加将帮助其获得更多的学习证书,而工科课程由于课程难度及学习者认识负荷程度等因素,导致学习者群体中没有显现出该影响作用。④发帖和回复总数在两门课程中都是显著的,说明两部分学习群体只要更加积极参与发言就可能获取更好的整体学习绩效。⑤获赞总数在两门课程中都是显著的,但正负不同,说明在工科课程学习群体的获赞情况比较好地反映了学习者发言的质量,获赞较多的学习者也更多地获取课程证书;而经济学课程中学习者群体的点赞和获赞行为不能很好地衡量发言质量,通过对"微观经济学"课程对应学习社区的发言主题及其内容观察发现,其并非紧密围绕课程内容展开,在发言、评论及其回复内容中呈现出多元化内容的发散趋势,继而不能对学习证书产生显著影响,因此,应当提高经济学课程讨论区的发言水平与评价质量。

(2) 交互行为与学习效果对比分析

将两门课程的交互行为与学习效果整体有序 Logit 模型检验结果进行对比,结果如表 8-26 所示。

表 8-26　　　　　　　交互行为与学习效果课程对比分析

指数			数据结构		微观经济学	
	变量	备注	β	P值	β	P值
解释变量	发表帖子数量	微观经济学模型 发表提问数量	0.5645	0.001	0.1468	0.001
	发表帖子被回复数		-0.0786	0.380		
	加权出度		0.0595	0.046		
	发表帖子被点赞数	—	-0.0214	0.915	-0.2516	0.260
	发表回复被点赞数	—	-0.0275	0.226	-0.2360	0.617
	发表的回复数	数据结构模型 发表回答及 回答被赞数	0.0559	0.000	-0.1395	0.802
	发表评论数量				-0.2833	0.694
	发表评论被点赞数				0.5951	0.277
	加权入度	—	0.0142	0.038	0.2048	0.735
	距离中心度	—	-0.4861	0.334	-0.5180	0.345
	中介中心度	—	-0.0008	0.283	-.0001	0.915

由于交互行为与学习效果的关系模型描述了学习者个体在特定课程中的行为对学习证书类别的影响，因此，该部分旨在分析不同课程中学习者行为对学习效果产生的不同影响。需要说明的是：由于两门课程中存在行为高相关性，因此，分别将三个变量整合为一个主成分，以消除多重共线性带来的系数估计不准确问题。

表 8-26 的数据显示，发表帖子数量、加权出度在两个模型中都应当是显著为正的，说明一位学习者无论是学习理工科还是经济学科，如果能够在学习中更积极主动地提出问题、进行追问，能够帮助其答疑解惑，获取更好的学习效果。发表的回复数、评论数、评论被点赞数在"数据结构"课程中显著为正，而在"微观经济学"课程未呈现出显著性。表明在理工科学习过程中，积极发表自己对问题的思考与感悟，对学习效果具有积极影响作用；而在经济学科中，发表这样的回答却对学习效果帮助甚微。本研究对引发此现象可能的潜在原因进行了剖析，并认为：第一，在理工科的学习中，主要依靠自己的逻辑思考和理解能力推理学习，而在经济学科或管理学科中，主要依靠教师教授的理论框架进行辨析学习；第二，在"数据结构"课程中，教师参与学生互动活动的频次明显较高，课间提问 5318，回复 852 次，这一参与交互行为使学习者有更高的积极性发表更有质量的回复和见解，帮助其获取更好的学习效果，而在"微观经济学"课程中，教师在课间提问 1 次，回复 5 次，折射出

教师在互动活动的价值未能得以充分发挥。

8.6 结论与启示

本研究从学习者互动行为与课程两个层面，探索了其对学习者学习绩效的影响，并得到以下启示：

8.6.1 学习者有效学习行为的引导策略

学习者有效学习行为的引导策略由基本信息与学习效果分析、讨论与学习效果分析研究得出。前者主要关注学习者在学习平台上的能对学习绩效产生显著正面影响的学习行为，引导学习者进行有效学习，继而得到优化的整体学习绩效。后者主要关注学习者在特定课程中的能对课程绩效产生显著正面影响的学习行为，引导学习者进行有效学习，继而取得更优类型的学习证书。

本研究将学习者的学习行为分为两类：一是学习者在学习平台上的整体表现；二是在课程中的行为表现。

在学习平台上的引导策略，主要目的是通过改善平台上的整体基本行为来优化整体学习绩效。学习者应关注自身发表帖子和回复的总量、发言获赞数和参与课程量。具体的行为引导策略主要包括：第一，学习者应积极在学习过程中提出自己的困惑，参与教师和同学提出的问题讨论，发表自己对难题的思考与见解，通过积极参与讨论来提高自己的学习效率、优化学习效果；第二，学习者应努力提升自己的发言水平，杜绝为了得分而敷衍了事发言的不良现象，争取通过自己的高质量发言引发更广泛和深入的思考，继而获得更好的学习绩效；第三，学习者可以通过参与更多元化的课程学习活动，以构建更完善的知识框架，丰富自我认知，继而获得优异的学习效果。

在特定课程中，如果是学习理工类课程，包括"计算机语言"、"算法"等课程时，学习者应积极发表帖子、发表回复、发表评论。发表帖子能对自己感到困惑的理论和技术问题发起针对性求助活动，并引发广泛参与式交流探讨行为，以获得对自己更有意义的回答；发表回复能够在他人的提问帖下方提出自己的见解，在帮助他人的同时加深自己对这些问题的理解；发表评论能够在他人的回复下提出追问或评价，进一步提升讨论的深度，让参与该讨论的所有人能对知识点具有更全面且深入地理解。其中值得注意的是，学习者发表回复的行为比提出问题的行为对学习效果更有帮助，说明如果学习者单纯提出问题而不解决，意义并不大，如果能够通过自己的资料查阅和独立思考行为，提出一个针对问题解答方案的观点或者想法，对其学习效果的提升大有助益。如果是学习社会科学类课程，如"西方经济学"课程时，也应当积极发起和参与各种主题、各种深度的问题讨论。

8.6.2 不同类型学习者的针对性策略

不同类型学习者的针对性策略主要由对比课程的基本信息与学习效果分析研究得出。主要关注参与不同类型课程的学习者在平台上的整体行为和整体绩效有何不同，从而从不同的角度提出针对性提高学习绩效的策略。

本研究将学习者大致分为两类：第一，倾向于学习自然科学类课程的学习者；第二，倾向于学习社会科学类课程的学习者。不同类别的学习者应当有不同的学习策略。

对于主要学习自然科学类课程的学习者而言，第一，在学有余力时，应当参与更多的课程学习，因为许多自然科学类课程会涉及先修课程，比如"数据结构"需要至少先修一门计算机语言课程，如 Java、Python 等，学习"数据结构"后就可以进入"算法"课程等更深层次的课程学习阶段。如果学习者能将不同深度的多门课程内容融会贯通，就能帮助他们获得更好的学习效果以及实战能力；第二，在参与讨论时，除了要积极参与提问和回复外，还要保证自己的发言质量。在提问前认真思考，逻辑清楚地表述问题；在回答时简洁明了，必要时用图片说明程序结果等。学习者通过高质量的回答可以帮助自己和同学一起获得更好的学习效果。

对于主要学习经济管理类课程的学习者，第一，应当保证学习时长。因为社会科学类课程的学习在起步阶段主要通过老师的教学发起，思而不学并非好习惯，因此，学习者应当保证基本的学习时长，对一些认识模糊的内容应当学习不同老师不同角度的教学内容，获得更加全面客观的理解，从而获得更好的学习绩效；第二，在参与讨论时，不仅要提高自己的积极性，还应保持良好的讨论习惯。由于在社会科学类课程讨论区中学习者发言见仁见智，不能一概而论，因此，要认真对待其他学习者提出的问题和回答，对优质发言点赞，不理会"划水"发言，保持讨论区良好的发言和评论环境，才能促进出现更多优秀的发言内容，优化讨论区整体环境，提升学习者学习绩效。

8.6.3 课程设置的改进策略

课程设置的改进策略主要由对比课程的交互行为与学习效果分析研究得出。主要关注不同类型课程中影响学习绩效的因素有哪些，找到影响学习绩效的课程共性问题，包括整体的讨论积极性问题、教师的参与度问题等，然后讨论课程可以实施的改进策略。

对于所有课程而言，第一，应当采取措施提高学习者参与讨论的积极性，提升发言水平。比如在课程评分体系中，加入讨论区评分，由学习者参与讨论的次数和获得的点赞数衡量其参与讨论的积极性及投入程度。第二，教师应当参与讨论，提出在教学内容中的启发式问题，回答学习者的困惑。课程教师高频参与讨论，会激发更多学习者参与讨论的热情，并发表高质量的问题和想法。以上两项措施的主要目的是提高学习者参与课程讨论区讨论的频次和质量，提高讨论网络的密度，发挥互动网络的互惠性，以提高学习者的学习效果。

针对自然科学类课程，教学团队还应当给出适合于不同认知水平学习者的课程学习路径，如模块课程、进阶课程路径、课程内知识模块划分及内在联系等，在课程讨论区也常有学习者询问预备知识等问题，因此，作为课程教学团队，或是慕课平台，应当考虑给出课程难度说明、课程学习进阶路径等学习指南，供不同阶段的学习者参考和规划自己的学习路径，并获得更好的学习效果。

第 9 章
知识问答社区的用户知识贡献效率影响因素研究

9.1 引言

防疫期间,我国在线远程教育市场渗透率激增,以往的线下教学模式及"线上+线下"混合式教学模式转变为"大规模、长周期"的网络教学模式(翟兴等,2020),在线学习已成为学习者用户(以下简称"用户")的主要学习方式之一。而随着 Web 2.0 社交媒体的普及性应用,社会化问答社区则成为了在线学习的最佳资料查阅途径和拓展学习工具。例如:知乎、B 站、CSDN 等,以用户为中心的社会化问答社区通过调动用户生产分享高质量内容,逐渐成为在线学习者们获取、交换教育资源的重要途径以及碎片化资料查阅、课堂知识拓展的高效工具。社交化问答社区以具有共同兴趣爱好的用户关系网络为基础,是知识高效传播、流动及变现的互动性社交平台。相较于慕课、维基论坛等在线教育平台,社会化问答社区更强调通过社交化元素,社交化元素的加入极大程度调动了用户的知识贡献积极性及优质内容的生产热情,使社区受众群体范围逐步拓展,继而实现教育资源跨时空探寻及课内教学补充(李海峰等,2020)。社会化问答社区通过问题和话题网络对知识进行整理及引导归纳,扮演着为广大学习者提供本地化咨询服务及信息内容的重要角色,其所具有的"交互性"、"社会性"及"高质量问答服务"等特点,助力实现了学习者免费或付费知识贡献、获取、分享的一体化服务体系。

社会化问答社区不仅能够借助头衔、徽章等游戏化元素激励学习者的参与热情,还能为学习者推荐兴趣类似的知识内容话题及其他学习者,并基于此构建以学习主体及知识主题为基础的社交关系。学习者之间的互动有助于知识贡献质量的评价,随着问答社区文字、音频及视频等知识产品载体形式的丰富,学习者之间的互动方式也呈现出包含提问、回答、评论及点赞在内的多元化互动行为模式。社区用户既能以免费或付费的方式提出问题并获取自己所需的知识,亦可选择以免费或收费的方式贡献及分享自己的知识、经验及见解。

社会化问答社区建立在优质知识内容基础上。优质"爆款"知识内容能为用户与社区带来知名度和巨大流量。社区"爆款"知识内容的输出方法包括:①邀约头部大 V,经过专业团队打造低门槛 – 高价值知识;②挖掘社区中坚 KOL,提供题材及流量扶持,以提高优质知识的孵化概率。尽管社会化问答社区以其优质内容吸引了众多学习者,并逐步成为在线学习最佳的资料查阅途径及知识拓展工具之一,然而,随着社区规模的扩大,高流量学习者日益增加的话语权加剧了节点的中心化程度,同时,频繁推荐高赞、爆款知识内容或社区用户,容易形成信息茧房,导致不同问答社区间的知识内容同质化现象严重,社区底层学习者贡献的知识易被忽视,继而使其知识贡献意愿及信息扩散效率持续走低。因此,如何提高在线学习者的知识贡献绩效,就成为知识问答社区助力学习者在线学习亟待解决的问题。

目前已有诸多衡量在线学习者学习绩效的研究,通过对在线学习平台的登录次数、学习资源使用情况等过程性数据展开分析(包昊罡等,2019),构建出平台用户在线学习个人投入模型与评价维度(李艳燕等,2020;武法提等,2018)。然而,在社会化问答社区情境下,在线学习者不再仅是被动的知识接受者,同时也是主动学习、分享交换的微观知识生产单元,他们从社区中获得的收益及付出的成本会共同影响其学习效果、积极性及优质知识分享的意愿(Xia et al.,2012)。该类开放式知识分享社区随时间推移不断发展,不同问答板块间的知识内容易出现同质化、中心化问题,制约了知识问答社区的信息扩散效率及学习者知识贡献意愿。本章将探究知识问答社区在线学习者的知识贡献效率及其影响因素。

社会化问答社区中的学习者用户群体按其知识行为偏好可以分成知识贡献者与知识获取者。其一,知识获取者通过主动提问或被动浏览,以在社区中寻求知识。由于用户的主动提问行为很可能会因问题角度的新颖性及趣味性而引发其他用户的探讨,继而获得正向反馈,基于此,本研究将用户的主动提问视为一种知识贡献行为。其二,知识贡献者则通过回复问题或自发撰写内容,来分享观点、经验、专业内容等显性知识或隐性知识。知识获取者存在内在的求知动机以促进社区发展。但由于问答社区中免费知识的"公共物品"属性，使得初级知识贡献者可能因为缺乏足够的报酬激励而失去持续贡献知识的动力。倘若社区用户可以从其他用户的贡献中受益而无需贡献，这可能会导致贡献不足的问题，并阻碍社会化问答社区的持续发展。然而，用户行为会受到行为收益的影响，用户从社区中获得的收益及付出的成本会共同影响用户的持续知识贡献行为及意愿。因此，社区管理者需要将心理、物质层面的收益作为激励措施来激发其知识贡献动机。如果个体学习者用户的知识贡献收益与成本的比率较高，则其成为头部用户或腰部 KOL 的概率也会较高。综上不难发现，社会化问答社区的知识行为过程包括"知识获取/贡献—知识行为收益"两部分内容，如图 9 - 1 所示。

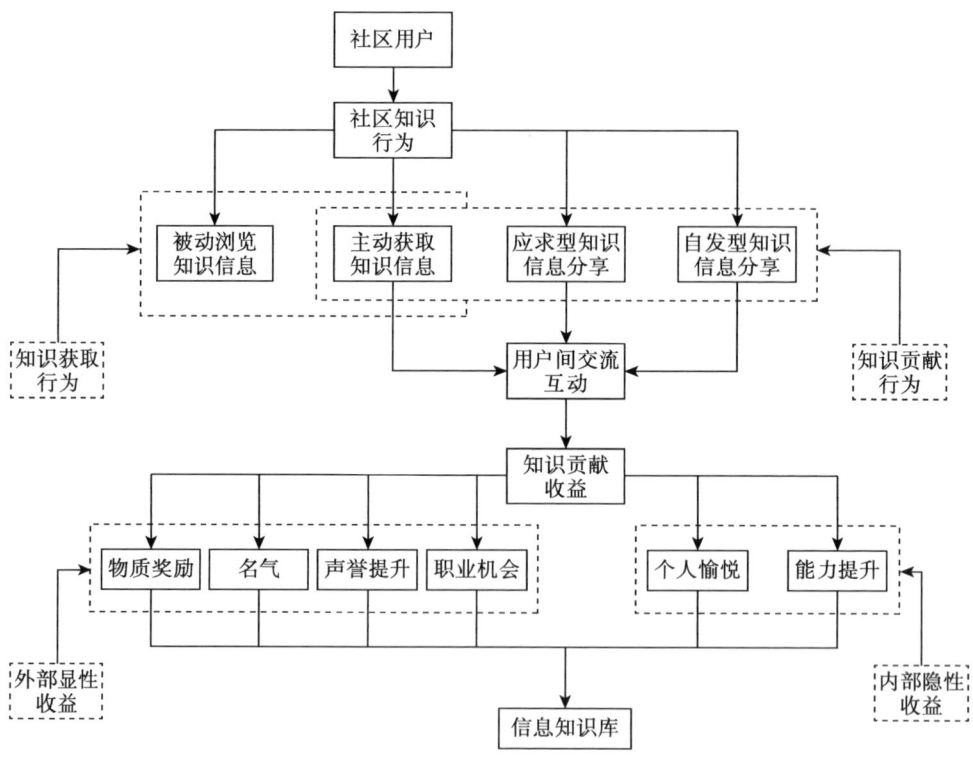

图 9 - 1 社会化问答社区知识行为过程

为回答以下问题"社区成员'知识贡献—获取收益'过程的效率如何？其影响机制是什么？"本研究将根据社会交换理论，以"知乎"这一典型的社会化问答社区作为研究对象，运用 DEA（Data Envelopment Analysis）模型测算学习者在"知识贡献—获取收益"这一过程中的效率,从学习者特征、平台特征及激励因素三个方面,通过构建 GLS（Generalized Least Squares）回归模型探究利他信念、自我效能、信息开放、专业程度、社区归属、社会曝光、身份信任及社会比较九个细化因素对用户知识贡献效率的影响机制。

本章将通过观察对"知乎"这一典型的社会化问答社区学习者用户知识贡献效率影响机制的研究,以期为虚拟学习社区运营者激发在线学习者知识贡献参与意愿、实现精准化知识主体交互及知识供需匹配提供参考,以有效激活在线学习平台用户知识贡献的长尾效应,在实现在线学习社区的学习者用户下沉的同时,推动社区协作学习功能开发、学科工具研制及在线教育模式创新,为设计、优化社区在线学习、知识贡献激励机制提供依据。

9.2 文献述评

9.2.1 知识贡献效果评价研究

社会化问答社区中的用户知识贡献效率是将个体用户作为一个微观知识生产单元,按照其在社区内投入贡献要素配置下的最优比例所能收获的最大社区报酬作为标准,衡量其知识生产贡献状况。在此将学习者在问答社区贡献知识进而获取他人点赞、收藏或喜欢的效率定义为知识贡献效率,当一名学习者的知识贡献效率越高时,即意味着该名学习者贡献的知识越能受到社区群众的认可,社区影响力也越高。知识贡献效率的本质就是对社区用户知识贡献行为及其贡献知识价值的综合度量。

知识贡献效果评价这一概念最早来源于组织管理研究中对企业员工的知识贡献评估。常用的方法包括 DEA、德尔菲法、层次分析法及模糊综合评价法。随着应用场景泛化,学者们开始对虚拟社区的知识交流效率进行评价。宗乾进等（2014）通过 DEA 方法探究了科学网博客内不同学科间的知识交流效果。吴佳玲（2019）采用 Super – SBM 测量学术虚拟社区知识交流效率,并建立 Tobit 模型对学术虚拟社区知识交流效率的影响因素进行分析。杨瑞仙等（2020）结合熵权法确定权重构建出基于三阶段的 DEA 模型,基于此分析了在线健康社区的知识交流效率。总体而言,虚拟社区间的知识交流效率测度多采用DEA模型评估，投入指标多为社区用户数及帖子数量，产出指标为用户的浏览、互动数等。

随着知识交流效率研究的深入，学者们将研究对象由虚拟社区间转为虚拟社区内的知识贡献个体用户，将社区个体用户作为微观决策单元，着重考虑专家用户及科研人员的知识贡献与交流效率。明晓乐（2015）运用PageRank算法从专家活跃度及受欢迎程度等方面对知识社区的专家知识贡献度进行了评价和排序优化。孙悦（2015）从知识贡献基础、数量、动态、认可及效果5个维度，构建出在线医疗社区知识贡献度熵权TOPSIS评价模型。杨瑞仙（2018）等结合社会交换理论，运用问卷调查法及DEA方法构建出学术虚拟社区个体科研人员知识交流效率评价指标体系。

从知识贡献评价的研究内容观察，学者们仍多从企业或组织视角研究及评价个体员工知识贡献的综合价值，与此同时，目前也已呈现出向虚拟社区的知识交流、转移效率以及个体用户的知识贡献效率评价的演化趋势。从评价理论与方法观察，多数研究都是建立在构建知识贡献或交流相关指标体系的基础上，继而通过DEA、AHP及模糊综合评价等数理方法实现效率的量化评估。

9.2.2 知识贡献行为影响因素研究

社会化问答社区以免费知识分享为主，社区的发展依赖于知识分享者的参与，因此已有诸多关于社会化问答社区学习者知识分享行为的相关研究。学者们多从心理因素结合信息技术因素的角度出发，采用社会认知理论、社会资本理论、社会交换理论等对学习者的知识贡献参与动机进行了深入研究，总结出知识分享的影响因素可以分为用户特征、网络特征及外界激励三个方面，包括声望、知识分享的成本与收益、组织奖励、自我效能、帮助他人的愉悦感、互惠、信任、义务等细化因素。为了总结社会化问答社区学习者知识贡献行为的影响因素，本研究对社交网站、学术虚拟社区、微博等虚拟社区和社交网站的知识贡献影响因素研究进行汇总，并以不同理论视角为线索，对相关因素进行整理归纳，如表9-1所示。

表9-1　　　　　　　　虚拟社区知识贡献研究汇总表

研究理论	影响因素	文献来源
社会交换理论	信任、互惠、利他	Wu et al.（2008）；Bock et al.（2005）；Kankanhalli et al.（2005）

续表

研究理论	影响因素	文献来源
社会认知理论	社会氛围	Oscar et al. (2016); 尚永辉等 (2012)
	自我效能	Salih et al. (2013); Cabrera et al. (2006)
	结果预期	Meng-Hsiang Hsu et al. (2007); Keith et al. (2003)
社会资本理论	结构维社会资本	Shen et al. (2013); Chiu et al. (2006)
	认知维社会资本	Jane et al. (2015)
	关系维社会资本	Claudia et al. (2016); Blader et al. (2017)
计划行为理论	态度	Grazioli et al. (2000)
	主观规范	Jiang et al. (2016)
	感知行为控制	卢艳强等 (2019)
技术接受理论	感知有用性、易用性	陈明红 (2015); Lai et al. (2014)

通过对以往研究成果的梳理发现，关于社区学习者知识贡献，多数学者通过社会认知、社会资本等理论对在线学习者的知识贡献参与动机与持续贡献数量展开了研究。Wang 等 (2010) 将影响用户知识贡献的相关因素总结为环境、用户自身、网络特征及心理动机。Guan 等 (2018) 则将影响因素归纳为用户个人特征、网络特征及心理激励。基于此，本研究将从用户特征因素、网络平台因素与用户心理因素三个维度，对社交化问答社区知识贡献行为的影响因素进行梳理和归纳。

(1) 用户特征因素

学者们研究发现利他信念、自我效能、信息开放、互惠信念及社区归属等用户个人特征会对用户的知识贡献存在影响。其一，利他信念是指为他人付出而不求回报的善意。利他信念较高的用户，往往其社区活跃度、与其他用户的互动频率也较高；其二，自我效能表现了用户对自身能力的评价和自信程度。自我效能较高的用户贡献知识的数量往往明显强于自我效能较低的用户；其三，信息开放则反映了用户向社区公开自身信息的意愿水平高低。信息开放意愿高的用户往往社区互动、知识贡献的意愿都会比较高；其四，互惠信念表示用户间依据所得为对方提供资源的意愿强弱。互惠信念较高的用户通常在情感网络中心性和知识分享关系中发挥着更为重要的作用；其五，社区归属反映了用户对其所属社区的认同、依赖及忠诚程度的高低。社区归属感较高的用户有助于社区的长期发展及优质知识内容的创作，用户社区归属感程度高低与其所处的社会网络位置将显著影响其行为偏好。

(2) 网络平台特征因素

正如前文所述，已有研究发现社会关系数量及社会曝光等因素会对用户知识贡献行为产生影响。其一，社会关系数量表示用户在虚拟社区内与其他用户构建的社交互动数量。社会关系数量越多的用户往往对知识有用性的认知程度也越高；其二，社会曝光强度表示用户在社区中贡献的知识被其他用户浏览获取的次数。其会显著影响社区的活跃度和用户的参与行为。部分用户会提升知识贡献数量及质量以达到高社会曝光的目的，继而获取金钱、名誉等收益。

(3) 心理激励因素

在心理激励维度，学者们的主要研究集中于信任及感知成本与收益方面。信任能够体现社区、用户间的信赖认可程度，当一名用户的被信任水平越高时，其知识贡献行为会更为频繁。感知成本与收益对应的社会比较能够帮助用户提升对知识特权收益获得或丧失的感知，进而促进或抑制用户的知识贡献行为或意愿。

总体而言，从研究内容上看，现有对知识贡献行为的研究主要集中于参与动机及贡献数量影响因素方面。从研究方法上看，以往关于社区用户贡献行为参与动机的研究多基于问卷调查的研究范式展开，而近年来通过采集获取真实用户数据以研究知识贡献行为的研究成果正在逐年增加。

本章将聚焦于知乎平台的免费知识，首先，通过数据包络分析法测算知乎社区内 4200 名在线学习者的"知识贡献——声誉收益"过程绩效；然后，通过广义线性模型分析在线学习者特征、在线学习社区交互特征及在线学习心理激励特征对知识贡献绩效产生的影响。

9.3　研究假设与理论模型

为全面探究商业化社会问答社区用户知识贡献行为的影响机制，并基于此，借鉴并引导优化虚拟学习社区学习者用户的知识贡献行为，本研究将从问答社区的在线学习者个体特征、在线学习社区交互特征及在线学习心理激励特征维度，挖掘影响在线学习者知识贡献效率的主要机制，以期为提升虚拟学习社区学习者用户的知识贡献行为质量和交互频次提供参考借鉴。

9.3.1 研究假设

（1）在线学习者特征对知识贡献绩效的影响

①贡献渠道差异。与传统问答社区相比，社交化在线问答社区增加了新的知识贡献渠道，即可以通过文章、想法及视频等多元化方式去贡献知识。多元化的知识贡献渠道突破了原有传统的"提问—回答"模式，给用户依据自身意愿完成自发或应求知识贡献的权利，提高了用户的创作热情。Teng 等（2011）将知识贡献方式划分为应求知识贡献和自发知识贡献。张晓晖（2019）将知识贡献按触发动机来源予以分类，并分析了其对用户被关注数的影响。基于此，本研究将"知乎"的知识贡献渠道划分为自发与应求两类渠道予以分析。

根据社会认知理论，在线学习者对自身能力的感知或信任程度被称为自我效能，自我效能对知识分享动机存在显著的正向影响。视频、原创文章、想法、专栏及 Live 等均是在线学习者自发完成的知识贡献内容，在意愿触发到完成贡献行为的过程中并不受其他学习者影响，依赖于在线学习者对自己能力的自信程度和有用性判断（Lin et al.，2007），能反映在线学习者的自我效能。本研究通过视频数、想法数、原创文章数、专栏数及 Live 数等自发贡献渠道测度在线学习者的自我效能高低。

网络利他行为是用户在网络环境下帮助他人、不考虑收益的自觉自愿行为（郑显亮等，2012）。而回答行为作为知识贡献者对他人问题的解答，需要符合特定知识接收者的需求，是典型的网络利他行为，反映了用户的利他信念。本研究通过问题答复数测度在线学习者的利他信念强弱。因此，基于上述分析，提出以下假设：

H1a：在线学习者通过应求型知识贡献渠道进行的网络利他行为对知识贡献绩效存在负向影响。

H1b：在线学习者通过自发型知识贡献渠道进行的自我效能展示对知识贡献绩效存在正向影响。

②信息开放。自我陈述理论指出人们都有获得他人认可的需求，身份信息的开放程度对人际关系构建及认可存在显著影响，高开放程度会促进用户间的知识交换活动。信息披露是在线学习过程中将个人信息开放并呈现给他人的一种方式（Wheeless et al.，2010），在线学习者可以自主选择个人信息披露水平以帮助他人了解其所处的社会阶层及个人特征。在线学习者资料越完善，其他

学习者对其信任感知则越强,其贡献的知识也越容易得到响应,知识贡献收益也会越高(Luo et al., 2013)。本章将在线学习者在性别、居住地、职业经历、教育经历及个人认证五个变量信息上的披露个数,按 0~5 予以区分,并用其表示信息披露度,进而测度信息开放水平。因此,基于上述分析,提出以下假设:

H2:在线学习者在社会化问答社区内身份信息的开放程度对知识贡献绩效存在正向影响。

③互惠信念。根据互惠理论,知识获取者在收到其他在线学习者反馈后会更加积极参与知识贡献(Eberle et al., 2014)。用户发布问题获得其他用户的帮助后便可能产生互惠信念,去回答其他人的问题或发布文章。相关研究表明在线社区其他用户的响应对用户的社区持续参与行为产生积极影响。这表明当初级社区在线学习者从社区获得积极回应时,会有效减轻新参与者的焦虑感,增强自我效能感与社区意识,产生回馈信念,从而进一步参与知识贡献(Yilmaz et al., 2016)。因此,在这种情况下,在线学习者的互惠信念会驱使其为其他学习者贡献高水平知识,进而提高自身的知识贡献效率。本研究通过在线学习者的提问被解答数测度其互惠信念强弱。因此,基于上述分析,提出以下假设:

H3:在线学习者的互惠信念对知识贡献绩效存在正向影响。

④社区归属感。社区感知反映了社区成员对社区建设和群体的心理感知及社会认同。会员身份有助于学习者形成社区成员感,增强其社区归属感知,继而显著影响到在线学习者的社区行为(Chang et al., 2011)。周军杰等(2012)研究发现会员/非会员的群体分化会对虚拟社区学习者知识贡献具有正向促进作用,本章通过在线学习者是否开通会员来测度其社区归属感强弱。因此,基于上述分析,提出以下假设:

H4:在线学习者的社区归属感对知识贡献绩效存在正向影响。

(2)在线学习社区交互特征对知识贡献绩效的影响

①社会学习。根据社会学习理论,用户在与其他用户互动交流的过程中进行技能学习。Jin 等(2015)研究发现用户本身的知识水平越高且社会学习机会越多时,其知识贡献也会越多。在问答社区中,用户可以通过关注其他用户来提升自身的知识水平。用户关注用户数越多,往往意味着其社会学习频率越高。而用户的社会学习越多,贡献知识的质量也会越高,进而获得较高的收益。因此,基于上述分析,提出以下假设:

H5：在线学习者在问答社区的社会学习行为对知识贡献效率有正向影响。

②社会曝光。社会曝光强度反映了在线学习者贡献的知识在其他学习者面前展示的次数，它会影响社区的活跃度及其他在线学习者的参与行为。社会化问答社区中通过话题标签实现提问分类，当问题标签数越多，一般问题的曝光范围越大，进而提升在该问题下所有应求回答的社会曝光度，刺激在线学习者的知识贡献行为（王伟等，2017）。添加微博话题标签可以促进在线学习者互动及信息传播（Liu et al.，2013）。本研究通过用户前五获赞数回复的话题标签数测度其获得的社会曝光程度。

对于应求型知识贡献者而言，若其回复问题获得社会曝光范围较大，在该问题下所有的应求知识被其他知识获取者认可的概率也会越大。在该情况下，作为理性人的知识贡献在线学习者就会越发慎重对待，进而提高知识贡献绩效。因此，基于上述分析，提出以下假设：

H6a：在线学习者在问答社区内贡献知识获得的社会曝光对知识贡献绩效存在正向影响。

H6b：社会曝光对在线学习者在问答社区中的应求知识贡献行为起到调节作用。

（3）在线学习心理激励特征对知识贡献绩效的影响

①身份地位激励。根据社会资本理论，信任作为维系关系的一种社会资本，当彼此信任感较强时，成员对知识贡献成本的感知会下降。基于关注的身份识别将有助于协作和创造集体智慧。在线学习者形象或地位可以通过符号化奖励形式体现，官方认可的符号化奖励将激励社区在线学习者知识分享频率的提升。在获得优质形象或高社会地位等激励后，在线学习者会为了维持形象而贡献出高质量知识。本研究通过在线学习者是否获得社区优秀回答者认证来测度其获得的身份地位激励程度。因此，基于上述分析，提出以下假设：

H7：在线学习者在问答社区内获得的身份地位激励对知识贡献绩效存在正向影响。

②社会比较压力。根据社会比较理论，个体在缺乏客观参照对象的情况下，会产生与同一组织其他个体的比较倾向。研究发现社会比较的强度会对项目成果造成影响。在社会化问答社区中，由于知识信息的推荐机制，不同领域下的知识贡献者会形成各自的圈子，在线学习者在贡献之前可以浏览比较圈子内其他在线学习者的贡献内容。在高社会比较的压力下，在线学习者会慎重撰写应求知识贡献内容，以提高回复内容被其他在线学习者的认可概率。本研究

通过在线学习者单条知识贡献所收获的最大评论数来测度其在社区中的最高知识贡献水平，进而反映社会比较的影响。因此，基于上述分析，提出以下假设：

H8a：在线学习者在问答社区内面临的社会比较压力对知识贡献绩效存在正向影响。

H8b：社会比较压力对在线学习者在问答社区中的应求知识贡献行为起到调节作用。当用户面临的社会比较压力较大时，其应求知识贡献行为对知识贡献效率的负向影响会增强。

9.3.2 理论模型

根据上述分析，本研究提出如图9-2所示的理论模型与假设，以探究在线学习者个人特征、在线学习社区交互特征以及在线学习心理激励特征对在线学习者知识贡献绩效的影响。首先，引入社会交换理论视角，参照虚拟社区中知识交流效率及知识贡献度评估方法，构建出个体学习者的"知识贡献成本—心理报酬收益"的投入产出指标体系，运用DEA方法来测算评价学习者

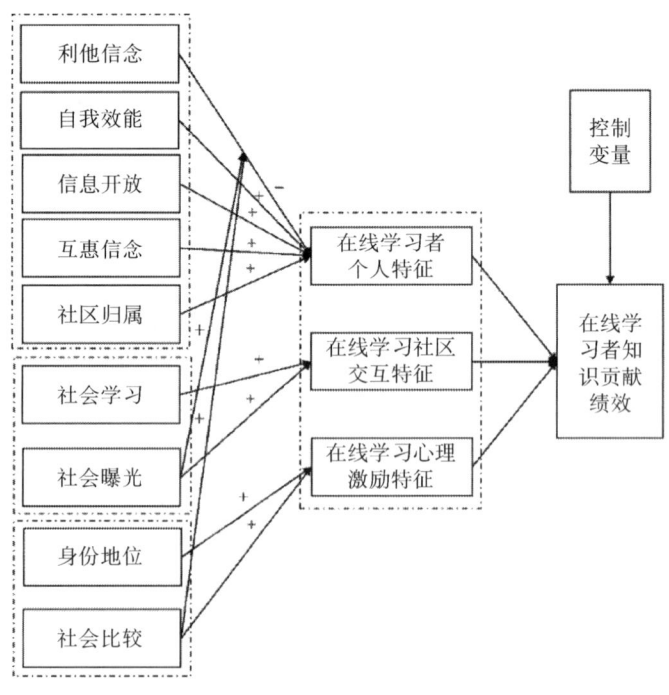

图9-2 知识贡献效率影响因素探究理论模型

的知识贡献效率；然后，按照 Guan（2018）的知识贡献行为影响因素框架，从在线学习者特征、在线学习社区交互特征以及在线学习心理激励特征三个主体因素入手，通过 GLS 模型分析用户的利他信念、自我效能、信息开放、互惠信念、社区归属、社会学习、社会曝光、身份地位以及社会比较九个细化因素对知识贡献效率产生的影响；最后，检验社会曝光与社会比较对利他信念的调节作用。

9.4　研究设计

9.4.1　数据采集及变量测量

本章所采用的研究数据均来源于中国最大的知识问答社区——知乎。知乎社区具有以下优势：其一，根据网络外部性原理，网络中用户价值与其他用户的数量成正比。而"知乎"作为目前国内最受欢迎的知识问答社区之一，也是学习者频繁使用的资料查阅和拓展学习工具，其高用户受众能够在一定程度上消除因样本选择导致的偏差；其二，知乎的话题内容范围广，包含专业性知识、社会热点评论及娱乐休闲话题；其三，知乎可以调动用户节点生产和分享高质量的问答内容，有利于问答社区优异氛围的构建。

本研究的知识贡献效率建立在个体用户决策单元基础上。图 9-3 是知乎用户的个人主页，从页面中可以提取出用户的个人信息、交互信息和反馈信息。其一，个人信息包括学历、工作经历、地址和职业等反映人口特征的信息；其二，交互信息包括用户的社区提问、回复及关注信息等反映用户社区参与交互程度的信息；其三，反馈信息则包括赞同、感谢、收藏及评论等反映其他用户的评价信息。

为了保证社区用户数据的客观性、代表性以及可比性，本研究使用滚雪球的方式，增量收集。选取汽车、数码、时尚、影视、校园、科学及运动 7 类热门榜单，在榜单热门问题下采集获赞数较高的知识贡献用户。其中自变量包括回答数、视频数、想法数、原创文章数、专栏数、live 数、用户信息披露度、解答提问数、会员开通情况、关注用户数、前五获赞数回复问题的话题标签数、优秀回答者认证情况，控制变量为文本长度，如表 9-2 所示。

278　翻转课堂虚拟学习社区建设研究

图 9-3　社会化问答社区知乎个人用户界面

表 9-2　　　　　　　　　　　变量定义

变量类型	变量名称	测量变量	变量符号	含义解释
被解释变量	知识贡献效率	综合效率	$efficiency_i$	根据 BCC-DEA 模型计算，结果不受数据单位影响；值处于 0-1 区间
主要解释变量	利他信念	回答数	$answer_i$	用户 i 的回答数量
	自我效能	视频数	$video_i$	用户 i 发布的视频数量
		想法数	$thought_i$	用户 i 发布的想法数量
		原创文章数	$article_i$	用户 i 发布的原创文章数量
		专栏数	$column_i$	用户 i 发布的专栏数量
		live 数	$live_i$	用户 i 发布的 live 数量
	信息开放	信息披露度	$profile_i$	用户 i 的公开信息量，0-5 依次增加
	互惠信念	解答提问数	ask_i	用户 i 提出问题并被解答的数量
	社区归属	会员	$member_i$	虚拟变量：开通为 1，否则为 0
	社会学习	关注用户数	$followee_i$	用户 i 关注的其他用户数量
	社会曝光	话题标签数	tag_i	用户 i 前五获赞数的回复的话题标签数
	身份地位	优秀回答认证	$authentication_i$	虚拟变量：认证为 1，否则为 0
	社会比较	最大评论数	$comment\_max_i$	用户 i 贡献知识收获的最多评论数
控制变量	/	文本长度	$text\_length_i$	用户 i 知识贡献的文本长度

9.4.2 数据描述及相关性分析

本研究共爬取 2020 年 1 月热门榜单下的 4826 名知乎在线学习者在其主页上的公开信息作为研究的横截面数据。在剔除重复、异常及从未知识贡献的在线学习者数据、数据编码及特征工程等一系列数据预处理后，共得到 4200 名知乎用户与研究变量相关的数据。横截面数据的描述性统计如表 9 – 3 所示。

表 9 – 3 数据描述性统计

测量变量	变量符号	最小值	最大值	均值	标准差	峰度	偏度
技术效率	$efficiency_i$	0	1	0.05	0.14	22.65	4.41
回答数	$answer_i$	1	25357	197.99	744.38	419.60	16.68
视频数	$video_i$	0	206	0.46	5.22	744.29	23.79
想法数	$thought_i$	0	7335	34.74	231.66	402.09	17.16
原创文章数	$article_i$	0	8726	17.28	156.98	2269	42.32
专栏数	$column_i$	0	10	0.24	0.71	37.66	5.07
live 数	$live_i$	0	17	0.04	0.55	435.14	19.27
信息披露度	$profile_i$	0	5	1.72	1.40	-0.88	0.41
解答提问数	ask_i	0	2542	6.45	52.37	1482.87	34.96
会员	$member_i$	0	1	0.15	0.35	1.95	1.99
关注用户数	$followee_i$	0	14751	95.18	377.45	590.22	18.91
话题标签数	tag_i	2	25	18.52	4.03	2.57	-1.31
优秀回答认证	$authentication_i$	0	1	0.07	0.25	9.87	3.45
最大评论数	$comment\_max_i$	0	2619	33.97	133.77	122.60	9.47
文本长度	$text\_length_i$	0	52312	1933.51	3162.97	33.72	4.40

由表 9 – 3 可以看出，专栏数、话题标签数的标准差、偏度及峰度均较小，分布较为平均；文本长度、回答数、解答提问数、关注用户数及最大评论数等变量的标准差较大，对这些变量取对数处理，以满足回归分析所需条件。自变量相关性检验结果如表 9 – 4 所示。

表 9 – 4 自变量相关性检验

	V1	V2	V3	V4	V5	V6	V7	V8	V9	V10	V11	V12	V13
$V_1\ answer$	1												
$V_2\ video$	0.028	1											

续表

	V_1	V_2	V_3	V_4	V_5	V_6	V_7	V_8	V_9	V_{10}	V_{11}	V_{12}	V_{13}
V_3 thought	0.431	0.074	1										
V_4 article	0.062	0.043	0.118	1									
V_5 column	0.205	0.091	0.363	0.178	1								
V_6 live	0.068	0.068	0.156	0.060	0.234	1							
V_7 profile	0.122	0.035	0.094	0.027	0.226	−0.051	1						
V_7 ask	0.265	0.010	0.204	0.026	0.128	0.007	0.051	1					
V_8 member	0.064	0.059	0.139	0.038	0.248	0.134	0.187	0.038	1				
V_9 followee	0.243	0.012	0.201	0.027	0.145	−0.015	0.144	0.127	0.090	1			
V_{10} tag	0.073	0.031	0.070	0.041	0.133	0.023	0.186	0.051	0.094	0.070	1		
V_{11} authentication	0.078	0.182	0.106	0.159	0.264	0.170	0.247	0.052	0.142	0.043	0.114	1	
V_{12} comment_max	0.004	0.033	0.096	0.023	0.119	0.073	0.072	0.000	0.110	0.078	0.049	0.090	1

由表 9-4 可知多数自变量之间存在着一定程度的正向相关关系，相关系数低于 0.2，意味着自变量间为弱相关或无相关，同时说明自变量选取较为合适，可有效减轻回归分析时的多重共线性问题。为了加强研究的严谨性及结果的有效性，在后续实证部分进行 VIF 检验。

9.4.3 研究方法

社会化问答社区学习者群体庞大，存在海量行为数据信息，单个评价指标很难对知识贡献效率予以有效测度，而 DEA 使用线性规划法，计算社区个体用户决策单元是否处于生产前沿面，可用以判断所选用户是否为 DEA 有效（即头部大 V 用户）；对应投入产出指标选取也可表现出学习用户知识贡献的"成本—收益"行为过程；与此同时，数据包络分析多采用真实用户数据，可减少层次分析、问卷调查及结构方程等方法权重、参数设定产生的主观影响。DEA 方法常与 Tobit 回归一起用于研究效率的影响因素，但由于 Tobit 模型所需假设较强，其截尾分布应用于截断点之后，观测不到不易测度却客观存在的误差，但知识贡献效率测算出的截断却是客观上没有比 100% 有效更高的情况，因此 Tobit 不适用。与此同时，有关研究表明探究 DEA 影响因素可以使用最小二乘法，往往广义最小二乘法 GLS（Generalized Least Squares）的估计结果会更优。综上，本研究对个体学习用户单元的知识贡献测度采用数据包络法，影响因素探究则采用 GLS 回归。

本研究主要探究社会化问答社区用户知识贡献效率的影响因素，并验证社交网络因素、激励因素与用户个人特征间可能存在的交互作用。基于此研究目标，构建如下模型：

$$TE_1 = \beta_0 + \ln\beta_1 text\_length_i + \ln\beta_2 answer_i + \beta_3 video_i + \beta_4 thinking_i + \beta_5 article_i + \beta_6 column_i + \beta_7 live_i + \beta_8 profile_i + \ln\beta_9 ask_i + \beta_{10} member_i + \ln\beta_{11} followee_i + \beta_{12} tag_i + \beta_{13} Authentication_i + \ln\beta_{14} comment\_max_i \quad (9-1)$$

$$TE_2 = \beta_0 + \ln\beta_1 text\_length_i + \ln\beta_2 answer_i + \beta_3 video_i + \beta_4 thinking_i + \beta_5 article_i + \beta_6 column_i + \beta_7 live_i + \beta_8 profile_i + \ln\beta_9 ask_i + \beta_{10} member_i + \ln\beta_{11} followee_i + \beta_{12} tag_i + \beta_{13} Authentication_i + \ln\beta_{14} comment\_max_i + \beta_{15} tag_i \times answer_i \quad (9-2)$$

$$TE_3 = \beta_0 + \ln\beta_1 text\_length_i + \ln\beta_2 answer_i + \beta_3 video_i + \beta_4 thinking_i + \beta_5 article_i + \beta_6 column_i + \beta_7 live_i + \beta_8 profile_i + \ln\beta_9 ask_i + \beta_{10} member_i + \ln\beta_{11} followee_i + \beta_{12} tag_i + \beta_{13} Authentication_i + \ln\beta_{14} comment\_max_i + \beta_{15} comment\_max_i \times answer_i \quad (9-3)$$

模型一（如式 9-1 所示）仅包含控制变量与自变量，模型二（如式 9-2 所示）中加入了利他信念和社会曝光的交乘项，模型三（如式 9-3 所示）则在模型一的基础上加入了利他信念和社会比较的交乘项。

9.5 基于 DEA 模型的用户知识贡献效率计算

根据社会交换理论，个体学习者进行知识贡献的成本包括知识独占性的丧失和贡献过程的机会成本，这里将通过学习者的知识分享数量及提问数量对其予以衡量；知识贡献收益包括外部显性收益和内部隐性收益。其中，外部显性收益包括物质奖励，名气、个人形象提升，声誉提升，职业机会等，而内部隐性收益包括利他行为带来的愉悦感，自身能力提升等。学习者对于声誉提升的追求在知识贡献行为中发挥着比物质奖励更为重要的作用，且多数知识贡献用户并未获得过物质报酬；而内部隐性收益很难从真实数据评判，多通过问卷调查的方式进行测度。所以关于用户的知识贡献收益产出在此通过用户收获的关注、赞同及收藏等声誉、名气的提升予以衡量。基于此，本研究对应的问答社区用户知识贡献效率投入和产出指标体系如表 9-5 所示。

表9-5　　　　　　　　　用户知识贡献效率投入产出指标体系

	指标	解释
投入指标	知识分享数量	反映个体用户在社区中进行知识分享、交流投入精力的程度
	提问数量	反映个体用户在社区知识获取、浏览及交流后的反馈及思考
产出指标	被关注数	反映个体用户在进行知识贡献过程中所收获的声誉及名气提升等收益
	被赞同数	
	被收藏数	

投入产出指标间相关性分析结果显著，如表9-6所示，说明选取变量满足同向扩张性原则，可以采用DEA方法予以分析。

表9-6　　　　知识贡献效率投入与产出变量的Pearson相关系数

Pearson相关性	知识分享数	提问数	被关注数	被赞同数	被收藏数
知识分享数	1				
提问数	0.278**	1			
被关注数	0.312**	0.135**	1		
被赞同数	0.542**	0.173**	0.713**	1	
被收藏数	0.216**	0.074**	0.716**	0.700**	1

注：*表示在0.05水平（双侧）上显著相关；**表示在0.01水平（双侧）上显著相关。

根据确定的投入产出指标，以单个用户作为一个决策单元（DMU），通过BCC模型对4200名用户研究样本的知识贡献相对效率进行分析，得到每位用户的知识贡献效率值，如表9-7所示。

表9-7　　　　　　　　　　知识贡献效率描述性统计

	最小值	最大值	均值	标准差
综合效率TE	0	1	0.0548	0.1368
纯技术效率PTE	0	1	0.7328	0.2580
规模效率SE	0	1	0.0902	0.1984

DEA模型评价的结果显示社会化问答社区知乎平台中的用户知识贡献效率整体水平普遍偏低（TE<0.05），且个体间差异较大，这意味着虽然多数用户乐于在社区内贡献自己的经验见解，但多数情况下获得的贡献收益较低。其原因主要在于：第一，社会化问答社区中的活跃用户较少，多数初级用户未积极对知识获取效果予以反馈，这也使得知识贡献者难以从初级用户中获得心理

报酬；第二，社会化问答社区的知识推荐机制容易形成信息茧房，KOL 这类的中心化节点较多，使得多数用户的知识贡献被边缘化，从而导致不同用户间的知识贡献效率存在较大差异。

9.6 基于 GLS 模型的用户知识贡献效率影响因素分析

9.6.1 实证结果分析与假设检验

调用 R 语言 nlme 包中的 gls（）函数对数据样本进行回归，回归结果如表 9-8 所示。

表 9-8　　　　　　　　　　　模型回归结果

变量	模型一			模型二			模型三		
	系数	t 值	VIF	系数	t 值	VIF	系数	t 值	VIF
C	-0.121***	-9.882	/	-0.082***	-5.520	/	-0.145***	-11.221	/
text_length	0.018***	11.545	1.441	0.019***	12.068	1.466	0.018***	11.097	1.450
answer	-0.003**	-2.554	1.801	-0.022***	-5.136	15.225	0.003	1.636	3.031
video	0.001***	3.551	1.042	0.001***	3.546	1.042	0.001*	3.373	1.043
thinking	-0.000***	-4.986	1.221	-0.000***	-5.136	1.222	-0.000***	-4.083	1.250
article	-0.000**	-2.013	1.058	-0.000**	-2.076	1.058	-0.000**	-2.079	1.058
column	0.015***	4.967	1.440	0.014***	4.662	1.447	0.017***	5.523	1.454
live	0.010***	3.090	1.128	0.011***	3.147	1.128	0.011***	3.271	1.129
profile	0.005***	3.979	1.319	0.006***	4.032	1.319	0.005***	3.866	1.319
ask	-0.003	-1.522	1.384	-0.003	-1.771	1.388	-0.003	-1.553	1.384
member	0.021***	3.936	1.139	0.020***	3.668	1.143	0.023***	4.226	1.141
followee	-0.001	-1.475	1.360	-0.001*	-1.446	1.360	-0.001	-1.284	1.361
tag	0.000	0.634	1.311	-0.002***	-3.005	3.049	0.000	0.675	1.311
authentication	0.016**	2.082	1.212	0.014*	1.769	1.218	0.019**	2.415	1.216
comment_max	0.027***	20.796	1.303	0.026***	20.240	1.318	0.042***	14.094	1.053
ans * tag	/	/	/	0.001***	4.532	21.080	/	/	/
ans * com	/	/	/	/	/	/	-0.003***	-5.673	1.612

续表

变量	模型一			模型二			模型三		
	系数	t值	VIF	系数	t值	VIF	系数	t值	VIF
Log Likelihood	2896.172			2898.969			2905.86		
AIC	-5760.345			-5763.938			-5777.721		
BIC	-5658.916			-5656.175			-5669.957		

注：*、**、*** 分别表示在10%、5%、1%水平上显著。

通过数据分析可知，在模型一的估计结果中，文本字数系数为正值且显著。这一结果符合预期：用户单次知识贡献包含的文本字数越多，意味着该条知识的价值越高，其收益也会越高。就自变量而言，回复、视频、想法、原创文章、专栏、live、信息披露度、会员开通、优秀回答者认证及最大评论数均通过检验，说明利他信念、自我效能、信息开放、社区归属、身份地位及社会比较等因素对知识贡献绩效具有显著影响。然而，提问、关注用户、问题标签并未通过检验，说明回馈信念、社会学习、社会曝光对知识贡献绩效的影响并非显著。VIF均小于5，通过检验，排除变量间的多重共线性干扰。具体分析如下：

（1）在线学习者特征与知识贡献绩效

在线学习者知识贡献渠道分为应求及自发贡献渠道两种类型，分别对应测度在线学习者的利他信念与自我效能。回答数（$\beta = -0.003$）负向影响显著，H1a成立，这一结论反映出：第一，回答他人提问需要考虑在线学习者的知识水平与学习能力；第二，随着在线学习者在社区内知识参与日趋频繁及深入，应求知识贡献会呈现出跨领域趋势，造成知识质量下降与贡献数量减少，从而对知识贡献绩效起到负面作用。

自发型知识贡献渠道影响显著，却存在正负关系差异。其中视频渠道（$\beta = 0.001$）、专栏渠道（$\beta = 0.015$）及live渠道（$\beta = 0.010$）为正向显著影响。视频渠道以视频、音频为载体，剪辑及制作成本较高。而想法（$\beta = -0.00004$）、原创文章（$\beta = -0.00002$）两类渠道为负向显著影响。想法是类似微博的碎片式信息流社交化渠道，会导致知识质量的下降。原创文章类似传统社交媒体中的博客，很多企业营销号通过该类方式营销推广，继而拉低了知识质量。综上，H1b并不成立。

信息开放的测度项——信息披露度（$\beta = 0.005$）对在线学习者知识贡献绩效的正向影响显著，H2成立。这一结论说明明确身份有益于建立良好的人际关系，在线学习者通过其他学习者的个人信息披露可以衡量其在线声誉。在线学习者的个人信息披露越详细，其声誉收益相应越高。

互惠信念的测度项——被解答提问（$\beta = -0.003$）对在线学习者知识贡献绩效的影响并不显著，H3不成立。其可能的原因在于：第一，在线学习者在收到高质量回复答案后，会对其之后的知识贡献行为产生负面影响（Yan et al.，2017），导致在线学习者对自身专业技能的感知偏差，从而降低知识贡献意愿。第二，高回馈信念的在线学习者会盲目提升自己的知识贡献数量，使得知识贡献投入过高，但质量较低，降低了其知识贡献绩效。

社区归属的测度项——会员开通（$\beta = 0.021$）对在线学习者知识贡献绩效的正向影响显著，H4成立。对于中坚学习者而言，开通会员有助于提升在线学习者的社区体验，刺激知识贡献行为增加（Wang et al.，2011），继而加深在线学习者间的交互程度，更易获得其他在线学习者的点赞、收藏等收益。

（2）在线学习社区交互特征与知识贡献绩效

社会学习的测度项——关注用户数（$\beta = 0.085$）正向影响不显著，H5不成立。可能的解释是关注用户数的增多会导致在线学习者注意力焦点发生改变。随着社会学习的深入，其注意力焦点转移到其他在线学习者的贡献知识上，时间精力受到限制（Shen et al.，2015），会减少知识贡献数量，继而造成效率的下降。

社会曝光的测度项——问题标签（$\beta = 0.0003$）不显著，H6a不成立。可能的原因在于：根据旁观者效应，在现场旁观者的数量会对亲社会行为造成影响。在线学习者作为理性人，在面对高曝光度问题时其知识贡献意愿会降低；此外，曝光度较高的问题下，参与知识贡献的学习者数量较多，对学习者而言，其在高曝光度问题下的应求型知识贡献的收益也会降低。

（3）在线学习心理激励特征与知识贡献绩效

身份地位的测度项——优秀回答者认证（$\beta = 0.016$）显著，H7成立。首先，从个人形象危害风险视角而言，当在线学习者受到身份认同的激励后，其受到社区行为规范的约束也会越大，为了避免形象造成伤害，会选择减少回答非专业领域的问题，进一步把控知识贡献质量，继而带来知识贡献收益的提升；其次，从马太效应视角而言，在线学习者在社区中的影响力越大，获得社区流量扶持的资源就越多，投入回报比提升。因此，身份地位会对知识贡献绩效的提升产生显著影响。

社会比较的测度项——最大评论数（$\beta = 0.027$）显著，H8a成立。社会化问答社区中的知识贡献机制类似众包模式,已有知识贡献被认可程度越高,在线学习者面临的比较压力就会越大,其继续回答相应问题的热情也会降低。

(4) 社会曝光及社会比较对利他信念与知识贡献绩效关系的调节效应

模型二中加入了利他信念及社会曝光的交乘项,但模型一中社会曝光并不显著,且 VIF 并未通过检验,说明社会曝光对在线学习者的利他行为并未起到调节作用,H6b 不成立。虽然高问题曝光度能够提高在线学习者的应求知识贡献数量及被推送概率,但对贡献知识质量的要求也会攀升,并不能显著影响知识贡献绩效。

模型三中加入了利他信念及社会比较的交乘项,相关系数($\beta = -0.003$)为负向关系且显著,VIF 通过检验,说明社会比较对在线学习者的利他信念起到调节作用,H8b 成立。社区内存在诸多初级在线学习者,在进行应求知识贡献时会考虑问题与自身水平的匹配程度,更加看重其他在线学习者的知识贡献质量。在此,将社会比较变量分成高、低两组(以 $M \pm 1$ 个 SD 为标准)进行斜率检验,如图 9-4 所示。

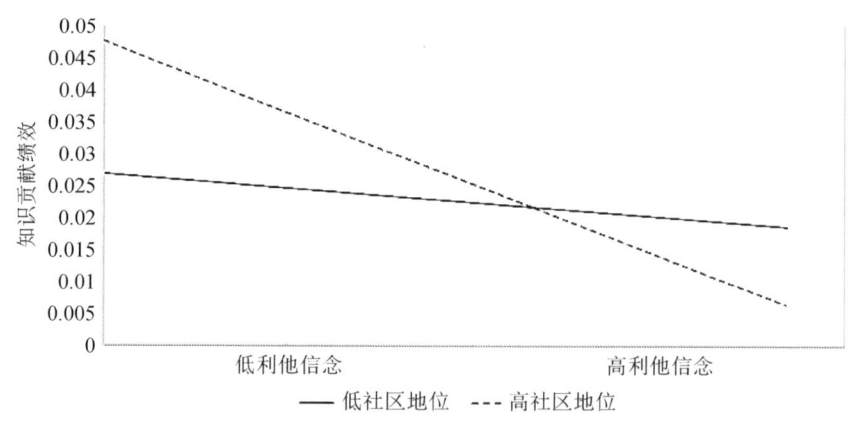

图 9-4 社会比较对利他信念的调节效应(低社会比较 VS 高社会比较)

结果显示:在在线学习者社区地位较低的情况下,利他信念对在线学习者知识贡献绩效的负向影响效应显著($\beta = -0.001$,$t = -0.019$,$p = 0.000$);在在线学习者社区地位较高的情况下,利他信念对在线学习者知识贡献绩效的负向影响效应显著($\beta = -0.003$,$t = -0.170$,$p = 0.000$),斜率上升,即利他信念对知识贡献绩效的负向影响会随着社会比较的增加而增强。

综上所述,假设检验结果汇总如表 9-9 所示。

表9-9　　　　　　　　　　　假设检验结果

假设	结论
H1a：用户通过应求型知识贡献渠道进行的网络利他行为对知识贡献效率有负向影响。	接受
H1b：用户通过自发型知识贡献渠道进行的自我效能展示行为对知识贡献效率有正向影响。	拒绝
H2：用户在问答社区的信息开放度对知识贡献效率有正向影响。	接受
H3：用户的互惠信念对知识贡献效率有正向影响。	拒绝
H4：用户的社区归属对知识贡献效率有正向影响。	接受
H5：用户在问答社区的社会学习行为对知识贡献效率有正向影响。	拒绝
H6a：用户在问答社区内的贡献知识的社会曝光对知识贡献效率有正向影响。	拒绝
H6b：社会曝光对用户在问答社区中的应求知识贡献行为起到调节作用。	拒绝
H7：用户在问答社区内的身份认证对知识贡献效率有正向影响。	接受
H8a：用户在知识问答社区内面临的社会比较压力越大，其知识贡献效率越高。	接受
H8b：用户在知识问答社区内面临的社会比较会对用户的应求贡献行为起到调节作用。	接受

9.6.2　稳健性检验

本研究知识贡献过程的产出指标包括被关注数、赞同数及收藏数，但考虑到喜欢数也可作为衡量用户产出的一项重要指标，因此，为进一步检验模型的稳健性，将从变量视角出发，选择新变量对原模型变量予以替换，将用户被喜欢数纳入用户知识贡献过程的产出指标，计算出新效率值代入模型一中，对知识贡献效率影响因素模型的稳健性进行验证。

根据上述方法，新的知识贡献效率测定方法如表9-10所示。

表9-10　　　　　　　新旧知识贡献效率测定对比

	原BCC-DEA模型	新BCC-DEA模型（A）
投入指标	知识分享数量、主动获取数量	知识分享数量、主动获取数量
产出指标	被关注数、赞同数、收藏数	被关注数、赞同数、收藏数、喜欢数

根据新的BCC-DEA模型输出的最终结果进行GLS回归检验，表9-11显示的稳健性检验结果与模型回归结果基本一致，说明实证分析结果稳健。

表9-11　　　　　　　新BCC-DEA模型回归结果

	系数	t值	VIF
C	-0.118***	-9.822	/

续表

	系数	t 值	VIF
text_length	0.018 ***	11.331	1.441
answer	-0.003 **	-2.570	1.801
video	0.001 ***	3.613	1.042
thinking	-0.000 **	-4.964	1.221
article	-0.000 **	-1.951	1.058
column	0.015 ***	4.980	1.440
live	0.011 **	3.220	1.128
profile	0.005 ***	3.915	1.319
ask	-0.002	-1.354	1.384
member	0.021 ***	3.815	1.139
followee	-0.002	-1.385	1.360
tag	0.000 *	0.701	1.311
authentication	0.018 *	2.274	1.212
comment_max	0.026 ***	20.713	1.303
Log Likelihood		2976.437	
AIC		-5920.873	
BIC		-5819.445	

注：*、**、***分别表示在10%、5%、1%水平上显著。

9.7 结论与启示

9.7.1 结论

首先，本研究参照虚拟社区中知识交流效率及知识贡献度评估方法，构建出个体在线学习者的"知识贡献—声誉收益"的投入产出指标体系，运用DEA方法测算评价在线学习者的知识贡献绩效；然后，通过GLS模型分析在线学习者的利他信念、自我效能、信息开放、互惠信念、社区归属、社会学习、社会曝光、身份地位及社会比较九个因素对知识贡献绩效造成的影响；最后，探讨社会曝光及社会比较与利他信念间可能存在的交互调节效应。研究结果表明：

第一，本章针对社会化问答社区知识贡献行为，在考虑在线学习者知识贡献数量的基础上分析其对应的知识贡献收益。通过数据包络分析以个体在线学习者为决策单元，构建出"知识贡献行为—知识贡献收益"这一过程的投入产出体系，知识贡献绩效测算结果显示：社区中的多数在线学习者的知识贡献效率均较低（<0.05），这意味着多数在线学习者的知识贡献难以获得与之相匹配的收益，无法及时获得知识贡献反馈会阻碍用户的知识贡献热情，这一结论进一步佐证了虚拟社区典型的用户贡献率"90-9-1"现象亟待通过更加合理的激励机制设计予以调整。

第二，信息开放、社区归属、身份地位及社会比较会对在线学习者的知识贡献绩效产生显著正面影响，利他信念会产生显著负面影响，这与比格斯的3P学习分析模型相一致，学习者个性特征及学习动机均会对学习过程及结果产生影响（胡小勇等，2020）。然而，比较出乎意料的是社区交互特征均不显著，这表明虽然学习者与人或信息的寻径交互能够影响学习者的认知投入度（王志军等，2015），但并不能显著提升其声誉收益。

第三，不同的自发知识贡献渠道会对优质知识贡献产生不同效果。本研究在对知识贡献效率影响因素进行分析时发现，自发知识贡献渠道上的差异对在线学习者知识贡献效率存在不同方向的影响。社交化贡献渠道和专业化贡献渠道会对优质知识的贡献产生截然相反的影响作用。类似"想法"这样的"碎片化"、"社交化"以及"原创文章"这样的"平庸化"知识贡献渠道并不利于知识贡献效率的提升，而"知识+视频"等轻形态渠道或"专栏"及"Live"等问答社区特色知识贡献渠道更有利于在线学习者的自我效能展示。

第四，应求贡献渠道作为一种网络利他行为，对在线学习者知识贡献绩效呈负向影响，但该影响可被在线学习者所处的圈子环境氛围调节，当回复相同领域问题的在线学习者越多时，利他信念对在线学习者知识贡献绩效的负向影响也会增强。

9.7.2 启示

本章的研究结果表明：信息开放、社区归属、身份地位及社会比较存在正向影响，利他信念存在负向影响，而回馈信念及社区交互特征的影响并不显著；通过不同知识贡献渠道进行自我效能施展存在影响方向差异，其中碎片化渠道并不利于在线学习者知识贡献绩效的提升；在线学习者间的比较会对基于利他信念的知识贡献存在调节效应。因此，本研究建议优化知识分发推荐机制，打造 PGC（Professional Generated Content）"知识＋"多元化学习矩阵，完善知识质量评价及学习反馈体系。

（1）优化知识分发推荐机制

提高在线学习者与知识的匹配速度及精度，降低在线学习者的知识搜寻成本。虚拟学习社区应积极调配流量以鼓励新学习者，减轻流量大 V 的马太效应，同时加强与知识生产者与贡献者的合作，打磨精品教育课程，使在线学习者更快捷、更高效地获取优质知识，继而加速社区的优质知识流动与内容传播。同时社区可以与慕课等主流在线教育平台合作互补，对热门问题采用链接、推送的方式为在线学习者牵线搭桥，通过"社会化问答＋在线教育"等多平台联动模式，加深在线学习者对知识的理解，减少双方解决相似问题所需付出的额外时间精力成本，降低信息壁垒。

（2）打造 PGC"知识＋"多元化学习矩阵

随着在线教学技术与实践的快速发展，大规模在线课程、直播互动学习及混合式教学等在线学习模式与课程形态不断涌现（李爽，2020）。"知识＋视频"、"知识＋直播"等轻形态渠道更有助于提升在线学习者的学习效果，因此，社区也应侧重打造优质的专业内容，加强与优秀的平台回答者、专家学者及各领域达人的通力合作，打造包括通识知识、专业知识及兴趣爱好在内的多类别学习产品矩阵，为不同知识内容或在线学习者适配诸如启发式、互动式、探究式、沉浸式、项目导向式等不同的学习形态。

（3）完善知识质量评价及学习反馈体系

社区在线学习者间的及时反馈、相互关注有利于形成积极的学习氛围和正向的自我行为期待（马婧，2020），从而形成良性循环，提高虚拟社区整体知识质量。虚拟社区可以强化完善细粒度的学习反馈环节，例如：允许学习者对每条知识内容观点进行批注或讨论等，根据评价结果给予在线学习者增量权限、等级、学习勋章、学习等级认证等。社区也可以建立问题评价机制，对现有知识库进行审核，折叠或删除低质量问题，引导在线学习者进行专业问答回复和自主学习讨论，全面提升在线学习者在开放式知识分享社区中的参与热情及学习投入度。

第 10 章
知识问答社区的信息采纳行为影响因素研究

10.1 引言

在线学习在高等教育中发挥的作用日益凸显（Lloyd，2012），除传统的课堂教学和使用专业在线学习平台外，社交媒体也已成为重要的教育平台（Hrastinski 和 Aghaee，2012），尽管类似知乎等社会化知识问答社区在疫情防控期间对补充高校线上教学工作起到了重要的推动作用，然而，正如上一章研究发现：知识贡献行为与反馈收益无法较好匹配，问答社区为了有效地显性提升学习者的知识贡献收益，激励更多学习者贡献更多优质知识，社会化问答平台继而开始探索从"免费"模式向"付费"模式转型的可行途径，并尝试开启了付费知识产品，如知乎 live 等，但因付费知识产品作为一种特殊的体验型产品，相较于传统实体商品可以线下体验的特点而言，学习者很难在进行付费决策之前有效感知该知识的有用性，继而部分程度上阻碍了社会化问答社区及其新产品模式在高等教育领域的普及应用。

自 2016 年"知识付费元年"之后，在共享经济、"互联网+"等新理念和新技术的推动下，以知乎、分答、丁香医生为代表的新一代知识付费平台纷繁迭出，而以知乎、百度问答为代表的知识问答社区在拥有了稳定的用户群体后，也开始尝试由"免费知识分享"向"付费知识分享"转型，知识付费的序幕正式拉开。在线问答学习社区内包含各类具有相同学习兴趣的圈子，学习者能够在自身需求和收益驱动下,通过讨论及回答等社交行为,实现知识资源的生产、交换和实践。对问答社区这类新型教育平台的探索有利于推动在线学习平台的功能拓展及模式创新(李海峰,2020),问答社区正在成为学习者们获取优质教育资源的重要途径之一,"知识付费"教育模式逐渐深入人心。发展至今,知识付费行业已形成一定规模,但也逐渐步入了发展的瓶颈期。

我国高等远程教育的质量声誉尚未获得社会广泛认可,近年研究热点问题之一即增强远程教育质量、提升学习者的信息采纳(郑勤华,2013)。随着付费知识内容质量的提高,如何激励在线学习者采纳知识付费教育模式、转变"知识免费—付费"的观念、提升知识付费情境下的学习效果成为亟待研究的重要议题。相较于传统的免费在线课程资源,在线学习者需要支付一定的信息获取成本后才能获取完整付费知识,很难在付费决策前有效感知知识的有用性。为解决该问题,问答社区通过设置打分星级、热度及反馈评价等指标,以减轻在线学习者的认知成本压力(Cao,2011)。除了知识质量指标外,教师主讲人的行为也会对知识获取者网络学习的效果产生重要影响(张文兰,2013),投入精力更多的主讲人能让在线学习者感受到付费知识更多的优势与价值(谭光兴,2012)。

本章将以典型的社会化问答社区——知乎平台上的实时互动类付费知识产品知乎 live 为研究对象,在线学习者需要对付费知识的真实信息质量进行判断后,结合主讲人的相关行为信息及价格成本,最终才会确定是否采纳付费信息。知乎 live 的主讲人只有了解了影响在线学习者感知有用性的因素后,才能针对性地改善教育知识内容,吸引更多付费学习者。当前,国内外有关在线问答社区信息采纳行为的研究较多,但结合知识付费产品在高等教育情境下的信息采纳研究仍较为鲜见。为了研究知识付费产品在高等教育背景下在线学习者的信息采纳行为,本章拟解决如下两个问题:

第一,影响在线学习者对知乎 Live 信息质量判断的因素有哪些?

第二,影响在线学习者最终采纳该条付费知乎 Live 的因素有哪些?

本章以信息接受模型 IAM(Information Adoption Model)作为研究框架,探讨知乎 Live 的课程内容表现力、主讲人特征以及其他特征如何影响在线学习者的感知有用性,继而影响学习者的信息采纳行为。本章的研究工作:第一,在理论层面构建了知识付费情景下在线学习者信息采纳行为的概念模型,推动传统技术接受模型理论在知识付费场景下的演进;第二,在实践层面有助于加强主讲人对在线学习者技能获取的指导与反馈,进一步改进课程信息质量、确定合理的课程价格区间，并有效释放出价格信号，设计并组织多元化在线付费课程学习活动；第三，有助于服务开发商更充分地了解在线学习者对付费课程知识的信息采纳行为，从而针对性地改善信息服务质量，以帮助社区更多的在线学习者接受采纳知识付费这一新的信息模式，继而精准开拓知识付费教育市场。

10.2 文献回顾

10.2.1 知识付费研究

目前对"知识付费"的研究内容包括运营模式（刘周颖，2017）、市场机制（王铮，2018）、信息治理（张安淇，2020）、产品销量（蔡舜，2019）及产品定价（刘征驰，2018）等多个方面，但实践所关注的研究视角仍聚焦于在线学习者的付费意愿层面。部分学者通过问卷调查的方式，从系统环境、知识获取者和知识分享者三方面入手，采用感知价值理论（李武，2018）、社会资本理论（周涛，2017）、技术接受理论（赵菲菲，2019）及期望确认理论（陈昊，2019）等作为理论基础，探讨知识服务质量、价值、有用性及易用性等因素对付费意愿产生的影响；还有部分学者结合平台真实数据进行洞察和挖掘，集中研究了付费用户数量（赵杨，2018）或满意度（Zhang，2019）的关键影响因素，研究发现对在线学习者付费行为的影响包括内容属性及主讲者属性两个层面。

从现有研究观察发现，关于知识付费领域的研究已引起学者们的广泛关注。多数研究采用问卷调查，以心理量表形式分析个人特征对知识分享意愿的影响机制，这样的做法忽视了用户的实际行为特征在问答社区中的作用效果，例如：用户的实际提问数、回答采纳率、用户评价等，继而忽视了用户真实行为折射出的影响机制。当前研究较少基于知识贡献者视角，探究 Live 主讲人发布内容的特征对其他用户感知有用性产生的影响，而付费知识分享行为恰恰会进一步影响知识付费产品的销售、口碑、用户忠诚度和社区整体运营绩效。因此，本研究将从付费知识贡献用户视角入手，探究用户进行付费知识贡献可能的影响因素。

10.2.2 信息接受模型

信息采纳行为反映了问答社区内在线学习者对相应信息感到满意后而愿意采纳该信息的行为（付少雄，2017）。信息接受模型 IAM 是为了解释信息采纳行为，由 Sussman 在技术接受模型（Technology Acceptance Model，TAM）基础上整合精细加工可能性理论（Elaboration Likelihood Model，ELM）所形成，TAM 模型前文已经介绍并使用过，在此不再赘述。信息接受模型作为本研究的主要理论基础，其分别将信息内容和信息源作为中心路径和边缘路径，作用于信息的有用性，并最终影响信息的接受行为，如图 10 - 1 所示。

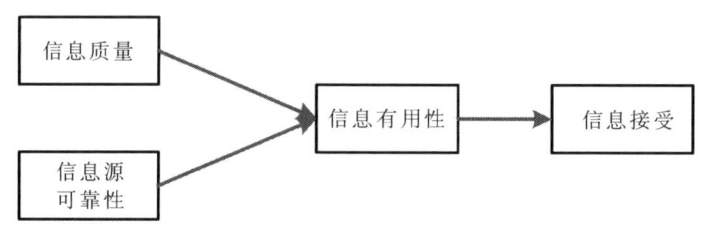

图 10 - 1　信息接受模型

根据信息接受模型，信息采纳行为包括信息选择评价与吸收利用，而信息内容和信息源都将影响用户对信息有用性的感知，并最终影响其信息接受采纳行为。在问答社区中，在线学习者通过价值匹配、最小努力以及结果满意等原则对信息进行筛选判断，评价信息真实有用性。信息源可信度反映了信息来源出处的可靠程度，即信息是来自高影响力教师还是普通在线学习者。信息质量包括内容质量及服务交互质量两个维度，其中，信息内容质量包括内容吸引力；服务交互质量包括信息服务质量、所提供的信息交流互动工具与信息传递途径。在线学习者主动进行信息的搜寻、选择与识别，在选择信息后，通过判断信息的有用性，最终决定是否采纳信息。

目前已有诸多学者通过 IAM 模型，对在线学习者的信息采纳行为展开了研究。王晰巍等（2015）从信息生态视角建立移动网络团购 APP 信息采纳行为模型；施国良等（2016）研究发现答案长度、及时性、答题者影响力正向影响答案认可度；李进华等（2018）研究发现回答特征、回答质量及回答者特征与回答有用性投票正相关。但目前大多数的国内外研究成果主要集中于电子商务或在线问答社区用户行为研究领域，对在线学习者的付费信息采纳行为影响因素的研究成果相对偏少。

综上所述，知识付费领域的研究已引起学者们的广泛关注。当前知识付费情境下的研究较少从信息采纳视角予以考虑，探究知乎 Live 信息质量及教师主讲人信源可靠性对在线学习者感知有用性的影响，而付费知识采纳行为不仅会进一步影响知识付费课程的销售口碑，也会影响学习者的在线学习效果。因此，本文将从付费知识信息采纳视角入手，探究在线学习者采纳该条付费知识信息的相关影响因素。

10.3 研究假设及模型构建

10.3.1 教学信息质量

（1）教学内容吸引力

①载体丰富度。信息内容可以通过多种传播载体方式呈现给在线学习者，例如：文本、声音、图形、视频等。Liu（2012）研究发现内容传播载体的丰富程度与信息流行度呈正向相关。知乎 Live 的主要内容表现形式为语音分享，但在进行语音直播的同时，在线学习者可以自行选择分享文件（文本、视频等）。主讲人 Live 开讲时，需要考虑在分享过程中插入图片、文字、音频、视频等附件以便知识展现形式更加浅显易懂。基于上述分析，提出以下假设：

H1a：付费知识载体丰富度与教学信息质量正相关。

②教学内容信息量。知识付费即是为知识买单，为在线学习者提供优质的内容资源是知乎 Live 存在的根基，因此，知乎 Live 产品本身的内容价值构成了吸引用户参与的基础。作为一款实时直播产品，最为直观的就是其教学内容信息量。已有研究认为较长时间的 Live 会对想利用碎片化时间进行知识汲取的在线学习者带来不便，容易产生负面评价（王骞敏，2018）。但在知识付费情境下，由于在线学习者付出了高成本，所以更期望获得物超所值的知识。基于上述分析，提出以下假设：

H1b：付费知识内容信息量与教学信息质量正相关。

③教学内容交互性。网络课程中教师与在线学习者的有效交互（包括信息交互、操作交互、概念交互）会对学习效果产生正向影响（邬锦锦，

2014）。本研究将内容互动性定义为知乎 Live 直播过程中对其他在线学习者提问的互动响应能力，即 Live 主讲人能否快速响应并及时满足在线学习者的需求。交互性会影响在线学习者的感知有用性，从而影响其后续的信息采纳行为。作为"知识付费"背景下知乎推出的一款实时问答互动产品，其最大的特色就是与听众实时互动并进行答疑解惑。主讲人需考虑分享及互动时间的分布，而问答互动的随机性也对用户知识储备提出了较高要求。基于上述分析，提出以下假设：

H1c：付费知识内容交互性与教学信息质量正相关。

④教学内容趣味性。问答社区内除了专业知识分享外，还有部分答案涉及经验分享。尽管回答质量与知识贡献者的专业领域不一定匹配，但内容的趣味度高低会对回答内容的吸引力产生直接影响（Lin et al., 2011）。此外，娱乐社交属性显著的课程内容更能抓住在线学习者眼球、满足其主观情绪，从而激发其参与的主动性（王铮，2018）。基于上述分析，提出以下假设：

H1d：付费知识内容趣味性与教学信息质量正相关。

⑤教学内容专业度。在知乎 Live 界面上，若主讲人是具有高社区认可度的知识贡献者或是在现实生活中具有较高影响力的社会名流，其用户信息会由官方验证图标标记。基于上述分析，提出以下假设：

H1e：付费知识内容专业度与教学信息质量正相关。

（2）后续服务质量

增值服务是知乎 Live 不仅限于为在线学习者提供与主题相关的知识，同时还为其提供比基础业务更高层次的内容与体验。由于知识付费起步较晚，因此目前对知识付费增值服务的研究相对有限。为保障付费在线学习者的权益，部分知乎 Live 接受学习者收听单场 Live 语音少于 15 条时，提供 7 天无理由退款权利。基于上述分析，提出以下假设：

H2：付费知识后续服务质量与教学信息质量正相关。

在 Live 结束后，在线学习者可以撰写评论及评分，评分星级及评价数量可以反映 Live 的信息质量。根据 IAM 模型可知，信息质量会对在线学习者的感知有用性造成影响。基于上述分析，提出以下假设：

H3：付费知识信息质量与在线学习者的教学信息采纳行为正相关。

10.3.2 信源可靠性

根据 IAM 模型可知，信源可靠性是在线学习者在社会网络中接受采纳信息的重要因素。教育主讲人的可信度体现在其分享的知识被社区中其他在线学习者认可的程度。在线学习者的群体认可反映了该名主讲人在社区内的信任度及影响力（王秀丽，2014）。在线问答学习社区主讲人的群体认可度越高，其他在线学习者将有更高概率认可其分享知识的有用性。基于上述分析，提出以下假设：

H4：付费知识信源可靠性与在线学习者的信息采纳行为正相关。

10.3.3 教学信息获取成本

由于在传统问答社区内的信息采纳是免费的，其信息获取成本相对较低。在知识付费这一模式诞生之前，"知识免费"的询问模式深深植根于学习者的思想之中，形成认知锁定（赵宇翔，2020）。因此，当知识开始向在线学习者收费时，不仅信息的获取成本大大增加，而且学习者还很难准确意识到对应付费知识的真实价值，继而阻碍学习者对付费知识的采纳行为。基于上述分析，提出以下假设：

H5：付费知识信息获取成本与在线学习者的信息采纳行为负相关。

10.3.4 付费教学信息主题类型

为了便于学习者进行信息检索，在线问答学习社区中的Live产品会按照主题进行分类。付少雄（2019）研究发现主题类型会调节内容趣味度对内容表现力的影响程度。基于上述分析，不同主题类型的Live价格、信息质量及主讲人可靠性可能存在较大差异，因此，提出以下假设：

H6a：主题类型能够调节课程信息质量对付费知识采纳行为的影响。

H6b：主题类型能够调节课程信息获取成本对付费知识采纳行为的影响。

H6c：主题类型能够调节信源可靠性对付费知识采纳行为的影响。

10.3.5 理论模型

本研究以信息接受理论作为基础，细分信息质量维度，尝试构建问答社区在线学习者的付费知识采纳行为理论模型，如图10-2所示。

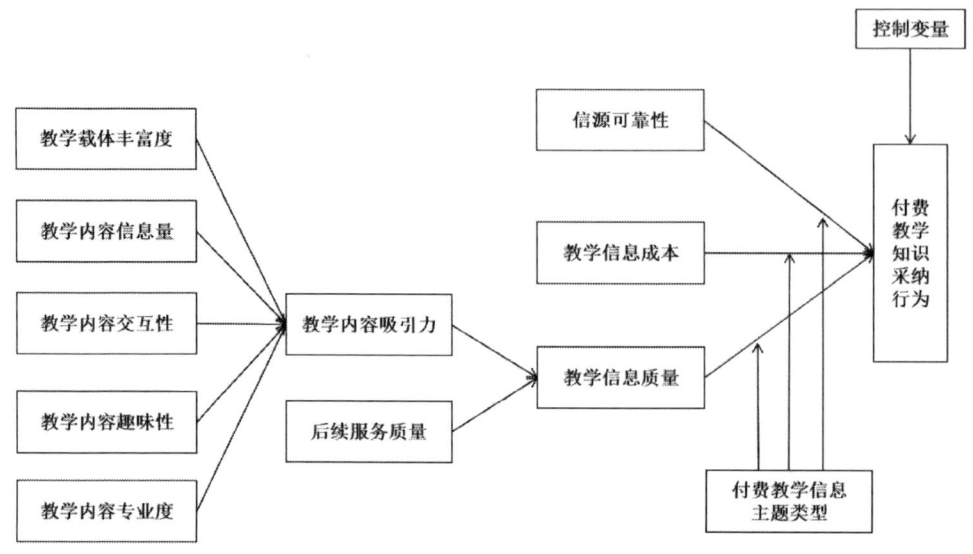

图 10-2　理论模型

10.4　研究设计

10.4.1　数据来源

本研究的数据来源于社会化问答社区知乎平台中的知识直播产品——知乎 Live 的真实数据。以 10 天为间隔，通过网络爬虫采集了 2020 年 1 月至 4 月的 733 场 Live 及主讲人相关信息，并对数据进行预处理，剔除评价星级为零（当 Live 参与人数较少时不显示评价星级）及尚未开讲的知乎 Live 场次，最终保留了 660 场 Live 作为研究数据。

10.4.2　变量测量与描述

(1) 因变量测量

①信息质量。在知乎 Live 中，在线学习者可以在购买知识直播产品后，对直播内容进行星级评分。商品和服务的数值可以很好反映出信息质量（Farhadloo et al., 2016）。因此，本研究将使用 Live 评价星级来衡量付费知识的信

息质量。

②信息采纳。在知乎 Live 中,当在线学习者采纳该付费信息后,会将其加入感兴趣列表。因此,本研究将通过 Live 感兴趣的人数来衡量付费知识的信息采纳水平。

(2) 自变量测量

①载体丰富度。主讲人 Live 开讲时,需要考虑在分享过程中插入图片、文字、附件大纲、音频、视频等附件,使知识展现形式浅显易懂,且丰富多元,因此,本研究通过用户发布知乎 Live 所包含的附件数及直播时长来衡量载体的丰富程度。

②内容信息量。Live 的直播时长在一定程度上反映了内容所包含的信息量,因此,本研究通过 Live 的直播时长对内容信息量予以衡量。

③内容交互性:作为"知识付费"背景下知乎推出的一款实时问答互动产品,其最大的特色就是与听众实时互动,并及时答疑解惑。主讲人需考虑分享及互动时间的分布,而问答互动的随机性也对用户知识储备提出了较高要求。本研究通过 Live 互动问答数来衡量内容交互性。

④内容趣味性。本研究采用由中科院计算网络心理实验室开发的汉语心理文本分析工具"文心"(TextMind)对 Live 大纲的内容趣味度进行文本分析,该工具可自动对中文文本进行语言使用偏好和程度分析,并返回数值型分析结果。本研究选取"文心"中自设的语言幽默性评价值(stat/Ratehumor)来分析答案的内容趣味度,将 660 份知乎 Live 的大纲介绍上传到 TextMind 进行自动分词与内容趣味度分析,数值越大,则表示内容趣味度越高。

⑤内容专业度。为量化内容专业度,本研究对 Live 进行二元赋值。在知乎 Live 界面上,如果主讲人是具有高影响力的知名人士或组织,昵称旁便会标记官方验证图标,以表示此类用户提供的 Live 具有较高的内容专业度。因此,本研究将由认证用户分享的 Live 标记为 1;反之则标记为 0。

⑥后续服务质量。为了保障付费用户的权益,部分知乎 Live 接受用户收听单场 Live 语音少于 15 条时,提供 7 天无理由退款权利。因此,将 Live 商品详情页包含"7 天无理由退款"标识的 Live 标记为 1,否则为 0。

⑦信源可靠性。Paul(2012)研究发现用户历史贡献可以视为在线声誉衡量。Chiu(2006)也认为用户社区声誉与其贡献知识的数量和质量正相关。在此通过 Song(2014)的(获赞数/知识分享数)的计算方法来衡量信源可靠性。

⑧信息获取成本。相较于以往的免费知识，付费知识的获取成本更高，需要在线学习者在付出时间精力的基础上承担金钱成本。本研究通过知乎 Live 的价格来衡量在线学习者的信息获取成本，知乎 Live 价格会在每个实时页面中显示给客户。本研究样本数据中所有 660 场 Live 的价格分布如表 10-1 所示。90% 以上的 Live 价格在 5 元到 50 元之间，超过 99% 的 Live 在 5 元到 100 元之间。

表 10-1　　　　　　　　　Live 价格分布

价格	[0, 5)	[5, 10)	[10, 20)	[20, 50)	[50, 100)	[100, +∞)
产品数量	2	175	226	203	51	3
比例	0.30%	26.51%	34.24%	30.76%	7.73%	0.45%

⑨主题类型。知乎 Live 包含 17 类主题，为了计算的简便性，将主题类型二次细分。主题划分参照付少雄（2019）的划分方法，最终的主题划分结果如表 10-2 所示。

表 10-2　　　　　　　　　Live 主题划分

领域	主题
社会	金融与经济（59, 8.94%），法律（3, 0.45%），商业（15, 2.27%），职业（94, 14.24%）
文化	设计（16, 2.42%），艺术（30, 4.54%），阅读与写作（34, 5.15%）
生活	旅行（18, 2.73%），美食（17, 2.58%），音乐、影视和游戏（54, 8.18%），生活方式（90, 13.64%），医学与健康（22, 3.33%），体育（27, 4.09%）
教育	教育（28, 4.24%），科学技术（14, 2.12%），互联网（86, 13.03%），心理学（53, 8.03%）

不同主题 Live 的评价星级、Live 价格及 Live 主讲人群体认可度的组间差异结果如表 10-3 所示。

表 10-3　　　　　　　不同主题类型下的 Live 信息属性

	社会				文化			
	均值	标准差	最小值	最大值	均值	标准差	最小值	最大值
live 评价星级	4.31	0.53	2.11	5	4.40	0.44	2.14	5
live 价格	34.53	31.22	2.32	307	32.17	67.73	9.9	598
群体认可度	0.70	0.89	0	2.01	1.32	1.31	0	5.18

续表

	生活				教育			
	均值	标准差	最小值	最大值	均值	标准差	最小值	最大值
live评价星级	4.40	0.50	2.49	5.00	4.33	0.42	2.53	4.92
live价格	22.39	15.49	5.15	99.00	24.87	17.17	2.32	98.00
群体认可度	0.76	0.69	0.00	1.09	1.01	1.25	0.42	4.19

（3）控制变量测量

本研究设置的控制变量包括主讲人性别及爬虫间隔时间。男性主讲人502位，占比76.06%；女性主讲人158位，占比23.94%。Live在结束后仍开放购买，此阶段用户无法再与主讲人进行互动交流，因此，本研究通过记录Live爬虫与结束时点的间隔来控制时间因素的影响。变量描述如表10-4所示。

表10-4　　　　　　　　变量说明及描述

变量名称	测量变量	变量符号	最小值	最大值	均值	标准差	偏度
信息质量	live评价星级	live_star	2.11	5	4.36	0.48	-1.40
信息采纳	live付费人数	live_adopt	70	55286	1873.45	3760.13	6.87
载体丰富度	live附件数	live_attachment	0	328	20.30	26.60	5.16
内容信息量	live直播时长	live_time	0.52	154.69	50.72	23.57	1.24
内容交互性	live互动问答数	live_reply	0	299	26.28	27.70	2.78
内容趣味性	live大纲趣味度	live_entertainment	-3	2	0.223	0.486	1.85
内容专业度	live专业认证	certification	0	1	0.83	0.38	-1.74
后续服务质量	七天无条件退款	isrefund	0	1	0.19	0.39	1.26
信源可靠性	赞同数/知识贡献数	reliable	0.42	3659.67	288.76	447.32	4.58
信息获取成本	live价格	live_price	2.32	598	27.40	31.48	10.58
控制变量	相隔时间	interval_time	8	76	32.28	92.97	-0.02
	性别	gender	0	1	0.76	0.43	-1.22

由表10-4可知，Live信息采纳（Live付费人数）、信源可靠性（赞同数/知识贡献数）的标准差较大，因此，将上述自变量进行对数变换，以满足之后回归分析所需的条件。同时为了排除多重共线性影响，进行相关性检验，得到变量相关性分析结果如表10-5所示。

表 10-5　变量相关性分析

变量	live_star	live_adopt	live_attachment	live_time	live_reply	live_entertainment	certification	isrefund	follower	live_price	interval_time	gender
live_star	1	-0.077**	0.193**	0.317**	0.117**	0.029	0.249	0.115**	0.064	0.135**	-0.268**	0.092*
live_adopt		1	-0.011	0.072	0.133**	-0.055	0.022	-0.086*	0.155**	-0.067	0.190**	-0.004
live_attachment			1	0.153**	0.073	0.056	0.058	0.028	-0.064	0.087*	-0.076	0.032
live_time				1	0.138**	0.112**	0.192**	0.010	0.067	0.161**	0.048	0.053
live_reply					1	0.058	0.103	-0.146**	0.023	-0.050	0.231**	0.011
live_entertainment						1	0.004	0.068	-0.184**	-0.055	0.151**	-0.075
certification							1	0.111**	0.172**	0.096*	-0.011	-0.040
isrefund								1	-0.127**	-0.065	-0.196**	-0.032
follower									1	0.044	0.198**	0.062
live_price										1	-0.017	0.024
interval_time											1	-0.038
gender												1

注：** 在置信度（双侧）为 0.01 时，相关性是显著的；* 在置信度（双侧）为 0.05 时，相关性是显著的。

由表 10-5 可知内容趣味度与信源可靠性显著负相关，这表明声誉越高的主讲人，其演讲风格往往也会更加专业严肃；live 附件数与时长也显著相关，可以用来表示 live 的载体丰富度。此外，多数自变量间的相关系数低于 0.2，意味着自变量间为弱相关或无相关，说明自变量选取比较合适。

10.4.3 实证模型

为了研究信息采纳的影响因素，在相关性分析基础上，构建如下模型：

$$live\_star = \beta_0 + \beta_1 live\_attachment + \beta_2 live\_time + \beta_3 live\_reply + \beta_4 live\_entertainment + \beta_5 certification + \beta_6 isrefund \quad (10-1)$$

$$lnlive\_adopt = \beta_0 + \beta_1 live\_star + \beta_2 lnreliable + \beta_3 live\_price + \beta_4 interval\_time + \beta_5 gender \quad (10-2)$$

其中，模型一（如式 10-1 所示）为教学信息质量影响因素模型，因变量为知乎 live 的评分星级，采用 OLS 回归进行检验。

模型二（如式 10-2 所示）则为信息采纳模型，因变量为知乎 live 的付费人数，是非负整数，不满足线性回归因变量为连续分布的假设，在此通过负二项回归进行检验。

10.5 实证结果分析

通过 R 语言 MASS 包中的 glm（ ）、glm.nb（ ）函数进行回归分析，最终结果如表 10-6 所示。

表 10-6　　　　　　　　　　模型回归结果

模型一			模型二		
变量	Coef.	VIF	变量	Coef.	VIF
live_attachment	0.002***	1.027	live_star	0.085***	1.254
live_time	0.005***	1.307	reliable	0.166***	1.633
live_reply	0.002	1.275	live_price	-0.004***	1.036
live_entertainment	-0.080**	1.020	interval_time	0.002***	1.390
certification	0.230***	1.054	gender	-0.155	1.033
isrefund	0.106	1.049			

注：*** 表示 $p<0.001$；** 表示 $p<0.01$。

为避免多重共线性影响，使用方差膨胀因子 VIF 衡量变量间的共线性。表 10-6 的结果显示，两个模型中 VIF 值均小于 5，表明变量间的共线性较弱。

(1) 教学信息质量影响因素模型

模型一从内容表现力及后续服务质量两方面探讨了 Live 信息质量的影响因素。研究结果显示，在内容表现力方面，载体丰富度（β = 0.002）、内容时长（β = 0.005）及内容专业度（β = 0.230）呈现显著正向相关，内容娱乐性（β = -0.080）呈现负向显著相关，内容交互性（β = 0.002）则不存在关系。

H1a 成立。载体丰富度对 Live 信息质量存在正向显著影响。已有研究发现多媒体能刺激用户感官，从而促进对信息内容的积极态度（Fortin, 2005），与该研究结论一致，本研究发现在线学习者对包含丰富载体的内容持有更加积极的态度，丰富的内容载体是增加信息质量的关键因素（Sabate, 2014）。

H1b 成立。内容信息量对 Live 信息质量存在正向显著影响。这也与预期相一致，当 Live 直播时长越长时，往往其内容深度、广度会更高。

H1c 不成立。内容交互性对 Live 信息质量不存在影响。其可能的解释是大部分在线学习者参与购买的是已结束的 Live，并未参与 Live 实时互动环节，此时，互动问题并不会对这些在线学习者产生影响。

H1d 不成立。内容趣味性对 Live 信息质量存在负向显著影响，会降低信息质量。相较于以往研究发现获得更多娱乐体验的参与者将会获得更强的社会认同，并积极参与网络社区，答案娱乐性与答案采纳率呈正相关（Deng, 2014）。其可能的解释是 Live 的高门槛性以及对专业程度的高要求，使得内容风格更趋严谨，娱乐性较高的 Live 反而会显得核心价值缺失。

H1e 成立。内容专业度对 Live 信息质量存在正向显著影响，且在内容表现力中影响最大。知乎平台用户在申请成为 Live 主讲人时需提供身份、工作和学历证明等材料，平台将对其进行严格审查。因此，相较于未经认证的主讲人，认证主讲人发布的知乎 Live 内容质量更有声誉保障，故内容专业度能积极影响信息质量。

H2 不成立。后续服务质量对 Live 信息质量没有影响。Live 作为一种非实体的体验型产品，用户更加注重知识汲取过程中的体验感受，对汲取完毕的后续质量缺乏整体关注。

(2) 信息采纳模型

在模型一的基础上，模型二则将模型一的因变量信息质量纳入自变量，并结合信源可靠性及信息获取成本，构建出用户的信息采纳模型，运用负二项回归模型进行分析。回归结果显示 Live 评价星级（β = 0.085）及粉丝数（β = 0.166）均为正向影响，表明信息质量、信源可靠性会正向显著影响在线学习者的信息采纳行为，H3、H4 成立。而 Live 价格（β = -0.004）为负向显著，表明信息获取成本会负向显著影响在线学习者的信息采纳行为，H5 成立。

为测试 H6 的调节效应，本研究对四种主题类型的 Live 分组进行回归分析，结果如表 10-7 所示。由表 10-7 可知，Live 评分星级会对文化、教育类 Live 产生显著影响，而对社会、教育类 Live 的影响并不明显，因此，主题类型会在知识质量对信息采纳行为的影响中起到调节作用，H6a 成立。同时也可以看到，仅社会类型的知乎 Live 价格会对信息采纳行为产生显著影响，因此，主题类型会在信息获取成本对信息采纳行为的影响中起到调节作用，H6b 成立。整体而言，不同主题类型下的信源可靠性对信息采纳均有显著影响，且相关系数差异不大，因此，主题类型并不会调节信源可靠性的影响作用，H6c 不成立。

表 10-7 主题类型的调节效果

变量	社会		文化		生活		教育	
	Coef.	VIF	Coef.	VIF	Coef.	VIF	Coef.	VIF
live_star	0.245	1.215	0.056***	1.463	0.242	1.425	0.063**	1.277
reliable	0.157**	1.593	0.437***	2.661	0.095*	3.051	0.211**	3.050
live_price	-0.007**	1.074	-0.003	1.170	-0.005	1.373	-0.004	1.076
interval_time	0.002***	1.219	-0.001	1.400	0.002***	1.420	0.002	1.553
gender	-0.531*	1.207	-0.623	1.075	0.158	1.097	-0.088	1.099

假设检验的最终结果汇总如表 10-8 所示。

表 10-8 假设检验

假 设	结论
H1a：付费知识载体丰富度与教学信息质量正相关。	接受
H1b：付费知识内容信息量与教学信息质量正相关。	接受
H1c：付费知识内容交互性与教学信息质量正相关。	拒绝
H1d：付费知识内容趣味性与教学信息质量正相关。	拒绝
H1e：付费知识内容专业度与教学信息质量正相关。	接受

续表

假　设	结论
H2：付费知识后续服务质量与教学信息质量正相关。	拒绝
H3：付费知识信息质量与在线学习者的信息采纳行为正相关。	接受
H4：付费知识信源可靠性与在线学习者的信息采纳行为正相关。	拒绝
H5：付费知识信息获取成本与在线学习者的信息采纳行为负相关。	接受
H6a：主题类型能调节信息质量对付费知识采纳行为的影响。	接受
H6b：主题类型能调节信息获取成本对付费知识采纳行为的影响。	接受
H6c：主题类型能调节信源可靠性对付费知识采纳行为的影响。	接受

10.6　结论与启示

10.6.1　结论

在线问答学习社区的付费知识直播产品为学习者提供了一种与知识贡献者在线同步交互的方式，学习者如何衡量信息质量并最终采纳该付费知识产品的过程是本章的关键研究问题，为有效回答该问题，本研究以知乎 live 为研究对象，以信息接受模型作为理论基础，采用 OLS 回归、负二项回归和文本分析方法，对在线学习者的付费知识信息采纳行为影响因素进行洞察，从而验证理论模型。研究发现：第一，信息质量、信息获取成本、信源可靠性会显著影响在线学习者的付费知识采纳；第二，在付费教学信息质量中，载体丰富度、教学内容信息量、教学内容专业度会正向显著影响在线学习者对教学信息质量的评价，而内容交互性及后续服务质量对其不存在显著影响，教学内容趣味度则对其存在负面影响；第三，在付费信息采纳行为中，live 信息质量、主讲人信源可靠性会正向显著影响在线学习者对知乎 live 的采纳，而 live 获取成本则为负向影响；第四，不同的 live 主题类型会在信息质量、信息获取成本对在线学习者的信息采纳行为中起到调节作用。

10.6.2　启示

本章的研究结果表明：载体丰富度、内容信息量及内容专业度会正向影响信息质量，而内容趣味性则存在负向影响。信息质量、信源可靠性会正向显著影响在线学习者的最终采纳决策，信息获取成本则为负向影响；主题类型会调节信息质量、信息获取成本对知识采纳的影响程度。因此，本研究建议：提升知识内容表现力，加强教学过程互动性；完善知识质量信号传递机制，优化教学评价系统；根据异质主题类型因材施教。

（1）提升知识内容表现力，加强教学过程互动性

提升付费知识 Live 的内容表现力，有助于在线学习者实现对 Live 教学内容的价值萃取。第一，Live 内容的载体丰富度及直播期间的互动性，是在线学习者评判 Live 信息质量的重要影响因素。学习者只有及时进行交流与反馈，才能有效参与在线沟通并从中受益（蒋志辉，2017），因此，主讲人需要考虑分享及互动时间的分布，善于感知在线学习者的情绪，给予及时且充分的反馈，从而有效提升学习者的参与度和持久性（Feidakis，2014）。第二，为了让在线学习者清晰了解 Live 脉络，主讲人需将 Live 内容合理进行章节切分。第三，知乎 Live 主讲人在进行实时互动直播时，应考虑增加内容创新性，分享更具专业性的干货内容，以更好吸引受众关注。第四，可以考虑通过社区认证与参考文献添加等方式，着力提升内容的专业度与可信度。

（2）完善知识质量信号传递机制，优化教学评价系统

主讲人的专业知识和学习模式是助推在线学习者满意度的引擎，学习者对知识质量的感知与满意度通常受到主讲人专业性的影响。第一，服务提供商需增加相关功能，以强化 Live 主讲人的可靠性、权威性，向受众充分展现 Live 内容的特点及优势，传递出清晰的知识质量信号；第二，力求操作方便、界面和导航清晰，加强系统的适用性，为学习者提供自适应、个性化的学习体验（赵宏，2018）；第三，根据主讲人已有知识贡献的评价、分享、赞同等指标，以相应的评价权重进行声誉评价；第四，精品 Live 或主讲人的推送会增加学习者对付费内容的关注，促进创新群体的形成与发展；第五，建立知识贡献卓越者社会图谱，促进在线学习者知识网络的形成（胡艺龄，2013）。

（3）根据异质主题类型因材施教

不同主题类型的 Live 主讲人要因材施教，采取不同教学与激励模式，提升在线学习者的网络学习效果。第一，如果课程内容与职业发展紧密相关，学习者会因能够将所学知识应用于实际工作而产生兴奋感（O'Regan，2003），相反，学习者会因课程资源无法实际运用而产生挫败感，失去学习兴趣（Kasworm，2008）；第二，课程内容与实践的紧密结合也符合学习者的现实需求，

为学习者提供参与体验学习活动的机会，使之能够将所学知识直接应用于所在领域的实践活动（赵宏，2018）；第三，通过数据挖掘及个性化推荐技术，向不同兴趣领域的在线学习者群体动态、精准推送对应主题的 Live 产品，做到因材施教。

第11章
知识问答社区的知识贡献激励机制研究

11.1 引言

2020年伊始,因疫情防控要求,各高校全面启动网络教学,一方面,使得学习者学习行为从线下学习为主过渡至线上线下混合式学习为主;另一方面,由于社会化问答社区拥有高质量的内容以及庞大的知识体量,吸引了更多期望通过自主学习构建和完善多元化知识体系的学习者参与其中。因此,学习者在常规学习的情况下,逐步开始尝试通过购买商业化问答社区的付费知识产品进行知识拓展学习。时至今日,社区知识付费板块发展已初具规模,成为各自知识社区产品矩阵中不可忽视的重要组成部分,并更加注重深耕内容品质。

然而,根据《中国共享经济发展年度报告2020》,2019年我国分享经济知识技能领域交易额达3063亿元,增速仅为30.2%;融资规模达314亿元,同比下降32.3%,呈现出市场交易规模增长幅度放缓、直接融资下滑的趋势。信息过载及质量良莠不齐问题凸显,优质内容凤毛麟角,且多数出自头部用户。知识获取成本逐渐降低,然而识别有效信息的难度却持续攀升。2020年,在互联网市场大规模沉淀的背景下,社会化问答社区成员的参与度正逐渐演变为"90-9-1"的金字塔形结构(Nielsen,2006),如图11-1所示。

社区频繁地推荐高赞、爆款知识内容及用户,会让头部用户的话语权及推广流量显著提升,继而形成信息茧房,导致不同问答社区间出现内容同质化现象。而作为社区内容主要活跃群体的长尾用户却无法获得对应的社区推荐曝光、流量扶持等声誉报酬,使得自身的知识贡献意愿及信息扩散效率持续走

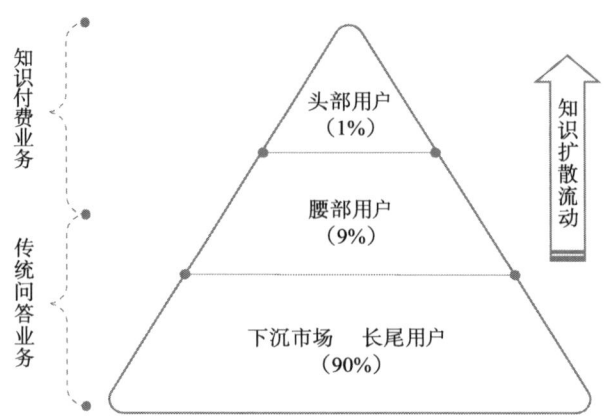

图 11-1　知识付费背景下的社会化问答社区"90-9-1"用户群体

低。那么，如何提高长尾用户声誉报酬，孵化培育出核心用户群体深耕优质知识内容，实现优质内容扩散无界化及去中心化格局，就成为社区持续发展亟待解决的关键问题。

目前，结合知识付费情境对社会化问答社区知识贡献激励的研究仍处于起步阶段，鲜有通过系统动力学对长尾及核心用户等细分群体免费及付费知识贡献影响机制的系统研究。本研究将知识付费背景下的新型社会化问答社区——知乎作为研究对象，针对社会化问答社区细分用户群体的知识贡献特征差异，通过系统动力学探究依据激励因素制定出的政策策略在仿真模拟情景下的演进效用，并依次回答以下问题：

第一，如何划分社会化问答社区内的用户群体，进而展现出各类群体知识贡献行为的特征差异？

第二，如何分而治之地针对细分群体的知识贡献需求差异实现激励，进而行之有效地刺激长尾下沉市场的转换及知识的流动？

本章的研究结果将为进一步健全虚拟学习社区的学习者知识贡献激励机制设计提供实践借鉴及现实参考，有助于虚拟学习社区形成科学化的社区细分群体管理模式，加快构建虚拟学习社区发展新格局。

11.2 文献回顾

11.2.1 用户画像的群体细分研究

目前已有诸多学者结合社会化问答社区这一特定应用场景对用户画像进行了细分研究，多数学者从用户的自然属性信息、社区用户关系及发布的知识内容入手，对知识问答社区的用户群体实现不同层次的分类，以此比对不同群体画像间的特征差异。Patil 等（2016）分析了 Quora 五个热门主题中的专家和非专家的用户特征；邱云飞等（2019）采用卷积神经网络方法，融合网络结构和文本内容两方面特征，因空间向量表示网络用户，在 k-means 算法基础上结合模块度计算方法，对空间向量进行聚类实现群体画像构建；王凌霄（2018）从用户资历、参与度、回答质量及发展趋势等角度构建社会化问答社区的用户画像。

用户画像构建包括定性与定量两种构建方法。第一，定性构建方法。抽取部分社区用户作为样本，通过访谈、问卷及观察等定性方法构建用户画像，其中，最常用的方法就是在线问卷调查。例如：Ljepava（2013）在 Facebook 平台上调查影响用户使用 Facebook 的性格及社会因素，探讨了 Facebook 非用户与高频用户之间的差异；Grieve（2017）在 Snapchat 平台发放问卷，对平台用户特征进行研究，揭示了 Snapchat 平台用户与非用户之间的年龄、社交互动及图片交流上的差异。除问卷调查外，学者们亦采用了其他方法。例如：赵曙光（2014）对社交媒体用户进行深度访谈调查，从社交、咨询关注、兴趣关注等五个维度构建出七类用户画像；洪惠娜（2019）通过深入访谈了解了 PGC（Professional Generated Content）平台用户的态度及情感需求，进而构建出 PGC 平台用户画像。总体而言，定性方法操作简单，主要依靠专业人士从定性研究中抽取用户特征，但该类方法的主观性较强，依赖语言或文字描述，会使构建出的用户画像缺乏说服力。第二，定量构建方法。通过计算机技术及数理统计等定量方法提取用户特征，以数据到用户标签映射的方式构建出用户画像，这也是常用的用户画像方法。定量构建方法可以分成五个阶段：数据获取、数据预处理、单个标签刻画、标签体系构建以及完整用户画像展示，如图

11-2所示。该方法客观公正，有充分的证据作为佐证，说服力较强。

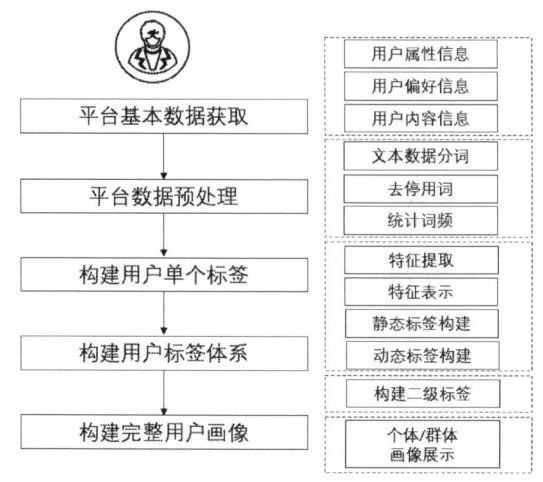

图 11-2 用户画像定量构建过程

群体用户画像作为用户画像群体刻画的一种高效方法，其研究对象是具有相似特征的用户群体，将构建出的标签体系中的下属二级标签看作自变量进行聚类分析，重点是找到不同标签间存在的联系，并对标签内的特征进行归纳及总结，从而实现平台用户群体分类，进而推断用户群体在不同维度的特征表现。按照聚类方法的分类，群体画像的实现方法主要包括以下四种：

其一，基于划分的聚类。这类算法需要给定聚类簇数 n，聚类时先选定 n 个初始质心，然后按不同距离算法计算其他样本点与质心间的距离，并将距离低于阈值的样本点归为一类，并更新聚类中心。吴江等（2017）通过 k 均值算法，刻画出在线医疗社区的用户画像；谭浩等（2019）通过遗传优化算法，计算获得聚类原型，继而划分出三类用户画像。该类算法不会造成过高的空间复杂度而加重运算负担，但是需要指定聚类数量，并只能用于数值型数据，易受部分离群值的影响，在数据集较大时，结果容易偏向局部最优。

其二，基于密度的聚类。基于密度的算法核心在于识别并过滤低密度样本，发现高密度数据点。例如：张莉曼（2019）基于该思想将知乎平台的付费用户划分为忠诚型、沉睡型、社交型、需求型及新兴待激励型五类群体。该类算法擅长发现不规则形状的用户数据簇，且不易受到噪声数据的影响，但是聚类结果易受模型参数的影响。

其三，基于层次的聚类。这种方法对给定的数据集进行层次分解，直到满足设定条件时为止。例如：陈娟（2018）使用层次聚类法，将知乎平台用户细分为"信息搜索"、"专家型"及"自我学习型"三类群体。该类算法对样本输入顺序无要求，无需事先拟定类群数目，但该算法更适用于小数量级样本。

其四，基于模型的聚类。该类算法旨在找到一个拟合效果最优的模型来表达群体画像的特征。例如：冯秋燕（2019）通过SOM获得了用户价值群体画像，并通过CH指标检测聚类效果，检验是否可以通过LRCFP特征模型和SOM聚类有效稳定地对用户进行细分。林燕霞（2018）通过逻辑回归模型得到微博群体不同属性组合的最大概率，继而实现用户群体划分。该类算法的缺陷在于很难对构建的模型及参数选择进行有效合理的解释。

总体而言，采用上述算法构建群体画像后，需根据聚类结果确定出不同的类群中心并进行解释。群体画像的刻画质量取决于方法的选择、聚类中心的确认以及对划分类群的诠释程度。本研究将从用户在社区知识贡献的意愿强弱与质量高低两个维度出发构建标签体系，阐释细粒度复杂特征指标的构建过程，以优化选取聚类特征变量。降低无标签分类问题的主观人为因素干扰，对聚类结果进行了人工检验，以提高用户细分的可靠程度。

11.2.2 知识贡献激励机制研究

激励机制研究早期源自企业组织管理，学者们围绕虚拟社区激励机制设计问题展开了大量研究。设计合理的激励机制对虚拟社区发展至关重要，一方面，虚拟社区的公共品属性导致用户的知识贡献行为难以持续；另一方面，不合理的激励机制可能造成适得其反的效果，继而导致用户流失。例如：Halfaker（2013）研究发现维基百科的质量控制机制在新用户留存方面就存在负面影响。

许多激励机制对社区用户的知识贡献行为有一定作用，学者们从定性和定量两个视角对此进行了研究。在定性研究方面，Purvis（2001）认为虚拟组织缺乏正确引导用户知识共享行为的能力，在体制上没有提供知识贡献者的奖励制度；Sun（2012）从持续参与动机角度定性描述了奖励机制对知识共享行为的影响机制。在定量研究方面，需要结合用户真实行为数据进行解释。Cui（2014）研究发现物质激励机制反而降低了部分虚拟社区用户贡献知识的内在动机；Thelwall（2018）围绕用户发布的第一篇内容和收益信息进行研究后，认为仍不能明确以代币为核心的激励方式是否有效促进了内容生成。

从现有知识贡献激励机制的方法观察，其一，针对用户的问答过程进行委托—代理分析。例如：王慧贤（2013）基于委托—代理理论，根据用户贡献的动态行为过程，研究了个体用户的"搭便车"行为；程中月（2018）探讨了网络外部性下不同风险偏好的直播平台激励策略；其二，按社区发展阶段进行完全及不完全信息动静态博弈。例如：王健（2013）应用四种不同条件下的博弈模型，对虚拟学术社区中知识贡献用户间的博弈收益进行了分析；郝琳娜（2016）建立了解答者之间的 Nash 博弈模型及发包商与解答者之间的 Stackelberg 博弈模型，计算众包竞赛虚拟社区中解答者的最优努力程度、最优知识共享水平和双方的最大化收益，并给出参与人数对解答者收益影响的算例分析；其三，通过结构方程模型对知识贡献影响因素展开探究，并提出相关建议。例如：谭旸等（2020）探究了学术虚拟社区的激励机制对用户感知知识贡献效果的影响；其四，从激励系统全局视角出发，部分学者围绕影响因素进行了系统动力学激励仿真，并根据模拟结果提出采用积分悬赏、金钱激励等措施，对用户知识贡献行为予以激励，以提升用户的知识贡献意愿。

系统动力学在知识管理领域逐渐得到关注与应用。其一，部分学者将其应用于学习型组织的知识贡献激励研究领域，李志宏等（2012）构建了高校科研团队隐性知识共享系统动力学模型，有效提升了高校科研团队内部的隐性知识共享程度；陈怀超等（2017）构建了知识转移情境下母子公司知识转移的系统动力学模型；其二，另有部分学者将研究视角集中于网络平台或虚拟社区，王小立（2016）构建出百度"知道"知识系统，分析探讨了影响其知识传播的相关因素；钟炜（2017）构建出开放式创新社区网络平台知识共享系统动力学模型；其三，还有部分学者在明确虚拟社区角色及子系统构成的基础上，利用系统动力学的理论方法，详尽分析了虚拟社区知识贡献过程，建立了与研究目标一致的知识贡献理论模型，并通过仿真研究定量探讨了知识转移效用。基于虚拟社区用户细分的知识系统动力学模型要素总结如表 11 – 1 所示。

表 11 – 1　基于虚拟社区用户细分的知识贡献系统动力学模型

影响因素	划分主体角色	文献来源
公平、荣誉感、友好、信任、创新、自豪感	浏览者，分享者，领袖，社交者	赖文娣（2012）
感知有用性、社交需求、个体中心性、自我效能、社区发展	提问者，回答者，浏览者，专家	汤小燕（2014）

续表

影响因素	划分主体角色	文献来源
知识创新能力、知识差距、组织距离、云计算水平、合作伙伴质量水平	知识传递者，知识接受者	Hong et al. (2015)
基础性改善投入强度、技术性改善投入强度、社会性改善投入强度、个体性改善投入强度	浏览者，爆料者，领袖者，分享者	吴志泓 (2016)
影响力、影响范围、人际关系、组织认同和互惠原则、共同价值观、共同语言	知识分享者，知识接受者	唐晓波等 (2018)
认知学习利益、享乐利益、个人综合利益、社会综合利益、经济利益	普通用户，优质用户	王其虹 (2018)
代币激励、个人态度、社交利他主义、声誉	知识发现者，知识生产者，浏览者	许娅楠 (2019)

综上所述，目前学者多借助博弈论、委托—代理理论及系统动力学等方法，通过博弈分析或激励因素仿真分析，进行知识贡献激励机制设计与效用评价研究。主要聚焦于知识贡献意愿激励，继而影响知识贡献特征，实现角色间的流动转换，提升知识贡献过程的效率。然而，对贡献知识的质量与所收获的声誉报酬之间的激励鲜有涉猎，而用户获得的声誉报酬恰好会对社区话题讨论热度等产生影响，继而调整群体间的流动转换速率。为解决此不足，本研究尝试考虑了知识贡献意愿层面的激励要素，同时考虑了影响用户获取声誉报酬的知识贡献质量激励要素，使知识贡献激励体系更为完整，以行之有效地针对不同群体的知识贡献需求实现差异化激励。

11.3 知识贡献群体画像细分

通过用户画像研究可以实现社区群体全面精准细分，挖掘不同群体的知识贡献特征，掌握群体知识贡献的行为规律，准确反映细分用户的知识需求，最大化地激发知识贡献参与，为设计、优化社区激励机制提供依据。用户群体画像的研究步骤如下：首先，通过归一化及情感词典等方法，从知识贡献意愿及知识贡献质量两个维度，构建出问答社区知识贡献群体的标签体系，完整阐述评价并计算出用户行为指标，进行用户个体画像展示；然后，结合人工经验及划分结果，比对不同类型的聚类算法的分类效果，通过抽样的方法进行配对样本 t 检验，以证实最终确定的聚类算法的可靠性；最后，根据确定的聚类算法划分结果，比群体差异，进行各类群体画像的特征展示，分析各类细分群体的核心激励需求目标。本部分的研究数据仍来自中国最大的社会化问答社区——知乎。

为了确保社区用户数据的客观性、代表性以及可比性，本研究借助 Python 实现用户数据的爬取，通过滚雪球的方式，选取汽车、数码、时尚、影视、校园、科学及运动七类热门榜单，随机选取各榜单榜首热门回复用户作为种子用户，获取其相关信息，然后采取随机采样策略，从种子用户的个人页面的"关注者"中随机选择 5—10 名用户，跳转链接，增量收集"关注者"信息，进而在榜单热门问题下采集了 4859 名知识贡献用户数据。对评论数据进行去噪、数据清洗等预处理操作，例如：去除用户名等信息、识别已注销社区用户等。在进行数据预处理时，由于本研究聚焦知识贡献数大于零的社区用户特征，因此，对部分从未进行过知识贡献的用户，即"零参与用户"，予以了剔除。最终，仅保留 4416 名用户作为后续研究的基础。知乎用户的个人主页信息同第 9 章，研究将从页面提取用户的个人信息、交互信息及反馈信息，并将这三个方面信息作为标签构建的依据。

11.3.1 群体画像标签体系构建

（1）知识贡献意愿标签

知识贡献意愿按照知识贡献行为及频率两个方面进行指标选取及诠释。

第一，知识贡献行为。对于知识贡献（Knowledge Contribution）的定义，Kumar et al.（2005）将其定义为知识个体间的转移或分享过程；邓胜利（2013）认为知识贡献是指用户通过社交平台分享如观点、专业知识、经验等在内的显性知识及隐性知识，达到共享知识的目的。在社会化问答社区中，用户主动提问的问题本身也蕴含了提问者的智慧及贡献，其角度新颖性及观念趣味性也会引发其他用户的思考或探讨活动，因此，根据知识流向不同，将知识贡献划分为知识分享行为与获取行为两部分。第一，知识分享行为包括免费知识贡献与付费知识贡献，相关指标包括问答回复数、视频数、原创文章数及专栏数等、live 数及被付费咨询的次数；第二，知识获取行为可以分为主观知识获取及客观知识获取，用户的客观知识获取主要依靠对平台已有知识的浏览行为，但用户浏览记录的获取难度较高，因此，本研究仅从用户的主观知识获取行为入手,将用户发布的提问数作为知识获取行为的衡量指标。

第二,知识贡献频率。即用户在知识问答社区内活跃程度的体现,主要包括发布知识的时间间隔。本研究将通过发文总数及注册天数作为衡量指标。

关于知识贡献意愿的量化,多数学者采用行为数量的求和,例如:周涛(2020)将知识分享视为用户总发帖与总回帖数之和。但考虑到问答社区内用户进行知识分享的偏好差异,除了文字、视频等格式上的差异,也存在付费知识及免费知识等形式上的差异。仅进行求和可能会导致量级上的差异,因此,本研究将运用 sigmoid 函数对上述指标予以处理。

(2) 知识贡献质量标签

为了甄别出高质量知识,社区通过设置赞同、评论、选取最佳答案等形式为用户知识获取提供反馈 (Yao, 2015)。关于答案被采纳接受的程度,通常以用户赞同投票作为衡量指标 (Hosseini, 2015; Paul, 2012),但该类反馈机制存在马太效应及网络正反馈效应,知识质量并不能仅仅按照赞同数或收藏数决定。例如:社区意见领袖因自身的高影响力,即使贡献知识质量不高,也能吸引较高的赞同数量。同时,对发布时间较久的已有大量回答的问题而言,新回复往往会因为浏览数不足,而很难得到用户赞同,进而失去更多潜在用户的浏览及赞同,无法表现出该条回复的实际质量 (王伟, 2017)。综上所述,本研究引入用户获得关注数、感谢数、收藏数以及官方收录数等信息作为除赞同数之外的评价指标,以对知识质量标签的构建将融合知识贡献内容角度及用户影响力角度进行综合评价。

①知识贡献内容角度。

其一,答案质量分布均匀度。将基尼指数泛化到回复质量分布中,将用户回复的答案依据赞数从高到低排列,将回复的赞同数及收藏数作为评价指标,分别计算用户最高及前五佳赞数回复中的被赞同数及被收藏数在用户获得的总赞数及总收藏数中的占比,如公式 11-1 及公式 11-2 所示。若占比较高,则说明该用户答题质量分布不均匀或者答题数量较少 (徐鹏, 2018)。

$$Q_1 = \frac{Vote_1}{\sum_{i=1}^{n} Vote_i} + \frac{Collect_1}{\sum_{i=1}^{n} Collect_i} + \frac{Like_1}{\sum_{i=1}^{n} Like_i} \quad (11-1)$$

$$Q_2 = \frac{Vote_5}{\sum_{i=1}^{n} Vote_i} + \frac{Collect_5}{\sum_{i=1}^{n} Collect_i} + \frac{Like_5}{\sum_{i=1}^{n} Like_i} \quad (11-2)$$

其二,答案互动认可度。对于部分"抖机灵"式的噱头回复,很容易激发用户的阅读及互动兴趣,但往往质量不高,会存在赞同数、评论数高但被喜欢数、被收藏数较低的情况。于是分析用户所有回复中的被收藏及被喜欢次数与用户赞同及评论数目的比值,如公式 11-3 所示,以此来测算其他用户对于该名用户回复答案的互动认可度。

$$Q_3 = \sum_{i=1}^{n} \frac{Collect_i + Like_i}{Vote_i + Comment_i} \quad (11-3)$$

其三,情感倾向性。通过华为云内容检测语料库,对用户个人主页按时间排序的五条应求文本内容进行分析,倘若有权重较高的关键词出现于敏感词库(金燕,2019),标记其为敏感内容(1),否则为正常内容(0)。

②用户影响力角度。社区内的用户影响力是用户在一个社区群体中影响其他用户行为的能力。在社交媒体中,用户分享的内容,不仅仅依靠内容本身的点赞、评论提高热度并实现直接传递,同时也可以借助知识分享者自身的知名度,通过 KOL 关注者们实现间接传递,因此,在问答社区中,用户的影响力即为用户对其粉丝的影响力(张昊,2015)。

其一,名气指数。关于知识问答社区用户影响力的量化,郭秋艳(2013)认为一名用户的被关注数与关注数的比值及被关注数与研究样本总量的比值较大时,在社区中的影响力较大,据此创建出"名气指数(The Reputation Index, RI)"。魏明珠(2019)借鉴"名气指数"构建出高影响力人物画像的人格——用户基本属性标签。名气指数的计算方法如公式 11-4 所示。

$$RI = \frac{Follower_i}{Followee_i} + \frac{Follower_i}{N} \quad (11-4)$$

该计算公式在计算部分关注用户数为零的用户情况下并不适用,同时计算粉丝数与关注数的比值这一方式,在用户的关注数较多时会影响用户实际的社区名气计算,由此对用户的名气指数进行改进,改进后的公式如(11-5)所示。

$$RI^* = \frac{Follower_i - Followee_i}{Followee_i} + \frac{Follower_i}{N} \quad (11-5)$$

其二,群体认可度。由于知识问答社区运营机制的复杂性,用户的社区影响力并不仅仅体现在关注者数及粉丝数的比例关系上,同时还体现在其分享的知识被社区中其他知识接收者的认可程度方面。采用群体认可度计算方法来衡量社区用户对其他知识接收者的认可程度(徐鹏,2018),如公式 11-6 所示。

$$Q_i = \frac{Vote_i}{Answer_i} \qquad (11-6)$$

社区用户除了赞同这种表示对知识的认可方式外，还可通过收藏数与喜欢数表示用户自身的认可。由此，对用户的群体认可度进行调整，如公式 11-7 所示。

$$Q_i = \frac{Vote_i + Collect_i + Like_i}{Answer_i} \qquad (11-7)$$

其三，经济收益。在知乎平台上，用户可获取的物质报酬来源主要是发布个人作品，如：盐选专栏、live 讲座及讲书等，以及因其在社区的高影响力而被付费进行的咨询。关于物质报酬的量化，由于用户发布的个人作品对应的具体付费人数无法获取，并且作品定价在会员与非会员间存在差异，无法从用户获取的具体收益进行物质报酬的量化，因此，按照作品的热度（评论数）与作品非会员价格的乘积作为物质报酬的计算方式。

其四，话题优秀回答者认证。社区中的回答者若被官方认证为优秀回答者，则表明该名用户在某专业领域的专业程度和影响力（姜雯，2014）。若用户被认证，则为 1；未认证，则为 0。

综上，构建出的群体画像特征标签体系如图 11-3 所示。

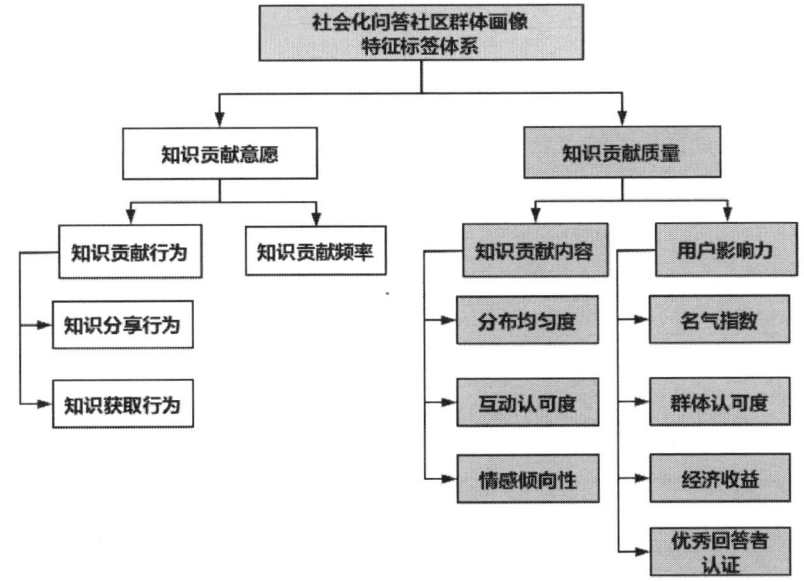

图 11-3　社会化问答社区群体画像特征标签体系

11.3.2 聚类结果验证及画像细分

通过不同聚类算法对比，以期获得较优的用户群体分类。针对指标体系构建中的问题，本研究进行如下处理：216 名用户（4.89%）虽进行过知识贡献，但获得的声誉报酬为零，在此，将其作为流失群体用户处理，最终对剔除掉极值的 4200 名用户数据进行聚类分析，这里的用户样本数据与第 9 章的研究数据相同。

根据建立的问答社区用户特征指标体系进行聚类时，考虑到其数据海量、维度较高及混合型的特点，最终确定将两步层次聚类法的结果作为用户细分的最终结果，采用配对样本 t 检验对细分群体的差异显著性进行检验，结果表明：在 5% 的置信水平上，两步层次聚类法划分的用户群体在知识贡献意愿以及知识贡献质量上存在显著差异。因此，本研究据此将整个问答社区的知识贡献用户群体划分为五类，如表 11-2 所示。

表 11-2　社会化问答社区知识贡献细分群体特征差异

群体类型标签	1%	9%	90%（长尾力量）		
	头部大 V	腰部 KOL	兴趣型忠诚用户	高质量专业用户	沉睡型潜水用户
知识分享行为	2766.38	2155.57	293.94	136.22	7.82
知识获取行为	32.58	41.76	15.18	5.67	0.79
社区参与度	96.35	95.3	48.6	29.8	5.21
分布均匀度	0.02	0.29	0.09	0.21	1.01
互动认可度	0.98	3.02	0.52	0.07	0.49
情感倾向性	0.02	0.02	0.06	0.03	0.05
名气指数	189493.9	115494.52	1226.52	3124.10	28.02
群体认可度	4268.85	1140.52	134.64	539.85	37.13
经济收益	22402.89	3897.42	0	0	0
优秀回答者认证	0.71	0.62	0.08	0.30	0.02
特点	高产高赞，开通知识付费业务	高产高赞，尚未进行知识付费	中产低赞，尚未进行知识付费	低产中赞，尚未进行知识付费	低产低赞，尚未进行知识付费

第一类用户是头部大 V 用户。该类用户在研究样本中共计 42 人（0.95%），其突出特点在于其获得的名气指数（189493.9）、群体认可度

(4268.85)等心理报酬以及经济收益(22402.89)都非常高。他们在社区中的知识贡献次数频繁,兴趣偏好多集中于高等教育、科技法律及医学保健等专业领域,获得过优秀回答者认证,对于这些专业领域的话题具有较高的话语权及可信度。在社区内获得了较高的心理报酬后,该类用户已经尝试利用自己的社区高影响力进行付费知识的分享,通过知识流量变现,以获得物质报酬。该类用户主要来源于:第一,社会化问答社区进行知识贡献的长尾用户,经过不断的社区资本累积,达到一定级别后成为大 V 用户;第二,用户本身就是真实社会名人,以外部专家或明星名人的角色引入,吸引了一众粉丝的簇拥。

第二类用户是腰部 KOL 用户。该类用户在研究样本中共计 381 人(8.62%)。该类用户参与问答社区的知识分享行为(2155.57)非常多,因为自身回复的知识质量较高而被多数社区用户认可,获得了较高的名气指数及社区影响力,获取的报酬以心理报酬为主。该类群体的特征与付费型 KOL 相似,在社区的知识贡献程度较高,但却并没有进行知识变现获取物质报酬。

第三类用户是兴趣型忠诚用户。该类用户在研究样本中共计 2316 人(52.44%)。该类用户是社区的忠实拥护者,本身具备一定的知识量,经常会关注社区大 V,熟悉相关板块的社区环境。他们对于自己感兴趣的话题会自主参与进去,其知识贡献行为主要以知识分享(293.94)为主,但频率并不算高,且回复的内容多是自己的经验、看法及见解,专业度上略有欠缺,但往往会引起兴趣相似用户的共鸣,也在社区中获得了一定的声誉报酬。

第四类用户是高质量专业用户。该类用户在研究样本中共计 337 人(7.63%)。该类用户在问答社区中的知识贡献行为主要以知识分享为主,但他们也乐于在答疑解惑的同时,进行知识的主动汲取(5.67)。该类群体的知识质量较高,并被多数用户所认可,但其进行知识贡献的频率相对偏低。社区应通过用户的知识浏览痕迹,挖掘并满足其知识潜在需求,通过各种运营手段触达用户兴趣点,推送该领域的动态信息,积极引导该类用户向活跃 KOL 转型。

第五类用户是沉睡型潜水用户。该类用户在研究样本中共计 1340 人(30.34%),主要由新注册的初级用户转化而来。由于在相关主题下了解较少,其核心目的是在社区内潜水阅读、汲取相关知识以补给所需,但访问社区频次较低,较少参与社区中的知识分享及获取。与社区中其他成员的联系较少,贡献的知识质量较低,很少获得任何其他用户的点赞或收藏,粉丝数与关注数都很低,从社区获得的心理报酬与物质报酬基本为零。可以看出该类群体是社区的边缘用户，对于社区的知识贡献参与和影响力非常低。

通过对细分群体的知识贡献特征进行分析后，可以看出五类群体在免费及付费知识贡献的意愿与质量方面存在较为明显的差异。为了能够分而治之地针对不同细分群体知识贡献激励需求制定有效策略，同时又不使得后续理论模型的构建过于冗长复杂，需要明确各类细分群体的核心激励目标，分析结果如图11-4所示。具体的激励策略是：

其一，对于头部大V、高质量专业用户及沉睡型潜水用户进行知识贡献意愿激励；

其二，对于腰部KOL、兴趣型忠诚用户及沉睡型潜水用户进行知识贡献质量激励。

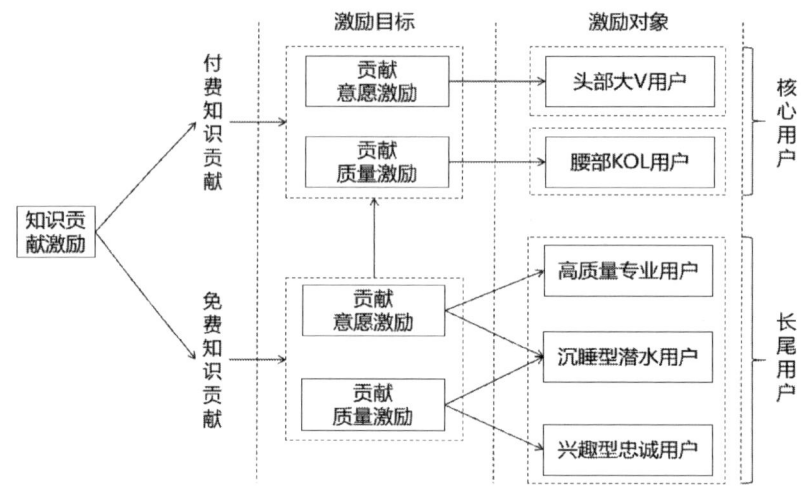

图11-4　细分群体激励目标分析

11.4　细分群体知识贡献激励机制仿真

本研究一方面，结合上述群体画像的研究结论，对细分群体进行知识贡献激励机制的分类研究。即对社会化问答社区——"知乎"平台七大热门板块中4200名用户的行为数据，通过两步层次聚类方法将研究样本进行划分，并采用配对样本t检验对细分群体的差异显著性进行验证，按照上述社区用户群体划分的五种类型,即头部大 V、腰部 KOL、兴趣型忠诚用户、高质量专业用户及沉睡型潜水用户。

另一方面,结合第 9 章围绕免费知识产品的研究工作进行完善扩充,在已有用户学习者个人特征因素、社交网络特征因素、心理激励因素分析维度的基础上,融入付费产品的重要激励因素——物质激励。具体而言,考虑到相较于免费知识而言,进行付费知识贡献可以获得金钱物质报酬,对社区中的活跃及非活跃学习者均将产生正面激励作用(Zhao,2016),Kuang 等(2019)的研究也表明金钱激励措施增加了用户的自愿知识共享及社会互动行为,提问者高价的问题会刺激回答者投入更多时间在问题回复上,而经济奖励高低对回答质量没有影响(Jiang,2016;Hsieh,2010)。因此,本章将在已有用户个人特征因素、社交网络特征因素、心理激励因素及物质激励因素分析维度的基础上,从利他信念、自我效能、信息开放、互惠信念、专业程度、社会学习、社会曝光、身份信任、社会比较及经济利益十个细化因素出发,构建如图 11-5 所示的扩展理论模型。

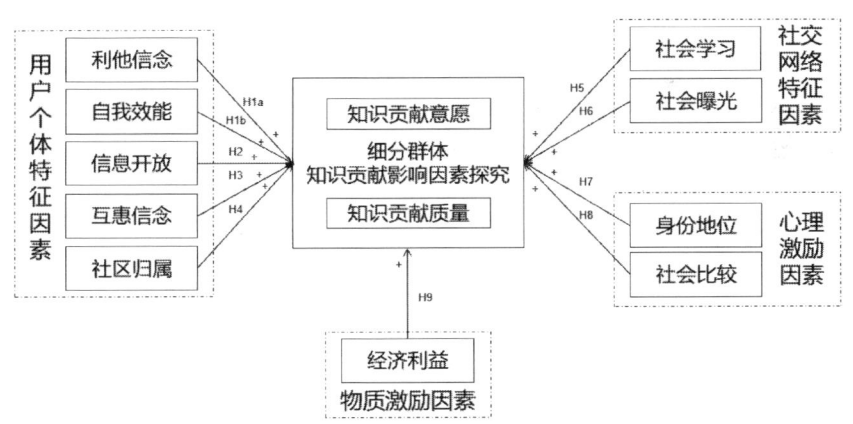

图 11-5 知乎社区细分群体知识贡献影响因素理论框架

调用 R 语言 nlme 包中的 gls( ) 函数对数据样本进行回归分析,并得到如表 11-3 所示的回归结果。

根据回归结果可以确定出对各类细分群体知识贡献造成显著影响的核心激励因素及相关影响系数。①在知识贡献意愿层面,针对头部大 V 用户,需要通过自我效能(0.125)、经济利益(0.147)去刺激其付费知识贡献意愿;针对高质量专业用户,需要通过利他信念(0.219)及互惠信念(0.461)激励

表 11 - 3　　　　　　　　　　　回归结果

激励目标	付费知识贡献		免费知识贡献			
	知识贡献意愿激励					
	头部大 V 用户		高质量专业用户		沉睡型潜水用户	
	系数	VIF	系数	VIF	系数	VIF
C	-0.147***	/	0.582	/	0.025***	/
利他信念	-0.952	1.251	0.219**	1.285	-0.027	1.064
自我效能	0.125***	1.593	0.028	1.046	0.111*	1.013
信息开放	0.009	1.319	0.012	1.110	0.014***	1.172
互惠信念	0.002	1.384	0.461***	1.015	-0.000*	1.042
社区归属感	-0.091	1.139	0.065*	1.049	0.012***	1.062
社会学习	0.056	1.360	0.017*	1.092	-0.002	1.143
社会曝光	0.013	1.311	-0.002	1.021	-0.001*	1.001
身份地位	0.097*	1.212	0.045	1.031	0.012	1.071
社会比较	0.122*	1.062	0.021*	1.281	0.092	1.006
经济利益	0.147***	/	/	/	/	/
	知识贡献质量激励					
	腰部 KOL 用户		兴趣型忠诚用户		沉睡型潜水用户	
	系数	VIF	系数	VIF	系数	VIF
C	0.158***	/	0.023	/	0.186***	/
利他信念	-0.203	1.227	-0.009*	1.100	-0.069	1.064
自我效能	0.041*	1.165	-0.182*	1.238	0.114	1.013
信息开放	-0.004	1.289	0.003	1.118	0.176***	1.172
互惠信念	-0.000	1.035	-0.001	1.041	-0.089*	1.042
社区归属感	0.056	1.137	0.026	1.018	0.162***	1.062
社会学习	-0.012*	1.165	0.102***	1.111	-0.047	1.143
社会曝光	-0.000	1.005	0.094**	1.001	-0.001*	1.001
身份地位	0.072***	1.129	-0.011*	1.048	0.059	1.071
社会比较	0.087***	1.050	0.005	1.310	0.084*	1.006
经济利益	0.063**	1.346	/	/	/	/

其知识贡献意愿；针对沉睡型潜水用户，需要通过增强其社区归属感（0.012）及信息开放程度（0.014）激励其知识贡献意愿。②在知识贡献质量层面，针对腰部 KOL，需要通过身份地位（0.072）、社会比较（0.087）与经

济利益（0.063）去激励其完成免费到付费知识贡献行为的转换；针对兴趣型忠诚用户，需要通过社会曝光（0.094）与社会学习（0.102）激励其提高知识贡献的质量；针对沉睡型潜水用户，需要通过增强其社区归属感（0.162）及信息开放程度（0.176）提升其知识贡献质量。如图 11-6 所示。

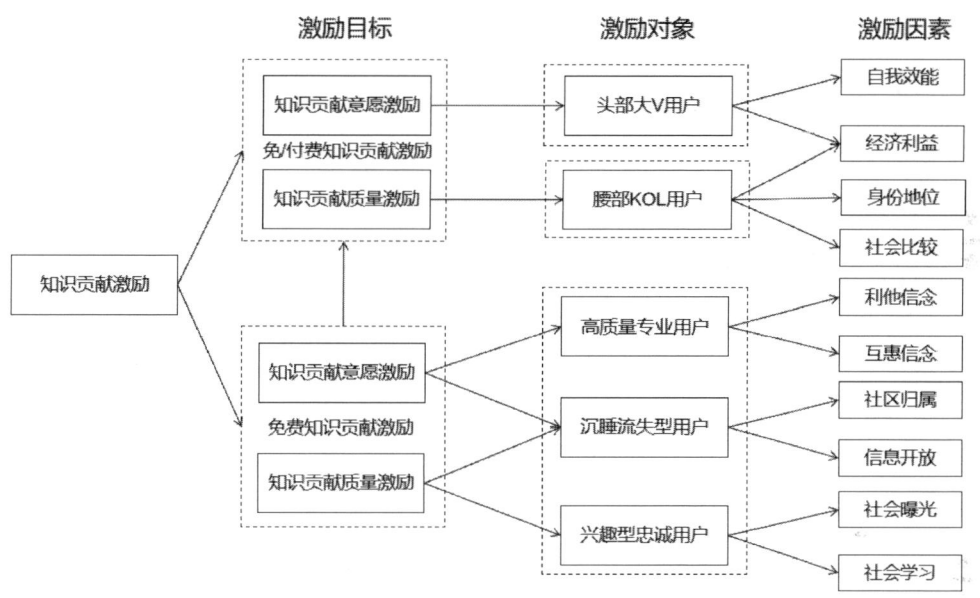

图 11-6　细分群体知识贡献影响因素

接下来，为探究完全开放情形下细分群体流动及免费与付费知识扩散在各要素影响下的变化特征，并对社区学习者的知识贡献行为做出预判，继而为提升社区群体知识贡献效用指明方向，本研究基于上述两方面考虑，构建了如图 11-7 所示的知识贡献系统理论模型。

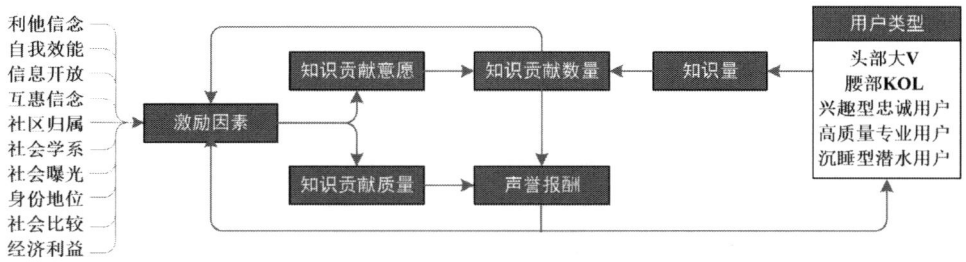

图 11-7　知识贡献系统理论模型

为了实现上述理论模型，本研究：第一，明确问题并确定系统构成及边界；第二，分析系统各变量间的反馈回路，构建因果关系图与系统流量存量图；第三，明确变量间的数量关系，构建方程并进行参数估计；第四，运用Vensim PLE 系统动力学软件，对各项激励政策进行仿真分析。

11.4.1 知识贡献激励系统形成机制分析

在社会化问答社区知识贡献激励系统中，推动系统演化的主体包括五类细分用户群体，通过"问答"互动模式，贡献知识并收获点赞、名声及金钱等声誉报酬。由于本研究的切入视角是知识贡献激励情况下的细分群体演化特征，因此，对应系统边界范围涉及五类细分群体知识贡献（包括数量及声誉报酬）影响因素的相关实体，并有如下假设：

假设1：用户群体的知识贡献数量会受到知识贡献意愿和自身知识水平的影响，知识贡献数量=知识贡献意愿×知识水平。在用户自身拥有的知识量不发生改变的情况下，贡献意愿越高，最终其知识贡献数量就会越高。知识量与知识贡献意愿将依据群体特点确定，并在仿真知识量参数设置中予以体现。

假设2：用户群体的知识贡献报酬受用户群体的知识贡献数量及质量两方面影响。在知识数量一定的情况下，贡献质量越高，收获的知识贡献报酬就越高。知识贡献质量依照群体认可度确定。

假设3：社会化问答社区各类细分群体间存在相互转化。系统内用户增长来源于新注册用户及外部专家的引入，各类细分群体的流失聚焦于群体间的转化流失。

假设4：不同类型的用户群体参与知识贡献受到多种激励因素的影响，不同激励因素可能对知识贡献意愿及质量产生影响。为保证建模时系统的有效性，针对各类用户群体的主要激励需求，仅考虑对该类群体知识贡献意愿或行为造成显著影响的主要因素，忽略其他非显著因素；同时坚持系统动力学建模的目的性原则，除部分激励因素外，其他因素均不随时间或其他变量的变化而改变。

假设5：知识贡献数量与声誉报酬会对细分群体间的转换速率、新用户注册率、专家引入率及部分激励因素（社会学习、社会曝光、身份地位、社会比较、利他信念、社区归属及经济利益）产生正向影响。群体间转换率则会受到声誉报酬或贡献知识数量的影响，即数量越高、声誉报酬越高，细分群体间转换动力系数也越高。

基于上述分析，从系统目的、流程、构成、边界与运行等层面对模型系统加以界定，如表 11-4 所示。

表 11-4　　　　　　社会化问答社区知识贡献激励系统

层次	指标
系统目的	社会化问答社区细分群体知识贡献激励机制
系统流程	沉睡型潜水用户——兴趣型忠诚用户、高质量专业用户——腰部 KOL——头部大 V 细分群体——知识贡献——声誉报酬——转换动力系数——细分群体
系统构成	头部大 V 子系统、腰部 KOL 子系统、高质量专业用户子系统、兴趣型忠诚用户子系统、沉睡型潜水用户子系统、群体间转换速率
系统边界	通过细分群体转换速率、知识贡献及声誉报酬的数量变化体现具体的激励效果，从而可以分析出激励机制如何有效影响社区内知识扩散与群体用户间流动。暂时不考虑其他作用主体的影响
系统运行	通过对社会化问答社区细分群体知识贡献演化机制的探索，发现影响细分群体演化的重要影响因素，提升社区知识流动扩散效率，开拓长尾下沉市场

11.4.2　知识贡献激励系统动力学建模

在构建激励机制之前，首先，对社区细分群体间的群体流动过程予以探讨。在社会化问答社区中，讨论的问题及回复均来自五类细分群体贡献的知识，而这些知识源自细分群体自身对该类问题认知理解的程度。在完成知识贡献后，其他用户在浏览获取该条知识时，会依据其质量好坏给予"点赞"、"收藏"或"喜欢"等不同声誉奖励。声誉报酬将影响用户后续是否持续进行知识贡献，进而刺激不同细分群体间的转换，影响群体用户数量。基于此，构建细分群体子系统内部的反馈回路：细分群体→贡献知识→声誉报酬→细分群体，如图 11-8 所示。

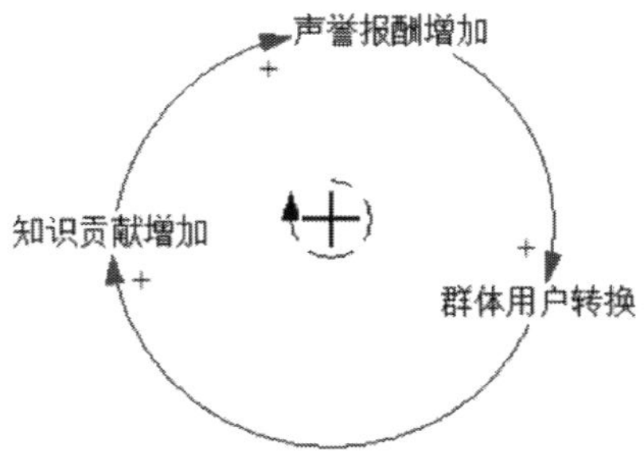

图 11-8　细分群体子系统内部因果关系

社会化问答社区细分群体知识贡献激励系统的各子系统间存在关联,子系统间彼此相互影响,其耦合关系主要依据细分群体数量创建。在该过程中,当长尾用户的知识贡献数量及声誉报酬超过一定阈值后,知识贡献特征较之以往发生变化,贡献不同层次的知识量、获取不同等级的声誉报酬,继而受到激励向更高等级用户群体进行转化,从而表现出社区行为上的差异,并实现如图11-9所示的群体间转换。

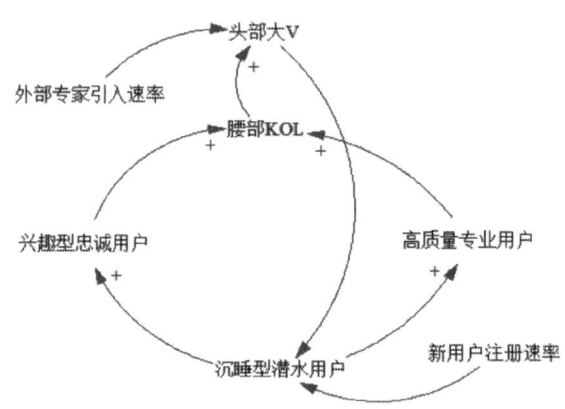

图 11-9 细分群体子系统间的转换流动

综上所述,本研究将社会化问答社区知识贡献激励系统分为五类细分群体子系统,子系统间通过转换速率连接。各类细分群体内部用户所拥有的知识量及贡献意愿将对其最终的知识贡献数量产生直接影响,而声誉报酬对细分群体间的转换动力系数产生直接影响,继而建立起模型的内外部联系。总系统的因果关系图如图11-10所示。

基于群体知识贡献因果关系,对社会化问答社区知识贡献激励机制展开设计,反馈联系如图11-11所示。

用户群体特征决定了该类群体的知识贡献数量及意愿,通过对群体的知识贡献意愿进行激励后,知识贡献数量得以提升,基于此,对知识贡献质量的激励使得用户知识贡献获得的最终声誉报酬得以提升,实现长尾用户角色的转化,从而刺激社区间知识要素的流动,因果关系如图11-12所示。另外,考虑到知识付费背景下用户从免费知识贡献到付费知识贡献的观念转移行为,当用户获得的社区资本超过一定阈值后,将开始尝试从无到有的付费知识贡献。

第11章 知识问答社区的知识贡献激励机制研究　329

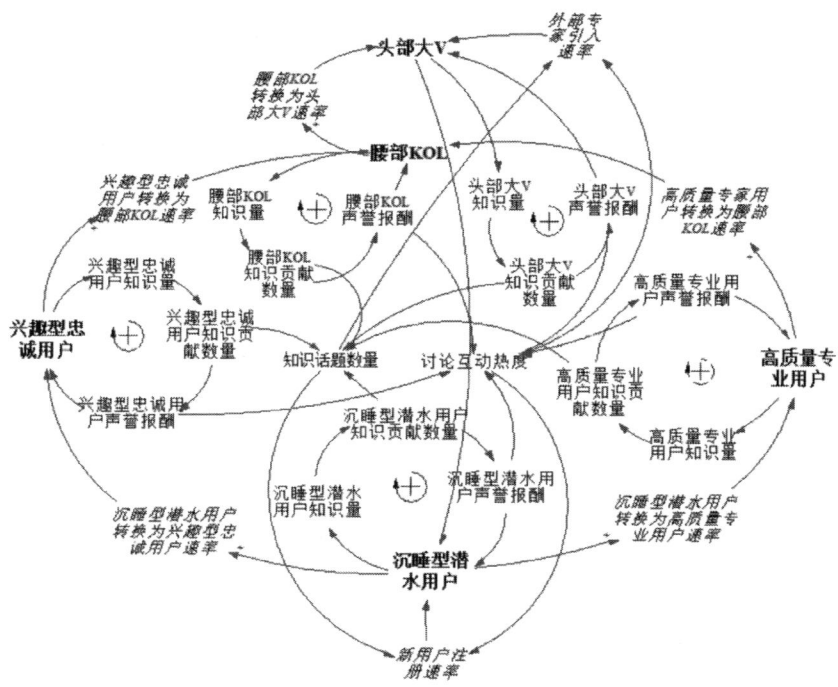

图 11-10　社会化问答社区细分群体知识贡献因果关系

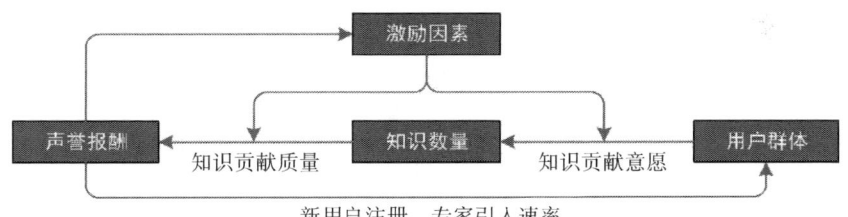

图 11-11　激励机制反馈联系

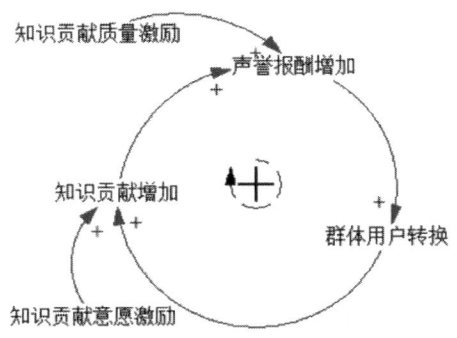

图 11-12　激励机制因果关系

社会化问答社区激励机制系统主要由各类细分群体的不同知识量、知识贡献意愿、知识贡献质量、激励因素以及这些激励所产生的输出结果（知识贡献数量与声誉报酬）组成。对系统整体结构进行分析，以各类细分群体的需求即相应的激励因素为主线，建立社会化问答社区细分群体知识贡献激励机制系统因果关系模型，如图 11 – 13 所示。

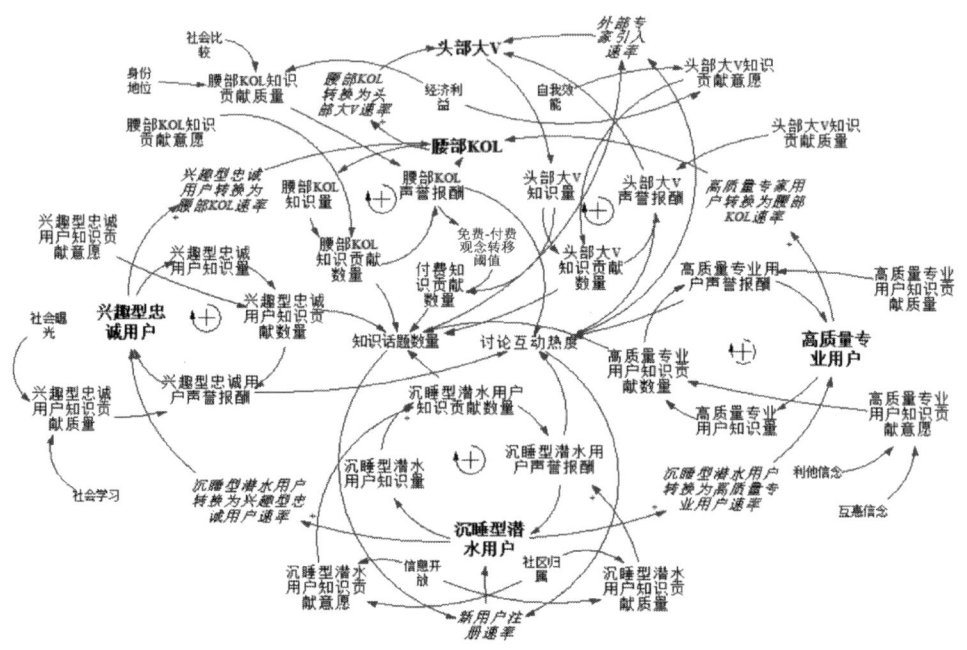

图 11 – 13　知识贡献激励机制因果关系

在因果关系图的基础上，绘制社会化问答社区细分群体知识贡献激励主系统及其内部子系统的系统流图。因果关系图无法反映各变量间的具体数量关系及反馈回路的动态变化情况，因此，需要通过系统存量图对变量间数量关系进行具体刻画。表 11 – 5 呈现了流图中的变量名称、符号和变量类型等，其中包括 16 个状态变量、12 个速率变量、5 个常量与 28 个辅助变量。细分群体间转换流失速率变量的大小，将直接影响细分群体间用户数量存量水平。其中，头部大 V、腰部 KOL、高质量专业用户、兴趣型忠诚用户及沉睡型潜水用户编号为 V（大 V）、K（KOL）、E（Expert）、L（Loyalty）、S（Sleep）。

细分群体间转化动力系数是指某类用户向另一类用户转化的概率系数。本研究假定社区群体转换由知识贡献参与度低、获得声誉报酬较少的长尾用户转

表 11-5　　　　　　　　　　变量说明表

序号	变量名称	符号缩写	变量类型
1	细分群体数量	NOV/NOK/NOE/NOL/NOS	状态变量
2	细分群体间转换速率	VCR/KCR/ECR/LCR/SCR	速率变量
3	细分群体流失速率	VLR/KLR/ELR/LLR/SLR	速率变量
4	细分群体间转换系数	TKTV/TLTK/TETK/TSTL/TSTE	辅助变量
5	免费—付费观念转移阈值	TSTP	辅助变量
6	新用户注册率	NURR	速率变量
7	外部专家引入率	EIR	速率变量
8	细分群体知识量	VK/KK/EK/LK/SK	常量
9	细分群体知识贡献数量	VKCN/KKCN/EKCN/LKCN/SKCN	状态变量
10	付费知识贡献数量	PKCN	状态变量
11	细分群体声誉报酬	VRC/KRC/ERC/KRC/SRC	状态变量
12	细分群体知识贡献意愿	VKCW/KKCW/EKCW/LKCW/SKCW	辅助变量
13	细分群体知识贡献质量	VKCQ/KKCQ/EKCQ/LKCQ/SKCQ	辅助变量
14	利他信念	AB	辅助变量
15	自我效能	SE	辅助变量
16	信息开放	IO	辅助变量
17	互惠信念	RB	辅助变量
18	社区归属	CB	辅助变量
19	社会学习	SS	辅助变量
20	社会曝光	EX	辅助变量
21	身份地位	ST	辅助变量
22	社会比较	SC	辅助变量
23	经济利益	MB	辅助变量
24	知识话题数量	KTN	辅助变量
25	讨论互动热度	DIH	辅助变量

型为参与度较高的核心用户（许娅楠，2019）。转换系数会受到知识贡献数量或声誉数量的影响，即两者数量越高，转换动力系数也越高，呈现正比关系。

为了表示社会化问答社区中的积累状态，将细分群体数量、知识贡献数量以及声誉报酬数量定义为存量，分别用以表征细分群体流动能力、知识扩散能力及声誉累计能力。其一，在细分群体数量存量中，将群体用户数量的转换、流失定义为流量，它们之间的协同互动影响着细分群体用户数量的变化；其二，在知识贡献数量存量中，将知识贡献意愿作为流量；其三，在声誉报酬数量存量中，将知识贡献质量作为流量。在转换连接方面，其一，知识贡献及声誉报酬通过群体转换动力系数对群体转换速率产生影响。知识贡献数量增多表明用户对社区知识贡献参与积极性与产出的增长，社区知识话题存量会相应得以提升，继而吸引更多新注册用户，扩展社区受众的使用范围，推动细分群体间角色的转化。其二，声誉报酬提高及网络媒体报道量增加，也会相应提升关注度，并有利于其他社区高流量高影响力的明星用户加入社区。这些变量间的相互关系确定了知识贡献激励的机理。通过上述分析可知，知识贡献激励机制的存量流量图如图 11-14 所示。

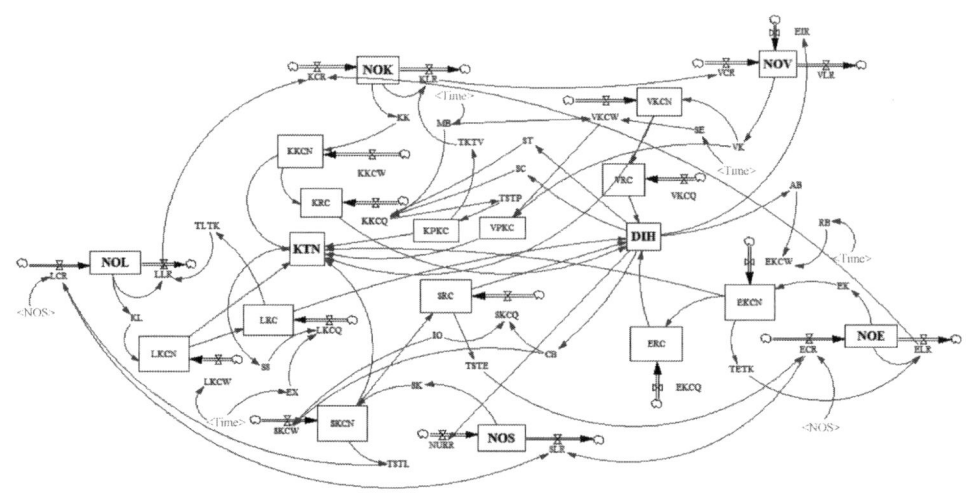

图 11-14　系统流量存量图

本研究的参数估计方法包括：其一，借鉴已有知识贡献激励机制的研究成果，并通过电子邮件咨询专家意见，采用专家打分法确定相关参数。经过三轮打分并获取评分均值，继而对细分群体知识量、群体间转换阈值、转换速率、流失速率、专家引入率及新用户注册率等参数进行优化调整；其二，利用数据挖掘方法，爬取并分析了社会化问答社区知乎平台的用户行为数据。例如：对用户数据进行群体画像，确定各类用户群体的比例分布，根据真实数据量化社区激励因素，通过实证回归分析确定相关因素的影响系数等，继而确定细分群体的知识贡献意愿及质量。主要的方程设置如表 11-6 所示。随着社会化问答社区的发展，部分激励机制将得以完善，细分群体的知识贡献意愿、转换速率及激励因素均将逐步提升，因此，利用表函数表示细分群体随时间推移所发生的变化。

表 11-6　　　　　　　　流图中主要变量关系式

序号	变量方程
1	细分群体数量 = （新用户注册速率）+（专家引入率）+ 转换速率 - 流失速率
2	知识贡献数量 = 知识量 × 知识贡献意愿
3	知识贡献报酬 = 知识贡献质量 × 知识贡献数量
4	细分群体知识贡献意愿 = 回归系数 × 激励因素
5	细分群体知识贡献质量 = 回归系数 × 激励因素
6	细分群体转换速率 = 其一细分群体用户数量 × 转换系数
7	知识话题数量 = 0.5514 × 兴趣型忠诚用户知识贡献数量 + 0.01 × 头部大 V 知识贡献数量 + 0.2676 × 沉睡型潜水用户知识贡献数量 + 0.0907 × 腰部 KOL 知识贡献数量 + 0.0802 × 高质量专业用户知识贡献数量
8	讨论互动热度 = 0.5514 × 兴趣型忠诚用户知识贡献报酬 + 0.01 × 头部大 V 知识贡献报酬 + 0.2676 × 沉睡型潜水用户知识贡献报酬 + 0.0907 × 腰部 KOL 知识贡献报酬 + 0.0802 × 高质量专业用户知识贡献报酬

11.5　模型仿真结果及政策分析

11.5.1　仿真结果分析

本研究以社会化问答社区"知乎"为例，将仿真时间设定为 60 个月。在此将时间步长设置为 0.0625，到第 60 个月仿真结束。由此，得出各类细分群体（沉睡型潜水用户、兴趣型忠诚用户、高质量专业用户、腰部 KOL、头部大 V）数量在各种激励因素下的仿真结果，如图 11-15 所示。

根据仿真结果分析，五类细分群体的数量均得以提升。其中，腰部 KOL 与头部大 V 的增长速度较快，斜率呈现出由缓变急的趋势，相比核心用户的缓急增长，长尾用户则平稳递增，具体增长幅度如表 11-7 所示。这一结果证实了知识贡献的确有助于不同类型的细分群体转化。以上的仿真结果为服务商提供了政策层面的管理启示，即提高用户知识贡献意愿及内容质量，可有效促

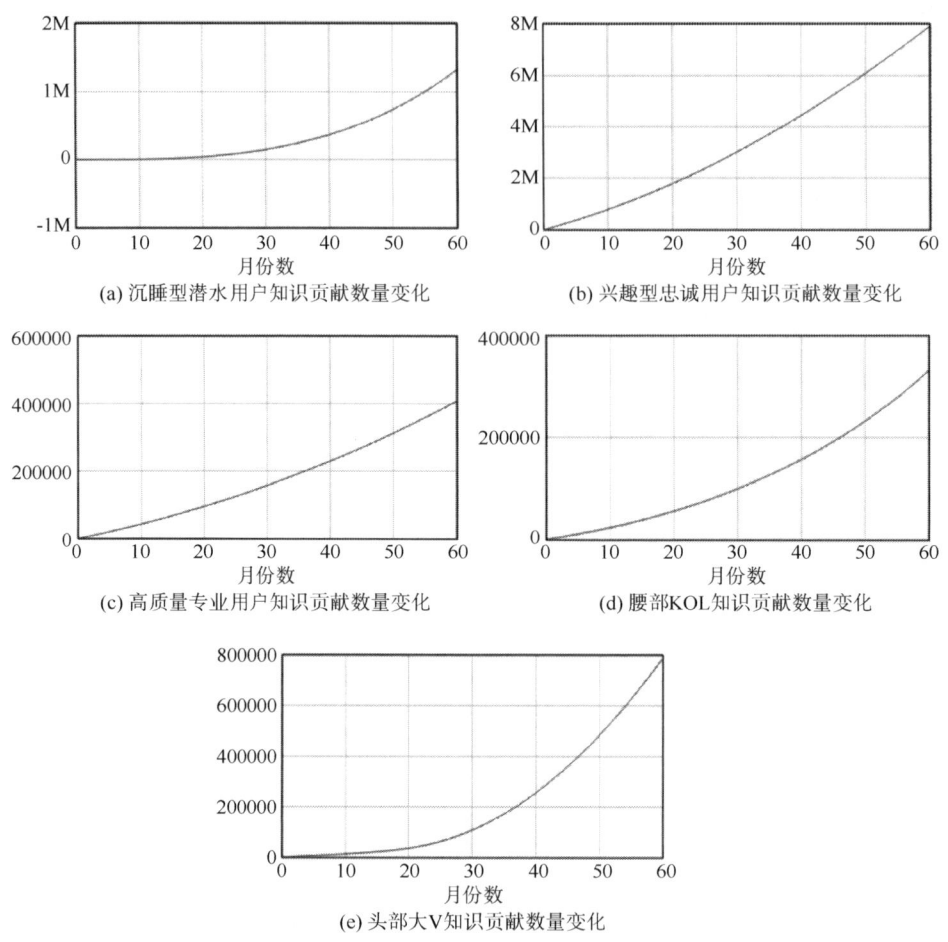

图 11-15 社区细分群体数量变化仿真

进社区内长尾群体的资本积累与逐级演化。

表 11-7　　　　　细分群体仿真周期内增长幅度表

	沉睡型潜水用户	兴趣型忠诚用户	高质量专业用户	腰部 KOL	头部大 V
期初值	1340	2316	337	381	42
比例	30.34%	52.45%	7.63%	8.63%	0.95%
期末值	2117	4060	712	1030	485
比例	25.19%	48.31%	8.47%	12.26%	5.77%
增长幅度	57.98%	42.96%	111.27%	170.34%	1054.76%

由图 11-16 可以看出，随着社区发展，深度用户的付费知识贡献将逐渐

增多,这不仅表现出头部大 V 付费知识贡献意愿的提升,也反映出腰部 KOL 的知识贡献观念随社会资本积累,其对应的知识贡献行为由"免费"逐步过渡至"付费",并实现自身流量价值变现,推动免费报酬向物质报酬转化,进一步开拓出知识付费的下沉市场。

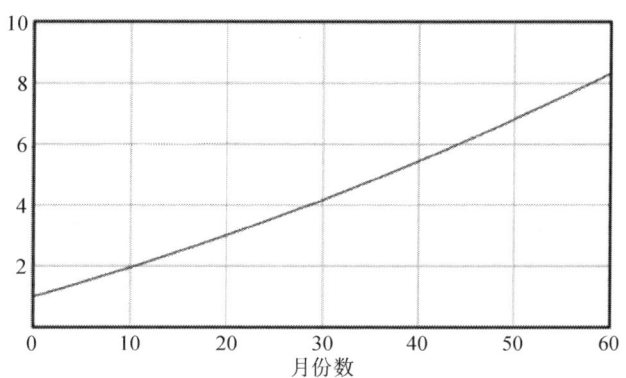

图 11-16 付费知识贡献数量仿真

11.5.2 仿真结果检验

为保证模型系统变化合理描述真实世界的系统变化规律,通过系统动力学建模软件 Vensim 对模型进行检验,具体方法包括:

(1) 边界适当性测试

不同激励因素,通过对社区用户知识贡献数量及声誉报酬的影响,继而对群体间的转换速率产生影响。结合实证分析及专家访谈等方法,参考前人研究文献及专家意见,确定系统主要的内生外生变量,反复检查建模过程可能被忽略的重要反馈回路,在确保模型完整性的基础上,构建模型边界、因果图及流图。

(2) 量纲一致性测试

通过反复梳理并明确概念,检查各方程变量单位,减少变量数值及量纲与实际情况的偏差,运用 Vensim 软件对量纲多次调试完善,继而确保量纲的一致性。

(3) 参数估计测试

本研究收集知乎社区的历史数据,在部分实际变量变化规律的基础上,通过相应参数估计及反复调试修正,进而确保模型符合实际情况。

11.5.3 政策控制仿真

在社会化问答社区激励因素对用户知识贡献行为影响模型的基础上，为了调节利他信念、自我效能、信息开放、互惠信念、社区归属、社会学习、社会曝光、身份地位、社会比较及经济利益等因素，观察各类细分群体的知识贡献数量及获取的声誉报酬的变化情况。激励因素按增减 10% 的变化幅度进行系统仿真，调节某一类群体激励因素时，其他激励因素及变量保持原值不变。通过改变激励因素观察主要参数变化情况，对比仿真结果，进行相应政策的模拟分析。

（1）头部大 V 激励政策分析

对于头部大 V 而言，其核心激励因素包括自我效能与经济利益。头部大 V 的知识贡献观念已经实现了从免费到付费的过渡，经济利益在其知识贡献意愿中占比较大。同时头部大 V 会因为对自身水平的自信，自发进行社区知识贡献，而多数自我效能展示渠道需使用视频或音频作为载体，将耗费较高时间精力成本，以完成音视频剪辑及内容制作，因此，自我效能能够显著提高知识贡献意愿。将自我效能、经济利益分别提高和降低 10%，从图 11-17 可以发现自我效能的影响更为显著。

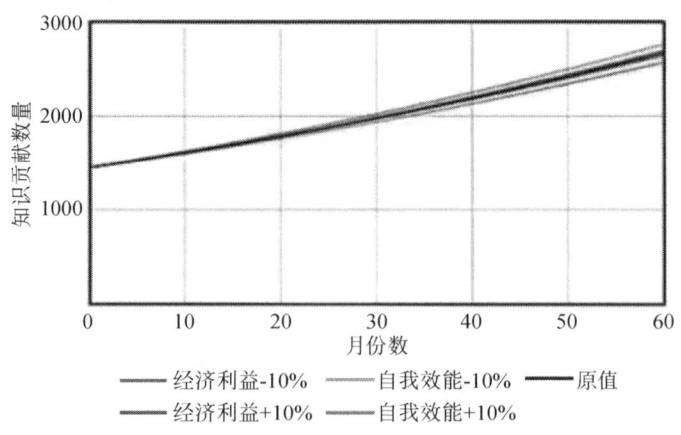

图 11-17 头部大 V 知识贡献激励仿真

相较于经济利益，通过提高领袖的自我效能感，将更为有效地激发其创作意愿，继而提升其知识贡献数量。这一研究结论说明社区管理者单纯依靠高经济利益吸引头部大 V 创作的激励方式，无法达成促使优秀内容流动的目标。

内容生产者进入的行业越多,社区知识同质化现象将无可避免地增加,表征为大众化、覆盖面广等特性,无法满足用户深度学习的需求,不利于提升用户忠诚度。因此,垂直化、细分化正成为头部大 V 的转型发展趋势。正如陆续涌现的大量专注于 IT、职场、金融、健康等热门领域的自媒体和大 V,其注重自身自我效能的发挥,能够结合自身所长精准解决用户的核心知识需求。

(2) 腰部 KOL 激励政策分析

对于腰部 KOL 而言,其核心激励因素包括社会比较、身份地位及经济利益。身份地位对知识质量造成影响的原因源自以下两方面:其一,个人形象危害风险的提高。当用户受到身份认同激励后,其所对应的社区行为规范约束将会增加,因此,将更加注重维护社区形象。为了避免形象造成伤害,这些获得激励的用户会选择减少回答把握偏低的问题,进一步自主把控知识质量。其二,根据马太效应,用户在社区中的影响力越大,其所获得的社区流量扶持资源就越多,用户平台价值得以发挥的空间也越大。社会比较对知识质量造成的影响则是因为社会化问答社区中的知识贡献机制类似众包模式,已有问题的回复会对现有回复产生影响,已有知识贡献被认可程度越高,其面临比较的压力越大,用户持续回答该问题的热情就会降低。倘若用户决定继续贡献自己的回复,会付出大量时间精力来提升知识质量。将社会比较、身份地位与经济利益分别提高和降低 10%,从图 11-18 可以看出,相较于身份地位及社会比较,经济利益的影响更为显著。腰部 KOL 随着社区资本的积累,已经处于付费知识贡献的临界点,其知识贡献观念逐步转化为"流量变现",此时,不菲的经济收益更能激发其提升知识贡献质量,实现从无到有的观念转移与突破。目前多数 KOL 贡献知识大多凭借个人 IP 效应吸引粉丝阅读或观看,存在贡献的知识含金量不高、内容较为肤浅以及难以体现专业度等问题,然而,知识付费者优先考虑的是知识贡献者的专业度与内容质量,其次才是口碑与知名度等。

(3) 高质量专业用户激励政策分析

对于高质量专业用户而言,其核心激励因素包括互惠信念及利他信念。在社会化问答社区中,问题对个人知识专业、准确性有着较高的要求,需要考虑在线学习者的知识水平和学习能力。随着在线学习者知识参与日渐频繁与深入,应求知识贡献会呈现出跨领域趋势,造成知识质量的下降与贡献数量的减少 (White et al., 2011),从而对知识贡献意愿产生负面影响。而对高质量专业用户而言,其更加缺乏知识贡献的主动性与积极性,增强利他信念有助于知识贡献意愿的提升。虽然知识获取者在收到高质量的回复后,会造成用户对自

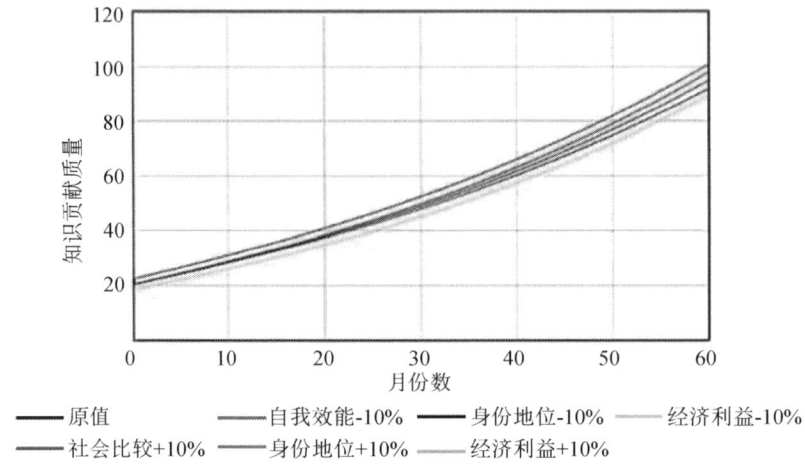

图 11-18 腰部 KOL 知识贡献激励仿真

身专业技能的感知偏差,从而降低知识贡献的意愿,并对其后的知识贡献行为产生负面影响(White et al., 2011),但对于高回馈信念的社区用户而言,在收到积极反馈后,其知识贡献意愿反而会显著增强,更愿意将经验见解反馈给其他用户。将互惠信念及利他信念分别提高和降低 10%,从图 11-19 可以看出,互惠信念的影响更为显著。对于该类群体的激励核心是刺激其从单向输出向双向互动的社群化升级,满足其从知识到泛知识的发散性需求。该类用户具备较高的专业素养,注册之初多是被某些话题吸引而来,着重考虑挖掘他们的发散性社交需求,实现非 IP 内容导流,加强其社区参与后的成就感。

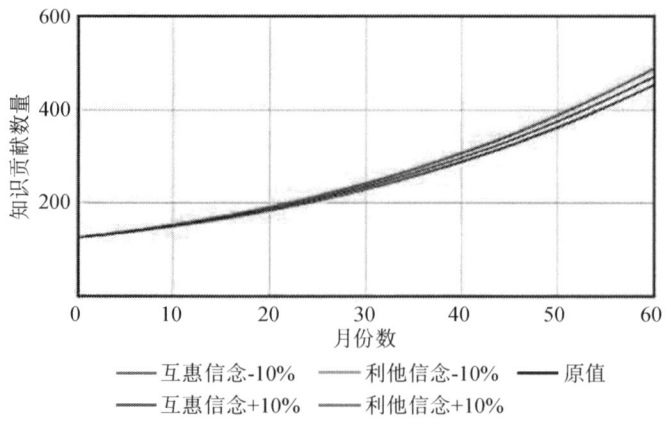

图 11-19 高质量专业用户知识贡献激励仿真

(4) 兴趣型忠诚用户激励政策分析

对于兴趣型忠诚用户而言，其核心激励因素包括社会学习及社会曝光。就社会学习而言，社会学习的增多会导致知识贡献者注意力焦点的改变。随着社会学习的深入，其注意力焦点更多转移至其他用户贡献的知识上，其时间精力受到限制（Shen et al., 2015），会进一步减少低质量内容输出，提升知识贡献质量，增加获取报酬。就社会曝光而言，社会曝光的影响则可通过旁观者效应进行解释，现场旁观者的数量会对亲社会行为造成影响，知识贡献者作为理性人在面对高曝光度问题时，其知识贡献意愿降低，并将考虑提供高质量知识继而吸引关注曝光。此外，对于曝光度较高的问题，参与知识贡献的用户数量较多，对参与者而言，其在高曝光度问题下的应求型知识贡献收益将会提高。如图 11-20 所示，将社会曝光及社会学习分别提高和降低 10%，后者的影响更为显著。目前知识贡献门槛过低且缺乏规范监管，导致大量知识贡献者涌入，虽然知识内容包罗万象，但其质量却参差不齐。用户追求高质量声誉报酬依赖于内容质量评价标准的建立和内容筛选，如何建立有效的内容筛选和推广体系，使兴趣型忠诚用户提升自身专业水平就成为该类群体亟待解决的关键问题。

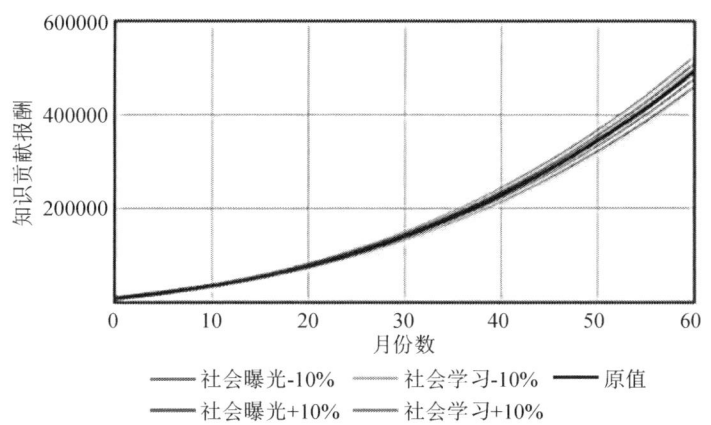

图 11-20　兴趣型忠诚用户知识贡献激励仿真

(5) 沉睡型潜水用户激励政策分析

对于沉睡型潜水用户而言，其核心激励因素包括社区归属及信息开放。就社区归属而言，多数沉睡型潜水用户都是新进入社区的初级用户，其社区归属感较低，因此往往知识贡献数量及收益较低，归属感的强化有助于提升用户的社区体验，获得更多社区特权及优惠，继而激发与增强用户的知识贡献意愿（Wang et al.，2011），加深用户与其他用户的交互程度，更易获得其他用户的点赞、收藏等声誉报酬。就信息开放而言，清晰描述身份有益于建立良好的人际关系，用户的个人信息披露可有效衡量其在线声誉（Paul et al.，2012），因此，社会化问答社区中用户的个人信息披露程度越高，其单次知识贡献的声誉收益也会越高。将社区归属及信息开放分别提高和降低10%，从图11-21可以看出，信息开放对知识贡献意愿及质量的影响均更为显著。这说明只有完善社区信息公开机制，做到及时透明、顺畅沟通，才能更好留存新注册用户。

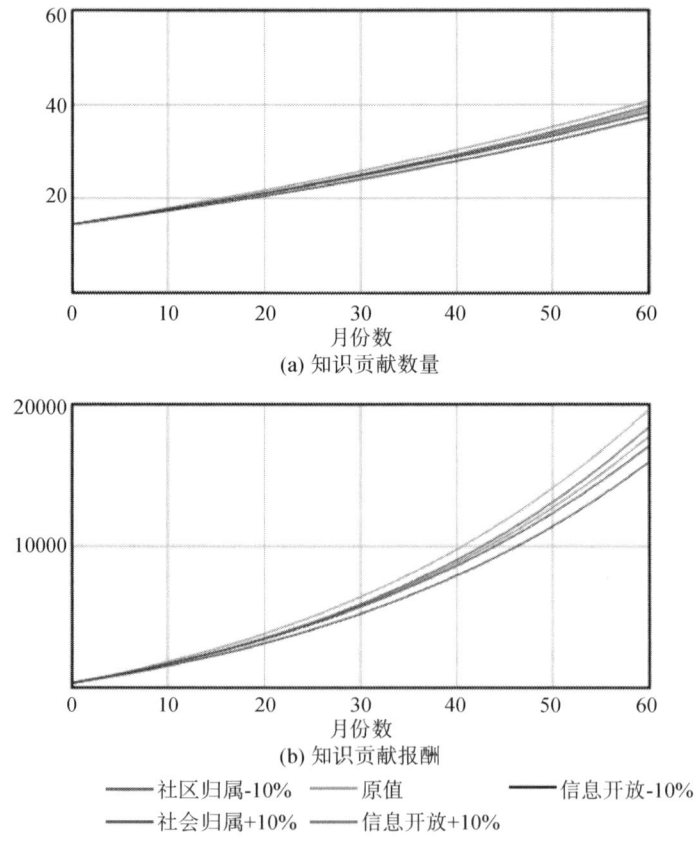

图 11-21 沉睡型潜水用户知识贡献激励仿真

11.6 结论与启示

11.6.1 结论

本研究结合社会化问答社区用户数据,按照知识贡献意愿及质量的差异特征划分出五类群体,针对各类细分用户群体,探讨仿真情况下的细分群体知识贡献及角色转换在各种激励因素影响下的变化特征,根据本研究群体画像细分及系统动力学的仿真研究,得到以下研究结论:

第一,在社会化问答社区中,根据知识贡献行为意愿及内容质量上的差异,用户群体可以细分为头部大V、腰部KOL、兴趣型忠诚用户、高质量专业用户及沉睡型潜水用户五大类。其中,头部大V、腰部KOL两类群体作为社区中的核心用户,已经完成了社会资本的积累,在社区中具有较为突出的影响力,开始尝试向付费知识贡献过渡,以期能够通过分享自身知识见解获得经济收益。兴趣型忠诚用户、高质量专业用户及沉睡型潜水用户则是社区中的长尾用户,在知识贡献意愿或质量层面存在较大的激励空间,其知识贡献仍停留于免费知识阶段,缺少流量变现的相关社区资本,仍需加强自身水平及社区黏性,以提升其在社区内的影响力。

第二,本研究基于细分群体的激励需求因素,考虑群体间的流动转换及报酬对激励因素的影响关系,建立了社会化问答社区知识贡献激励系统动力学模型。在确定出系统边界的基础上,对系统运行提出相关假设,明确各类细分群体的内外部反馈回路,分析各类激励因素与知识贡献意愿或质量间以及各类细分群体间的因果关系,构建出社会化问答社区知识贡献系统动力学主系统模型及细分群体子系统。从细分群体转换速率与知识数量、声誉报酬之间的相互作用关系及其仿真结果可以看出:随着社会化问答社区的发展,社区的知识贡献数量与报酬均呈现上升趋势;深度用户数量逐渐增多,原有长尾用户群体被稀释,"去中心化"过程逐步深化,社区优质内容流动效率得以显著提升;通过提高长尾用户的内容生产质量及意愿,刺激深度用户由免费转向付费高质量内容创作,以实现社区内部用户的内生转化,从而建立知识付费背景下的新型社区格局。

11.6.2 启示

本章结合社会化问答社区的学习者知识贡献行为、信息采纳行为及社区激励机制的研究结论,对虚拟学习社区发展提出以下建议。

(1) 因人而异、精准激励

针对不同类型的社区用户,设计差异化及精准性的知识贡献激励措施,如表11-8所示,以有效激发不同学习者的知识分享参与行为,提升平台活跃度,强化学习者之间的有效交互行为,促进其构建完善的知识体系。

表 11-8　　　　　　基于用户细分的知识贡献激励措施

	社区宣传+社交引导+用户分流+精准推荐
沉睡型 潜水用户	增加多样化认证方式,构建跨平台认证机制,给予清晰的图标设计和说明
	邀请已完成个人认证的知识贡献者对该名用户的个人信息予以担保承诺
	设置"新人签到"等新人福利,例如免费开放付费知识浏览权限等
	推荐兴趣相投的用户好友或是相关领域的有趣话题
兴趣型忠诚用户	动态调整优秀称号获得机制,加重低质量的知识内容的评估权重
	构建积分或等级机制,加入定制化勋章、排行榜等游戏化元素
	邀请热门领域的专家开展线上讲座,普及提升知识水平
	将点赞等反馈指标与用户的影响力相挂钩,设置合适比例,影响力越大的用户其反馈指标权重会越高,以进一步衡量真实知识质量
高质量专业用户	完善精准化"邀请回答"机制,推荐感兴趣讨论话题
	完善反馈评论机制,开放知识共同编辑标注功能
	设置日活跃度等指标,在完成不同等级的活跃度后予以相关福利
腰部 KOL	加入可以实体商品的积分兑换功能
	实施优秀知识贡献用户激励计划,对高质量内容创作者给予补贴
	构建类似"微信步数红包"的活跃度红包,持续性知识贡献计划
头部大 V	打造语音、视频、文本等多元渠道,加强线上线下融合交流
	予以一定社区权限,共同参与社区管理
	创建知识讨论小组,允许进行多用户间联动合作及沟通交流

(2) 分层设计、按需激励

结合马斯洛需求理论,对不同知识贡献需求进行多样化激励设计。从安全需求出发,设计积分兑换激励机制,通过实际和虚拟商品兑换,继而满足用户对物质资源的需求。从社交需求出发,设计用户黏性激励机制,结合游戏化元素满足用户猎奇心理。从自我尊重需求出发，设计荣誉激励机制，赋予其虚拟身份和等级，激发学习者的成就感。从社交及尊重需求出发，设计内容筛选及评价激励机制，加强知识内容质量把控与反馈评价。从自我实现需求出发，设计问题推荐激励机制，发掘学习者的深层潜力及创造力，满足其对自我价值的感知。

同时为最大限度延伸知识内容、实现多领域提升激励用户黏性，除发展线上场景外，社区知识贡献激励机制也应进一步布局发展线下全场景，最终实现线上线下无缝衔接，如进行线上引流、线下培训流量运营；以及智能音箱、有声图书馆、终端等硬件合作形式，进而最大程度地激励学习者以任何知识载体形式、在任何时间、任何地点、使用任何设备参与知识贡献。

（3）科技赋能、完善生态

科技不仅赋能知识产品延伸应用场景，也将助力社区转变运营方式与激励形式，最终打造社区知识贡献的和谐氛围。基于社区用户数据进行内容分发，实现精准推送至用户端，将成为未来几年社会化问答社区激励设计的主要发展方向；技术加速融合及落地应用，人工智能将赋能在线实时知识贡献，知识课程有望实现智能辅导，并进一步升级用户体验，提升知识扩散与用户流动效率，促进学习社区生态建设良性发展。

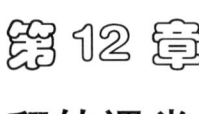

第12章 翻转课堂虚拟学习社区建设的优化策略研究

12.1 引言

本书围绕"翻转课堂虚拟学习社区建设"这一核心研究问题,基于翻转课堂学习主体——学习者、翻转课堂教授主体——教师与课程,以及翻转课堂实施载体——教育型在线学习平台及社交化知识问答平台,主要完成了以下五项研究工作:第一,基于文献计量及知识图谱的翻转课堂在线学习研究现状剖析;第二,翻转课堂虚拟学习社区下学习者知识建构效果的影响机制研究;第三,翻转课堂教学模式对学习者知识建构效果的影响机制研究;第四,翻转课堂虚拟学习社区的社会网络与学习者学习绩效间的互动影响机制研究;第五,社会化问答社区对翻转课堂虚拟学习社区建设的借鉴与启示研究。并基于上述研究工作,从学习者层面、教师层面、课程设计层面、在线学习平台虚拟学习社区建设层面分别给出不同优化策略,旨在提升学习者的知识建构效果和学习绩效。

12.2 翻转课堂学习主体——学习者层面

(1) 丰富学习者的学习活动

从学习者的学习活动方面寻求突破,增进学习者的学习热情和主动性。第一，丰富虚拟学习社区的各项学习活动，创新学习形式。在虚拟学习社区中，除了必要的学习活动之外，增加丰富有趣、形式多样的其他学习活动。例如：组织关于教学内容的接龙类答题游戏等，以此吸引学习者的参与度和学习持续度；第二，提供贴近生活的、趣味性更强的、与时俱进的讨论话题，引起学习者的共鸣。在引导学生参与学习内容讨论时，尽可能增加一些贴近生活、更加活泼有趣的话题，这将比单纯的学习内容话题更能激发学生参与讨论的热情；第三，建立积分奖励机制，鼓励学习者登录虚拟学习社区。当学习者登录虚拟学习社区得到奖励或积分增加时，必然会引导学习者更好地坚持登录访问学习资源、参与线上互动学习活动，进而提高学习者的访问频次和在线学习时间。

（2）针对学习者有效学习行为设置引导策略

设计科学合理的学习者有效学习行为引导策略，旨在通过改善平台上的整体基本行为来优化整体学习绩效。学习者应关注自身发表帖子和回复的总量、发言获赞数和参与课程量。具体的行为引导策略主要包括：第一，学习者应积极在学习过程中提出自己的困惑，参与教师和同学提出的问题讨论，发表自己对难题的思考与见解，通过积极参与讨论来提高自己的学习效率、优化学习效果；第二，学习者应努力提升自己的发言水平，杜绝为了得分而敷衍了事发言的不良现象，争取通过自己的高质量发言引发更广泛和深入的思考，继而获得更好的学习绩效；第三，学习者可以通过参与更多元化的课程学习活动，以构建更完善的知识框架，丰富自我认知，继而获得优异的学习效果。

在特定课程中，如果是学习理工类课程，包括计算机语言、算法等课程时，学习者应积极发表帖子、发表回复、发表评论。发表帖子能对自己感到困惑的理论和技术问题发起针对性求助活动，并引发广泛参与式交流与讨论，以获得对自己更有意义的回答；发表回复能够在他人的提问帖下方提出自己的见解，在帮助他人的同时加深自己对这些问题的理解；发表评论能够在他人的回复下提出追问或评价，进一步强化讨论的深度，让参与该讨论的所有人能对知识点具有更加全面且深入的理解。其中值得注意的是，学习者发表回复的行为比提出问题的行为对学习效果更有帮助，说明如果学习者单纯提出问题而不解决，意义并不大，如果能够通过自己的资料查阅和独立思考行为，提出一个针对问题解答方案的观点或者想法，对其学习效果的提升将大有助益。如果是学习社会科学类课程，如西方经济学课程时，也应当积极发起和参与各种主题、各种深度的问题讨论，但不必过分追求答案的同一性。

(3) 为不同类型的学习者提供针对性学习策略

不同类型学习者的针对性策略主要由对比课程的基本信息与学习效果分析研究得出。针对倾向于学习自然科学类课程的学习者与倾向于学习社会科学类课程的学习者而言,应设置不同的学习策略。具体而言,对于主要学习自然科学类课程的学习者而言,第一,在学有余力时,应当参与更多的课程学习,因为许多自然科学类课程会涉及先修课程,比如"数据结构"需要至少先修一门计算机语言课程,如 Java、Python 等,学习"数据结构"后就可以进入"算法"课程等更深层次的课程学习阶段。如果学习者能将不同深度的多门课程内容融会贯通,他们就能获得更好的学习效果以及实战能力;第二,在参与讨论时,除了要积极参与提问和回复外,还要保证自己的发言质量。在提问前认真思考,逻辑清晰地表述问题;在回答时简洁明了,必要时用图表说明程序结果等。学习者通过高质量的回答可以帮助自己和同学一起获得更好的学习效果。而对于主要学习经济管理类课程的学习者而言,第一,应当保证学习时长。因为社会科学类课程的学习在起步阶段主要通过老师的教学发起,思而不学并非好习惯,因此,学习者应当保证基本的学习时长,对一些认识模糊的内容,应当学习不同老师不同角度的教学内容,获得更加全面客观的认知,从而获得更好的学习绩效;第二,在参与讨论时,不仅要提高自己的积极性,还应保持良好的讨论习惯。由于社会科学类课程讨论区中学习者发言见仁见智,不能一概而论,因此,要认真对待其他学习者提出的问题和回答,对优质发言点赞,不理会"划水"发言,保持讨论区良好的发言与评论环境,才能促进出现更多优秀的发言内容,优化讨论区整体环境,提升学习者学习绩效。

(4) 提升学习者知识贡献效率

提升学习者的知识贡献效率,有助于提升虚拟学习社区的交互氛围,形成良好的学习环境。具体而言,第一,对于有志于成为虚拟学习社区高影响力的意见领袖型知识贡献学习者而言,除了通过贡献更多优质回复和内容外,应该更多参与社区互动学习及与其他学习者的互动交流行为,通过积极关注更多学习者及讨论话题,提升自己的社区参与度及影响力,继而提升学习者的知识贡献效率。第二,对于优质知识内容要予以积极正面反馈。学习者们对答案的反馈可以极大程度激励知识贡献者,提高贡献者的精神满足感,激励贡献者做出更多高质量的问题回复;同时,对于优质学习者,应该积极关注,学习者之间的关注也可有效提高知识创作者的知识贡献质量,继而使其他学习者们享受到更多优质内容,形成良性循环,并提高虚拟学习社区的整体知识质量。第三,为了提高贡献知识被认同的效率，学习者应更多选择自发知识贡献方式，回答问题、评论回复或提出问题等，以明确知识贡献的"社交化"与"专业化"之间的边界，注重知识内涵的积淀；在进行应求知识贡献时，需要着重考虑问题的热度与已有答题者的社区影响力。

（5）优化学习者知识采纳行为

学习者在采纳问题回复答案或内容时，应该准确加以甄别，并对有效回复答案，及时予以确认，对无效内容予以屏蔽。良好的知识采纳习惯有助于优化虚拟学习社区的互动氛围。具体而言：第一，回复内容的载体丰富度及专业度是学习者评判课程质量和内容质量的重要影响因素，学习者需使分享内容呈现多模态形式，不仅限于文字回复，可以同时融入图像、视频等形式的回复内容，并与问题回答者及时互动，而问答互动的随机性也对学习者的知识储备提出了较高要求；同时为了让学习者清晰了解知识脉络，需将知识内容合理切分为简单易懂的小知识模块，并清晰展示不同模块之间的内在联系与推理逻辑，共同提升知识内容的专业度与可信度。第二，知识内容的生产者，无论是教师还是优秀的学习者，都应该关注知识内容的表现力，以及其与提问问题的匹配性。同时，知识内容的生产者在平台中创造内容时，应考虑增加内容的趣味性，以更好吸引其他学习者的关注，继而提升影响力。第三，区分不同类型的问题，在面临不同问题类型时，问题回答者可以根据提问者差异化的心理动机或预期，通过调整回答方式与交互策略，提高问答双方学习者的社区参与感、满足感与成就感，并实现有效的知识传递策略，优化学习者知识采纳行为。Choi（2013，2016）和董才正（2016）将社会化问答及在线问答领域的问题区分为事实型、观点型、建议型和推荐型四种类型，结合这一问题分类，本研究发现：①对于事实型问题而言，提问者多是对已有真相的追寻和探知，尤其是面对某领域的理论性问题时，问题回复者或任课教师需考虑从专业视角，全面、清晰、简洁地给出事实信息；提升回答者专业可信度的方式较多，包括但不仅限于：广泛收集信息，以期给出完善结论；与提问者积极互动交流与探讨，既可以对答案进行补充与确认，问答双方学习者共创高专业性及准确度的答案，同时又可以增强提问者对问题回复者的信任感知，继而提高知识的接纳度。②对于推荐型问题而言，答案倾向于同质化，高时效的回复具有先发优势，同时建议包含全面有效的推荐选项与补充信息；在对答案进行更新时，应使用社区提供的对已有答案编辑的功能，在回答正文中补充信息，以降低信息分散程度与二次整理成本，同时提升学习者的注意力及学习效率；此外，推荐型问题的提问者在知识采纳决策上倾向于依赖启发式路径，虚拟学习社区的意见领袖可考虑增加此类问题的参与度，以提升社区中心性与活跃度。③对于观点型问题而言，由于涉及个人主观观点，提问者会倾向于通过系统式路径确定采纳决策，问题回答者应以全面系统的方式论述观点，并提供充足的论据，以佐证其观点的有效性与准确性；专业性认证也是提问者采纳知识的重要依据，因此，学习者可以考虑积极获取该类认证；此外，虽然无法根据过往交互行为判断回答者的专业程度，但回答者及时有效解决提问者的疑问，这一时效性特征依然有利于提问者做出正确的信息采纳决策，因此，回答者应在互动过程中及时阐明观点，促进知识采纳。④对于建议型问题而言，提问者具有一定的社区归属感，社区的专业人士或意见领袖可以充分参与建议型问题的讨论，并实时输出高效且全面的解决方案；此外，这类问题具有高现实性，非专业或社区影响力较小的回答者应快速、针对性地解答提问者的现实问题，以充分增强信任感知。

12.3 翻转课堂教授主体——教师与课程层面

12.3.1 教师层面

(1) 教师参与知识建构全过程的互动交流

在实际教学情境下，学习者首先通过视频、教学讲义等课程资源进行学习；然后，利用 QQ、BBS 等通信工具在虚拟学习社区中与老师或同学交流，对问题发表观点、展开讨论，得出一致结论，学习者会在课程作业、单元测试中检验所学知识，以验证新知的正确性；最后，学习者将正确的知识应用于实际生活中。因此，在知识建构过程中，应注意以下两点：第一，教师应积极促进学习者开展各阶段的知识建构活动，协助学习者把握每一阶段的学习质量，并顺利转化至下一阶段，继而防止知识建构过程的断裂；第二，教师应针对各阶段构建学习者评价模型，可考虑互评、自评、教师评价、学习记录自动提取等方式，综合评价各阶段学习者的学习效果，当个体学习者遇到困难时，及时提供个性化辅导；当群体学习者遇到问题时，实时提供集体直播答疑，继而有效巩固和提升知识建构效果。

(2) 教师通过教学方式调整提升教学质量

从教师的教学活动方面寻求改进，进一步提高教学质量。第一，提高授课内容的质量，使其尽可能丰富多元。在学习过程中减少单纯的知识点讲解，尽量将知识点融合到各种不同的线上学习活动中，例如：使用案例分析、Wiki协同讨论区讨论课题的方式，以此同步丰富线上和线下的教学内容；第二，改善授课方式，让授课方式更多元有趣。在虚拟社区中的教学不能仍停留在让学生观看视频、被动接受知识的填鸭式教学方式上，而是要尽可能在线上与学生实时互动，以不同授课方式展现学习内容，并通过指导学生完成具有一定挑战性的实践任务为目标，增加学习的学习兴趣；第三，课时的安排尽可能合理。主要体现在课程长短、课程难易度等方面，要及时根据实际情况进行课程调整，尽量让教学节奏足够紧凑，任务量逐渐攀升；第四，针对不同学习者、不同课程因人而异地调整授课风格。教师要针对不同类型的学习者不断调整授课风格，尽可能地持续吸引学习者的参与度；第五，提高教师的信息技术水平，用丰富动态的多媒体技术制作交互性更强的课程内容。根据不同的授课内容调整不同的课程制作工具及直播推流工具，将各类多媒体技术融合到课程制作及在线授课过程中。

12.3.2 课程层面

(1) 丰富课程描述信息，提高课程质量

课程应当重视描述信息的内容质量，一方面课程负责人每一轮线上开课，都会对课程具体信息进行清晰描述，明确呈现课程简介、目录大纲、选课对象、教师介绍及联系方式等信息；另一方面，应增加学习者对课程的试听体验周期，通过延长试听时长，允许学习者灵活选择试听章节，以使用户尽可能全面地了解课程信息，基于此做出更理智的选课决策，最终实现课程学习完成率的提升。因此，平台应充分注重课程质量，疫情期间，由于学习者线上学习的需求增加，促使在线教育的规模大幅增长，导致在线教育课程质量良莠不齐，且鱼龙混杂。此时，平台应加强对课程质量的准入机制，强化课程审核力度。其一，对准入课程的大纲及相关资源进行人工或人机协同审核；其二，可建立课程内容评价指标体系，对已有的课程内容进行质量评估及审核，筛选优质课程，淘汰劣质课程；其三，提高课程设计能力，课程应该形成特色，努力保持课程内容的独特性、时效性与新颖性，避免课程内容趋于同质化；其四，针对课程，设置类似学分的激励机制，例如：设置课程内容评价、互动笔记、Wiki

协同互助答疑等，使学习者在系统学习课程的同时，与其他学习者共同深化对课程知识的理解，并构建完整课程知识体系。

（2）考虑课程性质差异，提供差异化课程设计方案

课程设置的改进策略主要由对比课程的交互行为与学习效果分析研究得出。主要关注不同类型课程中影响学习绩效的因素有哪些，找到影响学习绩效的课程共性问题，包括整体的讨论积极性问题、教师的参与度问题等，并讨论课程可以实施的改进策略。对于所有课程而言，第一，应当采取措施提高学习者参与讨论的积极性，提升发言水平。比如在课程评分体系中，加入讨论区评分，由学习者参与讨论的次数和获得的点赞数衡量其参与讨论的积极性及投入程度；第二，教师应当参与讨论，提出在教学内容中的启发式问题，回答学习者的困惑。课程教师高频参与讨论，会激发更多学习者参与讨论的热情，并发表高质量的问题与想法。以上两项措施的主要目的是提高学习者参与课程讨论区讨论的频次及质量，提高讨论网络的密度，发挥交流网络的互惠性，以提高学习者的学习效果。针对自然科学类课程，教学团队还应当给出适合于不同认知水平学习者的课程学习路径，如模块课程路径、进阶课程路径、课程内知识模块划分及内在联系等，以及多元化的教学活动设计，如线上案例教学、BOPPPS（Bridge in、Objective、Pre-assessment、Participatory learning、Post-assessment、Summary）教学、PBL（Problem Based Learning）教学等，同时，在课程讨论区也常有学习者询问预备知识等问题，因此，作为课程教学团队，或是慕课平台，应当考虑给出课程难度说明、课程学习进阶路径等学习指南，供不同阶段的学习者参考和规划自己的学习路径，并获得更好的学习效果。

12.4 翻转课堂实施载体——在线学习平台层面

12.4.1 平台应引导学习者选择适合的学习课程

虽然慕课平台向学习者提供了丰富的学习资源，然而也让学习者面临着课程选择困境。面对海量课程资源，学习者的甄选过程费时费力，且结果未见得尽如人意。由于课程内容会对学习者参与课程的学习意愿产生影响，因此：①平台对学习资料应予以明确分类。为方便学习者按照个人差异选择适合自己

的课程及学习资料，平台应对学习资料予以筛选和明确分类，以便学习者短时间内找到符合自己需求的学习资料，提升学习者的感知易用性。②AI 应助力慕课课程，使其更加智能化。平台可以根据以往学习者平时的学习行为、资料搜索行为等数据，结合学习者的学习习惯与偏好，智能推荐适合的学习资料，为学习者解决学习资源的供需精准匹配问题，提升学习者的感知有用性。③平台视频课程应配有详细介绍。学习者在选择课程时会考虑授课教师资质，而授课教师的背景、授课风格及偏好在一定程度上决定了视频课程的质量，因此，课程介绍部分应考虑加入教师介绍、课程教材、授课体系、知识模块、授课方案、教学实践环节活动、线上互动方案等，以便为学习者选择课程时参考，并提升学习者的感知有用性。综上所示，学习资料的明确分类、教师及学习资料的详细介绍、课程视频信息的完备性等，都能更好地帮助学习者在参与课程学习后，达到预期的学习效果，同时也能方便学习者根据课程简介选择适合自己的课程，继而提升学习者在平台上的感知有用性和易用性，并进一步提升其学习意愿。

12.4.2 实时记录分析学习者学习行为数据

学习者学习行为数据的实时记录及跟踪，有助于发现学习者在学习过程中存在的优劣势，适时鼓励、引导和协助，有助于提升学习者的学习绩效。因此，第一，平台应实时记录学习者学习行为数据。学习者的行为数据具有极大价值，在线学习平台在设计时应该考虑到分类采集与统计学习者行为数据这一功能，设计合理的数据结构，获取更多有用的数据，并且需要注意学期间或课程间的统一性，若能使不同学期的数据或不同课程的数据具有可比性，则有利于更加深入地了解发现学习者的学习行为和对比观察其学习行为的变化情况，及时提供更具针对性的学习建议；第二，适时提醒学习者优化学习行为。一方面，学习行为对学习者在线学习的期末考核成绩有显著影响，尤其是平时测试的完成情况和学习材料的浏览情况，学习者的学习行为越积极，通过课程考核的可能性就越大。在线学习平台可以在临近测试截止时，通过邮件、手机短信等方式提醒学习者完成相应学习内容，浏览学习资料，完成测试，使学习者取得更好的学习结果。此外，平台通过对学习结果影响因素的分析，可以获得对学习结果有重要影响的重点学习材料以及关键时间节点，推荐给学习者，提高学习者的学习效率；另一方面，平台还能获得对学习结果几乎无影响或者学习者使用极少的学习材料，深入分析这些材料影响小或使用少的原因，对课程设计进行改良，删减不必要的学习材料，有利于提高学习者的浏览效率以及降低平台的存储与运维成本，在控制海量信息干扰学习者的前提下，适时推荐更加精准且有效的学习资料；第三，基于学习问题预警信息，及时干预学习者存在偏差的学习行为。通过高性能分类模型，学习平台可以精确预测出学习者未来的学习结果，尤其是发现可能无法通过课程的学习者，及时对其施加干预，向学习者展示其未来可能获得的考核结果，激发学习者的学习动力，利用学习结果影响因素分析的结论，引导学习者实施最能影响学习结果的行为，将有利于提高学习者的学习效率、课程的整体通过率以及学习资源利用率。

12.4.3 平台应建立合理的奖罚及激励机制

尽管许多学习者具有明确的学习动机，然而由于某些慕课学习平台未能配备完善的监督机制及激励机制，导致学习者因缺乏适当的监督而无法独立、自主、自觉地完成在线学习，特别是对于低年龄段的学习者而言，问题更加凸显。鉴于此，平台应考虑运用信息技术完善监督机制，为广大学习者营造积极健康有序的网络学习环境。

第一，设置在线打卡机制。目前有些移动端的学习类 APP 会以分享学习信息至朋友圈等形式，督促学习者通过每日签到或打卡机制坚持完成课程学习；有些学习平台会为学习者提供完成课程返还学费的经济激励方式，或发布精华信息获得奖励积分等非经济激励方式，激励学习者参与平台课程学习；还有一些平台会分析学习者的浏览行为，例如：视频观看时长等，并实时分享学习行为排名等激励措施，以鼓励学习者坚持在线学习。本研究建议慕课课程平台同时运营 PC 端和移动端，并打通信息在不同端设备上的流通渠道，以便促进学习者完成学习任务后的实时分享和打卡互动。

第二，应用和管理学习任务单。传统课程有固定课程表，教师会根据课程进度和学习者的认知水平予以实时调整，以确保同班同学总体进度基本一致，并在规定时间内完成课程学习。但是，慕课平台上部分课程视频允许下载；部分课程要求必须在线观看，但因开放周期较长，无须教与学同步，因此，学习者可能无法合理掌控学习进度，这时就可以考虑设置学习任务单。针对不同学习对象，因人而异地制定不同类型的学习任务单，也不必采取强制措施，允许学习者按照自己的需求和认知水平等情况随心便捷定制，并配有智能监督机制，提醒学习者严格执行学习任务单中约定或计划的学习活动，推进学习进度，以提升学习任务单的易用性和灵活性。

第三，设置趣味抢答活动。目前，微信作为国内应用普及度最好的社交软件，覆盖了大多数手机用户，因此，可以考虑使用一些小程序，吸引不同年龄阶段的学习用户，并改善用户的学习体验度。其中 Z 世代作为慕课课程的学习主体，更加喜欢游戏化元素丰富的学习环境，可以考虑在小程序中设置知识通关小游戏、益智类问答、问题抢答和知识测试等功能，通过提升学习者间的同伴互动频次，充分激发学习者的学习意愿。慕课课堂同现实课堂最大的差别在于师生面对面交流环节的缺失，这就使得实时鼓励学习者的热情难以实施，而趣味抢答并实时分享互动情况恰好有效弥补了这一外界激励机制的缺失，而通过内外结合的激励机制共同促进了学习者的学习兴趣，提升了学习意愿。

第四，创办在线班级。在线班级功能与传统教学中的实际班级非常相似，在线班级的创办初衷是以突破时空限制的方式完成知识交流与分享，同一课程的学习者之间可以相互分享有效的学习方法或学习资源，并对疑难问题自由发表观点与意见。相较于平台社交社区，在线班级会更为活跃，分享话题会更聚焦且容易产生共鸣，教师也可以在此分享学习经验、收集学生疑难问题、提供更具针对性的答疑解惑服务。因此，创建在线班级能够有效提升同伴互动频率和质量，帮助教与学相关工作的推进，并提升教师教学的针对性和学习者学习的积极性。

第五，设置奖励积分兑换机制。平台用户在签到、发表帖子、分享信息的过程中所获得的积分可用来参加不同活动，类似电商平台的运营机制。例如：用户在苏宁购买电子商品时可积攒云钻，当云钻累积到一定数量时，便可参加平台组织的满减活动，或者兑换小礼品等。在慕课平台上，可以考虑类似的操作，当学习者的积分达到一定数值，可考虑兑换相关学科交流论坛的入场券、学术会议入场券、展览会门票等，以丰富和完善学习者的课外知识体系；或者允许学习者使用积分兑换付费课程及学习资料，以降低学习者的学习成本；再或者使用积分兑换教材或图书，以激励用户增加阅读量。这些方式都能有效增加学习者的感知有用性，继而提升学习者的学习意愿。

第六，营造良好学习氛围。慕课平台以学习和交流知识为主，为学习者提供更人性化服务，营造良好的平台学习氛围，以期更充分地提升学习者对平台的使用黏性。同时，为了促进优质师资和教学资源的共享，需要进一步打破平台与高校之间的藩篱，促进平台与高校的合作，同时，平台学习所获得的课程认证及学分可由高校或教育机构认可，并予以学分认定，也可被企业接纳，这一做法能够有效提升平台的权威性和公信力，更好激励学习者多元化、多渠道地推进知识体系塑造，这也必将大幅提升慕课平台课程学习者数量，并助力形成学习性社会。

12.4.4 平台可考虑引入更充分的市场化机制

第一，推出优质付费课程，完善售后服务。考虑推出更多优质付费课程，激励课程供给方——教师的课程建设积极性，以及课程学习方——学习者选课的慎重程度及学习持续性。通过对学习者课程选择行为影响因素研究发现，学习者对售后服务的感知风险会负向影响学习者的感知价值，进而影响学习者对付费课程的购买选择。另外，对于高质量专业用户而言，社区要对该类群体贡献的优质知识内容予以积极正面的反馈，以提高利他信念及互惠信念来增强其知识贡献意愿。浏览者们对答案的反馈可以极大程度地激励到高质量专业用户，提高他们的精神满足感及知识贡献意愿，激励其做出更多高质量的回答。同时用户间的积极关注也可有效增强知识创作者的知识贡献意愿，则越多的高质量知识也能被知识获取者们汲取，构成良性循环，提高社区整体知识贡献氛围。在界面内容上凸显优质专业用户的受关注度和回答质量指标。相较于优秀回答者身份标识这样的精神奖励外，可以考虑增加物质激励以提升高质量专业用户的回馈及利他信念，减少高质量专业用户的流失，例如对高质量回答予以官方补贴。注重满足高质量专业用户从专业知识到泛知识的发散性需求。

第二，增加信息披露的同时加强版权保护。免费课程资源或付费知识产品等均属于版权产品。首先，平台应规范和强化知识属性类产品的产权保护机制，对商用转载、盗版分享等违法违规行为应予以及时查处、严厉打击。其次，平台通过打造"知识+"多元化产品矩阵，差异化打造免费知识及优质付费课程，多元化提供图文类、音视频类等不同载体知识产品，引导学习者按照自身学习需求进行理性选择，削弱学习者免费替代行为动机。再者，平台通过游戏及奖励机制，向学习者开展与版权保护相关的普及性教育，以引导学习者提高自身的版权保护意识。

第三，鼓励学习者参与在线评论，打造高质量知识评价反馈体系。借鉴类似知乎等商业化问答社区的运营策略：①对于高质量专业型学习者，虚拟学习社区要对该类群体贡献的优质知识内容予以积极正面反馈，通过提高其利他信念及互惠信念，帮助增强其知识贡献意愿。②对于浏览者学习者而言，其对答案的反馈可以极大程度激励到高质量专业型学习者，提高其精神满足感、自我价值实现感及知识贡献意愿，激励其贡献更多高质量问题答案。③学习者之间的积极关注也可有效增强知识创作者的知识贡献意愿，也会有更多高质量知识被学习者获取、吸收及转化应用，继而构成良性循环，提高社区整体知识贡献氛围。④在界面内容上凸显优质专业学习者受关注度与问题回答质量指标。综上，无论是内容评价反馈，还是点赞、关注、投票、收藏等行为反馈，都能更好地鼓励学习者积极贡献优质内容，净化虚拟学习空间，营造浓厚社区学习氛围。

12.4.5 丰富平台的配套服务机制

在线学习平台功能及配套服务机制越完善，就越有助于调动学习者的学习积极性和提高虚拟学习社区的互动活跃度。完善虚拟学习社区功能，可显著提升虚拟学习社区学习活动的参与便捷性。当社区的功能更完善、操作更方便时，必然会增加学习者的使用易用性和好感，同样，也可以让学习者有更强的登录虚拟学习社区进行学习和交互的意愿。因此，第一，平台应强化优秀回答者认证机制。该认证机制可将身份地位符号化，并激励学习者的知识贡献行为，提升贡献效率。平台可以通过在界面设置上突出展示学习者的受关注度和回答质量等指标，有效为其吸引更多来自其他学习者的关注；同时应改善荣誉奖励及徽章制度，相较于优秀学习者身份标识这样的精神奖励外，可以考虑增加物质激励以提升优质学习者的归属感，降低优质学习者的流失率；第二，改善社区的关注推荐机制，避免节点过度中心化。完善学习资源的分发、推荐体系，避免头部学习者或高认可量学习资源的过度分发，提高学习者与学习者、学习者与学习资源之间的匹配速度及精度，降低学习者的学习资源和信息搜寻成本。除了推荐高关注度的回答者外，更应多将各讨论话题下有潜力的新人学习者推荐出去，以激励新学习者的平台归属感。高关注度的学习者依靠自身已有流量就可有效吸引更多关注，因此，虚拟学习社区应积极调配流量鼓励新人，减轻出现在头部流量的马太效应，积极塑造更多社区头部学习者，并维系好平台的存量学习者。这样既激励了学习者创造更多优质内容，又使知识获取型学习者更加快捷高效地获取到优质学习资源，加速了社区优质学习资源的知识流动和内容传播；第三，打造"知识+"特色多元知识贡献传播矩阵。借鉴知乎平台先后推出的《知乎日报》、《知乎周刊》等传媒介质、创建知乎专栏和打赏制度，举办"知乎盐Club"等线下活动以丰富知识交互形态的相关机制，在线学习平台虚拟学习社区也可通过打造各类互补形式的模块化学习资源呈现方式，挖掘个体用户知识贡献效率的提升途径，实现社交化与专业化并存，既注重知识贡献的质量及优质内容的筛选，同时谨慎把控好学习社区的专业化发展方向；第四，虚拟学习社区的设计应更加人性化，增加学习者的认同感。其一，实现PC端学习设备与智能终端学习设备之间的无缝对接。平台应及时迅捷地传递虚拟学习社区中的消息，虚拟学习社区应提供消息的实时传送机制，这样可以增加学习者接收更新信息的速度，提高课程信息的扩散效率，继而提升学习者的学习效率；其二，增加游戏化元素，激发学习者学习兴趣。虚拟学习社区可以通过微信、QQ、邮件、短信等方式提醒学习者，增加匿名讨论功能，丰富表情包功能，添加游戏化元素，通过这样的方式引导学习者登录虚拟学习社区，以寓教于乐的方式边玩边学，进一步增加学习者的访问和学习意愿；其三，打破不同学习平台间的藩篱，实现协同发展。受国外MOOC网上课程持续发展的影响，国内翻转课堂教学模式和虚拟学习社区网上学习平台也逐步从萌芽期进入了全速发展阶段，然而，在推进翻转课堂教学模式普及化应用的过程中，虚拟学习社区的协同发展尤为重要，未来应考虑打通不同虚拟学习社区之间的藩篱，实现平台互通、学分认证互通等协同发展机制。

12.4.6 借鉴社会化问答社区的运营策略

针对性地借鉴社会化问答社区中有效的运营策略，以维护高黏性、高互动性的虚拟学习社区氛围，为学习者搭建高效便捷的互动渠道，并考虑从完善问答机制、严把知识质量、提升交互意愿等角度，尝试充分提高学习者的社区参与度、活跃度及满意度，继而促进学习者获取高质量知识，提升学习效果。

第一，持续完善虚拟学习社区的问答机制。翻转课堂教学活动的组织者可以根据学习者在虚拟学习社区的交互行为特征，采取差异化的问答机制，并融入积分、勋章等游戏化元素，提高学习者问答活动的多样性与趣味性，充分调动学习者的参与热情，增加其线上的交互时长，引导其高质量参与社区知识交流，并提升知识传递的效率。如前所述，仍可进一步结合差异化问题类型，完善问答机制，例如：①针对事实型问题，高采纳度的答案往往需要问答双方学习者经由讨论后共创。事实型问题具有较强客观性和专业性，具有较长生命周期，因此，首先，可以考虑在事实型问题的预热期，加强学习者引导，促使各类学习者，尤其是领域内拥有专业认证的学习者参与共创，以推动产生高质量答案知识；其次，可以为提问者提供话题标签等聚类方式，将与同一事实相关的问题或文章进行聚合，以形成类别明确的专题；最后，话题经一段时间发酵后，社区平台自动邀请交互频次更且具有高知识采纳度的回答者整合讨论信息，并对答案进行二次加工，汇总成为关于某事实问题明确且相对完善的答案。②针对推荐型问题，其专业性相对偏弱，虚拟社区平台可考虑优先将其推荐给领域内意见领袖，发挥领袖型学习者在推荐型问题中的明星效应，并引导回答者在原有答案的基础上进行补充、更新与完善，以实现信息聚合。③针对观点型和建议型问题，由于其主观性偏强，很难聚合出完备的标准案，同时提问者对答案知识具有较高的时效要求，因此，社区平台应保证学习者之间留有实时畅通的交互通路，首先，平台可以考虑为每一问题提供优先级或紧急程度标识，引导回答者及时反馈；其次，当用户参与到两类问题讨论时，推送将聚合多条关联信息，以便学习者快速定位问题并讨论进度，以实现实时高效地互动交流；最后，应从学习者的问答内容有效甄别学习者情绪，在情绪波动较大时提前预警或干预引导，避免因观点不合引发潜在冲突，最终导致破坏社区氛围。

第二，强化交互意愿并削弱关注者转移。由于责任分散效应（Voelpel, 2008），较多的关注者会削弱问题的紧迫性，从而延迟交互和决策动作的发生。根据期待价值理论，虚拟学习社区的管理者应建立完善的互惠与激励机制，增强交互价值，引导学习者的身份转变，继而提升社区活跃度与知识采纳度。学习平台可提出明确的社区参与规则，例如：当用户关注某话题或领域标签时，如在规定时间内提供了优质答案，则日后其提问将在社区相关领域享有优先展示权，并获得更多问题曝光机会。当然，在建立互惠和激励机制的过程中，也应注意以下几点：①及时性。如果激励机制滞后于参与行为，那么激励效果就将大幅折损，因此，平台应及时增加激励效力。②公平公开性。通过各类线上线下教学活动对接、线上高频实时平等交互，以增加学习社区参与者对激励机制的信任感知。③灵活性。根据认知评价理论，外部刺激会弱化个体的自我决定因素，继而将行为归因于外部因素，降低对内在动机的认知，因此，平台在考虑建立激励机制时，应做到把控激励力度，根据社区实际情况和互联网环境等变化因素，及时调整激励策略，让社区参与方式更加多元，自然而然地增强学习者的主动性与社区归属感。

第三，严格把控知识质量。社区平台积累的知识量会不断增多，然而质量却可能良莠不齐，这种质量不一的知识爆炸会导致学习者很难判断知识的可信度，继而阻碍了知识采纳决策的产生。无论哪种问题类型，高知识质量都是用户做出知识采纳决策的关键因素，也是社区平台的核心竞争力。因此，平台管理者在回答排序规则上应加大知识质量的权重，并对回答文本进行语义识别和文本分析，隐藏明显与问题无关或包含不良信息的回答，这样做的目的在于：①便于提问学习者锁定高质量答案，并能快速做出采纳与应用决策；②科学有效进行平台治理，以维护良好的社区秩序。此外，在线学习平台本质上是内容平台，涉及回答者知识产权保护问题，尤其自2016年以来，许多平台先后引入了音视频等多元化载体形式，增加了知识质量的鉴别难度，因此，平台管理者应及时更新与升级技术能力，防止出现信息搬运及与外部网站同质化等问题。

参考文献

[1] Aher S B, Lobo L M R J. Combination of machine learning algorithms for recommendation of courses in e-learning system based on historical data [J]. Knowledge-Based Systems, 2013, 51 (1): 1-14.

[2] Aiken K D, Boush D M. Trustmarks, objective-source ratings, and implied investments in advertising: Investigating online trust and the context-specific nature of internet signals [J]. Journal of the Academy of Marketing Science, 2006, 34 (3): 308-323.

[3] Alkhattabi M, Neagu D, Cullen A. Assessing information quality of e-learning systems: A web mining approach [J]. Computers in Human Behavior, 2011, 27 (2): 862-873.

[4] Alowibdi, J. S., Buy U. A., Yu P. Empirical evaluation of profile characteristics for gender classification on Twitter [C]: IEEE, 2013: 365-369.

[5] Altbach P. International higher education volume 2: An encyclopedia [J]. Forensic Science International, 2014, 125 (1): 52-58.

[6] Anderson A, Huttenlocher D, Kleinberg J, et al. Engaging with massive online courses [C]. Proceedings of the 23rd international conference on World wide web. ACM, 2014: 687-698.

[7] Apelbaum E, Gerstner E, Naik P A. The effects of expert quality evaluations versus brand name on price premiums [J]. Journal of Product & Brand Management, 2003, 12 (3): 154-165.

[8] Arnesen KT, Hveem J, Short CR, West RE, Barbour MK. K-12 online learning journal articles: Trends from two decades of scholarship. Distance Education. 2019; 40 (1): 32-53.

[9] Arroyo I, Murray T, Woolf B P, et al. Inferring unobservable learning variables from students' help seeking behavior [J]. Lecture Notes in Computer Science, 2004, 3220 (4): 782 – 784.

[10] Askalidis G, Kim S J, Malthouse E C, et al. Understanding and overcoming biases in online review systems [J]. Decision Support Systems, 2017, 97 (3): 23 – 30.

[11] Ba S, Pavlou P A. Evidence of the effect of trust building technology in electronic markets: price premiums and buyer behavior [J]. Management Information Systems Quarterly, 2002, 26 (3): 243 – 268.

[12] Baker R S, Corbett A T, Koedinger K R. Detecting student misuse of intelligent tutoring systems [C]. International Conference on Intelligent Tutoring Systems. 2004, 23 (4): 531 – 540.

[13] Balachander S, Ghose S. Reciprocal spillover effects: A strategic benefit of brand extensions [J]. Journal of Marketing, 2003, 67 (1): 4 – 13.

[14] Bertin J. Semology of graphics: Diagrams, networks, maps [M]. Madison, Wisconsin: University of Wisconsin Press, 1983.

[15] Biswas D, Biswas A. The diagnostic role of signals in the context of perceived risks in online shopping: Do signals matter more on the Web? [J]. Journal of Interactive Marketing, 2004, 18 (3): 30 – 45.

[16] Blader, S. L., Patil S., Packer D. J. Organizational identification and workplace behavior: More than meets the eye [J]. Research in Organizational Behavior, 2017, 37: 19 – 34.

[17] Blanchard A L. Testing a model of sense of virtual community [J]. Computers in Human Behavior, 2008, 24 (5): 2107 – 2123.

[18] Bock, G., Zmud R. W., Kim Y. et al. Behavioral intention formation in knowledge sharing: Examining the roles of extrinsic motivators, social – psychological forces, and organizational climate [J]. MIS Quarterly, 2005, 29 (1): 87 – 111.

[19] Borenstein S. Price discrimination in free – entry markets [J]. The RAND Journal of Economics, 1985, 16 (3): 380 – 397.

[20] Boudreau KJ, Lacetera N, Lakhani K R. Incentives and problem uncertainty in innovation contests: An empirical analysis [J]. Management Science,

2011, 57 (5): 843 - 863.

[21] Boyatt R, Joy M, Rocks C, et al. What (Use) is a MOOC? [J]. Springer Proceedings in Complexity, 2013, 4: 133 - 145.

[22] Brandtzaeg P B, Heim J. Why people use social networking sites [C]. International Conference on Online Communities and Social Computing, 2009: 143 - 152.

[23] Breslow L, Pritchard D E, DeBoer J, et al. Studying learning in the worldwide classroom: Research into edX's first MOOC [J]. Research & Practice in Assessment, 2013, 8 (1): 13 - 25.

[24] Bucovețchi O, Stanciu RD. Multi - Layer analysis regarding massive online open courses attractiveness towards academic environment. BRAIN: Broad Research in Artificial Intelligence & Neuroscience. 2018; 9 (1): 44 - 49.

[25] Cabrera, Á. , Collins W. C. , Salgado J. F. Determinants of individual engagement in knowledge sharing [J]. International Journal of Human Resource Management, 2006, 17 (2): 245 - 264.

[26] Cai S, Luo Q, Fu X, et al. Paying for knowledge: Why people paying for live broadcasts in online knowledge sharing community? [C]. Pacific Asia Conference on Information Systems, 2018: 286.

[27] Cao, Q. , Duan, W. , Gan, Q. , et al. Exploring determinants of voting for the helpfulness of online user reviews: A text mining approach [C]. Decision Support Systems, 2011, 50 (2): 511 - 521.

[28] Castro F, Vellido A, Àngela Nebot, et al. Applying data mining techniques to e - learning problems [M]. Evolution of Teaching and Learning Paradigms in Intelligent Environment. Springer Berlin Heidelberg, 2007: 183 - 221.

[29] Chandrashekar G, Sahin F. A survey on feature selection methods [J]. Computers & Electrical Engineering, 2014, 40 (1): 16 - 28.

[30] Chang H H, Chuang S S. Social capital and individual motivations on knowledge sharing: Participant involvement as a moderator [J]. Information & Management, 2011, 48 (1): 9 - 18.

[31] Chang V. Review and discussion: E - Learning for academia and industry [J]. International Journal of Information Management, 2016, 36 (3): 23 - 35.

[32] Chen C, Hung S. To give or to receive? Factors influencing members'

knowledge sharing and community promotion in professional virtual communities [J]. Information & management. 2010, 47 (4): 226 – 236.

[33] Chen C. Cite space II: Detecting and visualizing emerging trends and transient patterns in scientific literature [J]. Journal of the American Society for Information Science and Technology, 2006, 57 (3): 359 – 377.

[34] Chen X, Deng S. Influencing factors of answer adoption in social Q&A communities from users' perspective: taking Zhihu as an example [J]. Chinese Journal of Library and Information Science, 2014, 7 (3): 81 – 95.

[35] Chen Y, Harper F M, Konstan J A, et al. Social comparisons and contributions to online communities: A field experiment on MovieLens [J]. The American Economic Review, 2010, 100 (4): 1358 – 1398.

[36] Chen Y, Ho T H, Kim Y M. Knowledge market design: A field experiment at Google Answers [J]. Journal of Public Economic Theory. 2010, 12 (4): 641 – 664.

[37] Chen, C., Hung S. To give or to receive? Factors influencing members' knowledge sharing and community promotion in professional virtual communities [J]. Information & Management, 2010, 47 (4): 226 – 236.

[38] Chen, Eva, Margaret Heritage, John Lee. Identifying and monitoring students' learning needs with technology [J]. Journal of Education for Students Placed at Risk, 2010, 10 (3): 309 – 332.

[39] Chen, Y., Ho T. H., Kim Y. M. Knowledge market design: A field experiment at Google Answers [J]. Journal of Public Economic Theory, 2010, 12 (4): 641 – 664.

[40] Chen, Yu – Shan, Huang, Stanley Y. J. The effect of task – technology fit on purchase intention: The moderating role of perceived risks [J]. Journal of Risk Research: 2013, 23 (4): 1 – 21.

[41] Chennamaneni A, Teng J C, Raja M K. A unified model of knowledge sharing behaviours: Theoretical development and empirical test [J]. Behaviour & Information Technology, 2012, 31 (11): 1097 – 1115.

[42] Chennamaneni A, Teng J T C, Raja M K. A unified model of knowledge sharing behaviours: Theoretical development and empirical test [J]. Behaviour & information technology. 2012, 31 (11): 1097 – 1115.

[43] Cheung CM K, Lee M KO, Rabjohn N. The impact of electronic word-of-mouth: The adoption of online opinions in online customer communities [J]. Internet Research, 2008, 18 (3): 229-247.

[44] Chintagunta P K, Gopinath S, Venkataraman S. The effects of online user reviews on movie box office performance: Accounting for sequential rollout and aggregation across local markets [J]. Marketing Science, 2010, 29 (5): 944-957.

[45] Chiu CM, Hsu MH, Wang ETG. Understanding knowledge sharing in virtual communities: An integration of social capital and social cognitive theories [J]. Decision Support Systems, 2006, 42 (3): 1872-1888.

[46] Cho H, Gay G, Davidson B, et al. Social networks, communication styles, and learning performance in a CSCL community [J]. Computers & Education, 2007, 49 (2): 309-329.

[47] Choi E, Kitzie V, Shah C. Developing a typology of online Q&A models and recommending the right model for each question type [J]. Proceedings of the American Society for Information ence & Technology, 2013, 49 (1): 1-4.

[48] Choi E, Shah C. User motivations for asking questions in online Q&A services [J]. Journal of the Association for Information Science & Technology, 2016, 67 (5): 1182-1197.

[49] Chunwijitra S, Junlouchai C, Laokok S, et al. An interoperability framework of open educational resources and massive open online courses for sustainable e-learning platform [J]. Ieee Transactions on Information & Systems, 2016, 99 (8): 2140-2150.

[50] Cukurbasi, B., & Kiyici, M. High school students' views on the PBL activities supported via flipped classroom and LEGO practices [J]. Educational Technology & Society. 2018. 21 (2): 46-61.

[51] Daniel Seaton, Yoav Bergner, Isaac Chuang, Piotr Mitros, David Pritchard. Who does what in a massive open online course [J]. Communications of the Acm, 2014, 57 (4): 58-65.

[52] De Lima M, Zorrilla M E. Social networks and the building of learning communities: An experimental study of a social MOOC [J]. The International Review of Research in Open and Distributed Learning, 2017, 18 (1) 45-64.

[53] Dearman, D., & Truong, K. N. Why users of yahoo!: Answers do not

answer questions [C]. Proceedings of the SIGCHI Conference on Human Factors in Computing Systems, 2012: 329 - 332.

[54] Dearman, D., Truong K. Why users of yahoo: Answers do not answer questions [C]: ACM, 2010: 329 - 332.

[55] Deng X C. Influencing factors of answer adoption in social Q&A communities from users' perspective: Taking Zhihu as an example [J]. Journal of Data and Information Science, 2014, 7 (3): 81 - 95.

[56] Dholakia U M, Bagozzi R P, Pearo L K, et al. A social influence model of consumer participation in network - and small - group - based virtual communities [J]. International Journal of Research in Marketing, 2004, 21 (3): 241 - 263.

[57] Ding N, Bosker R J, Harskamp E G. Exploring gender and gender pairing in the knowledge elaboration processes of students using computer - supported collaborative learning [J]. Computers & Education, 2011, 56 (2): 325 - 336.

[58] Ding, Chris, and Hanchuan Peng. Minimum redundancy feature selection from microarray gene expression data [J]. Journal of bioinformatics and computational biology, 2005, 3 (2): 185 - 205.

[59] Dodds W B, Monroe K B, Grewal D. Effects of price, brand, and store information on buyers' product evaluations [J]. Journal of Marketing Research, 1991, 28 (3): 307 - 319.

[60] Doquire G, Verleysen M. Feature selection with missing data using mutual information estimators [J]. Neurocomputing, 2012, 90 (8): 3 - 11.

[61] Duan W, Gu B, Whinston A B. Do online reviews matter? — An empirical investigation of panel data [J]. Decision Support Systems, 2008, 45 (4): 1007 - 1016.

[62] Eberle J, Stegmann K, Fischer F, et al. Legitimate peripheral participation in communities of practice: Participation support structures for newcomers in faculty student councils [J]. The Journal of the Learning Sciences, 2014, 23 (2): 216 - 244.

[63] Eberle, J., Stegmann, K., Fischer, F., et al. Legitimate peripheral participation in communities of practice: Participation support structures for newcomers in faculty student councils [J]. The Journal of the Learning Sciences. 2014, 23 (2): 216 - 244.

［64］ Falakmasir M H, Habibi J. Using educational data mining methods to study the impact of virtual classroom in e-learning［C］// Educational Data Mining 2010, the, International Conference on Educational Data Mining, 2010: 241-248.

［65］ Farhadloo M, Patterson R A, Rolland E, et al. Modeling customer satisfaction from unstructured data using a Bayesian approach［C］. Decision Support Systems, 2016, 69 (3): 1-11.

［66］ Fehr E, Gachter S. Fairness and retaliation: The economics of reciprocity［J］. Journal of Economic Perspectives, 2000, 14 (3): 159-181.

［67］ Feidakis, M., Daradoumis, T., Caballé, S., Conesa, J. Embedding emotion awareness into e-learning environments［J］. International Journal of Emerging Technologies in Learning. 2014, 9 (7): 39.

［68］ Feldman J, Monteserin A, Amandi A. Detecting students' perception style by using games［J］. Computers & Education, 2014, 71: 14-22.

［69］ Fornell, C., & Larcker, D. F.. Evaluating structural equation models with unobservable variables and measurement error［J］. Journal of Marketing Research. 1981. 18 (1): 39-50.

［70］ Fortin, D. R., Dholakia, R. R.. Interactivity and vividness effects on social presence and involvement with a web-based advertisement［J］. Journal of Business Research, 2005, 58 (3): 387-396.

［71］ Frias-Martinez E, Chen S Y, Liu X. Survey of data mining approaches to user modeling for adaptive hypermedia［J］. IEEE Transactions on Systems Man & Cybernetics Part C, 2006, 36 (6): 734-749.

［72］ Garc, Patricio A, Amandi A, et al. Evaluating Bayesian networks' precision for detecting students' learning styles［J］. Computers & Education, 2007, 49 (3): 794-808.

［73］ Goda Y, Yamada M, Kato H, et al. Procrastination and other learning behavioral types in e-learning and their relationship with learning outcomes［J］. Learning & Individual Differences, 2015, 37: 72-80.

［74］ Graham H E, Frame M C, Kenworthy J B. The moderating effect of prior attitudes on intergroup face-to-face contact［J］. Journal of Applied Social Psychology, 2014, 44 (8): 547-556.

[75] Grazioli, S., Jarvenpaa S. L. Perils of internet fraud: An empirical investigation of deception and trust with experienced internet consumers [J]. IEEE Transactions on Systems, Man, and Cybernetics – Part a: Systems and Humans, 2000, 30 (4): 395–410.

[76] Grewal D, Gotlieb J, Marmorstein H, et al. The Moderating effects of message framing and source credibility on the price – perceived risk relationship [J]. Journal of Consumer Research, 1994, 21 (1): 145–153.

[77] Grieve, R. Unpacking the characteristics of snapchat users: A preliminary investigation and an agenda for future research [J]. Computers in Human Behavior, 2017, 74: 130–138.

[78] Guan T, Wang L, Jin J, et al. Knowledge contribution behavior in online Q&A communities: An empirical investigation [J]. Computers in Human Behavior, 2018, 56 (2): 137–147.

[79] Gunawardena, C. N., Lowe, C. A. & Anderson, T. Analysis of a global online analysis of interaction in online environments debate and the development of an interaction analysis model for examining social construction of knowledge in computer conferencing [J]. Journal of Educational Computing Research, 1997, 17 (4): 397–431.

[80] Hachey A C, Wladis C W, Conway K M. Do prior online course outcomes provide more information than G. P. A. alone in predicting subsequent online course grades and retention? An observational study at an urban community college [J]. Computers & Education, 2014, 72 (1): 59–67.

[81] Halfaker A, Geiger R S, Morgan J T, et al. The rise and decline of an open collaboration system: How Wikipedia's reaction to popularity is causing its decline [J]. American Behavioral Scientist. 2013, 57 (5): 664–688.

[82] Hall, Mark A. Correlation – based feature selection for machine learning [M]. The University of Waikato, 1999.

[83] Halverson LR, Graham CR, Spring KJ, Drysdale JS. An analysis of high impact scholarship and publication trends in blended learning [J]. Distance Education. 2012; 33 (3): 381–413.

[84] Hanchuan P, Fuhui L, Chris D. Feature selection based on mutual information: Criteria of max – dependency, max – relevance, and min – redundancy

[J]. IEEE Transactions on Pattern Analysis & Machine Intelligence, 2005, 27 (8): 1226 -1238.

[85] Hanna R, Rohm A J, Crittenden V L, et al. We're all connected: The power of the social media ecosystem [J]. Business Horizons, 2011, 54 (3): 265 -273.

[86] Hansch A, Hillers L, Mcconachie K, et al. Video and online learning: Critical reflections and findings from the field [M]. Social Science Electronic Publishing, 2015.

[87] Harper F M, Raban D R, Rafaeli S, et al. Predictors of answer quality in online Q&A sites [J]. Human Factors in Computing Systems, 2008, 38 (4): 865 -874.

[88] Hashim, Kamarul Faizal and Felix B. Tan. The mediating role of trust and commitment on members' continuous knowledge sharing intention: A commitment -trust theory perspective [J]. International Journal of Information Management, 2015, 45 (35): 145 -151.

[89] Hau YS, Kim B, Lee H, et al. The effects of individual motivations and social capital on employees' tacit and explicit knowledge sharing intentions [J]. International Journal of Information Management, 2013, 33 (2): 356 -366.

[90] Hauser L. Qualitative research in distance education: An analysis of journal literature 2005 -2012 [J]. American Journal of Distance Education. 2013, 27 (3): 155 -164.

[91] Hayes A F. Introduction to mediation, moderation, and conditional process analysis: A regression -based approach [J]. Journal of Educational Measurement, 2013, 51 (3): 335 -337.

[92] Ho, Andrew, Reich, Justin, Nesterko, Sergiy. HarvardX and MITx: The first year of open online courses, Fall 2012 -Summer 2013 [J]. Social Science Electronic Publishing. 2014 (1): 1 -33.

[93] Holte, Robert C. Very simple classification rules perform well on most commonly used datasets [J]. Machine Learning, 1993, 11 (1): 63 -90.

[94] Hong L, Gao C. Modeling and simulation of the system dynamics of cloud computing federation knowledge sharing [J]. Metallurgical & Mining Industry. 2015, 7 (6): 513 -520.

[95] Hosseini, M., Moore J., Almaliki M. et al. Wisdom of the crowd within enterprises: Practices and challenges [J]. Computer Networks (Amsterdam, Netherlands: 1999), 2015, 90: 121 – 132.

[96] Hrastinski, S., & Aghaee, N. M. How are campus students using social media to support their studies? An explorative interview study [J]. Education and Information Technologies, 2012, 17 (4): 451 – 464.

[97] Hsieh, G., Kraut R., Hudson S. Why Pay?: Exploring how financial incentives are used for question & answer [C]: ACM, 2010: 305 – 314.

[98] Hsu M, Ju T L, Yen C, et al. Knowledge sharing behavior in virtual communities: The relationship between trust, self – efficacy, and outcome expectations [J]. International Journal of Human – computer Studie, 2007, 65 (2): 153 – 169.

[99] Huang C J, Yang D X, Chuang Y T. Application of wrapper approach and composite classifier to the stock trend prediction [J]. Expert Systems with Applications, 2008, 34 (4): 2870 – 2878.

[100] Huang C K, Huang C H, Chuang Y T. Change discovery of learning performance in dynamic educational environments [J]. Telematics & Informatics, 2015, 33 (3): 773 – 792.

[101] Huang P, Zhang Z. Participation in open knowledge communities and job – hopping: Evidence from enterprise software [J]. Management Information Systems Quarterly, 2016, 40 (3): 785 – 806.

[102] Hung J. Trends of e – learning research from 2000 to 2008: Use of text mining and bibliometrics [J]. British Journal of Educational Technology. 2012, 43 (1): 5 – 16.

[103] Jabr W, Mookerjee R, Tan Y, et al. Leveraging philanthropic behavior for customer support: The case of user support forums [J]. Management Information Systems Quarterly, 2014, 38 (1): 187 – 208.

[104] Jiawei Han and Micheline Kamber. Data mining: Concepts and techniques [M]. USA: Morgan Kaufmann Publishers, 2001. 70 – 95.

[105] Jiaming Fang, Lufen Tang, Jingjing Yang, Min Peng. Social interaction in MOOCs: The mediating effects of immersive experience and psychological needs satisfaction [J]. Telematics and Informatics, 2019, 39 (2): 75 – 91.

[106] Jiang, C. , Zhao W. , Sun X. et al. The Effects of the self and social identity on the intention to microblog: An extension of the theory of planned behavior [J]. Computers in Human Behavior, 2016, 64: 754 – 759.

[107] Jiang, J. Y. , Liu C. High performance work systems and organizational effectiveness: The mediating role of social capital [J]. Human Resource Management Review, 2015, 25 (1): 126 – 137.

[108] Jin, J. H, Li Y. J. , Zhong X. J. , Zhai L. Why users contribute knowledge to online communities: An empirical study of an online social Q&a community [J]. Information & Management 2015, 52 (7): 840 – 849.

[109] Jordan K. Massive open online course completion rates revisited: Assessment, length and attrition [J]. International Review of Research in Open & Distance Learning, 2015, 16 (2): 341 – 358.

[110] Jordan. MOOC completion rates: The data [EB/OL]. (2013 – 09 – 22) [2018 – 08 – 30]. http: //www. katyjordan. com/MOOC project. html.

[111] Kankanhalli, A. , Bernard C. Y. T. , Wei K. Contributing knowledge to electronic knowledge repositories: An empirical investigation [J]. MIS Quarterly, 2005, 29 (1): 113 – 143.

[112] Kasworm, C. Emotional challenges of adult learners in higher education [J]. New Directions for Adult & Continuing Education, 2008, (120): 27 – 34.

[113] Katy Jordan. Initial trends in enrolment and completion of massive open online Courses [J]. The international review of research in open and distance learning, 2014, 15 (1): 133 – 160.

[114] Kenneth Strang. How student behavior and reflective learning impact grades in online business courses [J]. Journal of Applied Research in Higher Education, 2016, 8 (3): 390 – 410.

[115] Kizilcec, René F. , Chris Piech, and Emily Schneider. Deconstructing disengagement: Analyzing learner subpopulations in massive open online courses [C]. Proceedings of the third international conference on learning analytics and knowledge. ACM, 2013.

[116] Ko H, Cho C, Roberts M S, et al. Internet uses and gratifications: A structural equation model of interactive advertising [J]. Journal of Advertising, 2005, 34 (2): 57 – 70.

[117] Kolekofski, K. E., Heminger A. R. Beliefs and attitudes affecting intentions to share information in an organizational setting [J]. Information & Management, 2003, 40 (6): 521-532.

[118] Kuang L, Huang N, Hong Y, et al. Spillover effects of financial incentives on non-incentivized user engagement: Evidence from an online knowledge exchange platform [J]. Journal of management information systems. 2019, 36 (1): 289-320.

[119] Kumar, S., Thondikulam G. Knowledge management in a collaborative business framework [J]. Information Knowledge Systems Management, 2006, 5 (3): 171-187.

[120] Lai, H., Chen T. T. Knowledge sharing in interest online communities: A comparison of posters and lurkers [J]. Computers in Human Behavior, 2014, 35: 295-306.

[121] Lara J A, Lizcano D, Mart, et al. A system for knowledge discovery in e-learning environments within the European Higher Education Area - Application to student data from Open University of Madrid, UDIMA [J]. Computers & Education, 2014, 72 (1): 23-36.

[122] Lee D Y, Lento M R. User acceptance of YouTube for procedural learning: An extension of the Technology Acceptance Model [J]. Computers & Education, 2013, 61 (2): 193-208.

[123] Li Zhao, B. D. C. E. Sharing knowledge in social Q&a sites: The unintended consequences of extrinsic motivation [J]. Journal of Management Information Systems, 2016, 33 (1): 70-100.

[124] Lichtenstein DR, Ridgway NM, Netemeyer RG. Price perceptions and consumer shopping behavior: A field study [J]. Journal of Marketing Research, 1993, 30 (2): 234-245.

[125] Lin C L, Lee S H, Horng D J. The effects of online reviews on purchasing intention: The moderating role of need for cognition [J]. Social Behavior and Personality: an international journal, 2011, 39 (1): 71-81.

[126] Lin K, Lu H. Why people use social networking sites: An empirical study integrating network externalities and motivation theory [J]. Computers in Human Behavior, 2011, 27 (3): 1152-1161.

[127] Lin, H. Effects of extrinsic and intrinsic motivation on employee knowledge sharing intentions [J]. Journal of Information Science, 2007, 33 (2): 135 – 149.

[128] Liqiang Huang, Jie Zhang, Yuan Liu, Antecedents of student MOOC revisit intention: Moderation effect of course difficulty [J]. International Journal of Information Management, 2017, 37 (2): 84 – 91.

[129] Liu Z, Jansen B J. Factors influencing the response rate in social question and answering behavior [C]. Conference on Computer Supported Cooperative Work, 2013: 1263 – 1274.

[130] Liu Z, Liu L, Li H, et al. Determinants of information retweeting in microblogging [J]. Internet Research, 2012, 22 (4): 443 – 466.

[131] Ljepava, N., Orr R. R., Locke S. et al. Personality and social characteristics of Facebook non – users and frequent users [J]. Computers in Human Behavior, 2013, 29 (4): 1602 – 1607.

[132] Llopis, O., Foss N. J. Understanding the climate – knowledge sharing relation: The moderating roles of intrinsic motivation and job autonomy [J]. European Management Journal, 2016, 34 (2): 135 – 144.

[133] Lloyd, S. A., Byrne, M. M., McCoy, T. S. Faculty – perceived barriers of online education [J]. Journal of Online Learning and Teaching, 2012, 8 (1): 1 – 12.

[134] Loebbecke, C., van Fenema P. C., Powell P. Managing inter – organizational knowledge sharing [J]. The Journal of Strategic Information Systems, 2016, 25 (1): 4 – 14.

[135] Luo C, Luo X, Schatzberg L, et al. Impact of informational factors on online recommendation credibility: The moderating role of source credibility [J]. Decision Support Systems, 2013, 56 (1): 92 – 102.

[136] Luo M M, Chea S, Chen JS. Web – Based information service adoption: A comparison of the motivational model and the uses and gratifications theory [J]. Decision Support Systems, 2011, 51 (1): 21 – 23.

[137] Ma W W, Chan A. Knowledge sharing and social media: Altruism, perceived online attachment motivation, and perceived online relationship commitment [J]. Computers in Human Behavior. 2014, 39: 51 – 58.

[138] Macfadyen L P, Dawson S. Mining LMS data to develop an "early warning system" for educators: A proof of concept [J]. Computers & Education, 2010, 54 (2): 588-599.

[139] Maslowska E, Malthouse E C, Viswanathan V. Do customer reviews drive purchase decisions? The moderating roles of review exposure and price [J]. Decision Support Systems, 2017, 98 (6): 1-9.

[140] Mcdonald J. Using least squares and tobit in second stage DEA efficiency analyses [J]. European Journal of Operational Research, 2009, 197 (2): 792-798.

[141] McMillan S J. Effects of structural and perceptual factors on attitude toward the website [J]. Journal of Advertising Research, 2004, 43 (4): 400-421.

[142] Minaei-Bidgoli B, Kashy D A, Kortemeyer G, et al. Predicting student performance: An application of data mining methods with an educational web-based system [C]. 33rd Annual Frontiers in Education, 2003, 1 (1): 13-18.

[143] Natek S, Zwilling M. Student data mining solution – knowledge management system related to higher education institutions [J]. Expert Systems with Applications, 2014, 41 (14): 6400-6407.

[144] Nelson P. Information and Consumer Behavior [J]. Journal of Political Economy, 1970, 78 (2): 311-329.

[145] Nesterko S O, Dotsenko S, Han Q, et al. Evaluating the geographic data in MOOCs [C]. Neural Information Processing Systems, 2013.

[146] Nielsen, J. Participation inequality: Encouraging more users to contribute [EB/OL]. Quaderns de Filologia Estudis Literaris, 2006.

[147] Nistor, Nicolae. Newcomer integration in knowledge communities: development of the strat-I-Com questionnaire for MMORPG-based communities [J]. Smart Learning Environments, 2016, 3 (1): 1-16.

[148] Nunnally, J. C. Psychometric theory [J]. Current Contents/Social & Behavioral Sciences, 1979, (22): 12-18.

[149] O'Regan, K. Emotion and e-learning [J]. Journal of Asynchronous learning networks, 2003, 7 (3): 78-92.

[150] Oliver R L. A cognitive model of the antecedents and consequences of satisfaction decisions [J]. Journal of Marketing Research, 1980, 17 (4): 460 - 469.

[151] Pappu R, Quester P G. How does brand innovativeness affect brand loyalty? [J]. European Journal of Marketing, 2016, 50 (1/2): 1 - 43.

[152] Park H, Lee J J. An (Almost) free lunch? Social recognition and knowledge sharing behavior in a virtual community [J]. Academy of Management Annual Meeting Proceedings, 2015 (1): 13279 - 13279.

[153] Patil, S., Lee K. Detecting experts on quora: By their activity, quality of answers, linguistic characteristics and temporal behaviors [J]. Social Network Analysis and Mining, 2016, 6 (1): 5.

[154] Paul, S. A., Hong L., Chi E. H. Who is authoritative? Understanding reputation mechanisms in quora [J]. ArXiv Preprint arXiv: 1204. 3724, 2012.

[155] Pedro M O Z S, Baker R S J D, Bowers A J, et al. Predicting college enrollment from student interaction with an intelligent tutoring system in middle school [J]. Langmuir the Acs Journal of Surfaces & Colloids, 2013, 27 (11): 6897 - 6904.

[156] Pee L G, Jiang J, Klein G. Signaling effect of website usability on repurchase intention [J]. International Journal of Information Management, 2018, 39 (4): 228 - 241.

[157] Petty R E. The elaboration likelihood model of persuasion [J]. Advances in Consumer Research, 1984, 19 (4): 123 - 205.

[158] Purohit D, Srivastava J. Effect of manufacturer reputation, retailer reputation, and product warranty on consumer judgments of product quality: A cue diagnosticity framework [J]. Journal of Consumer Psychology, 2001, 10 (3): 123 - 134.

[159] Pursel, B. K., Zhang, L., Jablokow, K. W. et al. Understanding MOOC students: Motivations and behaviours indicative of MOOC completion [J]. Journal of Computer Assisted Learning, 2016, 32 (3): 202 - 217.

[160] Purvis R L, Sambamurthy V, Zmud R W. The assimilation of knowledge platforms in organizations: An empirical investigation [J]. Organization sci-

ence. 2001, 12 (2): 117 – 135.

[161] Qingyuan Wu, Changchen Zhan, Fu Lee Wang, Siyang Wang, Zeping Tang. Clustering of online learning resources via minimum spanning Tree [J]. Asian Association of Open Universities Journal, 2016 (2) : 197 – 215.

[162] Rajendran R, Iyer S, Murthy S, et al. A theory – driven approach to predict frustration in an ITS [J]. IEEE Transactions on Learning Technologies, 2013, 6 (4): 378 – 388.

[163] Retalis, S., et al. Towards networked learning analytics – A concept and a tool [C]. Proceedings of the fifth international conference on networked learning. 2006.

[164] Romero C, Ventura S, García E. Data mining in course management systems: Moodle case study and tutorial [J]. Computers & Education, 2008, 51 (1): 368 – 384.

[165] Romero C, Ventura S, Zafra A, et al. Applying web usage mining for personalizing hyperlinks in web – based adaptive educational systems [J]. Computers & Education, 2009, 53 (3): 828 – 840.

[166] Romero C, Ventura S. Educational data mining: A survey from 1995 to 2005 [J]. Expert Systems with Applications, 2007, 33 (1): 135 – 146.

[167] Sabate F, Berbegalmirabent J, Canabate A, et al. Factors influencing popularity of branded content in Facebook fan pages [J]. European Management Journal, 2014, 32 (6): 1001 – 1011.

[168] Scardamalia, M, Bereiter, C. Computer support for knowledge – building communities [J]. The Journal of the Learning Sciences, 1994, 3 (3): 265 – 283.

[169] Şen B, Uçar E, Delen D. Predicting and analyzing secondary education placement – test scores: A data mining approach [J]. Expert Systems with Applications, 2012, 39 (10): 9468 – 9476.

[170] Shah N B, Bradley J K, Parekh A, et al. A case for ordinal peer – evaluation in MOOCs [C]. NIPS Workshop on Data Driven Education, 2013.

[171] Shalev – Shwartz, Shai, et al. Pegasos: Primal estimated sub – gradient solver for svm [J]. Mathematical programming, 2011, 127 (1): 3 – 30.

[172] Shen W, Hu Y J, Ulmer J R, et al. Competing for attention: An empir-

ical study of online reviewers' strategic behavior [J]. Management Information Systems Quarterly, 2015, 39 (3): 683-696.

[173] Shen, X., Cheung C. M., Lee M. K. Perceived critical mass and collective intention in social media - supported small group communication [J]. International Journal of Information Management, 2013, 33 (5): 707-715.

[174] Shen, W., Hu, Y, J., Ulmer, J, R. et al. Competing for attention: An empirical study of online reviewers' strategic behavior [J]. Management Information Systems Quarterly, 2015, 39 (3): 683-696.

[175] Shih and Chuang, C. - L. Shih, H. - H. Chuang, The development and validation of an instrument for assessing college students' perceptions of faculty knowledge in technology - supported class environments [J]. Computers & Education, 2013, 63: 109-118.

[176] Siemens, George, and Phil Long. Penetrating the fog: Analytics in learning and education [J]. EDUCAUSE review, 2011, 46 (5): 30.

[177] Simonite, T. The decline of Wikipedia: Even as more people than ever rely on it, fewer people create it [J]. MIT Technol Rev, 2013.

[178] Smitashree Choudhury, Harith Alani. Exploring user behavior and needs in Q&A communities [C]. Proceedings of the European Conference on Social Media, 2014.

[179] Song S, Wang W, Que X, et al. Modeling leading users in professional social - network based community question answering services [J]. Journal of Computational Information Systems, 2014, 10 (8): 3197-3204.

[180] Song, S., Wang, W., Que, X., et al. Modeling leading users in professional social - network based community question answering services [J]. Journal of Computational Information Systems, 2014, 10 (8): 3197-3204.

[181] Steffens K. Competences, learning theories and MOOCs: Recent developments in lifelong learning [J]. European Journal of Education, 2015, 50 (1): 41-59.

[182] Stump G S, DeBoer J, Whittinghill J, et al. Development of a framework to classify mooc discussion forum posts: Methodology and challenges [C]. NIPS Workshop on Data Driven Education, 2013.

[183] Stutzman F. An evaluation of identity - sharing behavior in social net-

work communities [J]. Journal of the International Digital Media and Arts Association, 2006, 3 (1): 10 - 18.

[184] Subramaniam, T. Valuyeetham P. Siang T. Students' feedback on effectiveness of combined flipped classroom and high fidelity simulated teaching on airway and ventilation during accident and emergency posting [J]. Education in Medicine Journal. 2018. 10 (2): 5 - 13.

[185] Sun Y, Fang Y, Lim K H. Understanding sustained participation in transactional virtual communities [J]. Decision Support Systems. 2012, 53 (1): 12 - 22.

[186] Sussman S W, Siegal W S. Informational influence in organizations: An integrated approach to knowledge adoption [J]. Information Systems Research, 2003, 14 (1): 47 - 65.

[187] Sutanto J, Kankanhalli A, Tan B C Y. Eliciting a sense of virtual community among knowledge contributors [J]. ACM Transactionson Management Information Systems (TMIS), 2011, 2 (3): 14.

[188] Teng C W, Lin C S, Cheng S Y, et al. Analyzing user behavior distribution on e - learning platform with techniques of clustering [C]. Society for Information Technology & Teacher Education International Conference, 2004.

[189] Teng J T, Song S. An exploratory examination of knowledge - sharing behaviors: Solicited and voluntary [J]. Journal of Knowledge Management, 2011, 15 (1): 104 - 117.

[190] Thelwall M. Can social news websites pay for content and curation? The SteemIt cryptocurrency model [J]. Journal of Information Science. 2018, 44 (6): 736 - 751.

[191] Toubia O, Stephen A T. Intrinsic vs. Image - Related utility in social media: Why do people contribute content to Twitter? [J]. Marketing Science, 2013, 32 (3): 368 - 392.

[192] Tung - Zong Chang, Albert R. Wildt. Price, product information, and purchase intention: An empirical study [J]. Journal of the Academy of Marketing Science, 2016. 22 (1): 16 - 27.

[193] Van Hulse, Jason, and Taghi M. Khoshgoftaar. Incomplete - case nearest neighbor imputation in software measurement data [J]. Information Sciences,

2014（259）：596-610.

［194］Vani Borooah. Logit 与 probit：次序模型和多类别模型［M］. 英国：格致出版社，2012.

［195］Vincent D Blondel, Jean-Loup Guillaume, Renaud Lambiotte, Etienne Lefebvre. Fast unfolding of communities in large networks［J］. Journal of Statistical Mechanics：Theory and Experiment. 2008（10）：1002.

［196］Voelpel S C, Eckhoff R A, Forster J. David against Goliath? Group size and bystander effects in virtual knowledge sharing［J］. Human Relations，2008，61（2）：271-295.

［197］Wang F. On using data-mining technology for browsing log file analysis in asynchronous learning environment［C］. Conference on Educational Media and Technology. 2002.

［198］Wang G, Gill K, Mohanlal M, et al. Wisdom in the social crowd：an analysis of quora［C］. the web conference，2013：1341-1352.

［199］Wang S, Noe R A. Knowledge sharing：A review and directions for future research［J］. Human Resource Management Review，2010，20（2）：115-131.

［200］Wang Y H, Liao H C. Data mining for adaptive learning in a TESL-based e-learning system［J］. Expert Systems with Applications，2011，38（6）：6480-6485.

［201］Wang, W. T., Wei Z. H. Knowledge sharing in Wiki communities：An empirical study［J］. Online Information Review，2011，35（5），799-820.

［202］Wang, Zhijun, Anderson, Terry, Chen, Li. How learners participate in connectivist learning：An analysis of the interaction traces from a cMOOC［J］. The International Review of Research in Open and Distributed Learning，2018. 19（1）：45-67.

［203］Wanli Xing, Hengtao Tang, Bo Pei, Beyond positive and negative emotions：Looking into the role of achievement emotions in discussion forums of MOOCs［J］. The Internet and Higher Education，2019（43）. 1096-7516.

［204］Wasko M M, Teigland R, Faraj S. The provision of online public goods：Examining social structure in an electronic network of practice［J］. Decision support systems. 2009，47（3）：254-265.

[205] Weisstein FL, Song L, Andersen P, Zhu Y. Examining impacts of negative reviews and purchase goals on consumer purchase decision [J]. Journal of Retailing & Consumer Services, 2017, 39 (8): 201-207.

[206] Wheeless L R. A follow-up study of the relationships among trust, disclosure, and interpersonal solidarity [J]. Human Communication Research, 2010, 4 (2): 143-157.

[207] White R W, Richardson M, Liu Y. Effects of community size and contact rate in synchronous social Q&A [C]. Proceedings of the International Conference on Human Factors in Computing Systems, 2011.

[208] Will W. K. Ma, Albert Chan. Knowledge sharing and social media: Altruism, perceived online attachment motivation, and perceived online relationship commitment [J]. Computers in Human Behavior, 2014, 39: 51-58.

[209] Wu, J., Tsang A. S. Factors affecting members' trust belief and behaviour intention in virtual communities [J]. Behaviour & Information Technology, 2008, 27 (2): 115-125.

[210] Xia M, Huang Y, Duan W, et al. Research note——To continue sharing or not to continue sharing? An empirical analysis of user decision in peer-to-peer sharing networks [J]. Information Systems Research, 2012, 23 (1): 247-259.

[211] Yan B, Jian L. Beyond reciprocity: The bystander effect of knowledge response in online knowledge communities [J]. Computers in Human Behavior. 2017, 76 (11): 9-18.

[212] Yang D, Sinha T, Adamson D, et al. Turn on, tune in, drop out: Anticipating student dropouts in massive open online courses [C]. Proceedings of the 2013 NIPS Data-Driven Education Workshop. 2013, 11: 14.

[213] Yang J, Kim W, Amblee N, et al. The heterogeneous effect of WOM on product sales: Why the effect of WOM valence is mixed? [J]. European Journal of Marketing, 2012, 47 (4): 1523-1538.

[214] Yang Y S, Chuang P J, Huang3 C Y, et al. An efficient adaptive fuzzy learning diagnosis method for e-learning [J]. Journal of Internet Technology, 2015, 16 (3): 391-401.

[215] Yanhui Han, Shunping Wei, Shaogang Zhang. Analysis of online learn-

ing behavior from a tutor perspective: Reflection on interactive teaching and learning in the big data era1 [J]. Asian Association of Open Universities Journal, 2015 (2): 29 -48.

[216] Yao, Y., Tong H., Xie T. et al. Detecting high - quality posts in community question answering sites [J]. Information Sciences, 2015, 302: 70 - 82.

[217] Yen H J R. Risk - reducing signals for new online retailers: A study of single and multiple signalling effects [J]. International Journal of Internet Marketing & Advertising, 2011, 3 (4): 299 -317.

[218] Yeşil, S., Koska A., Büyükbeşe T. Knowledge sharing process, innovation capability and innovation performance: An empirical study [J]. Procedia - Social and Behavioral Sciences, 2013, 75: 217 -225.

[219] Yilmaz, Ramazan. Knowledge sharing behaviors in e - learning community: Exploring the role of academic self - efficacy and sense of community [J]. Computers in Human Behavior, 2016, 63 (10): 373 -382.

[220] Yoo W S, Lee Y J, Park J, et al. The role of interactivity in e - tailing: Creating value and increasing satisfaction [J]. Journal of Retailing and Consumer Services, 2010, 17 (2): 89 -96.

[221] York C S, Richardson J C. Interpersonal interaction in online learning: Experienced online instructors' perceptions of influencing factors [J]. Journal of Asynchronous Learning Networks, 2012, 16 (4): 83 -98.

[222] Young EH, Griffiths T, Luke B, West RE. Educational technology research journals: "Journal of distance education," 2003 - 2012 [J]. Educational Technology. 2014, 54 (5): 45 -49.

[223] Zawacki - Richter O, Anderson T. The geography of distance education——bibliographic characteristics of a journal network [J]. Distance Education. 2011, 32 (3): 441 -456.

[224] Zhang C, Hahn J, De P, et al. Research note——Continued participation in online innovation communities: Does community response matter equally for everyone? [J]. Information Systems Research, 2013, 24 (4): 1112 -1130.

[225] Zhang, J., Zhang, J., Zhang, M., et al. From free to paid: Customer expertise and customer satisfaction on knowledge payment platforms [C]. De-

cision Support Systems. 2019.

［226］Zhao L, Detlor B, Connelly C E, et al. Sharing knowledge in social Q&A sites: The unintended consequences of extrinsic motivation ［J］. Journal of Management Information Systems, 2016, 33 (1): 70 – 100.

［227］艾瑞咨询. 中国在线知识付费市场研究报告 ［R］, 2018.

［228］安迪·莱恩, 莎莉·凯尔德, 马丁·韦勒, 肖俊洪. 慕课的潜在社会、经济和环境效益——从运营和历史角度与一门大规模"封闭在线"课程的比较 ［J］. 中国远程教育, 2015 (02): 18 – 24 + 79.

［229］奥托·彼得斯, 郑勤华, 白滨. 在线学习对口头对话的诉求 ［J］. 开放教育研究, 2010, 16 (03): 20 – 26.

［230］白杨. 信息化时代高校慕课学习者学习意愿研究 ［J］. 佳木斯职业学院学报, 2018, 188 (07): 276 – 277.

［231］包昊罡, 邢爽, 李艳燕等. 在线协作学习中面向教师的可视化学习分析工具设计与应用研究 ［J］. 中国远程教育, 2019 (06): 13 – 21 + 92 – 93.

［232］保罗·川内, 张向阳, 肖俊洪. 社交临场对学习的促进作用研究 ［J］. 中国远程教育, 2013 (05): 51 – 58 + 95 – 96.

［233］毕磊, 朱祖林, 郭允建, 汤诗华, 刘盛峰. 我国远程教育研究 2016 年度进展报告 ［J］. 远程教育杂志, 2017, 35 (05): 15 – 26.

［234］边肇祺, 张学工. 模式识别. 第 2 版 ［M］. 清华大学出版社, 2000.

［235］蔡宝来, 张诗雅, 杨伊. 慕课与翻转课堂: 概念, 基本特征及设计策略 ［J］. 教育研究, 2015, 36 (011): 82 – 90.

［236］蔡舜, 石海荣, 傅馨, 陈熹. 知识付费产品销量影响因素研究: 以知乎 live 为例 ［J］. 管理工程学报, 2019, 33 (03): 71 – 83.

［237］蔡文璇, 汪琼. 2012: MOOC 元年 ［J］. 中国教育网络, 2013 (04): 16 – 18.

［238］曹良亮, 陈丽. 异步交互中学习者观望原因的研究 ［J］. 中国远程教育, 2006 (03): 22 – 25 + 78 – 79.

［239］曾丽婷, 范逸洲, 刘玉. MOOC 学员学习规律与学习规划的实证研究——以"翻转课堂教学法"MOOC 课程为例 ［J］. 工业和信息化教育, 2014 (11): 37 – 47.

[240] 曾明星,周清平,蔡国民等. 基于MOOC的翻转课堂教学模式研究[J]. 中国电化教育, 2015 (4): 102-108.

[241] 曾宁,张宝辉,范逸洲. 如何分析慕课论坛中的数据: 六大分析方法述评[J]. 现代远距离教育, 2019, 000 (006): 87-96.

[242] 曾森灵. 虚拟社区的构建[D]. 南昌: 江西师范大学, 2008.

[243] 柴艳妹,雷陈芳. 基于数据挖掘技术的在线学习行为研究综述[J]. 计算机应用研究, 2018, 35 (05): 1287-1293.

[244] 常敬,王丹. 大学生慕课学习意向的影响因素实证探究[J]. 科技资讯, 2018, 016 (011): 171-177.

[245] 常亚平,肖万福,阎俊. C2C环境下服务质量对阶段信任的影响研究[J]. 管理学报, 2014, 11 (8): 1215.

[246] 陈国强. 虚拟学习社区的有效性反思及其发展思路[J]. 电化教育研究, 2006, 000 (007): 26-29.

[247] 陈昊,焦微玲,李文立. 消费者知识付费意愿实证研究——基于试用视角[J]. 现代情报, 2019, 39 (02): 136-144.

[248] 陈怀超,蒋念,范建红. 转移情境影响母子公司知识转移的系统动力学建模与分析[J]. 管理评论. 2017, 29 (12): 62-71.

[249] 陈继宇,严沛瑜,陈丽. 网上交互辅导系统与学习循环[J]. 中国电化教育, 2005 (03): 33-36.

[250] 陈娟,吴卓青,邓胜利. 基于层次聚类法的"知乎"用户细分与行为分析[J]. 情报理论与实践. 2018, 41 (07): 111-116.

[251] 陈丽,王怀波,孙洪涛,刘春萱. 中国MOOCs的回归与高等学校教学服务模式变革方向[J]. 中国电化教育, 2017 (08): 1-6+12.

[252] 陈丽. "互联网+教育"的创新本质与变革趋势[J]. 远程教育杂志, 2016, 34 (04): 3-8.

[253] 陈森,燕良轼. "慕课"的知识传播模式及其发展[J]. 湖南师范大学教育科学学报, 2019, 18 (02): 112-117.

[254] 陈明红. 学术虚拟社区用户持续知识共享的意愿研究[J]. 情报资料工作, 2015 (01): 41-47.

[255] 陈鹏宇,冯晓英,孙洪涛,陈丽. 在线学习环境中学习行为对知识建构的影响[J]. 中国电化教育, 2015 (08): 59-63+84.

[256] 陈声健. 混合式学习模式中的教学结构要素分析[J]. 曲靖师范

学院学报，2006（03）：94-98.

[257] 陈思维，蔡达明. 多元智能理论视角下IPTV益智游戏开发的策略研究[J]. 中国电化教育，2018（3）. 127-130.

[258] 陈卫东，刘欣红，王海燕. 混合学习的本质探析[J]. 现代远距离教育，2010（05）：30-33.

[259] 陈向东等人. 为什么没有坚持——一个MOOC学习个案的分析[J]. 现代远程教育，2014：9-14.

[260] 陈耀华，郑勤华，孙洪涛，陈丽. 基于学习分析的在线学习测评建模与应用——教师综合评价参考模型研究[J]. 电化教育研究，2016，37（10）：35-41.

[261] 陈羽洁，张义兵，徐朝军，知识建构社区外组中间人的形成特征及作用研究[J]，电化教育研究，2020（2）：38-44.

[262] 陈长胜，孟祥增，刘俊晓等. 学习分析视域下慕课学习者学习时间分配[J]. 现代远程教育研究，2020，032（003）：81-93.

[263] 成小娟，张文兰. 近十年境外网络环境下学习动机研究的文献计量分析[J]. 中国远程教育，2016（12）：43-50.

[264] 程璐楠，韩锡斌，程建钢. MOOC平台的多元化创新发展及其影响[J]. 远程教育杂志，2014（2）：58-66.

[265] 程诺，臧爽，崔志刚等. 护理本科生对社区护理学习平台的使用需求及评价[J]. 解放军护理杂志，2019，036（004）：79-83.

[266] 程中月. 主播努力水平影响下的直播平台激励策略研究[D]. 西南交通大学，2018.

[267] 崔贝贝. 基于大数据背景的在线学习行为分析模型[J]. 课程教育研究，2018（44）：1.

[268] 崔裕静，马宗兵，马凡. 网络直播作为慕课学习支持服务的模式及应用[J]. 现代教育技术，2019，029（012）：110-115.

[269] 邓彩凤. 中文文本分类中互信息特征选择方法研究[D]. 西南大学，2011.

[270] 邓国民，周楠芳. 国际自我调节学习研究知识图谱：起源、现状和未来趋势[J]. 中国远程教育，2018（07）：33-42+60.

[271] 邓胜利，周婷. 网络社区用户知识贡献研究进展[J]. 情报资料工作，2013（03）：35-39.

[272] 董才正, 刘柏嵩. 面向问答社区的中文问题分类 [J]. 计算机应用, 2016 (4): 1060-1065.

[273] 翟兴, 陈超, 王鸿蕴. 信息素养对大学生网络学习投入的影响研究——以新冠疫情期间的大规模、长周期网络教学为例 [J]. 现代教育技术, 2020, 30 (10): 98-104.

[274] 翟宇卉, 杨明辉. 基于结构方程视角的大学生慕课学习意愿研究 [J]. 大连理工大学学报 (社会科学版), 2017 (04): 156-163.

[275] 丁道韧. 高校科研知识社群的知识贡献研究 [D]. 南京航空航天大学, 2017.

[276] 丁书林. 疫情防控期间学校在线教学的主要原则及实施 [J]. 实验教学与仪器, 2020, 37 (03): 3-7.

[277] 丁一兵, 付林. 中美大型企业社会责任对其企业效率的影响机制研究——基于 DEA-Tobit 两步法的分析 [J]. 产业经济研究, 2015 (06): 21-31.

[278] 董晶. 慕课的发展现状及对高等教育的影响 [J]. 山东师范大学硕士学位论文, 2015 (6): 1-53.

[279] 董娜. 基于 TAM3 模型移动学习行为接受度调查与分析——基于某高职院校学生为例 [J]. 萍乡学院学报, 2017 (06): 103-107.

[280] 董晓霞, 李建伟. MOOC 的运营模式研究 [J]. 中国电化教育, 2014 (7): 34-39.

[281] 董炎俊. 基于 Moodle 的虚拟学习社区中知识建构的影响因素研究 [D]. 山西师范大学, 2012.

[282] 杜玮. EBK 模式下海南旅游购物决策行为的影响因素分析 [J]. 中国商论, 2017 (30): 50-51.

[283] 杜智涛. 网络知识社区中用户"知识化"行为影响因素——基于知识贡献与知识获取两个视角 [J]. 图书情报知识, 2017 (02): 105-119.

[284] 方佳明, 史志慧, 刘璐. 基于 5G 技术的在线教育平台学习者迁移行为影响机制 [J]. 现代远程教育研究, 2019, 31 (06): 22-31.

[285] 方匡南, 吴见彬, 朱建平等. 随机森林方法研究综述 [J]. 统计与信息论坛, 2011, 26 (3): 32-38.

[286] 方旭. MOOC 学习行为影响因素研究 [J]. 开放教育研究, 2015 (6): 46-53.

[287] 冯秋燕,朱学芳. 社交媒体用户价值画像建模与应用研究 [J]. 情报资料工作, 2019, 40 (06): 73-80.

[288] 冯晓英,郑勤华,陈鹏宇. 学习分析视角下在线认知水平的评价模型研究 [J]. 远程教育杂志, 2016, 34 (06): 39-45.

[289] 冯永华. 促进个性化学习的慕课开发价值取向及实现 [J]. 现代远程教育研究, 2019, 031 (005): 46-53.

[290] 付少雄,陈晓宇. 知识网红内容表现力的影响因素分析: 以知乎为例 [J]. 情报资料工作, 2019, 40 (06): 81-89.

[291] 付少雄,陈晓宇,邓胜利. 在线问答学习社区用户信息行为的转化研究——从信息采纳到持续性信息搜寻的理论模型构建 [J]. 图书情报知识, 2017, (04): 80-88.

[292] 傅钢善,王改花. 基于数据挖掘的网络学习行为与学习效果研究 [J]. 电化教育研究, 2014 (9): 53-57.

[293] 甘永成. 虚拟学习社区中的知识建构和集体智慧研究 [D]. 华东师范大学, 2004.

[294] 高地. "慕课": 高校思想政治教育面临的新挑战 [J]. 思想理论教育导刊, 2015 (03): 104-108.

[295] 高瑞. 2001—2016年在线教育研究文献计量分析及启示 [J]. 高教探索, 2018 (05): 86-92+104.

[296] 高欣峰,林世员,郑勤华. 中外大规模在线开放课程学习成果认证分析——基于9个慕课平台的比较研究 [J]. 现代远距离教育, 2019, 000 (003): 65-73.

[297] 高长俊. 我国虚拟学习社区研究现状及趋势分析 [J]. 远程教育杂志. 2011年4月: 65-70.

[298] 龚诗阳,刘霞,刘洋等. 网络口碑决定产品命运吗——对线上图书评论的实证分析 [J]. 南开管理评论, 2012 (04): 120-130.

[299] 顾小清,黄景碧,朱元锟等. 让数据说话: 决策支持系统在教育中的应用 [J]. 教育科学文摘, 2010, 16 (5): 79-80.

[300] 顾小清,张进良,蔡慧英. 学习分析: 正在浮现中的数据技术 [J]. 远程教育杂志, 2012, 30 (1): 18-25.

[301] 郭秋艳,何跃. 新浪微博名人用户特征挖掘及效应研究 [J]. 情报杂志, 2013, 32 (02): 112-116.

[302] 郭允建，朱祖林，刘盛峰，汤诗华，毕磊. 我国远程教育研究 2018 年度进展报告 [J]. 远程教育杂志，2019，37（05）：13－23.

[303] 国家信息中心分享经济研究中心. 中国共享经济发展年度报告 [R]. 2020.

[304] 韩锡斌，葛文双，周潜等. MOOC 平台与典型网络教学平台的比较研究 [J]. 中国电化教育，2014，000（001）：61－68.

[305] 郝琳娜，侯文华，郑海超. 基于众包竞赛的虚拟社区内知识共享行为 [J]. 系统工程. 2016，34（06）：65－71.

[306] 郝巧龙，魏振钢，林喜军. MOOC 学习行为分析及成绩预测方法研究 [J]. 电子技术与软件工程，2016（7）：167－168.

[307] 郝兆杰，肖琼玉，常继忠. 慕课学习者完成课程的影响因素研究 [J]. 成人教育，2018，38（10）：13－19.

[308] 何克抗. 从"翻转课堂"的本质看"翻转课堂"在我国的未来发展 [J]. 电化教育研究，2014，（7）：5－16.

[309] 贺斌. 洞察 MOOC 之"道" [J]. 电化教育研究，2014（12）：43－51.

[310] 贺超凯，吴蒙. edX 平台教育大数据的学习行为分析与预测 [J]. 中国远程教育，2016：54－59.

[311] 洪惠娜. 基于用户体验的 Pgc 短视频设计策略研究 [D]：浙江农林大学，2019.

[312] 侯永，王铁男，李向阳. 续集电影品牌溢出效应的形成机理：从信号理论与品牌延伸理论的视角 [J]. 管理评论，2014，26（7）：125－137.

[313] 胡丹妮，章梦瑶，郑勤华. 基于滞后序列分析法的在线学习者活动路径可视化分析 [J]. 电化教育研究，2019，40（05）：55－63.

[314] 胡方霞. 混合学习支持服务的特征及范畴研究 [J]. 文化创新比较研究，2018，2（35）：105－107.

[315] 胡小勇，徐欢云，陈泽璇. 学习者信息素养、在线学习投入及学习绩效关系的实证研究 [J]. 中国电化教育，2020（03）：77－84.

[316] 胡艺龄，顾小清，赵春. 在线学习行为分析建模及挖掘 [J]. 开放教育研究，2014，20（2）：102－110.

[317] 胡艺龄，顾小清. 从联通主义到 MOOCs：联结知识，共享资源——访国际知名教育学者斯蒂芬·唐斯 [J]. 开放教育研究，2013，19（06）：

4-10.

[318] 胡勇. 在线协作学习过程中社会临场感的社会网络分析 [J]. 现代远程教育研究, 2013 (01): 69-77.

[319] 黄彬. 网络社区知识服务的购买意愿研究 [D]. 华东师范大学, 2017.

[320] 黄德群. 基于高校网络教学平台的混合学习模式应用研究 [J]. 远程教育杂志, 2013, 31 (03): 64-70.

[321] 黄福涛. 新中国成立70年来中国高等教育研究的变化与特征 [J]. 复旦教育论坛, 2019, 017 (006): 5-11.

[322] 黄洁萍, 曹安琪. 知识型众包社会大众参与行为动机及激励机制 [J]. 北京理工大学学报 (社会科学版), 2018, 20 (04): 88-96.

[323] 黄嵩. "互联网+"时代干部在线学习发展对策研究 [J]. 电脑知识与技术, 2015, 11 (05): 111-112+114.

[324] 黄瑶. 基于在线学习环境下学习者学习行为模型构建与分析 [D]. 云南师范大学, 2019.

[325] 纪东旭. 基于翻转课堂的自主学习任务单设计与应用研究 [J]. 教与学, 2016: 57-59.

[326] 贾非, 谢苗苗, 杨涵舒. 在线课程平台用户付费行为影响因素研究——基于腾讯课堂数据的实证分析 [J]. 消费经济, 2018, 34 (05): 74-79.

[327] 贾积有, 缪静敏, 汪琼. MOOC学习行为及效果的大数据分析——以北大6门MOOC为例 [J]. 工业和信息化教育, 2014 (9): 23-29.

[328] 贾利锋, 李海龙. 临场感对在线学习者学习认知的影响——基于探究社区理论的条件过程分析 [J]. 电化教育研究, 2020, 000 (002): 45-52.

[329] 江波, 邱飞岳, 李浩君. 教育数据挖掘研究综述——技术的视角 [C] // 全国计算机辅助教育学会学术年会, 2014.

[330] 姜红波, 郑婕, 陈捷. B2C移动电商服务质量与顾客忠诚度关系研究 [J]. 长春理工大学学报: 社会科学版, 2015 (28): 94.

[331] 姜蔺, 韩锡斌, 程建钢. MOOCs学习者特征及学习效果分析研究 [J]. 中国电化教育, 2013 (11): 54-59.

[332] 姜强, 赵蔚, 王朋娇. 基于大数据的个性化自适应在线学习分析模型及实现 [J]. 中国电化教育, 2015, (1): 85-92.

[333] 姜雯, 许鑫. 在线问答社区信息质量评价研究综述 [J]. 现代图书情报技术, 2014 (06): 41-50.

[334] 蒋红星, 代洪彬, 肖宗娜. 国内混合式学习的文献计量和知识图谱分析——基于 CNKI 2003-2016 年数据 [J]. 广西师范大学学报 (哲学社会科学版), 2016, 52 (05): 43-53.

[335] 蒋志辉, 赵呈领, 李红霞, 胡萍, 黄琰. 在线学习者满意度影响因素: 直播情境与录播情境比较 [J]. 开放教育研究, 2017, 23 (04): 76-85.

[336] 蒋卓轩, 张岩, 李晓明. 基于 MOOC 数据的学习行为分析与预测 [J]. 计算机研究与发展, 2015, 52 (3): 614-628.

[337] 金燕, 孙佳佳. 基于用户画像的 UGC 质量预判模型 [J]. 情报理论与实践, 2019, 42 (10): 77-83.

[338] 晋升. 基于 DEA 方法的学术虚拟社区知识交流效率研究 [D]. 郑州大学, 2019.

[339] 靖培栋. 信息可视化——情报学研究的新领域 [J]. 情报科学, 2003, 21 (07): 685-687.

[340] 科林·莱切姆, 肖俊洪. 发展中国家远程非正式学习和非正规教育 [J]. 中国远程教育, 2014 (10): 5-15+39+95.

[341] 莱瑞·约翰逊, 萨曼莎·亚当斯贝克尔, 白晓晶, 李胜波. 对于"慕课"的质疑——在线学习变革引发的社会反响 [J]. 北京广播电视大学学报, 2013 (06): 18-23.

[342] 赖文娣. 旅游虚拟社区顾客隐性知识共享激励机制研究 [D]. 华南理工大学, 2012.

[343] 乐惠骁, 范逸洲, 贾积有. 优秀的慕课学习者如何学习——慕课学习行为模式挖掘 [J]. 中国电化教育, 2019, 000 (002): 72-79.

[344] 李凤英. 社区居民虚拟学习的自主性培育研究 [J]. 高教专区, 2015: 202-204.

[345] 李钢, 卢艳强, 滕树元. 用户在线知识付费行为研究——基于计划行为理论 [J]. 图书馆学研究, 2018, (10): 49-60.

[346] 李国辉, 唐国明, 崔婧, 钱学森系统思维思想在大学课堂教学中的实践——试论大学专业基础课程教学中系统思维能力的培养 [J]. 高等教育研究学报, 2019 (12): 13-19.

[347] 李海峰, 王炜. 在线问答学习社区的群体知识贡献影响因素——基于 Web GIS 知乎学习社区的功能模块分析 [J]. 开放教育研究, 2020, 026 (001): 111-120.

[348] 李金阳. 社会交换理论视角下虚拟社区知识共享行为研究 [J]. 情报科学, 2013, 31 (04): 119-123.

[349] 李进华, 张婷婷. 社会化问答知识分享用户感知有用性影响因素研究——以知乎为例 [J]. 现代情报, 2018, 38 (04): 20-28.

[350] 李克东, 赵建华. 混合学习的原理与应用模式 [J]. 电化教育研究, 2004 (07): 1-6.

[351] 李曼丽, 徐舜平, 孙梦嫽. MOOC 学习者课程学习行为分析——以"电路原理"课程为例 [J]. 开放教育研究, 2015, 21 (2): 63-69.

[352] 李梦辉, 潘霞, 熊冬春, 吕远梅. 我国的 MOOC 平台学习支持服务现状研究——从学习者角度 [J]. 中国信息技术教育, 2016 (22): 100-104.

[353] 李青, 刘娜. MOOC 质量保证体系研究 [J]. 开放教育研究, 2015 (5): 66-73.

[354] 李青, 王涛. 学习分析技术研究与应用现状述评 [J]. 中国电化教育, 2012 (08): 129-133.

[355] 李爽, 钟瑶. 在线教师教学投入对学生学习绩效的影响——基于教师和学生的视角 [J]. 开放教育研究, 2020, 26 (03): 99-110.

[356] 李武, 艾鹏亚, 谢蓉. 基于感知价值视角的在线付费问答平台用户付费意愿研究 [J]. 图书情报知识, 2018 (04): 4-14.

[357] 李雪妍. 计算机大数据在互联网学习中的应用 [J]. 信息与电脑 (理论版), 2020, 32 (01): 28-30.

[358] 李雅筝. 在线教育平台用户持续使用意向及课程付费意愿影响因素研究 [D]. 中国科学技术大学, 2016.

[359] 李艳, 张慕华. 高校学生慕课和翻转课堂体验实证研究——基于 231 条在线学习日志分析 [J]. 现代远程教育研究, 2015 (05): 73-84+93.

[360] 李艳燕, 彭禹, 康佳等. 在线协作学习中小组学习投入的分析模型构建及应用 [J]. 中国远程教育, 2020 (02): 40-48+77.

[361] 李阳. 大数据环境下在线学习行为分析模型研究 [D]. 哈尔滨理工大学, 2017.

[362] 李玉斌,武书宁,姚巧红等. 大学生网络学习行为调查研究 [J]. 电化教育研究,2013 (11):59-65.

[363] 李志宏,赖文娣,白雪. 高校科研团队隐性知识共享的系统动力学分析 [J]. 管理学报. 2012,9 (10):1495-1504.

[364] 李宗伟,张艳辉,栾东庆. 哪些因素影响消费者的在线购买决策？——顾客感知价值的驱动作用 [J]. 管理评论,2017 (8):136-146.

[365] 廖俊云,黄敏学. 基于酒店销售的在线产品评论、品牌与产品销量实证研究 [J]. 管理学报,2016,13 (1):122.

[366] 林燕霞,谢湘生. 基于社会认同理论的微博群体用户画像 [J]. 情报理论与实践,2018,41 (03):142-148.

[367] 琳达·哈拉西姆,肖俊洪. 协作学习理论与实践——在线教育质量的根本保证 [J]. 中国远程教育,2015 (08):5-16+79.

[368] 刘冰. 社会网络视角下慕课学习者互动关系研究 [J]. 宁波大学学报 (教育科学版),2016,38 (005):62-69.

[369] 刘彩燕,黄丹妮,胡晓月等. 基于深度访谈的大学生慕课学习现状调查 [J]. 大学教育,2020 (3):36-38.

[370] 刘建伟,申芳林,罗雄麟. 感知器学习算法研究 [J]. 计算机工程,2010,36 (7):190-192.

[371] 刘玲. MOOC 中同伴互评的功能与策略探究——以 edX,Coursera [JP2] 平台及北京大学的 MOOC 课程为例 [J]. 工业和信息化教育,2014 (11):11-[JP]16.

[372] 刘敏,滕华,毛嘉莉等. 基于自主学习环境下使用 C4.5 算法的专业预测 [J]. 计算机系统应用,2008,17 (3):38-41.

[373] 刘明吉,王秀峰,黄亚楼. 数据挖掘中的数据预处理 [J]. 计算机科学,2000,27 (4):54-57.

[374] 刘佩,林如鹏. 网络问答社区"知乎"的知识分享与传播行为研究 [J]. 图书情报知识,2015 (06):109-119.

[375] 刘清堂,叶阳梅,朱珂. 活动理论视角下 MOOC 学习活动设计研究 [J]. 远程教育杂志,2014,000 (004):99-105.

[376] 刘荣. 翻转课堂:学与教的革命 [J]. 基础教育课程,2012,000 (012):28.

[377] 刘蕤. 虚拟社区知识共享影响因素及激励机制探析 [J]. 情报理论

与实践, 2012, 35 (08): 39 - 43.

[378] 刘晓欣. 互信息多元时间序列相关分析与变量选择 [D]. 大连理工大学, 2013.

[379] 刘亚珍. 基于互信息的冶金煤气非完备数据特征选择 [D]. 大连理工大学, 2014.

[380] 刘震, 陈东. 近二十年国外在线继续教育研究综述——基于 Citespace 的可视化分析 [J]. 清华大学教育研究, 2019, 40 (04): 123 - 132.

[381] 刘征驰, 马滔, 申继禄. 个性定制、价值感知与知识付费定价策略 [J]. 管理学报, 2018, 15 (12): 1846 - 1853.

[382] 刘中宇, 周晓. 行为科学理论指导下的高校大学生网络学习行为研究 [J]. 中国电化教育, 2008 (5): 46 - 48.

[383] 刘周颖, 赵宇翔. 基于语音互动的付费知识问答社区运营模式初探——以分答和值乎为例 [J]. 图书与情报, 2017 (04): 38 - 46.

[384] 龙三平, 张敏. 在线学习理论研究的现状与趋势——基于 SSCI 数据库 (1994—2013 年) 的科学计量分析 [J]. 远程教育杂志, 2014, 32 (03): 64 - 70.

[385] 卢东标. 基于决策树的数据挖掘算法研究与应用 [D]. 武汉理工大学, 2008.

[386] 卢强. 翻转课堂的冷思考——实证与反思 [J]. 电化教育研究. 2013 (8): 91 - 97.

[387] 卢艳强, 李钢. 网络环境下的用户持续知识分享行为分析——Tra、Tpb 与持续使用理论的比较 [J]. 图书馆理论与实践, 2019 (03): 50 - 55.

[388] 卢紫荆, 刘紫荆, 郑勤华. 基于 DEA 的在线学习者学习效率评价 [J]. 开放学习研究, 2019, 24 (02): 30 - 38.

[389] 骆世广, 杨晓伟, 吴广潮等. 一种改进的序贯最小优化算法 [J]. 计算机科学, 2006, 33 (11): 146 - 148.

[390] 吕森林. 中国互联网教育行业研究 [J]. 互联网天地, 2016 (04): 59 - 69.

[391] 马凤娟. Web 2.0 环境下的虚拟学习社区模型构建 [D]. 山东师范大学. 2008.

[392] 马婧. 混合教学环境下大学生学习投入影响机制研究——教学行为

的视角 [J]. 中国远程教育, 2020 (02): 57 - 67.

[393] 马婧. E-learning 对高等教育的影响 [J]. 商丘师范学院学报, 2007 (02): 103 - 105.

[394] 马克·布朗, 肖俊洪. 在线、混合和远程学习新常态: 梅西大学经验 [J]. 中国远程教育, 2013 (11): 27 - 35 + 95.

[395] 马立, 郁晓华, 祝智庭. 教师继续教育新模式: 网络研修 [J]. 教育研究, 2011, 32 (11): 21 - 28.

[396] 马伟杰. 基于 Web 日志挖掘的网络学习行为建模研究 [J]. 河南教育学院学报 (自然科学版), 2016, 25 (4).

[397] 马艳红. 高职为企业提供在线培训学习平台服务的研究 [J]. 软件, 2013, 34 (01): 75 - 76.

[398] 毛国君. 数据挖掘原理与算法 [M]. 清华大学出版社, 2007.

[399] 毛艳. 翻转课堂背景下在线学习行为监控系统的研究与设计 [J]. 江苏大学工程硕士学位论文, 2016 (6): 1 - 57.

[400] 梅雷亚德·尼克·朱拉·梅西尔, 马克·布朗, 肖俊洪. 慕课同心圈式发展: 从高等教育破坏性创新向持续性创新模式的转变 [J]. 中国远程教育, 2019 (03): 58 - 68 + 93.

[401] 孟奕爽, 胡珊. 基于 TAM 模型的大学生在线学习行为意向研究——以会展经济与管理专业为例 [J]. 山西煤炭管理干部学院学报, 2019, 032 (004): 64 - 67.

[402] 孟园, 王洪伟, 王伟. 网络口碑对产品销量的影响: 基于细粒度的情感分析方法 [J]. 管理评论, 2017 (1): 144 - 154.

[403] 明晓乐. 知识社区中专家贡献度评价方法研究 [D]. 江苏科技大学, 2015.

[404] 莫甲凤. MOOC 时代如何提升大学教师教学能力 [J]. 中国地质大学学报 (社会科学版), 2014, 14 (03): 129 - 133 + 140.

[405] 穆肃, 王孝金. 参与和投入而非肤浅和简单——在线学习中的深层次学习 [J]. 中国远程教育, 2019 (02): 17 - 25 + 92 - 93.

[406] 穆肃, 温慧群. 适应学生的学习——不同复杂度的混合学习设计与实施 [J]. 开放教育研究, 2018, 24 (06): 60 - 69.

[407] 欧阳映泉. 付费在线学习采纳意愿影响因素研究 [D]. 西南财经大学. 2014.

[408] 潘辉. MOOC 对专业课程教学改革的启示 [J]. 计算机教育, 2015, 242 (14): 31-34.

[409] 庞维国. 自主学习: 学与教的原理和策略 [M]. 华东师范大学出版社, 2003.

[410] 彭文辉, 杨宗凯, 刘清堂. 网络学习行为系统概念模型构建研究 [J]. 中国电化教育, 2013 (9): 39-46.

[411] 彭文辉. 网络学习行为分析及建模 [D]. 华中师范大学, 2012.

[412] 蒲善荣. 网络教学主要特性探析 [J]. 电化教育研究, 2011 (06): 64-68+72.

[413] 钱小龙. 可持续发展视野下大学慕课商业化运作的整体性分析 [J]. 现代教育技术, 2019, 29 (02): 87-93.

[414] 钱宇华, 梁吉业, 王锋. 面向非完备决策表的正向近似特征选择加速算法 [J]. 计算机学报, 2011, 34 (3): 435-442.

[415] 秦慧臻. 虚拟学习社区的群体知识建构研究 [D]. 曲阜师范大学, 2014.

[416] 邱皓政. 量化研究与统计分析 [M]. 重庆大学出版社, 2013: 280-284.

[417] 邱云飞, 张伟竹. 基于网络结构和文本内容的群体画像构建方法研究 [J]. 图书情报工作, 2019, 63 (22): 21-30.

[418] 桑秋侠. 大学生在线学习行为分析模型构建及应用研究 [D]. 湖北大学, 2016.

[419] 尚建新, 解月光, 王伟. 虚拟学习社区中学习者交互因素研究 [J]. 电化教育研究. 2010 (8): 65-70.

[420] 尚永辉, 艾时钟, 王凤艳. 基于社会认知理论的虚拟社区成员知识共享行为实证研究 [J]. 科技进步与对策, 2012, 29 (07): 127-132.

[421] 申灵灵, 韩锡斌, 程建钢. "后 MOOC 时代"终极回归开放在线教育——2008—2014 年国际文献研究特点分析与趋势思考 [J]. 现代远程教育研究, 2014 (3): 17-26.

[422] 沈柏良, 李晓钟. "互联网+" 背景下我国高校网络教育质量提升的思考 [J]. 中国校外教育, 2019 (36): 40-41.

[423] 施国良, 陈旭, 杜璐锋. 社会化问答网站答案认可度的影响因素研究——以知乎为例 [J]. 现代情报, 2016, 36 (06): 41-45.

[424] 石月凤, 刘智, 韩继辉, 彭晛. 基于社会网络分析的在线学习行为分析实证研究 [J]. 中国教育信息化, 2019 (01): 5-10.

[425] 舒忠梅, 屈琼斐. 基于教育数据挖掘的大学生学习成果分析 [J]. 东北大学学报社会科学版, 2014, 16 (3): 309-314.

[426] 舒忠梅, 屈琼斐. 大数据时代高校信息管理与决策机制研究 [J]. 华南理工大学学报 (社会科学版), 2013, 15 (06): 96-101.

[427] 宋炳. 从课堂到在线——浅谈远程教育的优势与不足 [J]. 国际公关, 2019 (11): 73+75.

[428] 苏鹭燕, 李瀛, 李文立. 用户在线知识付费影响因素研究: 基于信任和认同视角 [J]. 管理科学, 2019 (4): 90-104.

[429] 孙洪涛, 郑勤华, 陈耀华, 陈丽. 基于学习分析的在线学习测评建模与应用——课程综合评价参考模型研究 [J]. 电化教育研究, 2016, 37 (11): 25-31.

[430] 孙康. 实名制虚拟社区知识共享影响因素的实证研究 [D]. 西安电子科技大学, 2010.

[431] 孙曼丽. 国外大学混合学习教学模式述评 [J]. 福建师范大学学报 (哲学社会科学版), 2015 (03): 153-160+172.

[432] 孙萌, 唐雪萍, 郑勤华. 基于日行为模式的学生行为序列分析 [J]. 开放学习研究, 2019, 24 (02): 39-45.

[433] 孙月亚. 开放大学远程学习者在线学习行为的特征分析 [J]. 中国电化教育, 2015, (8): 64-71.

[434] 孙悦. 在线医疗社区用户知识贡献行为与知识贡献度评价研究 [D]. 吉林大学, 2018.

[435] 孙众, 王敏娟, 马小强, 石长地. 美国高等教育的发展趋势和面临的挑战: 在线学习, 移动学习和 MOOCs——访美国圣地亚哥州立大学副校长依山·辛格 (Ethan Signer) 博士 [J]. 中国电化教育, 2014 (06): 1-5+29.

[436] 谭光兴, 徐峰, 屈文建. 高校学生网络教学行为意向影响因素与模型 [J]. 电化教育研究, 2012, 33 (01): 47-53+58.

[437] 谭浩, 郭雅婷. 基于大数据的用户画像构建方法与运用 [J]. 包装工程, 2019, 40 (22): 95-101.

[438] 谭敬德, 李勇帆, 谭平. 基于虚拟学习社区的教师继续教育课程教

学设计研究 [J]. 中国电化教育, 2010 (10): 62-66.

[439] 谭旸, 秦渴, 袁勤俭. 激励机制对学术虚拟社区知识贡献效果的影响研究 [J]. 现代情报. 2020, 40 (09): 106-116.

[440] 汤诗华, 郭允建, 朱祖林, 毕磊, 刘盛峰. 我国远程教育研究 2017 年度进展报告 [J]. 远程教育杂志, 2018, 36 (05): 27-36.

[441] 汤小燕. 社会化问答型虚拟社区知识共享激励机制研究 [D]. 华南理工大学, 2014.

[442] 汤跃明, 杨彩菊. 混合式学习对中小学教师继续教育的启示 [J]. 成人教育, 2007 (02): 58-59.

[443] 唐晓波, 李新星. 社会化问答社区知识共享机制的系统动力学仿真研究 [J]. 情报科学. 2018, 36 (03): 125-129.

[444] 陶春. "知识付费" 的春天, 在于挖掘免费课程的痛点 [J]. 中国教育网络, 2018 (4): 71-72.

[445] 田富鹏, 焦道利. 信息化环境下高校混合教学模式的实践探索 [J]. 电化教育研究, 2005 (04): 63-65.

[446] 田秋艳. 虚拟学习社区中知识建构的影响因素研究 [D]. 东北师范大学. 2009.

[447] 田新芳, 杨小珍, 王秀艳. 混合学习的国内外比较研究——基于 CiteSpace 的文献可视化分析 [J]. 广州广播电视大学学报, 2019, 19 (01): 17-24+93+108.

[448] 涂艳, 张耀杰. 在线课堂知识建构效果监督模型实证研究 [J]. 高等教育研究学报, 2018, 41 (3): 64-73.

[449] 万昆, 兰国帅, 叶冬连. 国内教育技术研究领域: 现状、问题与前瞻 [J]. 现代远距离教育, 2015 (05): 68-75.

[450] 万莉. 学术虚拟社区知识交流效率测度研究 [J]. 情报杂志, 2015, 34 (09): 170-173.

[451] 汪基德, 冯莹莹. MOOC 热背后的冷思考 [J]. 教育研究, 2014 (9): 104-111.

[452] 汪晓斌. 在线教育商业模式研究 [D]. 华中科技大学, 2013.

[453] 王辰星. 社会化问答网站知识共享影响因素研究 [D]. 中国科学技术大学, 2017.

[454] 王成, 刘亚峰, 王新成. 分类器的分类性能评价指标 [J]. 电子

设计工程,2011,19(8):13-15.

[455] 王冬双. MOOC融入大学翻转课堂的教学模式研究——以学堂在线MOOC平台为例[J]. 中小学电教,2014(12):14-16.

[456] 王光宏,蒋平. 数据挖掘综述[J]. 同济大学学报自然科学版,2004,32(2):246-252.

[457] 王会青,陈俊杰,侯晓晶等. 决策树分类的属性选择方法的研究[J]. 太原理工大学学报,2011,42(4):346-348.

[458] 王慧贤. 社交网络媒体平台用户参与激励机制研究[D]. 北京邮电大学,2013.

[459] 王健. 虚拟学术社区中知识共享行为的博弈分析[D]. 华中师范大学,2013.

[460] 王良辉,丁新,穆肃. 基于知识管理的在线学习支持系统设计[J]. 中国远程教育,2005(12):45-47.

[461] 王凌霄,沈卓,李艳. 社会化问答社区用户画像构建[J]. 情报理论与实践,2018,41(01):129-134.

[462] 王榴卉,侯悦,杨现民. 大数据支持下的在线学习行为采集模型设计[J]. 江苏开放大学学报,2016(4):56-63.

[463] 王陆. 虚拟学习社区的社会网络结构研究[D]. 西北师范大学,2009.

[464] 王萍. 基于edX开放数据的学习者学习分析[J]. 现代教育技术,2015,25(4):86-93.

[465] 王其虹. 社会化问答社区优质用户知识共享行为影响因素及仿真研究[D]. 哈尔滨工业大学,2018.

[466] 王启浩. 论我国MOOC平台的未来发展——基于Coursera、edX和学堂在线的对比分析[J]. 科技与出版,2015(6):108-111.

[467] 王骞敏. 在线知识付费产品感知质量对用户满意度影响研究[D]. 南京大学,2008.

[468] 王骞敏. 在线知识付费产品感知质量对用户满意度影响研究[D]. 南京大学,2018.

[469] 王守宏,刘金玲,付文平. "慕课"背景下以内容为依托的大学英语ESP教学模式研究[J]. 中国电化教育,2015(04):97-101.

[470] 王泰,杨梅,刘炬红. 慕课论坛中教师回复对学生认知发展的作

用——基于布卢姆认知分类学 [J]. 开放教育研究, 2020, 026 (002): 102 - 110.

[471] 王伟, 冀宇强, 王洪伟等. 中文问答社区答案质量的评价研究: 以知乎为例 [J]. 图书情报工作, 2017, 61 (22): 36 - 44.

[472] 王晰巍, 李嘉兴, 郭宇, 杨梦晴. 移动网络团购 APP 信息采纳行为影响因素研究——基于信息生态视角的分析 [J]. 图书情报工作, 2015, 59 (07): 31 - 38.

[473] 王小立. 百度"知道"知识传播对个人数字图书馆资源共享的启示——基于系统动力学方法 [J]. 图书馆, 2016 (02): 83 - 87.

[474] 王兴兰. 大学生虚拟学习社区用户生成行为实证研究 [J]. 图书馆学研究, 2019, 449 (06): 75 - 82.

[475] 王秀丽. 网络社区意见领袖影响机制研究——以在线问答学习社区"知乎"为例 [J]. 国际新闻界, 2014, 36 (09): 47 - 57.

[476] 王一兵, 陈丽, 阿莎·坎瓦尔, 桑佳亚·米斯拉, 顾晓敏, 严继昌, 王林, 胡晓松, 马克汉雅, 顾凤佳, 郭可慧, 丽贝卡·弗格森, 迈克·沙普尔斯, 塞尔·比尔. 开放大学的改革与发展: 反思与展望 [J]. 开放教育研究, 2016, 22 (02): 4 - 16.

[477] 王颖, 张金磊, 张宝辉. 大规模网络开放课程 (MOOC) 典型项目特征分析及启示 [J]. 远程教育杂志, 2013 (4): 67 - 75.

[478] 王佑镁, 叶爱敏, 赖文华. MOOC 何去何从: 基于知识图谱的国内研究热点分析 [J]. 中国电化教育, 2015 (07): 12 - 18.

[479] 王云, 董炎俊. 学习者个性特征对虚拟学习社区中知识建构的影响研究 [J]. 电化教育研究, 2013 (1): 62 - 67.

[480] 王云, 李国荣. 基于网络教学平台的翻转课堂应用研究——以高中数学课程为例 [J]. 中国教育信息化, 2018, 000 (012): 46 - 49.

[481] 王云, 董炎俊. 学习者个性特征对虚拟学习社区中知识建构的影响研究 [J]. 电化教育研究, 2013 (01): 63 - 67.

[482] 王铮, 刘彦芝. 在线知识付费平台的市场机制探究——兼论对知识平台市场机制缺陷的应对与干预 [J]. 图书情报知识, 2018 (04): 24 - 31.

[483] 王志军, 陈丽. 国际远程教育教学交互理论研究脉络及新进展 [J]. 开放教育研究, 2015, 21 (02): 30 - 39.

[484] 王竹立. 微课勿重走"课内整合"老路——对微课应用的再思考

[J]. 远程教育杂志,2014,32(05):34-40.

[485] 王左利. MOOC:一场教育的风暴要来了吗?[J]. 中国教育网络,2013(4):11-15.

[486] 魏明珠,张海涛,刘雅姝等. 多维属性融合的社交媒体高影响力人物画像研究[J]. 图书情报知识,2019(05):73-79.

[487] 魏顺平. 学习分析技术:挖掘大数据时代下教育数据的价值[J]. 现代教育技术,2013,23(2):5-11.

[488] 魏顺平. 在线学习行为特点及其影响因素分析研究[J]. 开放教育研究,2012,18(4):81-90.

[489] 邬锦锦. 网络课程中学习共同体有效交互影响因素研究[D]. 山东师范大学,2014.

[490] 吴波,朱勤东,高海燕等. 面向对象影像分类中基于最大化互信息的特征选择[J]. 国土资源遥感,2009(3):30-34.

[491] 吴彩琴,吴林. 教师主导与学生自主和谐统一——谈 Blending Learning 在高中英语教学设计中的应用[J]. 中小学教师培训,2005(06):49-51.

[492] 吴峰,李杰. "互联网+"时代中国成人学习变革[J]. 开放教育研究,2015,21(05):112-120.

[493] 吴峰. 企业知识的生产车间:企业 MOOC 的现状、特征与展望[J]. 远程教育杂志,2015(3):19-25.

[494] 吴继兰. 企业员工知识贡献评价研究[D]. 同济大学,2006.

[495] 吴佳玲. 虚拟学术社区知识交流效率研究[D]. 西南科技大学,2019.

[496] 吴江,侯绍新,靳萌萌等. 基于 Lda 模型特征选择的在线医疗社区文本分类及用户聚类研究[J]. 情报学报,2017,36(11):1183-1191.

[497] 吴青,罗儒国. 基于网络学习行为的学习风格挖掘[J]. 现代远距离教育,2014(1):54-62.

[498] 吴亚婕,陈丽. 在线学习异步交互评价模型综述[J]. 电化教育研究,2012,33(02):44-49+53.

[499] 吴永和,陈丹,马晓玲等. 学习分析:教育信息化的新浪潮[J]. 远程教育杂志,2013(4):11-19.

[500] 吴志泓. 社会化电子商务用户隐性需求演化机制研究[D]. 华南理

工大学,2016.

[501] 武法提,张琪. 学习行为投入:定义、分析框架与理论模型 [J]. 中国电化教育,2018(01):35-41.

[502] 武彤,王秀坤. 决策树算法在学生成绩预测分析中的应用 [J]. 微计算机信息,2010,26(3):209-211.

[503] 肖俊洪. 与时俱进发展远程开放教育理论——《重新审视远程开放教育理论:数字时代的启示》评介 [J]. 中国远程教育,2019,40(12):42-54.

[504] 肖婉,张舒予. 混合学习研究领域的前沿、热点与趋势——基于 [JP2]CiteSpace 知识图谱软件的量化研究 [J]. 电化教育研究,2016,37(07):27-[JP]33+57.

[505] 谢觉萍,姚飞. 基于大数据的慕课平台学习者参与度问题研究 [J]. 智库时代,2020,000(005):P.192-193.

[506] 谢幼如,宋乃庆,刘鸣. 网络课堂协作知识建构的群体动力探究 [J]. 电化教育研究,2009(2):57-60.

[507] 熊才平,何向阳,吴瑞华. 论信息技术对教育发展的革命性影响 [J]. 教育研究,2012,33(06):22-29.

[508] 徐晨飞,陈珂祺. 众筹网站用户参与度影响因素研究——以"众筹网"为例 [J]. 情报杂志,2015,34(11):178-186.

[509] 徐福荫,黄慕雄. 教育技术协同创新与多元发展 [M]. 北京:北京邮电大学出版社,2013:58-63.

[510] 徐娟,宋继华. 高校新型教育技术培训课程设计 [J]. 现代教育技术,2006(06):58-62+68.

[511] 徐鹏,王以宁,刘艳华等. 大数据视角分析学习变革——美国《通过教育数据挖掘和学习分析促进教与学》报告解读及启示 [J]. 远程教育杂志,2013(6):11-17.

[512] 徐鹏,张聃. 网络问答社区知识分享动机探究——社会交换论的视角 [J]. 图书情报知识,2018(02):105-112.

[513] 徐亚倩,陈丽. 联通主义学习中个体网络地位与其概念网络特征的关系探究——基于cMOOC第1期课程部分交互内容的分析 [J]. 中国远程教育,2019(10):9-19+51+92.

[514] 徐长江,于丽莹. 虚拟社区公民行为在虚拟社区感与知识共享意图

间的中介作用:自我效能感的调节机制[J].心理科学,2015(04):923-927.

[515]许睿,李艳翠,訾乾龙等.虚拟学习社区中意见领袖识别模型研究[J].计算机技术与发展,2020,030(005):56-60.

[516]许娅楠.基于区块链的虚拟知识社区代币激励机制仿真研究[D].华南理工大学,2019.

[517]薛二勇,李健.主动应对疫情等突发事件的教育体制机制构建[J].中国教育学刊,2020(03):1-6.

[518]严瑾,郭涛,马月进.在校大学生网络学习行为的调查与研究[J].教学研究,2014,37(006):11-13.

[519]晏齐宏,杜智涛,付宏.国内在线学习主要模式演化的知识图谱分析[J].中国远程教育,2015(09):25-31+79.

[520]杨根福.MOOC用户持续使用行为影响因素研究[J].开放教育研究,2016(1):100-111.

[521]杨卉.网络学习共同体知识建构的传播方式探究[J].电化教育研究,2008(6):16-19.

[522]杨金来,张翼翔,丁荣涛.基于网络学习平台的学习行为监控研究[J].计算机教育,2008(11):66-69.

[523]杨淼,董永权,胡玥.基于CiteSpace的混合学习研究热点及趋势分析[J].中国医学教育技术,2017,31(06):644-650.

[524]杨瑞仙,黄书瑞,王元锋.基于三阶段DEA模型的在线健康社区知识交流效率评价研究[J].情报理论与实践,2020,43(10):122-129.

[525]杨瑞仙,权明喆,武亚倩,魏子瑶.学术虚拟社区科研人员知识交流效率感知调查研究[J].图书与情报,2018(06):72-83.

[526]杨素芳.社会网络视角下的虚拟学习社区知识建构研究[D].曲阜师范大学,2014.

[527]杨为民.在线学习的现状与发展研究[D].西北师范大学,2007.

[528]杨文建.MOOC模式下高校图书馆服务拓展[J].新世纪图书馆,2015(04):44-48.

[529]杨霞.MOOCs教学的意义、困境与对策[J].中小学电教,2014(12):16-18.

[530]杨晓娟.基于现实关系的虚拟学习社区参与机制研究[J].山东师

范大学学报：社会科学版，2020（2）：92-102.

[531] 杨扬. 网络口碑对体验型产品在线销量的影响——基于电影在线评论面板数据的实证研究 [J]. 中国流通经济，2015（5）：62-67.

[532] 杨玉芹. MOOC 学习者个性化学习模型建构 [J]. 中国电化教育，2014（06）：6-10.

[533] 杨玉婷，肖俭伟. 亚洲开放大学的研究主题与启示——基于《亚洲开放大学协会学报》的分析 [J]. 河北大学成人教育学院学报，2018，20（04）：26-33.

[534] 杨振涛，李玉顺，卿竹君等. 我国学习者对 MOOC 认同感现状调查与分析 [J]. 中国教育信息化，2014（6）：16-18.

[535] 尧磊波. 面向中文慕课课程评论情感分析研究 [D]. 江西师范大学，2020.

[536] 姚勇. 虚拟学习社区中影响学习交互的因素与分析 [J]. 长春理工大学学报，2011（12）：186-187.

[537] 叶韦明，余树彬. 内容、态度与知识建构——线上学习社区中的互动质量研究 [J]. 教育发展研究，2019（17）：52-57.

[538] 叶阳，王涵. 有声阅读平台用户内容付费意愿影响因素研究 [J]. 图书馆学研究，2018（1）：82-88.

[539] 殷常鸿，张义兵，王晴. 运用知识建构圈促进学生课堂深度互动研究 [J]，中国电化教育，2020（2）：102-108.

[540] 尹睿，徐欢云. 国外在线学习投入的研究进展与前瞻 [J]. 开放教育研究，2016，22（03）：89-97.

[541] 尹铁燕，彭羽. "慕课"研究述评 [J]. 中共太原市委党校学报，2015，000（001）：12-16.

[542] 尤佳鑫，孙众. 云学习平台大学生学业成绩预测与干预研究 [J]. 中国远程教育，2016（9）：14-20.

[543] 郁晓华，顾小清. 学习活动流：一个学习分析的行为模型 [J]. 远程教育，2013，20-28.

[544] 元帅. 在线学习行为分析评价及其应用研究 [D]. 华中师范大学，2011.

[545] 袁莉，斯蒂芬·鲍威尔，比尔·奥利弗，马红亮. 后 MOOC 时代：高校在线教育的可持续发展 [J]. 开放教育研究，2014，20（03）：44-52.

[546] 约翰·丹尼尔, 翁朱华, 顾凤佳, 郭可慧. 理解教育技术——从慕课到混合学习, 下一步走向何方? [J]. 开放教育研究, 2015, 21 (06): 10-15.

[547] 岳金春. "知识建构"的教学策略 [J]. 新语文学习: 小学教师, 2006 (3): 92-93.

[548] 詹泽慧, 李晓华. 混合学习: 定义、策略、现状与发展趋势——与美国印第安纳大学柯蒂斯·邦克教授的对话 [J]. 中国电化教育, 2009 (12): 1-5.

[549] 张安淇, 李元旭. 互联网知识共享平台信息过载效应与弱化机制——基于知乎的案例研究 [J]. 情报科学, 2020, 38 (01): 24-29+41.

[550] 张超. 数据挖掘中分类分析的策略研究及其生物医学应用 [D]. 南方医科大学, 2008.

[551] 张昊, 刘功申, 苏波. 一种微博用户影响力的计算方法 [J]. 计算机应用与软件, 2015, 32 (03): 41-44.

[552] 张红艳, 梁玉珍. 远程学习者在线学习行为的实证研究 [J]. 远程教育杂志, 2013 (6): 42-48.

[553] 张辉, 马俊. MOOC背景下翻转课堂的构建与实践——以"现代教育技术"公共课为例 [J]. 现代教育技术, 2015, 25 (2): 53-60.

[554] 张姣. 基于整合技术接受与使用模型的慕课平台选择影响因素研究 [J]. 教育现代化, 2017, 4 (48): 235-237.

[555] 张金磊, 张宝辉. 游戏化学习理念在翻转课堂教学中的应用研究 [J]. 远程教育杂志, 2013, 31 (1): 168-169.

[556] 张金磊. "翻转课堂"教学模式的关键因素探析 [J]. 中国远程教育, 2013 (10): 60-65.

[557] 张婧婧, 杨业宏, 王烨宇, 陈丽. 国际视野中的在线交互与网络分析: 回顾与展望 [J]. 电化教育研究, 2019, 40 (10): 26-34.

[558] 张乐. 知识型企业员工知识贡献绩效评价研究 [D]. 四川大学, 2007.

[559] 张莉曼, 张向先, 卢恒等. 知识直播平台付费用户群体画像研究 [J]. 图书情报工作, 2019, 63 (05): 84-91.

[560] 张妙华, 武丽志. 多校区大学公选课网络教学的研究与实践 [J]. 电化教育研究, 2008 (06): 83-87.

[561] 张敏,尹帅君,聂瑞. 基于体验感知的慕课平台使用意愿影响因素分析 [J]. 图书馆建设,2016,(6):43-50.

[562] 张千帆等人. 大学生慕课学习意向的影响因素实证研究 [J]. 高教探索,2015(8):66-70.

[563] 张瑞,生蕾,张义兵. 知识建构社区中生成性角色的演变过程分析 [J]. 电化教育研究,2020(2).53-59.

[564] 张绍东,黄明东,肖安东. 依托慕课课程共享教学资源优化教学模式 [J]. 中国高等教育,2015,556(24):13-14.

[565] 张文兰,牟智佳. 高师院校大学生网络学习动机影响因素的实证研究 [J]. 电化教育研究,2013,34(12):50-55+59.

[566] 张文彤. SPSS 统计分析高级教程 [M]. 高等教育出版社,2004.

[567] 张晓晖. 在线问答社区用户社交网络特征对其知识贡献数量的影响研究 [D]. 山东大学,2019.

[568] 张晓丽,张津. 基于社交网络的学习实践共同体的构建与思考 [J]. 智库时代,2019(08):291-292.

[569] 张肖. 基于网络学习环境的学习绩效评价指标体系研究 [D]. 华中师范大学,2014.

[570] 张艳婷,付志义,刘青华,付希金. 高校图书馆的 MOOC 服务探索研究——以东北师范大学图书馆的 MOOC 服务为例 [J]. 图书馆学研究,2014(18):77-80.

[571] 张艳婷,杨洋. 中外图书馆界对 MOOC 的研究现状与展望 [J]. 情报科学,2015,33(04):154-157.

[572] 张振海,李士宁,李志刚等. 一类基于信息熵的多标签特征选择算法 [J]. 计算机研究与发展,2013,50(6):1177-1184.

[573] 张枝实,龚祥国. 远程开放教育在线学习支持服务系统——数字图书馆的应用服务 [J]. 中国远程教育,2008(06):45-49+80.

[574] 赵晨嘉. 国内 MOOC 研究热点与发展趋势研究 [J]. 教育现代化,2018,5(40):349-354+359.

[575] 赵菲菲,渠性怡,周庆山(2019). 在线问答社区用户知识付费意愿影响因素实证研究 [J]. 情报资料工作,2019,40(01):89-97.

[576] 赵官虎. 基于 TAM3 模型的大学生网络学习行为影响因素研究 [J]. 环境构建,2015(4):44-45.

[577] 赵海霞. 翻转课堂环境下深度协作知识建构的策略研究 [J]. 远程教育杂志, 2015, 33 (03): 11-18.

[578] 赵宏, 陈丽, 赵玉婷. 基于学习风格的个性化学习策略指导系统设计 [J]. 中国电化教育, 2015 (05): 85-90.

[579] 赵宏, 刘颖, 李爽, 徐鹏飞, 郑勤华. 基于在线学习行为数据的人格特质识别研究 [J]. 开放教育研究, 2019, 25 (05): 110-120.

[580] 赵宏, 张亨国, 郑勤华, 陈丽. 中国MOOCs学习评价调查研究 [J]. 中国电化教育, 2017 (09): 53-61.

[581] 赵宏, 张馨邈. 中国成人学习者在线学习情绪影响因素研究 [J]. 开放教育研究, 2018, 24 (02): 78-88.

[582] 赵可云. 教育技术实验方法的理论和实践研究 [D]. 东北师范大学, 2011.

[583] 赵磊, 吴卓平, 朱泓. 中国慕课项目实践现状探析——基于12家中文慕课平台的比较研究 [J]. 电化教育研究, 2017, 038 (009): 41-48.

[584] 赵磊磊, 赵可云, 徐进等. 基于共词分析法的我国翻转课堂研究现状分析 [J]. 重庆高教研究, 2015, 003 (002): 86-93.

[585] 赵磊磊, 梁茜, 李玥泓. 国外教育信息化领导力研究: 主题、趋势及启示——基于Web of Science文献关键词的可视化分析 [J]. 中国远程教育, 2018 (10): 16-23.

[586] 赵敏杰, 王娜, 房晓瑞. 网络课程中学习行为监控系统的设计与实践 [J]. 中国教育信息化. 基础教育, 2009 (18): 66-68.

[587] 赵曙光. 高转化率的社交媒体用户画像: 基于500用户的深访研究 [J]. 现代传播 (中国传媒大学学报), 2014, 36 (06): 115-120.

[588] 赵兴龙. 翻转课堂中知识内化过程及教学模式设计 [J]. 现代远程教育研究, 2014, 000 (002): 55-61.

[589] 赵杨, 袁析妮, 李露琪等. 基于社会资本理论的问答平台用户知识付费行为影响因素研究 [J]. 图书情报知识, 2018, (4): 15-23.

[590] 赵宇翔, 刘周颖, 朱庆华. 从免费到付费: 认知锁定对在线问答平台中提问者转移行为的影响研究 [J]. 情报学报, 2020, 39 (05): 534-546.

[591] 甄宗武, 冯玲玉, 谢斌. 翻转课堂难以翻转基础教育课堂 [J]. 广西广播电视大学学报, 2015 (3): 51-59.

[592] 郑海超, 侯文华. 网上创新竞争中解答者对发布者的信任问题研究

[J]. 管理学报, 2011, 8 (2): 233.

[593] 郑勤华, 曹莉, 陈丽, 吴云峰. 远程学习者学习绩效影响因素研究 [J]. 开放教育研究, 2013, 19 (06): 88-94.

[594] 郑勤华, 孙洪涛, 陈耀华, 刘春萱. 基于学习分析的在线学习测评建模与应用——综合建模方法研究 [J]. 电化教育研究, 2016, 37 (12): 40-45.

[595] 郑显亮, 顾海根. 国内外网络利他行为研究述评 [J]. 外国中小学教育, 2012 (04): 19-23.

[596] 钟炜, 蒲岳, 杜泽超. 开放式创新社区网络平台知识共享系统动力学模型构建 [J]. 价值工程. 2017, 36 (01): 239-243.

[597] 钟晓, 马少平, 张钹等. 数据挖掘综述 [J]. 模式识别与人工智能, 2001, 14 (1): 48-55.

[598] 钟晓流, 宋述强, 焦丽珍. 信息化环境中基于翻转课堂理念的教学设计研究 [J]. 开放教育研究, 2013, 19 (001): 58-64.

[599] 钟志贤. 论学习环境设计 [J]. 电化教育研究, 2005 (7): 35-41.

[600] 周洪宇, 鲍成中. 扑面而来的第三次教育革命 [J]. 辽宁教育, 2014 (16): 10-12.

[601] 周军杰, 左美云. 线上线下互动、群体分化与知识共享的关系研究——基于虚拟社区的实证分析 [J]. 中国管理科学, 2012, 20 (06): 185-192.

[602] 周庆, 牟超, 杨丹. 教育数据挖掘研究进展综述 [J]. 软件学报, 2015, 26 (11): 3026-3042.

[603] 周涛, 何莲子, 邓胜利. 开放式创新社区用户知识分享的影响因素研究 [J]. 现代情报, 2020, 40 (03): 58-64.

[604] 周涛, 檀齐, 邓胜利. Research on Users' Willingness to Pay for Knowledge Based on the IS Success Model [J]. 现代情报, 2019, 039 (008): 59-65.

[605] 周涛, 檀齐. 基于社会资本理论的知识付费用户行为机理研究 [J]. 现代情报, 2017, 37 (11): 46-50.

[606] 周婷, 邓胜利. 社交网站用户知识贡献行为机理分析 [J]. 情报资料工作, 2014 (05): 28-32.

[607] 周炎根, 桑青松. 国内外自主学习理论研究综述 [J]. 合肥师范学院学报, 2007, 25 (1): 100-104.

[608] 周志民, 张江乐, 熊义萍. 内外倾人格特质如何影响在线品牌社群中的知识分享行为——网络中心性与互惠规范的中介作用 [J]. 南开管理评论. 2014, 17 (03): 19-29.

[609] 朱宏洁, 朱赟. 翻转课堂及其有效实施策略刍议 [J]. 电化教育研究, 2013 (8): 79-83.

[610] 朱祖林, 毕磊, 郭允建, 汤诗华. 我国远程教育研究2015年度进展报告 [J]. 远程教育杂志, 2016, 34 (05): 13-26.

[611] 朱祖林, 毕磊, 汤诗华, 郭允建. 我国远程教育研究2014年度进展报告 [J]. 远程教育杂志, 2015, 33 (06): 3-15.

[612] 朱祖林, 郭允建, 朱晨灿, 汤诗华, 毕磊. 我国远程教育研究2013年度进展报告 [J]. 远程教育杂志, 2014, 32 (03): 3-12.

[613] 祝琴, 贾晓菁, 周小刚. 创新研究系统隐性知识生成转化反馈环特性仿真分析 [J]. 系统工程理论与实践, 2015, 35 (07): 1816-1833.

[614] 祝智庭, 刘名卓. "后MOOC"时期的在线学习新样式 [J]. 开放教育研究, 2014, 20 (03): 36-43.

[615] 祝智庭, 沈德梅. 基于大数据的教育技术研究新范式 [J]. 电化教育研究, 2013 (10): 5-13.

[616] Zimmerman R, Sebastian Bonner, Robert Kovach, et al. 自我调节学习 [M]. 中国轻工业出版社, 2001: 38-60.

[617] 宗乾进, 吕鑫, 袁勤俭等. 学术博客的知识交流效果评价研究 [J]. 情报科学, 2014, 32 (12): 72-76.

[618] 宗阳, 孙洪涛, 张享国, 郑勤华, 陈丽. MOOCs学习行为与学习效果的逻辑回归分析 [J]. 中国远程教育, 2016, 36 (5): 14-22.

[619] 宗阳, 郑勤华, 陈丽. 中国MOOCs学习者价值研究——基于RFM模型的在线学习行为分析 [J]. 现代远距离教育, 2016 (02): 21-28.

[620] 宗阳, 郑勤华, 张玄, 陈丽. 学习分析视角下MOOCs形成性测试难度系数研究 [J]. 远程教育杂志, 2016, 35 (03): 96-103.

[621] 邹琳, 陈基晶. 慕课教育的合理使用问题研究 [J]. 知识产权, 2015, 000 (001): 21-25.